殷焕先语言学论文集

殷焕先 著

2015 年 · 北京

图书在版编目(CIP)数据

殷焕先语言学论文集/殷焕先著. —北京:商务印书馆,2015
ISBN 978-7-100-10547-7

I. ①殷… II. ①殷… III. ①汉语—语言学—文集 IV. ①H1-53

中国版本图书馆 CIP 数据核字(2014)第 007120 号

殷焕先语言学论文集
殷焕先 著

商 务 印 书 馆 出 版
(北京王府井大街 36 号 邮政编码 100710)
商 务 印 书 馆 发 行
北京市艺辉印刷有限公司印刷
ISBN 978-7-100-10547-7

2015年5月第1版 开本 850×1168 1/32
2015年5月北京第1次印刷 印张 18 1/8 插页 1
定价: 49.00元

殷焕先先生

殷焕先先生手迹

目　　录

前　　言

一

殷焕先先生，字孟非，别号居养室主人、蜀友室客，笔名齐中、徐兹。先生1913年11月13日生于江苏省六合县，1994年11月19日因病医治无效，在济南逝世，享年81岁。

先生幼年失怙，家道中落，在叔父德仁公的严厉督导下，刻苦诵读古代经典，打下了良好的古文基础。1925年，先生从私塾转入南京六合县立实验小学，开始接受新式教育。1929年，先生以优异成绩考入当时著名的南京中学，与后来成为著名学者的吕荧、周法高等先生同学。先生后来回忆幼时学习和生活的艰辛时说："我不幸生于'彷徨'、'呐喊'的时代。五岁丧父，受教于叔父德仁公，学诗古文辞。叔父与伯父德廉公皆为举子业，家贫，夜为人佣作而不辍诵读声，苍苍凉凉然。世谓为举业而终身不得一中者，无论其为贫为富，其苦读凄凉之音寒人心肺，信然，信然！"（《殷焕先自述》）

1936年，先生考入前中央大学中文系。抗战军兴，中央大学由南京迁武汉，继迁重庆，先生在颠沛流离中结束了他的大学生活。他在大学学习期间，受到赵少咸、马宗霍两师刻意栽培，并深受王瀣、汪辟疆、胡小石、缪凤林、姚薇元、方东美诸先生影响。先生曾经撰文回忆中央大学的学习生活："我是同时考入前中央大学和北京师范大学中文系的。来到中央大学后，我觉得空气很沉闷，曾戏称之为'四库'派。于是我打算到北京去就学,以效师长学友救亡图存之志。但师友善诱切磋之诚,深深感动了我,同处于风雨如磐之日,'起来'之誓,万方所同,我又何必去北求,也就安于南雍了。”(《殷焕先自述》)先生又说:“照'国学'的传统,是文、史、哲不分家的。老师都是渊深广博的。我还没有悟到'学有专攻',就逍遥于文、史、哲之苑,随遇而'杂'了。南雍诗歌结社之风是很盛的。书生哀乐系诸国步,当时多是悲愤之词。那时,也追随师友之后学些新诗,互相传阅。前年周法高兄来信竟仍能记熟我当时的几首,足令我感动。现在回想,结社,也实在是南雍文科培养学生的一种方法。看来,这个方法还是有其良好的作用的。”(《殷焕先自述》)经过大学四年的学术教养,先生打下了深厚的传统国学的基础。

1940年,先生大学毕业后,到云南曲靖中学短时做了语文老师,并与谢显琳校长结下了深厚友谊。同时,先生认真备考抗战期间由北平迁往昆明的北京大学文科研究所(西南联合大学),并得偿所愿。当时北京大学文科研究所所长、副所长分别是大名鼎鼎的傅斯年和郑天挺先生。考入研究所后,先生在罗常培先生门下攻读语言学硕士学位。他的副导师是唐兰、袁家骅先生,校外导师是王力先生,所内外其他导师还有陈寅恪、赵元任、李方桂、丁声树等先生。后来成了著名学者的阴法鲁、任继愈、马学良、周法高、李孝定、王达津、王玉哲等等,都是先生在北大文科研究所的同学。先生晚年回忆这段学习生活时写道:“俗云'名师出高徒',我虽不敏,却有幸师从多位著名语言学家。在西南联大时,我的导师是罗常培,副导师是唐立庵、袁家骅,校外导师是王力(了一)。考研究生前我就住在研究所了,考完试,张清常兄为我传递'内部消息'说,了一先生夸我的文章不错,字也写得漂亮。我不禁暗自庆幸有知遇之感,从此也就决定了我与语言学的不解之缘。”(《殷焕先自述》）罗常培先生曾经评价先生说："及门诸子中，孟非最为循谨，治学亦兼综南北雍之长。"（《殷焕先诗词墨迹》）诚可谓知徒莫如师也。

1942 年，先生从研究所毕业并获硕士学位后，留在昆明的北大中文系从事教学工作，1943 年兼任云南大学讲师。罗常培先生离国去美国访问后，因校务发生变故，1945 年，先生离开北大到四川大学任教。抗战结束后，汤用彤先生力劝先生到北京回北大复员，因种种原因，先生没有回北大。1946 年，抗战时期停办的山东大学在青岛复校。山东大学校长赵太侔先生通过自己的儿子赵西陆先生（后为吉林大学教授，先生好友）商请先生到山东大学任教，先生欣然就聘副教授。这一年，先生 33 岁。从此，先生与山东大学结缘近 50 年，直至弃世。1950 年，罗常培先生就任中国科学院语言研究所首任所长后，曾想礼聘先生到语言研究所任研究员。先生虽然很想回到老师身边工作，终因不想辜负山东大学，只接受兼任语言研究所的研究员（1955）。

1949 年国家鼎革，新中国成立，遭遇过背井离乡、山河破碎的先生，心情无比高兴。新社会给先生带来了新的生活，先生对教学、学术研究和社会工作都充满了无比的热情。

1957 年"反右"之前，在华岗校长的支持下，先生积极参与创办《文史哲》，担任了该刊的常务编委、学术秘书兼发行人；先生潜心学术，写出了一系列有影响的论文；同时，先生担任语言教研室主任，讲授现代汉语、古代汉语、文字学、音韵学等课程，并率先开设"方言学"课，领当时国内高校风气之先；除此之外，先生还担任了中文系副主任，承担了繁重的行政任务；先生参加了九三学社，是山东地区最早的五人小组成员，并担任了九三学社中央的学习委员等；先生还担任了山东省方言普查工作委员会副主任，主持山东省方言普查工作；先生活跃在当时语文研究和建设的各个方面，对文字改革、汉语语法研究和方言调查都做了不少研究,发表了一批论文,成为当时富有影响的中年语言学家。因为先生的学术成就,他被聘为《中国语文》编委、《学术月刊》特邀编委、《语言研究》(中国科学院语言所)编委等。

在这短暂的六七年里,先生的学术达到了一个高峰,先生与其他教授一起奠定了山东大学"文史见长"的学术风格。

天有不测风云。1957 年"反右"运动风暴来临,不幸降落到了先生头上。因为几句无意而有益的言辞,先生与陆侃如、束星北等教授一起被打成极右分子,先生的教授资格被剥夺,工资骤降,政治上受到了空前的压制,经济上极度贫穷。在这种极为艰难的环境中,先生表现出了一个知识分子的优秀品质,顽强地坚持着活了下来,利用一切可能的时间进行自己的语言学研究。60 年代前期,在形势略有好转后,他就发表了几篇重要的学术论文。然而,接踵而至的十年浩劫,又一次将先生推入魔域,身心备受摧残。从"反右"到"文革",先生与家人阅尽世态炎凉,备尝人间冷暖,靠着先生的老母亲拉板车和先生向亲友告贷,一家八口才没有饿死。

历史跟先生开的这个天大的"玩笑",差点葬送了先生的生命和学术。"文革"结束后,先生对这 20 多年的不公平遭遇甚少谈及,也很少抱怨,对折磨过他的人,也难得听到先生的恶评。先生写了一首《满江红——怀吕荧学兄》,并给吕荧先生的女儿写了一信,解释这首词的内蕴。先生说:"谈到令尊大人逝世情况,大大出乎所能想象,令我悲痛。9 日收到令尊文集,遗照宛然同学时,伤痛难言。读文集到夜深,更感令尊书生气十足,祸患之来袭,是难以避免的了。但是,这一点,更使我对令尊敬佩,我现在也不替令尊后悔。"(《致吕荧女儿》)这里虽然说的是吕先生,其实先生也是说自己。今把这首词抄在下面:

满江红
——怀吕荧学兄

紫万红千，真明媚，又逢春色。
空叩问，斯人何在，九天岑寂。
八府塘前同笑语，门帘桥畔怀踪迹。
记萤窗忧愤论危亡，心丹赤。

书生梦，原清白。朋友道，由忠直。
怅深山幽径，大都华宅。
文笔自能传世代，性情尤足光篇策。
正枝头悠越到莺声，思畴昔。

1978年后，“文革”遭到否定，国家开始拨乱反正，陆续恢复了先生的政治名誉，恢复了先生的教授资格。先生迎来了生命中的又一个春天。暮年遇朝霞，真是不幸中的万幸！先生像青年人一样，热切地投入到教学和科研工作中。他重新担任了中文系现代汉语教研室主任，陆续招收了几批研究生，坚持为本科生上课，为人才培养竭尽心力。许多青年在先生的培养下，成了语言学工作者。先生出版了多年心血写成的几部著作，并发表了一批重要论文。他积极组织、推动、筹备各类全国性和山东省的语言学组织，担任了中国语言学会首届理事、全国高校文字改革研究会顾问、中国音韵学研究会理事（后任学术委员、顾问）、中国语文现代化学会顾问、华东地区修辞学会顾问、山东省语言学会理事长、山东省方言研究会理事长、山东省古文字研究会理事长。他积极参与地方文化建设，主编了《山东省志·方言志》（1995）。他坚持外出讲学、参加学术会议，到有关院校和学术单位做学术报告，推动学术提升。虽然，1982年夏，先生作了胃大部切除手术，身体因此逐渐衰弱，多年辗转于病房与疗养院之间，但他仍然以高昂的热情和不懈怠的精力投入学术研究，坚持参加学术活动，培养研究人才，扶持后学。直到病逝前，他还在考虑各种研究和出版规划，在病床上用颤抖的手为年轻人写着各种推荐信。

先生一生追求进步,追求光明,满怀忧国忧民和强烈的强民富国的爱国情怀。

1994 年 11 月 19 日凌晨,万恶的癌症夺走了先生的生命。先生走得很安详,没有痛苦的表情。先生的后事安排很周详,先生的骨灰安放在济南英雄山公墓的灵堂。

先生走了,但先生的学术是永恒的！先生的精神也是永恒的！

二

先生以学识渊博著称,他的学术贡献是多方面的,涉猎的学术领域很广。

(一)文字学

文字学是先生的研究重心之一。先生的文字学思想深受唐立庵先生影响。

在 50 年代、根据自己对汉语汉字的理性认识,根据广大人民群众提高文化水平的需要,他满怀热情地投入了文字改革运动,并以自己的扎实的学术研究成果为汉字改革提出了许多重要的见解。《汉字简化中的"系统"和"类推"》一文较早地提出了系统类推的原则和方法,对后来简化字的定形起到了促进作用。《明确订定手头草体的规范和确立楷草二体制》则从手头书写的角度提出了手写汉字规范问题。《关于汉字形体结构的简化》一文就汉字形体的整体简化提出了自己的看法。《形声字的形体结构和形声原则》、《汉字的教学与汉字的简化》、《汉字改革和汉语规范化》等文从不同角度对汉字的改革和规范化提出了富有启发性和建设性的意见。

先生对《汉语拼音方案》的设计也发表了一些独到的见解。他的《谈新形声字》对新形声字的方案进行了驳难;《新文字字母的字类跟音值》、《北拉方案里的 o、uo、e》、《新旧文字与声调》、《联系汉字来记注音字母》等,结合教学对拼音方案进行了探讨。

在长期对汉字的发展和使用问题思考的基础上,先生后期把主要精力放在对汉字和汉字学根本性质以及方法论的研究上。他的《动观文字学》和《文字学的破与立》等论文,明确提出了"动观文字学"的观点,指出汉字的研究应该从文字的动态发展入手,以文字发展的规律为对象,而不能机械地静态地看待已有几千年历史和越来越多的人使用的汉字。对于《说文解字》一类的著作,"应取法于许(慎),而必须取鉴于许"。

《汉字字形的性质》和《汉字的语言性质》专门探讨汉字性质。前一篇从现行汉字的形体结构、"四定"工作等方面提出了对汉字性质的看法;后一篇从语言的角度讨论现行汉字诸方面问题,提出了现行汉字为"专字专用正字音标"的看法。《对现行汉字性质的再认识》一文阐述了文字的工具性,再次重申了汉字为"专字专用正字音标"的观点。

《关于六书》一文,对传统的"六书"说进行了总结和爬梳,指出了传统文字学对六书理解的形而上学的缺陷。

《汉字三论》一书,讨论了汉字"六书"的性质,讨论了现行汉字的笔画形体、汉字的简化与教学等方面的问题,阐述了一系列的新见解。《谈汉字的部件》是先生从教学、文字信息处理角度对现行汉字形体进行切分研究的成果,充分体现了先生动观文字学的观点,在早期的汉字信息处理界产生了启发性的影响。

先生还写有《古文字学讲义》一书,是他四五十年代在山东大学开设古文字学的讲义,书中对古文字的发展脉络、历史演化规律、考订等都有独到的见解,可惜至今未能正式出版。

（二）音韵学

先生以音韵学名家，早年追随罗常培先生研习音韵，深得本门学问之奥庭。先生研究音韵，很注意独辟蹊径，重视类的分别和值的审辨，强调语音的系统性。

60 年代，先生写的《破读的语音性质及其审音》一文，总结了前人关于破读的种种说法，认为破读反映的是语音自然，当自上古始，现代汉语应注意对破读字的语音审定。

80 年代初，先生又进一步从破读这一独特角度，写出了《上古去声质疑》。他认为，从破读现象来看，上古汉语里“离去无破”，这说明去声作为一个“虚类”早已存在，“其时代可以推到殷商时代”，而它的最后形成是许多语音要素变化的结果。先生很注意同语系少数民族语言材料的作用，更注意汉语材料的抉微发隐。

90 年代，先生发表了《关于复辅声的一些看法》一文，积极而慎重地引用了不同的材料，提出了对上古汉语复辅音声母的看法，特别强调要“言可复也”，结论要回到语言材料中验证。

先生对《切韵》音系研究也尽了许多心血。他与学生合写的《陆法言〈切韵·序〉释要》、《颜之推〈颜氏家训·音辞篇〉释要》、《重纽的历史研究》等文，从不同角度论证《切韵》的语音性质、重纽的结构、拟音及其历史来源。先生认为《切韵》是一个内部一致的语音系统（非综合的），《切韵·序》“萧颜多所决定”、《颜氏家训·音辞篇》所说的一些古今音事例，实在是“古今通塞”正确的注脚。“古今通塞”的“古”绝对跟先秦的“古”丝毫无涉。

先生生前与姜亮夫先生主持国家古籍整理项目《经籍纂音》，任执行主编，准备全面整理中国历史上的音韵资料，为音韵学研究提供全面、方便而权威的材料。虽然这项工作因种种原因未能完成，但它的意义、对后来的影响却是相当大的。

先生很重视音韵学的普及工作,变“绝”为“通”是他的愿望。他长期在大学里讲授音韵学课程。60 年代,他发表了《反切释例》和《反切续释》,第一次系统全面地分析总结了古代反切与今音的对应规律。70 年代后期增订出版的《反切释要》一书,深入浅出地介绍反切原理,总结了古反切与今音的对应规律,指出如何根据反切拼读出今音,这对于读者掌握反切并进而读习古书很有帮助。该书初版印数即达 15 万册,一时洛阳纸贵,足见该书的学术价值和受欢迎程度。

经过多年教学和思考,在先生的有关讲义基础上,先生与学生合作出版了《实用音韵学》一书。该书系统、全面地讲述了音韵学的有关基础知识及其在有关学科里的应用,为广大文史工作者提供了一部极具实用价值的参考书。

先生还以音韵学家的眼光和对现代汉语语音的深入观察,写出了一系列探讨现代汉语声调与语调的论著。《字调和语调》作为“汉语知识讲话丛书”的一种,在当时产生了广泛的影响。《关于字调》、《关于变调》、《语调概说》、《声调和声调教学》等论文,在当时的语文界也都有相当的影响力。

先生一向重视方言与音韵之间的比较研究,从历史发展的角度来探讨历史音韵与现代方言之间的联系,并从方法论的角度提出了一些重要意见。《方言与音韵》、《方言音韵学构架》(合写)、《应当注意方言音韵史的研究》(合写)、《方言音韵释例》等多篇论文,既提出了理论的见解,又提供了具体的研究范例,对方言学和音韵学的结合研究极具启发意义。

(三)训诂学

先生精熟古代经典,一直关注古代文献的注释和训释,尤其对《诗》、《骚》等文献里的联绵字素有研究。先生在北大文科研究所的毕业论文就是《诗骚联绵字研究》，在此文基础上，陆续整理成一批论文发表，主要有《联绵字的性质、分类及上下两字的分合》、《联绵字的书写》、《联绵字的意义》等，最终写成了一篇五万多字的《联绵字简论》。联绵字，又称连语、骈字等，宋代张有《复古编》里就有关于"联绵字"的讨论。后来有很多学者关注这类特殊的词语，如明代朱谋玮著《骈雅》，清代张玉书等著《骈字类编》，近人王国维著《联绵字谱》，朱起凤著《辞通》，符定一著《联绵字典》。但这些论著对联绵字的判定标准不一，常常堆积材料，轻言"转语"，缺乏理论深度。先生扎硬寨，花气力，穷搜博览，力图建立一个科学严谨的联绵字研究体系。在《联绵字简论》里，先生讨论了联绵字的定义、分类标准、联绵字的书写、联绵字的意义训释等方方面面的问题，为联绵字的研究打开了一扇光亮的窗口。

1931 年有人在北平发现了一篇据说是清代著名学者程瑶田的"佚著"——《果赢转语记》，卷末有王念孙写的跋语。因为王念孙的声望，轰动了学界，很多人信之不疑，被推许为乾嘉朴学的代表作，还有人为其作疏证。但是，先生早年写作研究生毕业论文时，便对"佚著"产生了怀疑，取其文为之细按，觉其殊伤泛滥，实不足以当王氏之称誉。经过数十年的思考，80 年代，先生写了《逍遥释义》一文，对程氏"佚著"作出定性评价："佚著"对它所谈的"转语"皆未给出所以为"转语"的论据。认真地说，"佚著"也实在给不出合乎"转"的朴学论据。"佚著"背道而驰地远离了朴学精神，所谓程氏"佚著"不仅称不上佳作，连一般的学术论文都算不上了。

《逍遥释义》一文就是为了戒除"佚著"之类泛滥通转的毛病，试图用科学的观点对联绵字进行实例考察。该文穷尽式地研究了"逍遥"转语，从丰富的材料入手，提炼出与"逍遥"意义相通的联绵字 25 则，并说明它们的意义引申辗转途径，从音理出发，讨论了这类转语的类别和可能的解释。

在罗常培先生支持下，先生1942年在北京大学（西南联大）开设"训诂学"课，虽然后来先生不再从事训诂学的教学工作，但他一直关心训诂学学科的发展。先生晚年为别人的《训诂学》写的《序》里讨论过传统训诂学和现代词义学及语义学等学科的异同，界定了训诂学的学科特色和研究范围。先生还关心古籍整理工作，在《关于古籍翻译的一些想法》里说："古籍翻译工作必须十分郑重地对待。首要的要准确，要不误原意，这就是所谓'信'。传话人不能把话传达得走了样。有了准确的理解才能做好准确的传达，担任翻译的应当是素有研究的。先行于翻译的校勘、考订工作也要做好；还应当在文笔上有素养，原著是有自己的风格的。现在不免有人把翻译工作看易了些，应当注意到学有专门。"这体现了先生对传统古籍整理的殷殷之情。

（四）方言学

先生一直重视汉语方言的调查和研究工作。在学生时代，他就系统分析描写了六合方言的语音系统，写有《六合音系》。1950年，他就率先从语言教学和规范的角度提出了调查和研究方言的方法和意义，发表了《谈方言调查》的论文。1955年，在"全国现代汉语规范问题学术会议"上发表的《推广普通话中的方言调查工作》，对后来进行的全国范围内的方言普查工作产生了重要的影响。50年代，先生担任了山东省方言普查工作委员会的副主任，具体组织了山东省内方言的普查与整理。

从50年代初开始，先生通过在山东大学开设方言学课程、举办方言调查培训班等形式，培养了一批方言调查和研究人才，其中许多人在方言研究领域取得了突出的成绩。70年代后期开始，他多次亲自带领学生进行方言调查。80年代，先生任《山东省志·方言志》的主编，为该书的调查、编写发挥了组织和指导作用。

（五）语法学

语法与语文应用密切相关。中华人民共和国成立初，吕叔湘、朱德熙先生的《语法修辞讲话》对国家的语文生活产生了重大影响。先生也积极投身语法的研究，发表了《句子形式作谓语》、《谈"连动式"》、《复杂的谓语》、《用词恰当可以表明语法关系》等多篇论文，对汉语语法中的一些重要而复杂的问题做出了自己的阐释，揭示了汉语语法的特点，在当时产生了较大的影响。

先生还积极支持并参与了50年代"暂拟汉语教学语法体系"的制订与宣传，做了许多具体的工作。后来，先生的研究重心已不在语法方面，但他仍然关注语法研究，全程参与了80年代的"中学教学语法系统"的制订，并指导了多名研究生进行语法研究。

先生晚年对语法研究仍有自己的主张，他在《怀念伟大的语言学大师黎锦熙先生》(1990)一文里，强调人类语言的语法有其共性，对所谓"独立的非模仿的"、"说明的而非创造的"的语法研究观念有所批评。

（六）语言文字规范化

语言文字的规范化和标准化，是国家语文生活中的大事。从50年代开始，国家和语文学界为之进行了不懈努力。先生在这方面也做出了突出贡献，发表了多篇论文。《请注意一字两音的分歧现象》很早就注意了汉语中一字两音的分歧现象，并提出了规范的原则，为后来异读字的审音提供了有益的意见。《谈书面形式的规范》提出异体词(异体字)的概念，并发表了对异体词进行规范的意见，这在当时产生了较大的影响，也开了后来异体词整理工作之先河。另外,《怎样对待"正""俗"字》、《什么是正确的"白话文"》等多篇论文,也关注这方面的问题。直到晚年,先生还密切注意了解计算机时代对于语言文字使用的重要影响,关注海峡两岸语言文字规范的问题,并写有《海峡两岸汉语规范化的思考》等论文。

(七)诗词创作与书艺

先生精于旧体诗词的创作。他早年爱好文学,富有才情。虽然他最后走上了语言学研究之路,但他终生保持了吟诗作词的雅好。他的诗词或感事抒怀,或酬赠友朋,词意婉切,韵味实永,为师友所称道,如"一寸乡心对汝悲,年年天外照分离"(《中秋望月》)、"霜天惨淡晓星孤,西角凄其断欲无"(《晨趋》)、"可怜盛世存儒雅,好近班书酒一杯"(《赠赵俪生》),脍炙人口,广为流传。

先生精于书道,有人评其书法说:"点画精到,笔路清晰,骨力遒逸。奇崛有情趣,清峻、豪放、雅逸的书卷清气和笔墨趣味沛然其间。"(见《庆祝殷焕先先生执教五十周年论文集》)书家或称其为"明清以来文人字写得很好的一位"、"从他大量的作品中可以发现许多古人没有出现过的精彩表现,他的字里的多处重点横画,细微处比王羲之《姑母帖》里的横画还好。"(见《庆祝殷焕先先生执教五十周年论文集》)

先生的诗词与书艺可从《殷焕先诗词墨迹》中略窥一斑。

三

综观先生的学术研究之路,处处闪烁着卓然大家的风采。先生早年即具有了传统文化的教养和底蕴,后来又受到了现代语言学的培养，力主学术为公，打破藩篱，兼容图新，博采众长，融会贯通，与时代共进；他既专门从事学术研究，又以广大群众文化水平的提高和社会的发展进步为己任；他通于古而不泥古，通于今而又融于古。宽博与精深、严谨与创新、研究与应用有机地结合是先生学术研究的特色。王期辰先生曾经说："有一次，我向南京大学程千帆先生问及古典文学研究中的有关问题时，他强调搞研究一定要打好基础，并说殷焕先教授的旧学好，新学也好。我这才恍然，认识到殷先生学识渊博之所在。"（《怀念殷焕先先生》）

先生说："我是偏爱微言大义的，觉得考据总陷于烦琐，最后连'自己'都没有了，出不来'六经皆我注脚'的气派。但恰恰是我自己走进了考据的圈子，久之乃至乐之不倦，实在是往而不返，无暇及乎义理、及乎辞章了。"（《殷焕先自述》）这彰显的是先生唯真是求的学术态度。

先生说："讲学术，我是很渺小的。我已去日苦多，有生之年，一者，我必须继续忠于我的语言专业。一者，我也不能忘记我是现代社会中的一员，继续学习和研究，珍惜当前现代化建设的时代，不惜绵薄，继续前进。"（《殷焕先自述》）这里既含有先生谦逊的学术态度，也包含了先生的学术追求。

先生经常跟我们同门说的就是，"有几分材料说几分话"、"言音类必须重视内证"、"言可复也"、"一个时代有一个时代的学问"、"博约是辩证的关系"、"学无止境"、"学术无顶峰"、"学术为公"、"我爱吾师我更爱真理"、"你要努力啊！"等等。这些话既有先生的心得，也有太老师们的教诲。

山东大学校长《在建校 110 周年庆祝大会上的讲话》中讲道："20 世纪 50 年代以来，以冯沅君、陆侃如、高亨、萧涤非、殷孟伦、殷焕先为代表的中国古典文学和汉语言文字学，以丁山、郑鹤声、黄云眉、张维华、杨向奎、童书业、王仲荦、赵俪生为代表的有中国史学界‘八马同槽’之誉的中国古史研究，使山东大学成为当时海内外瞩目的文史研究重镇。”这是对先生学术成就的充分肯定！

四

本前言的部分内容参考了不少师友关于先生生平事迹的文章，有些段落的文字就来自于他们的叙述。没有这些位师友的材料，我不大可能很好地写出这篇前言。这些文章都列在后面的参考文献里了。这个前言其实是许多师友要表达的心声。

本《论文集》是从先生近百篇论文中选出的，按照内容相关做了分类，大致代表了先生的治学经历和治学范围。各篇论文是从有关刊物和论文集中搜集到的，对原文中存在的明显的文字、标点差谬做了修正，个别地方为了方便排印，格式上稍作更改。有几篇论文既发表在有关杂志上，也收在先生生前自编的《殷焕先语言论集》（该书收了比较少的论文，限于当时的条件，只印了五百本，流传不广）里，个别地方明显经过先生修改，我们一般根据修订后的情况处理。其他一仍原貌，以保留先生的学术旧貌。

在编选过程中，同门盛玉麒、张树铮、王新华、孙剑艺、刘太杰诸兄和先生的家人都提了很好的意见。金欣欣师兄作为责任编辑为这本论文集的出版出力尤多。我的几个学生在稿件处理方面花了不少精力。我郑重地谢谢他们！

张玉来

2013 年 7 月 15 日于南京大学双杏斋

参考文献

房玉清:《殷焕先》,载《中国现代语言学家》(第一分册),《中国语言学家》编写组,河北人民出版社,1981 年 11 月第 1 版。

葛本仪、杨振兰:《殷焕先先生的学术风范》,《山东大学学报》,2002 年第 6 期。

盛玉麒:《重道敬业 师德楷模——整理殷焕先先生遗稿感怀》,《山东大学报》1996 年 9 月 4 日第 3 版。

盛玉麒:《与时代共进 求学术发展——殷焕先先生语文现代化思想研究心得》,《庆祝殷焕先先生执教五十周年论文集》,山东大学出版社,1994 年 7 月。

盛玉麒:《师道与学统——回忆殷焕先先生》,《联合日报》文史周刊,2011 年 10 月 15 日。

孙剑艺:《殷焕先教授的治学之路》,《高教自学考试》,1997 年第 9 期。

孙剑艺:《至诚至爱 可敬可亲——怀念吾师殷焕先先生》,载樊丽明、刘培平主编《我心目中的山东大学》,山东大学出版社,2005 年。

王大新:《殷焕先先生的书信》,载徐红燕主编《语言学家的故事》,中国经济出版社,2005 年。

王期辰:《怀念殷焕先先生》,载《青岛散文选萃》,远方出版社,1999 年。

武卫华:《殷焕先》,载梁自洁主编《山东现代著名社会科学家传》(第一集),山东教育出版社,1991 年。

徐显明:《在建校 110 周年庆祝大会上的讲话》,山东大学,2011 年。

殷焕先:《珍惜当前》,《山东大学学报》,1989 年第 2 期。

殷焕先:《殷焕先诗词墨迹》,山东大学出版社,1993 年。

殷焕先:《殷焕先自述》,载《中国社会科学家自述》,国务院学位委员会办公室编,上海教育出版社,1997 年。

殷焕先:《悼吕荧》,载李志华、赵枫等选评《书信经典 99》,山东人民出版社,1999 年。

张传曾:《循循然善诱人——先师殷焕先先生训诲散忆》,《山东教育》,2000 年第 31 期。

张树铮:《忆恩师殷焕先》,《春秋》,1998 年第 1 期。

张树铮:《反切、破读与方言音韵——殷焕先先生在音韵学领域的贡献》,《文史哲》,2011 年第 5 期。

张树铮、张玉来:《殷焕先先生学术生平》,载《语海新探》第 4 辑,山东教育出版社,1998 年。

关于复辅声的一些看法

壹、引言

上古汉语(可以包括到原始汉语)有没有复辅声？这个问题，在国内语言学界，一开始，有人赞成有，也有人不赞成有。时至今日，好多学者在汉藏语系诸语言的比较研究上取得了可观的成绩，越来越多的人倾向于上古汉语有复辅声。

上古汉语复辅声情况到底如何，学人们正在努力从汉语言各个方面去探讨。个人认为，语言是个整体，无论语言的哪个方面的问题的研究，比如语音方面的复辅声问题的研究，极应当从语言各个方面去寻求其踪迹。个人认为，大家从汉语各个方面探求上古汉语复辅声的有或没有，路子是正确的。当然，探索到的结论，肯定或否定，也不能忘记再回到语言的各个方面去检验，看一看各个方面的反应。

大家又认为，语言是在不断地发展变化的，而其发展变化又是有规律可求的。那么，如果能依据规律来论断语言事实，比如论断复辅声的有或无，总可以得到人们的重视了。用演变规律去探讨，去论断，这也是学人所共守的。

贰、汉藏语系与复辅声

认识一下汉藏语系诸语言复辅声的情况，对上古汉语复辅声问题的探讨是有益的！这可以扩开我们的思路。

这里选择了藏语、门巴语、独龙语、壮语、苗语、瑶语等来看一下汉藏语系复辅声的大略。为了醒目，我们分别制成表格。各表格的内容包括复辅声的类型、音标和各方言间的比照。限于篇幅不能列字例一栏。我们所用的资料，大都来自各语言简志及其他杂志。

带腭化、唇化、卷舌化的是不是复辅声，似乎还有争议。不过，从整个语系来看，尤其是壮语，使我们相信这些类型的辅音是复辅声演化的结果，而它们本身实在是复合的音，因此，我们也姑作复辅声来处理。

表一　藏语复辅声举要①

<table>
<tr><td>类型
音标
方言</td><td colspan="2">二合复辅声</td><td colspan="2">三合复辅声</td><td>四合复辅声</td></tr>
<tr><td>古藏语</td><td colspan="2">db、sk、rd、gr、phj、ɕw、sl……</td><td colspan="2">bkr、hbr、sbj、sgr、brt……</td><td>bskr、bsgj、brkj……</td></tr>
<tr><td rowspan="2">康方言</td><td colspan="3">鼻音＋浊塞音（塞擦音）</td><td colspan="2">清鼻音＋送气清塞音（清塞擦音）</td></tr>
<tr><td colspan="3">nb、nd、ng、ndz、ndʐ、ndʐ</td><td colspan="2">n̥ph、n̥th、n̥kh、n̥tsh、n̥tsn、n̥tɕh</td></tr>
<tr><td rowspan="2">卫藏方言</td><td colspan="5">鼻辅音＋清塞音（或清塞擦音）</td></tr>
<tr><td colspan="5">np、nt、nc、nk、nts、ntʂ、ntɕ</td></tr>
<tr><td rowspan="2">安多方言</td><td colspan="3">鼻辅音＋浊塞擦音</td><td colspan="2">其　他</td></tr>
<tr><td colspan="3">mb、nb、nd、md、ng、nbz……</td><td colspan="2">rp、rt、st、ltɕ、rtɕ</td></tr>
</table>

表二　“错那”门巴语复辅声举要

类型	唇音＋l	舌根音＋l	唇音＋r	舌根音＋r
音标	pl、phl、bl	kl、khl	pr、phr、br	kr、khr

① 古藏语复辅声情况比较复杂，多至180个；现代安多方言也比较多，不能一一列举，仅列其大要。

表三　独龙语复辅声举要

类型	唇音+j	舌尖音+j	舌尖音+w	舌根音+w	唇(舌根)音+l	唇音+ɹ
音标	pj、bj、mj	tj、lj	tsw、sw、tw、lw	kw、qw、xw、ŋw	pl、bl、ml、kl、ql	pɹ、bɹ、mɹ、kɹ、qɹ、xɹ

表四　壮语复辅声举要

类型 音标 方言	唇(舌根)音+l(或j)	舌根音+v
武鸣	pl、ml、kl	kv、ŋv
其他方言	唇音(舌根音)+l	唇音(舌根音)+r
	pl、ml、kl	pr、mr、kr

表五　苗语复辅声举要①

<table>
<tr><td>类型 音标 方言</td><td>鼻辅音+塞辅音</td><td colspan="2">唇辅音+卷舌辅音</td><td>鼻音+唇音+卷舌ɹ</td></tr>
<tr><td>湘西方言</td><td>mp、mph、nts、ntsh、nt、nth、ɳt、ɳth、ntɕ、ntɕh、ntʂ、ntʂh、nk、nkh、Ng、Ngh</td><td colspan="2">pɹ、phɹ、mɹ</td><td>mpɹ、mphɹ</td></tr>
<tr><td rowspan="2">川黔滇方言</td><td>鼻辅音+塞辅音</td><td>唇辅音+l</td><td>舌尖中音+l</td><td>鼻音+塞音+l</td></tr>
<tr><td>mp、mph、nts、ntsh、nt、nth、ɳt、ɳth、ntʂ、ntʂh、ntɕ、ntɕh、nk、nkh、Ng、Ngh</td><td>pl、phl</td><td>tl、thl</td><td>mpl、mphl</td></tr>
<tr><td>黔东方言</td><td colspan="4">无　复　辅　声</td></tr>
</table>

① 这部分材料用《中国少数民族语言简志》苗瑶语部分，科学出版社，1959年。

表六 瑶语复辅声举要①

音标 类型 方言	辅音+腭化音 j	辅音+唇化音 w
瑶语	pj、phj、mj、m̥j、fj、tj、thj、dj、nj、n̥j、lj、tsj、tshj、dzj	pw、phw、bw、mw、m̥w、fw、tw、thw、dw、lw、tshw、ʥw、sw、tɕw、tɕhw、ʥw、ɕw、ȵw、jw、kw、khw

上面六个表,包括藏缅语族的藏语、独龙语、门巴语;壮侗语族的壮语;苗瑶语族的苗语、瑶语。可列的语言还有不少,限于篇幅暂列这些。

我们看表一。藏语的复辅声情况古今差别比较大。古藏语的复辅声分二合、三合、四合三类,多至180多种,已如表举。现代藏语各方言的复辅声情况的演化极不相同。康方言、卫藏方言复辅声较简单,只有鼻音和塞音、塞擦音组成的复辅声。卫藏方言有的土语复辅声正在消失。安多方言的复辅声比较复杂,土语中多的还有七八十个。

表二,"错那"门巴语有复辅声十个,是由"l"和"r"与唇塞音和舌根音组成的,已见上举。

表三,独龙语的复辅声也比较简单,如果像有人认为的那样,腭化、唇化不算复辅声的话,那末,它的复辅声的情况和门巴语的情况就极其相似了。

表四,壮语的复辅声的情况最有意思,有的方言具有pl-、ml-、kl-三个复辅声,有的干脆变成腭化复辅音,甚至完全成为单纯辅音。

表五、表六,苗、瑶语复辅声的情况比较相近,各方言的情况不尽相同,甚至差别极大。在鼻辅音类组成的复辅声,还有点像藏语。

① 语言学谱系分类法中所称的"瑶语"一般都是指勉语说的。见毛宗武等《瑶族语言简志》175页,民族出版社,1982年。

具体情况见上面的表。

我们比较这几种语言,能够得出这样几条启示:

1. 各语言的复辅声由古而今日趋减少,甚至消失,如藏语,壮语。

2. 各语言的原始状态,由藏语推测复辅声应极为复杂,甚至令人难以置信。

3. 各语言的腭化、卷舌化、唇化大都与复辅声有关,如壮语。这使我想到《广韵》三等韵声母的复杂情况,很可能与复辅声相关。

4. 各语言最常见的有唇塞音和舌根塞音与边音 l(或 j)或卷舌音(ɹ)组成的复辅声。而且这两类辅音很容易发生腭化、卷舌化、唇化等,如门巴语、独龙语。

5. 唇塞音(或鼻音)和舌根塞音(鼻音)与边音 l 组成的复辅声,很可能是古代复辅声大量消失后的痕迹,如壮语。

如果我们得出的这几条"消息"不错的话,那末我们就会认为,值得郑重考虑上古汉语的复辅声的问题,并且尽力去探索。

叁、谐声字与复辅声

考订古音,汉字谐声字这份材料很为重要,段君玉裁揭示"同声符的同韵部",大大地推进了古音的研究。可是在声母的考订上,到目前还没有人敢于提出"同声符的同声母"。

李方桂先生曾对"上古声母"有过郑重的论述,他说:"我们暂拟了两条简单的原则,……(一)上古发音部位相同的塞音可以互谐。……(二)上古的舌尖塞擦音或擦音互谐,不跟舌尖塞音相谐。"他又说:"依这两条原则当然实际上可以发现些例外,这些例外也许另有解释的必要,但是我们不妨严格的运用这两条原则来考察近人对上古声母的拟测,看看他们的声母是否合乎这两条原则。如果不合的话,我们也许对上古声母系统应当有一个新的估计。”接着李先生列举了四条“不合”，说：“这是使我们对他们的上古声母系统发生疑问的地方。”①

李先生又说：“如果我们严格的运用谐声原则，就会发生上面的疑问。也许有人说上古谐声系统并不如此的严格，不该这样严格的解释。这话也许是对的，但是如果不这样严格的试验一下，就不知道究竟如何解释我们的谐声系统。假如我们有一个办法可以跟严格的解释相合，而且使上古的音系更简单化，更合理化，那么我想就不难决定应当如何解释了。”②

个人认为，李先生说的“严格的试验一下”是极为重要的。李先生又说：“使我们得到上古声母的消息的材料，最重要的是谐声字的研究。……谐声字有许多复杂的现象，暂时不能规律化，但是我觉得有两条原则应当谨慎的，严格的运用，也许对于上古音的拟测上有帮助。其他例外的谐声字也许得别寻途径去解释，最可利用的便是复声母的存在。”③

李先生的“最可利用的便是复声母的存在”是李先生多年研究汉语音韵和多年研究兄弟民族语言的心得之言，应该重视这是有所见而云然，绝不是一时即兴之谈。

个人认为，对复辅声的有或无，凡是“严格的试验一下”的意见，都是应当给予重视的，先不必急于下最后的论断。下面说两个认为有复辅声的事例。

汉学家雅洪托夫是赞成有复辅声的，这里举他《上古汉语中的复辅音》④的“一、任何辅音与 l 的交替”节中谈谐声字的一符多谐的为例。看来他是从“等”的角度出发并严格遵守“等”这一条件

---

① 见李先生《上古音研究》，第 10 页，商务印书馆，1980 年。

② 同上，第 12 页。

③ 同上，第 10 页。

④ 载《国外语言学》1983 年第 4 期，第 21—25 页转 40 页。

来观察“多谐”这一复杂现象的。他说：

> “从二等字几乎任何时候都不以辅音 l 起首……在《说文》中只能找到三个二等字以 l 起首，而其中只有一个是常用字：冷……然而，当一些带 l-的字和其他起首辅音的字处在同一字族时，带其他起首辅音的字（如果它们没有介音 i̭ 或 i）在多数场合是二等字而不是一等字。以辅音 l-起首的字可能是以其他任何辅音起首的二等字的声符；反之亦然，以其他任何辅音起首的二等字也可能作以 l-起首的字的声符。最后，同一个字既能表示以 l-起首的音节，又能表示以其他辅音起首的二等字。对一等字来说，同样以 l- 起首的字就不存在这种关系。”

他又说：

> “我认为，二等字既然像上面我所指出的那样同带 l-的字紧密相联，那么它们当中应该有过介音 l，即它们曾以复辅音 kl、pl、ml 等等起首。当然，带这样复辅音的字在语音上曾经跟带 l-的字相当接近，这样这两种字才能进入同样一些字族。另一方面，这样来解释二等字的起源时，为什么以辅音 l-起首的字不可能属于二等字就很清楚了：因为在起首辅音 l-之后不可能还有介音 l。”

个人认为：他这番论述，应该称得上是“严格的试验一下”了。

我们应当注意，“等”的概念，并不是事先有个谁专为我们今日讨论复辅声而预先埋伏好的，而今日从“等”的角度来论证古有复辅声，恰恰如此的切当，“若合符节”，这岂是巧合，所以我郑重地引在这里以供大家思考问题之助。

再举“声调破读”的事例。从“声调破读”这一角度看，也可以得出上古汉语应当有复辅声的推论。

我曾经对“声调破读”这个现象做过一些观察，认为：“声调破读”构成的条件，一是：

平：去　　藏：藏

上：去　　好：好

入：去　　恶：恶

可以构成破读(我曾指出“离去无破”,①又指出平、上不会构成破读)。二是:在构成破读之时,两读的声母、韵尾相同,只是在元音上有些某种差异,如高低、长短、松紧或其他这类性质的差异。

比如:

藏(cáng):藏(zàng)

它们只能在读

[dzh—ng]:[dzh—ng]

时构成破读,而绝不能在读

[tsh—ng]:[ts—ng]

时发生破读关系。又比如:

恶(è):恶(wù)

它们只能在读

[ʔ—k]:[ʔ—k]

时构成破读,而绝不能在读

[e]:[u]

时发生破读关系。

据个人的观察,条件一和条件二都可以当作“声调破读”的“通则”来应用。这点,请予注意。由此,我们试看

立(lì):位(wèi):(入:去)

的“声调破读”事例。“立”、“位”,意义相因。《管子·心术》:“位者,谓其所立也。”《周礼·太仆》:“掌正王之服位”,注:“位,立处也。”“立”《广韵》入声字,“位”《广韵》去声字,是“入:去”的关系。根据意义相因,根据条件一的通则,我们可以认为,“立:位”是可以构成破读关系的。但,从条件二的通则看,“立:位”算作“声调破读”就有不合处。一是声母不同,二是韵尾不同。

---

① 可参王力《汉语史稿》第三十一节,语法发展的一般叙述。

韵尾不同的问题,前人已经解决了。即,“立”、“位”二字的韵尾原是相同的。“位”字语音演变是:

(谐声时代)□-p→(诗经时期)□-t→而后丧失韵尾。

“立”字一直到中古仍保持读-p 尾。这样,只剩下“立”、“位”声母不同的问题了。在这里,正好有“纳”、“内”二字可以参看。

“纳”、“内”二字也具有“声调破读”的关系。它们意义相因。《说文》:“内、入也。”《仪礼·少牢馈食礼》:“纳诸内”,注:“纳、犹入也”,“纳”、“内”盖有动、名用法之别。“纳”《广韵》入声字,“内”《广韵》去声字,是“入:去”的关系,合乎条件一的通则。在语音演变上,“内”也是由谐声时期的□-p→诗经时期的□-t,而后丧失韵尾。而“纳”字一直到中古仍保持-p 尾。“立”、“位”、“纳”、“内”四字,从谐声字的“同声符的同韵部”看,从“声调破读”条件二的通则看,韵尾的问题是解决了,它们在谐声时期同是收-p 尾。但是,从“同声符的同声母”(此谓“同声母”,用李方桂先生的两条原则)看,从“声调破读”条件二的通则看,“纳”、“内”二字不成问题,它们正好声母相同,都读泥母 n-;但“立”、“位”二字成问题,“立”字在《广韵》是来母 l-,“位”字在《广韵》是于母,于母来源上古匣母,有人假定匣母上古读 g-。而 l-与 g-,既不合谐声原则,也不能构成破读关系。这样,根据谐声原则来考虑,根据“声调破读”条件二的通则来考虑,我们只得推测,“立”、“位”二字在谐声时代是读:

gl—p

推定“立”、“位”的声母在其构成破读时是读复辅声 gl-,那就符合谐声原则了,符合“声调破读”的通则了。这当然不是无稽之谈,也应当称得上是“严格的试验一下”的。

从“声调破读”来论证古有复辅声,也恰恰如此切当,这当然不能是巧合。

从“等”的角度来试验，从“声调破读”的通则来试验，都有助于从“谐声原则”来试验，而这样的试验是严格的。可以说，谐声字的复杂情况引导我们想到复辅声，而复辅声的假定，实有利于我们解释谐声字的复杂情况，不用说，这也有利于解释“等”的情况和“破读”的情况。

当然，复辅声说还在“试验”中，我们不敢断言其一定有，我们只想提醒：对从语言各个方面来的“严格的试验”的意见，应当重视，即使是“点滴”。因为我们无法一举解决一个复杂问题。

肆、馀论

现代汉语和它的方言都没有复辅声了，让我们在今日设想我们古代汉语有复辅声自然是困难的，这就一定要有复辅声的论证才行，而这些论证一定是要通过“严格的试验”得到的才足以服人。

但我们看到同系语言有复辅声，总的说来复辅声是可以从多到少，也以从有到消失的。见上表所列情况。这样，我们可以不必坚持今无古必无了。当然，也不必坚持今无古必有。一切有待于“严格的试验”。“严格的试验”是不可放松的，这是科学的态度。我们千万不能因为先假定为“古无”就不去探索，不去试验了。

在文献里和方言里，碰到可怀疑的复辅声的情况，似乎第二个辅音为来母的多些，如“突郎”、“屈孪”、“勃兰”之类。我们看到上表兄弟民族语言也有这样的情形——第二个辅音只是 l-，我们就不会以为怪异了。

比如“邾娄”，《春秋 · 公羊传》：“公及邾娄仪父盟于眛”，释文：“邾人语声后曰娄，故曰邾娄。《礼记》同；《左氏》《穀梁》无娄字”。《公羊》、《礼记·檀弓·下》记“邾娄”而《左氏》、《穀梁》只记“邾”，这当然导引我们想到复辅声。

比如山东方言里，有“坡兰”（簸形盛物器）、“提留”（提）、“都卢”（一捆）、“提留”（提着的一捆）等。① 以上文献和方言带l-的情况，也很可能是古语之遗迹。当然，这也可能是据古语之遗迹而推广的。这在现代方言也可能是后起的现象。这些也难以一概而论。

至如复辅声的时间上限，用上面所谈的“立:位”的“声调破读”为例，可以上推到谐声时代。至于下限，则很难定。俞敏先生曾说：“后汉支娄迦谶译《兜沙经》用‘枫摩’……对梵文 brahma，支谦译《阿弥陀三佛萨楼佛檀过度人道经》用‘须枫’对 subrahma，正好证明后汉人‘风’字的音跟‘孛缆’完全相像。……这就说明‘风’在后汉完全有可能念 plam，也就类似‘孛缆’”。②

当然，从兄弟民族语言复辅声情况看，可知复辅声的类型和数目是在变化着的，一般是由多到少。所以，用“立:位”例也只能证明有 gl-复辅声，用“枫”例也只能证明有 pl-复辅声。由多到少是渐变的，不能说有了一个便是一切皆有。同样，我们也不能设想，复辅声会在一天之内完全消失，何况我国历史很长，幅员很广。

复辅声问题有待于研究，“等”的产生和发展的问题也有待于研究，“声调破读”的产生和发展乃至所谓“通则”也大有待于研究。用“待于研究”来论证“待于研究”是大有危险性的，这是大家所共知的。但是，我们不能总是把“待于研究”的问题放在一边不去理会，那不合治学的态度。我希望，大家都不忽视从语言各个方面呈现出来的有关复辅声的蛛丝马迹，而认真去探讨，也很可能复

① 山西方言带l的词也很多，如“薄浪”、“疙滥”，参赵秉璇《山西方言晋中“嵌l词”汇释》，《中国语文》1979年第6期。

② 俞敏先生《古汉语“风”确实有过“孛缆”的音》，《民族语文》1982年第5期。

辅声有无明,而后语言各个方面的相关的一些问题也因此而明,这是很重要的。比如,我们最后的结论如果是“古无复辅声”,那么,二等字绝少 l-起首的字就得另求解释了;“立”与“位”的“声调破读”的构成“通则”就得重新建立。我们可以说,语言各个方面所呈现的情况,是相互联系的,相互制约的。因此,我们可以说,语言各方面的研究,也是相互启发的,相互推进的。个人浅见,对复辅声问题,尽可不急于下结论,但应当竭尽心力去探讨。

（原载《郑天挺纪念论文集》,吴廷璆等编,
中华书局,1990 年)

上古去声质疑

一

[1]上古声调应当如何认识,问题不算简单。是单纯的“音高”还是单纯的“音长”(或其他的元音性质)? 抑或是“音高”同“音长”的相综合而又存在着“主”、“次”以及“主”、“次”又在随着时间转移而变动的问题呢?

[2]引起我注意这个问题的是上古去声,我就特别标出“去声”为题。

并时同道和师友,对声调问题、韵部问题的论、著,给了我们好多启发和教益。这些论、著,都切实地解决了不少疑难问题,但还是遗留一些问题要讨论。我这里是写出我的“于心未安”的一些认识,所以我特别标出“质疑”为题。

[3]浅见认为:

(1)我们曾从汉语是否是“声调语言”这一角度来评价上古汉语“但有平入”说,我们还应当考虑从词汇、语法这一角度来讨论上古汉语的声调。

(2)词汇、语法现象之一是“破读”,我们还应当引进声调范围内的“破读”现象来讨论上古汉语的声调问题。

(3)“离去无破”的现象不容忽视。我们有平:去(膏:膏)、上:去(受:受)、入:去(伐:伐)大量的与“去”相关的“破读”现象,这就提醒我们必须注意“去”声。

(4)声调范围内的“破读”,有“同字破读”和“异字破读”。为了肯定“异字破读”是否真是“破读”,我们就要找出一个声调范围内的“破读”之通则。

(5)我们应当重视声调范围内的“入声韵部”(大类)中“入”(小类):“去”(小类)的破读;我们也应当重视“平”与“上”不为破读这一语言现象,这一现象是帮助我们假设“上古”或“上上古”(上古以上)汉语中的上声是个韵部问题的“蛛丝马迹”。

(6)我们很难断定“破读”仅只是“魏晋经师”的“臆造”。因为西周金文供给我们声调范围内的“破读”的迹象,殷商甲骨文也供给我们声调范围内的“破读”的迹象。这都不容我们忽视。

我们的语言“尚矣”,难为乎其确凿言之,但以有文字记载为证,我们似乎可以说,殷商甲骨文时代,我们的汉语就有了“破读”的“苗头”。

(7)文字是记录语言的,“破读”现象的存在,不能不引起我们注意:对汉字的“同字不同词”这一文字性格的实际应给予足够的重视。

应当用“同字不同词”来观察古人训诂方法上的“同字为训”;应当用“同字不同词”来观察汉语词汇、语法上的真相。

二

[4]古音学史上,段君玉裁提出“古四声不同今韵”,认为“古无去声”,并且认为上声也不是汉语自始就有的。这是一个了不起的见解。这个见解的可贵处在于,它首先明确地指出声调是在变动着的。

后来黄君季刚继段君之后提出:上古连上声也不存在,“但有平入”。“但有平入”,这也是个了不起的见解,它触及了“上古汉语到底是不是‘声调语言’”这一个重大问题。

[5]上声不是汉语自始就有的、古无去声、古无上、去——那末,后来有了上声了(段君所谓“上声备于三百篇”),上声是凭空而来的吗?后来有了去声了(段君所谓“去声备于魏晋”),去声是凭空而来的吗?

[6]上古,或者上上古(上古以上),那时,汉语作为没有声调的语言(即“非声调语言”),并不是不可能的。因此,我们并不是不可以说“但有平入”。段君的心目中就是有个上上古在。问题在于上古汉语后来变成了声调语言了,这是怎样变的。

三

[7]除了用耳朵、头脑直接“亲知”(当然包括科学方法、科学仪器的帮助)对“值”作研究以外,我们的语音研究的基本工作就是“类”的研究。乃至可以这样说,“亲知”法对“值”所做的研究也还是为了“类”的研究。

[8]我们研究语音,要求严格地划清“音类”。前人所谓“剖析毫厘,分别黍累”,实际上也是为了分“类”的精确。

[9]古音学界有些前辈倡议:上古声调主要是音高,再加上音长。这就是说:上古声调的语音性质是综合性的,综合了音高和音长。

这是富有启发意义的意见。

民族语言学家指出,汉藏语系里就有从元音松紧区别词义发展而为声调高低区别词义的事例,声调也不是天生就有的。

这也是富有启发意义的意见。

[10]这启发我们摆脱对声调的传统认识之拘囿。这启发我们设想:上古声调的语音性质可以是“音高”的,“音长”的,“音高音长”综合的,乃至元音的其他性质的,比如,“元音松紧”的。当

然这也并不排斥音节后面再带一个辅音尾的情况，比如就有人认为，在中古之初，汉语的去声音节之尾还有个-s 音尾。这并不是不可能的。这也就是说，对上古汉语，我们不必拘囿于“声调”的问题就正是“音高”的问题上。

［11］为了讨论“上古声调”的便利，我们可以把上古汉语声调只看作语音上的一个“类”，并且，我们把这个“类”看作“虚位”，认为这个“虚位”只有音“类”的价值，而完全没有“音的高低”、“音的长短”、“音的松紧”等等方面的音“值”的价值。

把上古声调看作只是一个“虚位”的“类”，这样可以使我们考虑问题时受的“成说”所给的干扰会少一些，审核问题时“一一如一”的认真的程度会提高一些。

四

［12］我们这个讨论谨守“类同变化同，条件同变化同”的语音演变法则。

我们这个讨论从上古汉语的韵部具有“阴”、“入”、“阳”的三大类的当前学术界的认识出发。

五

［13］我们从上古去声着手进行讨论。

我们先从“破读”现象着手讨论。我们只引用那些“破读”中旧来归之于“声调不同”的一类之事例。根据我们的看法，“破读”反映的是语音之自然；“破读”产生之前，相应的音类已经存在。例如入：去的“破读”（伐：伐）产生在“入”（类）、“去”（类）有别之后。（参看拙文《破读的语言性质及其审音》，载《山东大学学报》

1963年1月号)

[14]如大家所公认,周秦的入声问题是一个“韵部”的问题。入声韵部是具有大家所公认的“入”与“去C”(见下[27])两类的。

我们说过,我们要求先不把“入”、“去”等当作旧的“调类”的“类”来认识,而只把它当作“虚位”的“类”来认识。

我们说上古“入”与“去C”为一类(较大的类),从“破读”看,这一大类里刚好有“入”与“去C”为“破读”的“伐:伐”、“读:读”、“恶:恶”等现象。

从“入”与“去C”的破读“伐:伐”等的现象出发,我们不得不承认“入”与“去C”有“类”的因而是“值”的不同。

我们的音韵学界是这样的承认了。其所以如此,是因为我们已经从“破读”以外的文献证据证明了古汉语中“入”与“去C”是同一韵部(大类)中的两个不同的“类”(小类)。

[15]再从“破读”看,“阴声韵部”、“阳声韵部”里有“平”与“去A”(见下[27])为“破读”的“膏:膏”、“治:治”、“藏:藏”、“乘:乘”等现象。但是,这些现象并没有导引古韵学家认为上古“平”与“去A”为一类(大类)。

[16]谈“阴声韵部”、“阳声韵部”也应当注意到“发展不平衡”问题。所谓“发展不平衡”,指的是:

像孔广森所指出的:《诗经》“三声通协……唯阳声诸部尽然,至于阴声诸部亦颇有界限”那样的“阴”、“阳”发展不平衡。

又如王国维所指出的:“阳声一”、“阴声四”那样的“阴”、“阳”发展不平衡。

又如王了一先生所指出的:“《切韵》……阳声韵收音于-ng、-n者,其去声多来自平声”;“其收音于-m者,其去声多来自入声”;“阴声韵的去声字除来自长入外,多来自上声”等那样的各不同尾的韵部的发展不平衡。

我们遗憾的是:今日可得而知的声调“破读”是这些不平衡发展的总结果,很难为它分析发展层次。我们所幸的是:这些结果大都还在今日口语里有反映(如“膏、平:膏、去,膏一下油”,“饮、上:饮、去,饮牛水”)并还有古代文献的记载。我们注意到:一个字所表的音,如“膏”,它不能无缘无故地分为两读,其所以会分为两读,现在的学术认识,还只能认为它必定是源于“类”的不同。所以我们可以姑且越过这个“不平衡”用“类”来讨论我们的问题。

[17]再回来从“破读”看,“阴声韵部”、“阳声韵部”里还有“上”与“去B”(见下[28])为“破读”的“受:受”、“饮:饮”、“下:下”等现象。但是,这些现象也并没有导引古韵学者认为上古“上”与“去B”为一类(大类)。

[18]当然,平:去之去,指与其“平”相关之“去”(可称“去A”);上:去之去,指与其“上”相关之“去”(可称“去B”),这点,自不待言。至于入:去之去乃仅指与其“入”相关之“去”(可称“去C”)。

[19]我们很可以假定:上古“平”与“去A”为一类(大类);“上”与“去B”为一类(大类)。它们堪与上古“入”与“去C”为一类(大类)相比并。那也就是说,上古又有“平”、“上”、“入”三大类。

如果我们想做这样的假定,那就要注意到上古汉语里另外还有好多与这类声调“破读”相关涉的现象。这些相关涉的现象,有的有利于我们的假定,有的则与我们的假定相扞格。比如,押韵现象、谐声现象、通假现象、训诂现象,等等,都是与“破读”相关涉的现象。联系“破读”对这些现象探索、研究,必然有助于我们对上古汉语语音性质的认识。

[20]很明显,在我们假定“入”与“去C”为一类(大类)时,我们并没要求“入”与“去C”之间必得存在着“伐:伐”、“读:读”、“恶:恶”之类的这种联系。即我们在研究假定“入”与“去

C”为一类(大类)时,我们无需取证于“破读”。

但是,在“入”与“去C”同为一类(大类)的关系既经我们认识清楚之后,我们便也渐渐认识清楚了:在“入”与“去C”同为一类(大类)的关系中,确确实实有“入”与“去C”的“破读”的关系在!

我们不能因为“无需取证”这一“偶尔的”理由,就否定“入、去C为一大类”与“入、去C为破读”之间的“一定的”关系。

我们倒可以这样说,正因为“入、去C为破读”正好存在于“入、去C为一大类”里,我们便被迫要从“平、去A为破读”来论一论“平、去A为一大类”和从“上、去B为破读”来论一论“上、去B为一大类”。

六

[21]声调范围里的“破读”的某些现象是很应当受人重视的:

①“平”可以做“本”,以“去A”为“破”;

“去A”可以做“本”,以“平”为“破”。

②“上”可以做“本”,以“去B”为“破”;

“去B”可以做“本”,以“上”为“破”。

又:

③“入”可以做“本”,以“去C”为“破”;

“去C”可以做“本”,以“入”为“破”。

这里所说的“本”、“破”,一般说来,有词汇、语法意义的不同,比如,藏:平、动,藏:去、名。应当重视这种词汇、语法现象。

[22]上面①、②、③三组“破读”情况,反映出一件重要的事实。这事实就是“离‘去’无‘破’”。

“离去无破”当然是指的“声调”范围内的“破读”而言,不涉及别类的“破读”。这可参看拙文《破读的语言性质及其审音》(载

《山东大学学报》,1963年1月号)。

我们必须在“离去无破”的事实面前考虑“去”类的存在与否这个重要问题。也就是我们要考虑这个“虚位”的“类”存在不存在。

根据中古之初的韵书里的四声列字情况,音韵学者认为,“去”类并不是因为“破读”而有,而是,“破读”应用“去”类的语音性质来构词。

[23]再有一个现象,也是我们应当予以重视的,这就是:

㊏④“平”可以做“本”,以“上”为“破”;

“上”可以做“本”,以“平”为“破”。

这种声调“破读”是没有的,如果有,那也是“绝无仅有”的。

我们不能说:

㊏⑤“平”可以做“本”,以“入”为“破”;

“入”可以做“本”,以“平”为“破”。

㊏⑥“上”可以做“本”,以“入”为“破”;

“入”可以做“本”,以“上”为“破”。

像上面⑤、⑥的“破读”现象是不存在的。

“入”(包括“入”之“去C”),是有清口辅音尾的。“平”与“入”(包括“入”之“去C”)、“上”与“入”(包括“入”之“去C”)不能为“破读”。

[24]那末,像④的“平”与“上”不为“破读”,是个什么问题呢?

我们已经知道:“入”与“去C”为“破读”(如:“伐:伐”)是在同一个韵部内行之,不会涉及韵部以外(“内:内”另有演变规律)。这种“入”与“去C”的关系,是同一韵部内的两个小类的关系。

[25]我们如果这样认识:“平”与“去A”为“破读”(如“藏:藏”),是在同一个韵部内行之,不会涉及韵部以外。这种“平”与“去A”的关系,是同一韵部内的两个小类的关系。汉语文献上的事实无违于此,容许我们作这样的认识。

[26]那末,我们就很可以作这样的认识了:“上”与“去 B”为“破读”(如“受:受”),也是在同一个韵部内行之,不会涉及韵部以外。这种“上”与“去 B”的关系,也是同一个韵部内的两个小类的关系。汉语文献上的事实也无违于此,容许我们作这样的认识。

[27]如果我们把上面的推论变一个次序来说:“入”与“去 C”为“破读”,“入”与“去 C”是同一个韵部内的两个小类的关系;“上”与“去 B”为“破读”,“上”与“去 B”是同一个韵部内的两个小类的关系;因而推定:“平”与“去 A”为“破读”,“平”与“去 A”是同一个韵部内的两个小类的关系。

[28]重要的是,由此,“平”与“上”不为“破读”这种现象,就替我们的“平”与“上”各为韵部,即各为一大“类”,这一假定提供了“蛛丝马迹”。

“平”与“上”不为“破读”就容许我们考虑一下:“上”在“上古”或“上上古”很可能是个韵部,即,不与“平”合的一个大“类”。“平”与“上”不为“破读”,这是因为“平”与“上”不同韵部。

这跟“平”与“入”不为“破读”、“上”与“入”不为“破读”的情况正同。

[29]“平”与“上”不为“破读”,正可以说明“平”与“上”的关系,与“平”与“去 A”、“上”与“去 B”、“入”与“去 C”各二者之间的对比性质不相同。

[30]回顾上面[18]所说的:“平”与“去 A”相关之“去”,乃是与“平”同韵部之“去”,而绝不是那“入”与“去 C”相关之“去”;“上”与“去 B”相关之“去”,乃是与“上”同韵部之“去”,而绝不是那“入”与“去 C”相关之“去”。

到此,可以看得更清楚些。

“入”有其“去”,“平”、“上”亦各有其“去”。

当然,我们还可以推定:去 A、去 B、去 C,到中古表现为音高相同的一类,那末三者在上古也应该有某方面的共同性质(元音、韵尾或其他)。但显然它们有着不同的来源:原本是分别归“平”、归“上”、归“入”为不同的三个韵部的。

七

[31]段君玉裁把“平、上为一类”与“去、入为一类”并提,从现今看,这样并提是难以令人满意的。

“去、入为一类”,现今的解释是:入声韵部(我们可以称之为“大类”)有两个“小类”,这两个“小类”各有其特殊的“语音性质”(或是有“长入”、“短入”之别,或是有“平调”、“降调”之分,如此等等),正因为他们具有“不相同”的“某种语音性质”,后来得以分化为“不相同”的两个“类”:一个“去 C”(小类),一个“入”(小类)。

现今的解释是合理的。

“平、上为一类”是不能跟“去、入为一类”作同样的解释。因为“平”也有演化为后来的“去”的,“上”也有演化为后来的“去”的!

[32]有必要指出的,上面[31]的解释,很明显地表明:作为“虚位”的“类”来看,“去 C”在上古是实实在在存在着的,至少是以一个“虚位”(我们姑且如此认识它)的“小类”存在着。

[33]如果我们对“平、上为一类”也跟“去、入为一类”作同样的解释,那也无异承认“上”在上古作为一个“虚位”的“小类”是存在着的。

照这样来推论,我们势必承认,“上古”之上,作为“类”,已经具有了:

平　　上

去(去C)入

这是段君说。

但我们可以看出来，段君说是太简化了，他没有考虑“平与去A”、“上与去B”为“破读”，他也没有考虑去A、去B中古都成为“去”声，以及不因“破读”而有的“去”声(字)。段君未能观察中古“去”声字的汇合，所以失之简。

[34]后代方言里的声调分化，是不能与古代的“去”、“入”分化相提并论的。古代的“去”、“入”的分化是，这一类与另一类的“类不同变化不同”的分化，是“整类”地变了。而后代方言里的声调分化则是，同一“类”里的“条件不同变化不同”的分化。因而，今日的声调分化，往往呈现出“互补”现象。

[35]很难解释“前无所承”地出来一个后代“去声”(声调)，“前无所承”地来一个后代“上声”(声调)。

古音学家经过反复研究郑重地替后代“去声”的出现安排下一个“所承”，并给出“条件”，让它的演变能“整类”地、合理地进行。他们的“安排”，心力集中在“去C”→“去”声(声调)上。

[36]我们说“平”变“去”，说“上”变“去”，应当是指的“类”的变化。应当不是指的“条件”不同而产生的可以“互补”的变化，应当更不是指的因“个别”情况而产生的变化。“平”变“去”、“上”变“去”，不管是“类”的，“条件”的，“个别”的，都要求我们给出“所以变”的解释。音韵学界正在探讨这种解释。

八

[37]“破读”有“同字破读”，有“异字破读”。像“御者，御也”是同字破读，像“助者，籍也”是异字破读。

异字破读很难定得准。是声训的作用呢，还是破读的字形分化成为两“字”的呢？问题不容易弄清。

那些好弄清的，如“受：授”，“舍：捨”，“背：揹”等，一见可知，就不用多说。

像“慈、字、子”三个字，是谁与谁之间具有“破读”关系，则颇费踌躇。根据“破读”的通则，应当是“慈”和“字”。（参下面[38]）

为了便利讨论，我们先尽量用“同字破读”做例。

九

[38]根据我们所观察到的所谓“声调”这种方式的“破读”，两“破读”字其语音上的对照是：

声　母	元　　音	韵　尾
同	可以有高低、长短或其他情况的差异	同

所谓声调“破读”，其通则如此。

我们现在要应用上述通则作为我们讨论的根据，凭这个根据而有所取，有所舍，这比如我们取“慈：字”为“平：去”的破读，而不取“子：字”为“上：去”的破读。所以，我们强调一下这个通则。

比如：	“藏：藏”	为破读，
它们只能在	ʥʻɑng：ʥʻɑng	时为破读，
而绝不能在	tsʻɑng：tsɑng	时构成破读关系；
又比如：	“恶：恶”	为破读，
它们只能在	ʔɑk：ʔɑk	时为破读，
而绝不能在	e：u	时构成破读关系。

上述“慈”、全浊，“字”、全浊，而“子”、全清，所以“慈：字”为破读。

当然，如果不合这个通则，虽两义共用同一个字形，亦不得为声调破读。

十

[39]上古文献有很多声调"破读"的材料,周祖谟先生曾经根据汉儒的读若,把"四声别义"的时间上推到两汉。其考订极审慎可信。今仅引其讨论"'渔'有平去二音"的段落,以见一斑。周先生说:

> 案吕览季夏纪"令渔师伐蛟,取鼍"。高注云:"渔师,掌鱼官也。渔读若相语之语"。……此相语……之语读去声,与言语之语读上声……不同。今韵书渔字有平声,无去声,高诱音去声,以渔师渔人渔者之渔,与易以佃以渔之渔,为用不同,前者为由动词所构成之名词,后者为动词,故吕览……诸[动词]渔字并如本字读,而不别加音释。是渔字汉人有平去二音也。(引文见《四声别义释例》)

这种现象似可以找到更早的先征,先秦文献中的"声训"有这类例子。"声训"材料,在研究汉语史和汉语言学史上都占有重要的地位。

[40]如果《论语》里记载的孔子对季康子的话材料可信,孔子所说的"政者,正也。子帅以正,孰敢不正",正是一条声训的好例。这可见声训的风气很早。孔子对季康子问的场合不容孔子说"儿戏"话,而季康子也把孔子的话当作"一本正经",绝不认为穿凿比附。

[41]《易经》这部书里有好多"声训"材料。《易经》一书的成书时代,说法不一,但其中的"声训"事例则来源甚早,不是从《易经》才创始。

后人总结训诂条例,有"同字为训"一类,引的《易经》的例子有:

> 蒙者蒙也　　比者比也　　剥者剥也

从我们今天看,这些所谓"同字",都应当是"同字不同词":上下两字虽同形,但所记录的音、义则不相同。如果看作"同词为训",那就等于说，我们先民的训诂水平低得可怜：在“甲者，甲也”这个训诂方式里，竟然“甲”、“甲”是同词，那还算什么训诂！

合理的解释只能是：有破读在！

[42]还有更早的材料。

铜器《大盂鼎》记载下来的“畏天畏”较为可信。把上一个“畏”字解作动词，下一个“畏”解作名词，说下一个“畏”字同于“威”，这应当是正解。

古籍上也留下一些证据支持这个正解：

《书・洪范》：“威用六极”，《史记・宋微子世家》、《汉书・五行志》、又《谷永传》作“畏用六极”。

《书・吕刑》：“德威惟畏”，《墨子・尚贤下》作“德威惟威”。

《书・皋陶谟》：“天明畏”，《释文》：马本作“威”。

《考工记・弓人》：“恒当弓之畏”，注云：故书“畏”作“威”，杜子春云：当为“畏”。

《考工记》同上，注云：“畏”，读如“秦师入隈”之“隈”。

这些证据，很可以帮助认定“畏天畏”后一个“畏”的字形和读音（“隈”字是平声字，音同“威”）。

后代考古学家也认定作这样的解释。刘心源云：“天畏”之“畏”读“威”。（《奇觚室吉金文述》卷二）郭沫若先生则于“天畏”之“畏”下夹注“威”字。（《两周金文辞大系图录考释》）

由此我们可以得出一条“声训”例：

畏，畏也。

[43]比铜器铭文更早的甲骨文里，有一个“受”字也很值得我们注意。

（1）幺祖乙祝，叀祖丁用，王受又。

叀高祖夒祝用，王受又。（《殷契粹编》1片）

郭沫若先生释曰：“王受又”者，王受祐，卜辞习见。（《殷契粹编》

344 页）

（2）贞勿伐𢀛，帝不我受其又。（《卜辞通纂》366 片）

（3）伐𢀛方，帝受我又。（《卜辞通纂》369 片）

> 郭释：以上由三六三至三七四片均有帝字，或称上帝，凡风雨祸福，年岁丰啬，征战成败，城邑建筑，均为帝所主宰，足证殷人已有至上神之观念。（《卜辞通纂》77 页）

（4）辛卜㱿贞伐𢀛方，帝受授［我又］。贞帝不其受授［我又］（《殷契粹编》1073 片）

> 郭释：帝受我又 ＝ 帝授我祐。（《殷契粹编》索引）

这里，言人间之王受又，“受”自为“接受”之“受”，言至上神之帝受之，“受”自为“授予”之“授”。郭释及夹注明白可信。

据此，很可看出殷商时代的“破读”之“苗头”。

［44］金文中的“畏”，甲骨文中的“受”，都是以同一个字代表两个不同的词。

我们不能想象，我们的古汉语会贫乏到这种程度，竟然在表示一出一入（所谓“施、受”）上“出”、“入”不分，贫乏到“授”、“受”同词；竟然名、动不分，贫乏到“畏”、“威”同词。

对这种“同字”的合理解释，仍然只能是“有破读在”！

［45］谈到这里，我们可以提出：文献可考，汉语里的“破读”现象，是很早就存在着的了。它的早，可以上推到甲骨文时代，“殷商时代”。

上文所举的“破读”例子，又都是与“去”相关的，因此我们又可以说：上古去声作为一个“虚位”的“类”来说，它早已存在，其时代也可以推到殷商时代。

我们提出这样的意见，希望邀得同志们的考虑，而不致哂为“无稽”。

十一

[46]语音是发展变化着的。近来学者已经不再拘囿于用“音高”来看自古迄今的“声调”了。王了一先生说：由上古到中古，声调的变化是相当大的。一方面是声调性质本身的变化，由音高和音长并重变为以音高为主；另一方面是调类的变化，长入一类的声调消失了，转为去声，和那些来自平、上两声的字合流了。(《汉语史稿》,1956 年初版，此据 1980 年 6 月新 1 版)

严学宭先生说：从汉藏语系藏缅语族诸语言区别词和词的形态最小语音单位的声母、元音为主到产生声调、声调又从伴随地位发展到跟声、韵同等的作用看来，远古的汉藏语言共同的原始基础语是没有声调的，当时元音松紧对立的现象很突出……

在汉藏语系里，声调的产生和元音松紧的转化有着密切不可分割的关系。当初是以元音的松紧区分音位，声调只是伴随现象，且仅具高低之异。一般是紧元音念高一点，松元音念低降或低升，游移不居。后来声调高低与元音松紧相结合，日趋稳定，且区别语义。(《汉语声调的产生和发展》,载《人文科学》,1959 年第 1 期)

两先生所论，给古汉语的研究带进了清新的而又活跃的空气，据此，我大胆地提出浅见，愿大家给予指正。

(原载《音韵学研究》第 2 辑，中华书局，1986 年)

陆法言《切韵·序》释要

陆法言，名词，魏郡临漳人。《隋书》第58卷“陆爽传”附有陆法言的简单介绍：“陆爽，字开明，魏郡临漳人也。祖顺宗，魏南青州刺史。父概之，齐霍州刺史。爽少聪敏，年九岁就学，日诵二千余言。齐尚书仆射杨遵彦见而异之，曰：‘陆氏代有人焉。’年十七，齐司州牧、清河王岳召为主簿。擢殿中侍御史，俄兼治书，累转中书侍郎。及齐灭，周武帝闻其名，与阳休之、袁叔德等十余人俱征入关。诸人多将辎重，爽独载书数千卷。至长安，授宣纳上士。高祖受禅，转太子内直监，寻迁太子洗马。与左庶子宇文恺等撰《东宫典记》七十卷。朝廷以其博学有口辩，陈人至境，常令迎劳。开皇十一年，卒官，时年五十三，赠上仪同、宣州刺史，赐帛百匹。子法言，敏学有家风，释褐承奉郎。初，爽之为洗马，尝奏高祖云：‘皇太子诸子未有嘉名，请依《春秋》之义，更立名字。’上从之。及太子废，上追怒爽云：‘我孙制名，宁不自解？陆爽乃尔多事！扇惑于勇，亦由此人。其身虽故，子孙并宜屏黜，终身不齿。’法言竟坐除名。”显然，陆法言的家族是上层显贵，只是因封建权利斗争而失势。尤其值得注意的是，法言的父亲陆爽是“博学有口辩”的人，“陈人至境，常令迎劳”说明他应当讲说南方陈人听得懂的共同语。

陆法言的《切韵》作于公元601年。此“切”字不作“反切”讲，也不作“反切上、下字”讲，应作正确、标准讲，即“捃选精切”的“切”字讲。在陆法言《切韵》之前，有用“切韵”一词的，如刘勰《文心雕龙·声律》“切韵之动”（与“讹音之作”对举，原文“凡切韵之动，势若转圜；讹音之作，甚于枘方……”），也有用作书名的，如周颙《四声切韵》、“阳休之造《切韵》”(颜之推《音辞篇》),好像都有正确、标准的意思。钟嵘《诗品》:“陆机《文赋》通而无贬;李充《翰林》疏而不切”,此“切”字似有缜密、切当的意思。

这篇文章可以分为两大段:一、“昔开皇初……殆得精华”为一段,讲述《切韵》写作的缘由、纲纪的讨论过程。二、“于是更涉余学……不出户庭”为一段,讲述《切韵》编纂的目的、依据和过程,并表明自己对这部书的态度。每一段又分为几个小节。

第一大段

第一小节“昔开皇初……论及音韵”。

用追忆的笔法回忆论韵的时间和情况。开皇为隋文帝杨坚年号,共20年(581—600)。据《隋书》第57卷“卢思道传”,“开皇初,以母老,表请解职,优诏许之……是岁,卒于京师,时年五十二。”据考,卢思道逝世于开皇三年,即583年,那么这次论韵的时间应早于583年,这个“初”字实在只有开皇一至三年,学界推测大概在开皇二年,即582年。

隋朝建立后,根据封建体制,自然应当讨论礼乐制度等问题。《隋书》第15卷:“开皇二年,齐黄门侍郎颜之推上言:‘礼崩乐坏,其来自久。今太常雅乐并用胡声,请冯梁国旧事,考寻古典。’高祖不从……”但是,史书中没有关于语言政策的讨论,说明朝廷对这个问题还没有关注。他们九人的讨论只不过是民间行为。

仪同刘臻这八人加陆爽九人中,刘、颜、萧三家从南方来(但都是北方移民的后代),其余皆北方人。但是,魏、卢、李、薛四人到南方出使过。这九个人都是当时著名的学者,并且大都是高官,他们之间关系密切,互相交往频密。来作客的八人都是法言父亲的朋友,是法言的前辈。这些人的经历和学识在当时是一时之选,翘楚天下。他们熟知当时汉语共同语的分歧,有资格、有能力讨论汉语的音韵问题。

这九人大都很早就熟悉。《北齐书》第42卷:“周武平齐,(阳休之)与吏部尚书袁聿修、卫尉卿李祖钦、度支尚书元修伯、大理卿司马幼之、司农卿崔达拏、秘书监源文宗、散骑常侍兼中书侍郎李若、散骑常侍给事黄门侍郎李孝贞、给事黄门侍郎卢思道、给事黄门侍郎颜之推、通直散骑常侍兼中书侍郎李德林、通直散骑常侍兼中书舍人陆乂、中书侍郎薛道衡、中书舍人元行恭、辛德源、王劭、陆开明十八人同征,令随驾后赴长安。”在随驾的十八人中,就有九老中的李若、卢思道、颜之推、薛道衡、辛德源、陆爽(开明)六人。

“音韵”在陆法言的时代之前含义较多。有时可以指一个人的口齿,《南史》第44卷:“文惠皇太子长懋……武帝(齐)长子也……从容有风仪,音韵和辩,引接朝士,人人自以为得意。”梁钟嵘(约468—约518)《诗品》序:“故三祖之词,文或不工,而韵入歌唱,此重音韵之义也。”《南史》第48卷“陆厥传”之“沈约与陆厥书”:“若以文章之音韵,同弦管之声曲,美恶妍蚩,不得顿相乖反,譬犹子野操曲,安得忽有阐缓失调之声。”这里的音韵似指声律。但陆法言文中的用法显然跟我们今天理解的“音韵”含义类似,即字音、语音的意思。

第二小节“以古今声调既自有别……俱论是切”。

这一段着重谈论当时会议上涉及的音韵问题:方言分歧和音韵家们的取舍不同。按文意,他们讨论的是吴楚、燕赵、秦陇、梁益声调问题,自然不涉及古代的声调。唐代写本有的有“古”字。从句式看,有“古”较妥,但文意似不合,存疑。

讨论中提及的方言中,吴楚泛指江南地区,燕赵泛指黄河以北地区,秦陇泛指西北地区、梁益则泛指西南地区,不知是否有意,唯独没有提到中原地区,这值得我们深思。他们中的一些人可能感觉到了当时汉语方言在古代传下来的平上去入四声之间有类的对应关系，西北地区秦陇的去声听起来跟正音的入声类似，西南地区的梁益平声听起来跟正音的去声类似。这里的类似应当指调值、调型。

从文意上看，“吴楚则时伤轻浅，燕赵则多涉重浊”也是“以古今声调既自有别”范围，“轻浅、重浊”似乎也跟调值、调型有关。联系下文“欲广文路，自可清浊皆通；若赏知音，即须轻重有异”，好像“轻重、清浊”又含有韵读的内容。《南史》第48卷“陆厥传”之“陆厥与沈约书”：“范詹事自序：‘性别宫商，识清浊，特能适轻重，济艰难。古今文人多不全了斯处，纵有会此者，不必从根本中来。’”文中的“清浊”、“轻重”含义模糊。当时的人们似乎对语音的认识有“清浊”、“轻重”的感受，但并没有十分明确的界定。

“支章移反、脂旨夷反，鱼语居反、虞语俱反共为一韵”、“先苏前反、仙相然反，尤于求反、侯胡沟反俱论是切”这两句是互文句式，讲定韵者取舍不同，下文吕静等诸家韵书当然亦在其中。“支脂”、“鱼虞”、“先仙”、“尤侯”在有的定韵者那里成了同韵。“俱论是切”的“切”不能当反切讲，当同类讲更贴切。有的写本《切韵》“共为一韵”记为“共为不韵”，“一”、“不”颇有关系，“一韵”指合，“不韵”指分。依据《王三》韵目下小注看，“支脂”吕静等皆分，“鱼虞”吕静不分，“先仙”、“尤侯”只有吕静分。从文意看，“一”字，较妥，强调有人不分是错误的。

参加论韵的诸位提出了分歧的现象，诸如声调问题、韵的分合问题等等。

第三小节“欲广文路……即须轻重有异”。

参加论韵的诸位提出，如果从“广文路”的角度着眼，支脂二韵虽有细微的差别，但不妨合为一韵，让它们一起押韵。但如果从语音学审音的角度着眼，就要重视这些区别，分作两韵才能经受住知音人的检验和审核。所以参加讨论会的人都同意用“赏知音”

作为评论诸家音韵的标准。当然也是后来陆法言写作《切韵》的原则。

“广文路”是就文章的声律讲的,“赏知音”是就音韵审音这门学问讲的。“广”当动词用,是“使文路广”的意思,押韵可以宽一点,方便文人用韵。“赏知音”是“取赏于知音者”的意思,“使知音的人赞叹、喜欢”。把声韵调辨认得精切才可能见赏于知音者。“知音”应是精通语音的人。

在陆法言《切韵》问世的时代,学界对字音的审读已经有了很高的水平。刘勰(466? —539?)《文心雕龙 · 声律》:“凡声有飞沉,响有双叠。双声隔字而每舛,叠韵杂句而必睽;沉则响发而断,飞则声飏不还,并辘轳交往,逆鳞相比,迕其际会,则往蹇来连,其为疾病,亦文家之吃也……异音相从谓之和,同声相应谓之韵。韵气一定,故余声易遣;和体抑扬,故遗响难契。”说明当时对语音在文学上的作用已有了相当高的认识。

那时的学者们在反切(音节)、四声、双声(声母)、叠韵(韵母)等方面都有深入的研究,甚至社会上的普通人也有了一定的认识。

关于反切。《三国志》第 64 卷“诸葛恪传”:“先是童谣曰:‘诸葛恪,何若若,芦苇单衣篾钩落,于何相求成子阁。’成子阁者,反语石子冈也。建业南有长陵,名曰石子冈,葬者依焉。钩落者,校饰革带,世谓之钩络带。恪果以苇席裹其身而篾束其腰,投之于此冈。”唐人刘𫗧《隋唐嘉话》卷下:“有过卢黄门思道者,见一胡人在座,问此何等,答曰:‘从兄浩。’反语卢浩尚为老胡。”显然反切在陆法言时代有了相当高的普及水平,参加论韵的卢思道就精于反语。

关于四声。梁钟嵘(约 468—约 518)《诗品》:“余谓文制本须讽读,不可蹇碍,但令清浊通流,口吻调利,斯为足矣。至平上去入,则余病未能;蜂腰、鹤膝,闾里已具。”《南齐书》第 52 卷“陆厥

(472—499)传”:“永明末,盛为文章。吴兴沈约、陈郡谢朓、琅邪王融以气类相推毂。汝南周颙善识声韵。约等文皆用宫商,以平上去入为四声,以此制韵,不可增减,世呼为‘永明体’。”《梁书》第13卷“沈约(441—513)传”:“沈约,字休文,吴兴武康人也……又撰《四声谱》,以为在昔词人,累千载而不寤,而独得胸衿,穷其妙旨,自谓入神之作。高祖雅不好焉。帝问周舍曰:‘何谓四声?’舍曰:‘天子圣哲’是也,然帝竟不遵用。”《南史》第57卷:“天监中,又撰《梁武纪》十四卷,又撰《迩言》十卷,《谥例》十卷,《文章志》三十卷,《文集》一百卷,皆行于世。又撰《四声谱》,以为‘在昔词人累千载而不悟,而独得胸衿,穷其妙旨’。自谓入神之作。武帝雅不好焉,尝问周舍曰:‘何谓四声?’舍曰:‘“天子圣哲”是也。’然帝竟不甚遵用约也。”案,梁武帝萧衍庙号高祖。

关于叠韵。北齐阳松玠《谈薮·梁武》:“梁高祖尝作五字叠韵曰:‘后牖有榴(朽)柳。’命朝士并作。刘孝绰曰:‘梁王长康强。’沈约曰:‘偏眠船舷边。’庾肩吾曰:‘载匕(堆)每碍埭。’徐摛曰:‘臣昨祭禹庙,残六斛熟鹿肉。’何逊用曹瞒故事曰:‘暯苏姑枯卢。’吴均沉思良久,竟无所言。高祖愀然不悦。俄有诏曰:‘吴均不均,何逊不逊,宜付廷尉。’”这首联诗的用韵十分考究,每一句大致都用了同韵系的字。

关于双声。北魏杨衒之《洛阳伽蓝记》卷五:“陇西李元谦乐双声语,常经文远宅前过,见其门阀华美,乃曰:‘是谁第宅过佳?’婢春风出曰:‘郭冠军家。’元谦曰:‘凡婢双声。’春风曰:‘儜奴漫骂。’元谦服婢之能,于是京邑翕然传之。”《南史》第36卷“羊玄保(371—464)传”:“(玄保)子戎少有才气,而轻薄少行检,语好为双声。江夏王义恭尝设斋,使戎布床,须臾王出,以床狭,乃自开床。戎曰:‘官家恨狭,更广八分。’王笑曰:‘卿岂唯善双声,乃辩士也。’文帝好与玄保棋,尝中使至,玄保曰:‘今日上何召我邪?’戎曰:‘金沟清泚,铜池摇扬,既佳光景,当得剧棋。’玄保常嫌其轻脱,云:‘此儿必亡我家。’”宋胡仔《苕溪渔隐丛话》载(齐)王融专门作过《双声诗》:“园蘅眩红蘤,湖荇烨黄华。回鹤横淮翰,远越合云霞。”

“赏知音”是非常重要的一点,说明当时语音学研究有了一定的高度。颜氏在《音辞篇》里认为,北人“举莒鱼”与“矩虞”同音是不正确的,李季节引用东郭牙的故事,证明“举莒”“口开而不闭”应当属开口,“举莒”、“矩”必不同呼,说明李氏是个知音的人。颜氏这里的“知音”应当就是陆法言“若赏知音”的知音,即审音的意思。

“广文路、赏知音”涉及押韵韵部归纳与韵母分类的关系问题,押韵允许韵部内不同介音而韵基相同的韵母押韵,同时也允许韵部间合韵、通韵的存在。分析韵母则不同,必须把语音上有细微差别的类别分析清楚。

第四小节“吕静乖互……河北复殊”。

这一段列举了几家韵书,说明它们之间互有抵触,各有缺点,这是参加会议的前辈讨论过的。这几家韵学书,除夏侯咏之外,都是北方人。“江东取韵与河北复殊”,讲江东学者的取韵与河北学者的取韵存在差异,韵部的分与合有很多不同。比如,北方不分鱼虞,而江东则分别清楚。取韵就是决定韵部分合。如果取韵从分,那么,作诗作文或编纂韵书制定反切都要从分,反之亦然。

他们讨论中涉及的韵学书的作者,除吕静是晋代人,夏侯咏、阳休之、李季节、杜台卿四位大约与九老的时代相仿佛。

江式评论吕静《韵略》时说:“间读楚、夏,时有不同。”(见《魏书·江式传》)可见吕书不是确当的音书。颜之推《音辞篇》说:“阳休之造《切韵》,殊为疎野”,显见颜之推对老熟人阳休之的书是多么不认同。

第五小节“因论……多所决定”。

这一段是说既然已经讨论到了南北在语音上的差别和学者取韵上的不同态度，那么，就应确定哪些是正确的读法，哪些是不正确的读法。古代传下来的读音同样也存在是与非的问题，其中正确的就应使之流行起来，错误的就要加以抛弃。对当代流行的语音也要采取这种办法加以规范。“塞”是说行不通，某种读法不能通行，如文饰的“文”旧读去声，照规则应读去声，有的字书前一半读去声，后一半则跟“文章”、“一文钱”的“文”一样读阳平了，这样古代能行用的读法，现代就不能使用，所谓“古今通塞”从中可以体认。之所以要讨论南北古今的通塞是非，目的是要做得好一些，选取那些精当（精切）的读音，去掉那些不准确的（疏缓），这也是论韵会议所讨论的要点：审音要从严，也是赏知音的关键。这种取舍的工作和标准，是非常严肃而且困难重重。座谈会上各位专家前辈的意见不太统一，对许多音读有分歧，有过争论，但是，颜、萧两位学识精到，为大家所信服，大家往往听从了他们的意见，故“颜外史、萧国子多所决定”。

“古今通塞，南北是非”两句是引起对《切韵》语音性质认识分歧的原因。历来就有人说“古今通塞”一语，表明《切韵》包有古音。清人戴震《切韵考》：“别立四江以次东冬钟后，殆有见于古用韵之文江归东冬钟，而不入阳唐，故特表一目。不附东冬钟韵内者，今音显然不同，不可没今音，切不可使今音古音相杂成一韵也。不次阳唐后者，撰韵时以可通用字附近，不以今音之近似而淆紊古音也……”孔广森《诗声类》：“《唐韵》二百六韵，盖本于陆法言等数人所定，其意大率斟酌消息，使通乎今不碍乎古……古者读庚入唐，后世读庚入耕，《切韵》则厕庚于唐耕之间而两别之……其他冬钟覃谈先仙萧宵之界，莫不各有意义……”近人章太炎《国故论衡》：“《广韵》所包兼有古今方国之音，非并时同地得有声势二百六种也,且于东冬于古有别,故《广韵》两分之,在当时固无异读,是以李涪《刊误》以为不须区别也。支脂之三韵惟之韵无阖口音,而支脂开阖相同,必分为二者,亦以古韵不同,非必唐音有异也……昧其因革,操绳削以求之,由是朱离不可调达矣。"

戴、孔、章诸前辈之说实未得陆氏之真旨,且与陆氏原意相去甚远。《切韵》纲纪成于法言家论韵的九老,多所决定的是颜、萧,萧氏意见无考,颜氏《音辞篇》存世,足可以让我们知道"古今通塞"的含义。《音辞篇》说"古今言语,时俗不同;著述之人,楚、夏各异",并列举了"《战国策》音刎为免"到"徐仙民《毛诗音》反骤为在遘"等许多问题音注,推其极不过汉魏,与周秦时代无涉。可见,颜氏、陆氏所谓的"古"不过是汉魏以来之音。更重要的是,颜氏、陆氏是据当时之音以辨正古人音切,而且颜氏对时音又有所是有所非,以此是非衡量古音,古音合于颜氏之"是"者从之,如"举"、"莒"与"矩";即使是颜氏认为是古音的,如果不符合他"是"的原则,则不惜据所"是"之时音以非之,如论搜字之反切(《音辞篇》:"《通俗文》曰:'入室求曰搜'。反为兄侯。然则兄当音所荣反。今北俗通行此音,亦古语之不可用者。"),充分反映了颜氏的思想。

历来有人说"南北是非"指《切韵》含有综合方言的成分,章太炎"《广韵》所包兼有古今方国之音",可以说是极言之论。《音辞篇》:"南方水土和柔,其音清举而切诣,失在浮浅,其辞多鄙俗。北方山川深厚,其音沈浊而鈋钝,得其质直,其辞多古语。然冠冕君子,南方为优;闾里小人,北方为愈。易服而与之谈,南方士庶,数言可辩;隔垣而听其语,北方朝野,终日难分。而南染吴、越,北杂夷虏,皆有深弊,不可具论。"他列举了"其谬失轻微者":南人不分"钱涎","石射","贱羡","是舐",即"从邪"、"禅床"不分;北人不分"如儒"、"紫姊"、"洽狎",即"遇御"、"纸旨"、"洽狎"不分。

他指出的上述各点都还是“谬失轻微者”，那么“谬失严重者”恐怕要比这些更复杂。法言提及的则是：“吴楚则时伤轻浅，燕赵则多涉重浊；秦陇则去声为入，梁益则平声似去；又支章移反、脂旨夷反，鱼语居反、虞语俱反共为一韵；先苏前反、仙相然反，尤于求反、侯胡沟反俱论是切。”陆氏所论似乎也在颜氏的范围内。

有论者以此引申，说陆氏“从分不从合”。南人不分“从邪”、“禅床”，则从北人分之；北人不分“遇御”、“纸旨”、“洽狎”，则从南人分之。因此，《切韵》是综合南北方言的。这是对颜、陆原意的曲解。我们由颜、陆的原话不能得出他们认为北方韵母错、声母对以及南方声母错、韵母对的结论。他们不过只是举例说明南北方言都有弊端罢了。

既然南北方言俱有深弊，陆氏又何来综合南北呢？

段玉裁说：“陆氏《切韵》就其南北所读之音切于词人韵语者编纂成书，自不是宜今，非以考古也。后人指摘其与古不合，是犹责裘以葛，殊不晓事！”（《尚书撰异》十一）段氏此话虽不尽合《切韵》本质，但他说《切韵》“就其南北所读之音切于词人韵语者编纂成书”是非常接近事实的论断。

“古今通塞，南北是非”二语互文，分量恰等，通则是之，塞则非之，但求“通乎今不避其碍乎古”。“通乎今”者，即合乎共同语之正音也，非合乎洛下或金陵之“今”。

第六小节“魏著作……略记纲纪”。

座谈会经过反复论难，原则问题大致已定，大家把自己的精辟见解都提出来了，这些人的意见大致反映了社会上存在的不同见解，不必再去征求他人的意见了，可以做出决定了，总结出提纲的时机已经成熟。作为主人之一、又最为年轻的陆法言被魏著作指定为记录提纲的执笔人，并期望他能够编出一部反映这次座谈会精神的韵书。

“向来论难,疑处悉尽”,看来这几位讨论音韵问题已有很多次了,这次会议不过是把过去的争议和意见统一起来。所以“向来”一词值得玩味,《切韵》纲纪不是一个晚上做出来的。

我们不禁要问,参加会议的诸位讨论音韵,评论方言与各家韵书的通塞是非的原则是什么?他们据以决定分合的标准又是什么?我们认为,九老的依据是当时的共同语或所谓的正音。从先秦雅言形成以来,共同语就有了强大的势力,这种势力绝非哪个方言可以抗衡的。《魏书》第21卷上:“高祖曰:‘自上古以来及诸经籍,焉有不先正名,而得行礼乎?今欲断诸北语,一从正音。年三十以上,习性已久,容或不可卒革;三十以下,见在朝廷之人,语音不听仍旧。若有故为,当降爵黜官。各宜深戒。如此渐习,风化可新。若仍旧俗,恐数世之后,伊洛之下复成被发之人。”《南史》第47卷:“胡谐之,豫章南昌人也……上方欲奖以贵族盛姻,以谐之家人语傒音不正,乃遣宫内四五人往谐之家教子女语。二年后,帝问曰:‘卿家人语音已正未?’谐之答曰:‘宫人少,臣家人多,非唯不能得正音,遂使宫人顿成傒语。’”《北史》第81卷:“李业兴,上党长子人也……业兴少耿介志学,晚乃师事徐遵明于赵、魏之间……后乃博涉百家……天平四年,与兼散骑常侍李谐、兼吏部郎卢元明使梁……业兴家世农夫,虽学殖,而旧音不改。梁武问其宗门多少,答曰:‘萨四十家。’使还,孙腾谓曰:‘何意为吴儿所笑?’对曰:‘业兴犹被笑,试遣公去,当着被骂。’”这些事实说明,当时社会上存在内部大致统一,语音系统较为清晰的共同语。唐人张籍《永嘉行》(《全唐诗》第382卷):“黄头鲜卑入洛阳,胡儿执戟升明堂。晋家天子作降虏,公卿奔走如牛羊。紫陌旌幡暗相触,家家鸡犬惊上屋。妇人出门随乱兵,夫死眼前不敢哭。九州诸侯自顾土,无人领兵来护主。北人避胡多在南,南人至今能晋语。”“晋语”应当就是当时南渡的共同语。

更值得我们注意的是，阳休之是九老的熟人，而且讨论了他的著作《韵略》，为什么不邀请他参加？是否因为他们之间的看法不同？

以上这些都是陆法言回顾座谈会的情景。

第七小节“后博问英辩，殆得精华”。

陆法言记下纲要之后还广泛地征求过有关人士的意见，得到了许多灼见。写本《切韵》“博问英辩”前有“后”字，显然比较确当，说明陆法言一直把这件事放在心上。

“殆得精华”一句，表现出陆氏对他所记有的纲纪是十分的满意，充分表达了他的自信。

第二大段

第一小节“于是更涉馀学……不遑修集”。

开皇初论韵时，陆法言只记下了纲纪，虽然不断征求有关人士的意见，并时时考虑这些问题，但因为有官职在身，又涉猎其他一些学问，所以十多年来没有来得及修集成书。

第二小节“今返初服……即须明声韵”。

开皇二十年，陆法言因为父亲的原因无辜丢了官职，成为平民，因为教育自己子弟的需要，所以又把编韵书的事提到了日程上。因为凡是要把文章写得有文采，就必须有声韵的知识，这在教育子弟时是非常有用的。在那个时代，士大夫家庭大多重视家庭教育，而声韵教育是必不可少的内容，颜之推《家训》就有《音辞篇》，由此可见当时教育之一斑。

第三小节“屏居山野……已报绝交之旨”。

这一小节说，自己成为平民后，退居山野，过去的故交有的过世了，有的因为身份的不同，也没有了来往，所以自己关于声韵方面的疑惑无人可以咨询了。

第四小节“遂取诸家音韵……《切韵》五卷”。

陆法言在人生不是太快意的情况下，参考诸家的韵书及其他的古今字书，以前期准备过的纲纪和咨询过的意见，编成了《切韵》一书，总共五卷。从陆法言返初服到仁寿元年《切韵》编成，大约用了年把光景。

第五小节“剖析毫厘，分别黍累”。

这两句非常重要，跟前文“因论南北是非，古今通塞，欲更捃选精切，除削疏缓”相呼应，说明《切韵》是审音从严的韵书，并非“广文路”的一般归纳押韵韵部的书。“毫厘、黍累”都是极言细微之处，一点都不敢疏忽大意。

第六小节“何烦泣玉，未得悬金”。

陆法言用和氏因献玉遭遇刖刑而哭、吕不韦悬《吕览》于咸阳市门，以千金求改一字的典故，说明自己的著作既不是和氏玉也不是《吕览》，自己没有那么自视甚高的想法。这是作者自谦。

第七小节“藏之名山……今叹扬雄之口吃”。

司马迁要把《史记》藏之名山，说明司马迁对自己的著作充满自信。刘歆污扬雄《太玄》只能盖酱缸，而扬雄笑而不回应，也表现出扬雄的自信。陆法言引用这两个典故，再次说明对自己的著作没有自视甚高的想法。

第八小节“非是小子……直欲不出户庭”。

陆法言又一次自谦地说，《切韵》虽然是他自己编成的，但思想主要是前贤们的，他也没有把这本书推广到人世的想法，只是想让它留在家里，自己的家人用用就够了。“乃述群贤遗意”这一句，含有作者对历史负责的态度，表示群贤们的思想终于得到了落实。

第六、第七、第八小节是作者的自谦之词，但我们从中可以看出陆法言其实是很自信、自负的，因为他用来作比较的书都是历史上传之不朽的。他用“切”字作书名，也可以看得出他自己内心里对《切韵》的态度。

最后作者注明完成这篇序的时间是“辛酉大隋仁寿元年也”,即公元601年。

《切韵·序》校记

说明:罗常培先生《〈切韵·序〉校释》、赵少咸先生《〈切韵序〉注释》、周祖谟先生《广韵校本》等都对《切韵·序》原文作过校勘,讹误大致都指出来了,但也有一些疏漏。今参照各家并对照有关资料做校记如下,以方便研读者。

引用书目:周祖谟《唐五代韵书集存》收录切韵系韵书甚多,今用周先生分类,择与《切韵序》相关者开列:笺注本切韵二(斯2055),简称“斯2055”。增训加字本切韵残卷(伯2017),简称“伯2017”。王仁昫《刊谬补缺切韵》(伯2129),简称“伯2129”。宋濂跋本王仁昫《刊谬补缺切韵》,简称“宋濂跋本”。切韵唐韵序(伯4879、伯2019)简称“伯4879/2019”。切韵唐韵序(伯2638),简称“伯2638”。《广韵》的版本甚多,不能全举,今列:

1. 清张士俊泽存堂翻宋刻本,简称“泽存堂本”,中国书店,1982年。
2. 南宋高宗监本,简称“高宗本”,北京图书馆藏。
3. 黄三八郎书铺刻钜宋本,简称“钜宋本”,上海古籍出版社,1983年。
4. 黎庶昌古逸丛书覆宋本,简称“黎刻本”,广陵古籍刻印社,1997年。

昔开皇初,有刘仪同臻、颜外史之推、卢武阳思道、李常侍若、萧国子该、辛咨议德源、薛吏部道衡、魏著作彦渊等八人[1],同诣法言门宿。夜永酒阑,论及音韵。以古今声调既自有别[2],诸家取舍亦复不同[3]。吴楚则时伤轻浅,燕赵则多涉重浊[4];秦陇则去声为入,梁益则平声似去;又支章移反[5]、脂旨夷反[6],鱼语居反[7]、虞语[8]俱反[9]共为一韵[10];先苏前反[11]、仙相然反[12],尤于求反[13]、侯胡沟反[14]俱论是切。欲广文路,自可清浊皆通;若赏知音,即须轻重有异。吕静《韵集》、夏侯詠[15]《韵略》、阳休之《韵略》、李季节《音谱》[16]、杜台卿《韵略》等,各有乖互。江东取韵与河北复殊。因论南北是非，古今通塞，欲更捃选精切，除削疏缓。颜外史、萧国子多所决定[17]。魏著作谓法言曰："向来论难，疑处悉尽，何为不随口记之[18]，我辈数人，定则定矣。"即烛下握笔，略记纲纪。后博问英辩[19]，殆得精华。于是更涉馀学，兼从薄宦，十数年间，不遑修集。今返初服，私训诸子弟[20]，凡有文藻，即须明声韵[21]。屏居山野，交游阻隔，疑惑之所，质问无从。亡者则生死路殊，空怀可作之叹；存者则贵贱礼隔，已报绝交之旨。遂取诸家音韵，古今字书，以前所定者为《切韵》五卷。剖析毫厘，分别黍累。何烦泣玉，未可悬金[22]。藏之名山，昔怪马迁之言大；持以盖酱，今叹扬雄之口吃[23]。非是小子专辄，乃述群贤遗意；宁敢施行人世？直欲不出户庭。于时岁次辛酉，大隋仁寿元年也[24]。

《切韵·序》校语

[1]泽存堂本、高宗本、钜宋本、黎刻本《广韵》均作"有仪同刘臻等八人，同诣法言门宿。"斯 2055 作"有刘仪同臻、颜外史之推、卢武阳思道、魏著作彦渊、李常侍若、萧国子该、辛咨议德原、萨史部道衡等八人。"伯 2129 作"有刘仪同、颜外史、卢武阳、李常侍、萧国子、辛咨议、薛吏部、魏著作等八人。"宋濂跋本作"有刘仪同臻、颜外史之推、卢武阳思道、李常侍若、萧国子该、辛咨议德原、薛吏部道衡、魏著作彦深等八人。"

案：当以斯 2055 为是，唯"薛吏部"误为"萨史部"，显系形近而抄误。据罗常培先生考，开皇元年九老中，除萧该、辛德源、李若年庚不明，其他人：刘臻 55 岁，颜之推 51 岁，卢思道 49 岁，薛道衡 42 岁，魏澹 50 岁左右，陆爽 44 岁。显然，陆法言排列八老的顺序是以年庚，这合乎长者在前的封建伦理，魏澹长于薛道衡，自然应排在前面。

伯 2129 删除各位名讳，似为不妥，这样不能明彰各位前辈。《广韵》大行删除颜之推以下各位，罗先生认为是因为《广韵》序文已经提及八人同撰，"故改陆序窜原文，以避重复耳"，此论甚为近情。

斯 2055、宋濂跋本作"辛咨议德原"，据《隋书》第 58 卷"辛德源传"应为"辛德源"，"原"字误。

关于魏澹，斯 2055 作“魏著作彦渊”，宋濂跋本作“魏著作彦深”，其字有“彦渊、彦深”之别。《隋书》第 58 卷：“魏澹，字彦深，巨鹿下曲阳人也。祖鸾，魏光州刺史。父季景，齐大司农卿，称为著姓……”“彦深”显是唐人避高祖讳而改，实应为“彦渊”。

[2]泽存堂本、高宗本、钜宋本、黎刻《广韵》均作“以今声调既自有别……”斯 2055、伯 2129 作“以古今声调既自有别……”，“今”上有“古”字。宋濂跋本作“古今声调既自有别……”，“古”上无“以”字。案：有“古”字为是，据下句句式，应为 8 字句，“以”字虚词不计，有“古”字句意方足。周祖谟《广韵校本》：“掇缀甲本古在今字下”，《唐五代韵书集存》并无此写法。

[3]泽存堂本、高宗本、钜宋本、黎刻本《广韵》，伯 2129、宋濂跋本作均作“……诸家取捨亦复不同……”斯 2055 作“……诸家取舍亦复不同……”“捨”与“舍”通。

[4]泽存堂本、高宗本、钜宋本、黎刻本《广韵》均作“……吴楚则时伤轻浅，燕赵则多伤重浊……”。斯 2055、伯 2129、宋濂跋本作“……吴楚则时伤轻浅，燕赵则多涉重浊……”。案：当以斯 2055 等为是。《广韵》两“伤”字重复，不合古人行文规范。

[5][6][7][9][11][12][13][14]泽存堂本、高宗本、钜宋本、黎刻本《广韵》均作“切”字。斯 2055、伯 2129、宋濂跋本均作“反”字。案：“反”字为是。宋代以前多言“反”不言“切”，“切”字显系宋人改定。

[8]泽存堂本、高宗本、钜宋本、黎刻本《广韵》作“遇”。斯 2055、伯 2129“遇”作“语”。案：“遇”、“语”同声母，文意皆可。宋濂跋本虞韵目下亦作“虞语俱反”，故“语”字为适。

[10]泽存堂本、高宗本、钜宋本、黎刻本《广韵》作“共为一韵”。斯 2055、伯 2129 宋濂跋本作“共为不韵”。案：“共为一韵”为是。按文意，“一”、“不”颇有关系，“一韵”指合，“不韵”指分。依据《王三》韵目下小注看，“支脂”吕静等皆分，“鱼虞”吕静不分，“先仙”、“尤侯”只有吕静分。从文意看，“一”字，较妥，强调有人不分是错误的。

[15] 泽存堂本、高宗本、钜宋本、黎刻本《广韵》均作“夏侯该《韵略》”斯 2055、伯 2129 作“夏侯詠《韵略》”。案：“夏侯詠《韵略》”为是。《隋书·经籍志》有“《四声韵略》十三卷，夏侯詠撰。”“该”为“詠”字之形误。

[16] 泽存堂本、高宗本、钜宋本、黎刻本《广韵》“李季节《音谱》”后均有“周思言《音韵》”五字。斯 2055、伯 2017、伯 2129、宋濂跋本均无“周思言《音韵》”五字。案：斯 2055 等为是。王仁昫《刊谬补缺切韵》韵目下小注只有五家，并未有“周思言《音韵》”。

［17］泽存堂本、高宗本、钜宋本、黎刻本《广韵》，伯 4879/2019、伯 2638 均作“萧颜多所决定”。斯 2055、伯 2017、伯 2129、宋濂跋本“颜外史、萧国子多所决定”。案：斯 2055 等为是，陆氏不可能孟浪到如此称呼“萧颜”。

［18］泽存堂本、高宗本、钜宋本、黎刻本《广韵》，伯 4879/2019、伯 2638 作“何不随口记之”。斯 2055、伯 2017、伯 2129、宋濂跋本“何为不随口记之”。案：泽存堂本等为五代后之版本，而斯 2055 等均为唐代版本，故斯 2055 等可能更近乎陆氏原文。

［19］泽存堂本、高宗本、钜宋本、黎刻本《广韵》，伯 4879/2019、伯 2638 作“博问英辩，殆得精华。”斯 2055、伯 2129、宋濂跋本“后博问英辩，殆得精华。”案：斯 2055 等为是。陆氏从论韵会议结束到编辑成书中间有近二十年，陆氏会后当多次“博问英辩”，所以“后”字必不可少，说明陆氏把编书的事时时记在心上。

［20］泽存堂本、高宗本、钜宋本、黎刻本《广韵》，伯 4879/2019、伯 2638 作“今返初服，私训诸弟子”。伯 2017“今返初服，私训诸弟”。伯 2129“今返初服，私训诸子弟”。斯 2055“今返，私训诸弟”。宋濂跋本作“今返初服，凡训诸弟”。《广韵》各本一致，唐代各写本均有不同。斯 2055“今返，私训诸弟”显系漏写。宋濂跋本作“今返初服，凡训诸弟”，“凡”字为下句之字误置上句。案：伯 2129“今返初服，私训诸子弟”近是。陆氏返初服时大约 40 来岁了，其弟想必已经成人，他也可能有自己的子女，甚至有侄辈，他为什么只教弟弟，不教子侄辈呢？显然，“私训诸弟”不尽合理。

［21］泽存堂本、高宗本、钜宋本、黎刻本《广韵》，伯 2638 作“凡有文藻，即须明声韵。”斯 2055、伯 2017、伯 2129 作“凡有文藻，即须声韵”，无“明”字。宋濂跋本“有文藻，即须声韵”，亦无“明”字。案：宋濂跋本误置“凡”字于上句。从句式看，“今返初服，私训诸子弟，凡有文藻，即须明声韵”较为妥适，少“明”字，句子不对称。

［22］泽存堂本、钜宋本《广韵》，伯 2129 作“何烦泣玉，未可县金”。伯 2017、宋濂跋本、伯 4879/2019、伯 2638 作“何烦泣玉，未可悬金”。斯 2055 作“何烦泣玉，柒可悬金”。案：斯 2055 作“柒可悬金”之“柒”不辞，当为误字。“县”、“悬”古通，从斯 2055 等作“悬”。

［23］泽存堂本、高宗本、钜宋本、黎刻本《广韵》，伯 2017、伯 2129、宋濂跋本、伯 4879/2019、伯 2638 均作“持以盖酱，今叹扬雄之口吃”。斯 2055 作“持以盖酱，今叹扬之口吃”，遗漏“雄”字，显误。

［24］泽存堂本、高宗本、钜宋本、黎刻本《广韵》，伯 4879/2019、伯 2638 作“于时岁次辛酉，大隋仁寿元年”。斯 2055、伯 2017、伯 2129、宋濂跋本作

“于时岁次辛酉,大隋仁寿元年也”,“年”下均有“也”字。案:早期各本均有“也”字,语意终结,似为合理,今从。

参考文献

罗常培:《〈切韵·序〉校释》,《中山大学语言历史研究所周刊》3 集 25、26、27 期合刊,1928 年。

王利器:《颜氏家训集解》,中华书局,1993 年。

赵少咸:《〈切韵序〉注释》,《语言文字研究专辑》,上海古籍出版社,1982 年。

周祖谟:《广韵校本》,中华书局,1960 年。

周祖谟:《〈颜氏家训·音辞篇〉注补》,载《问学集》,中华书局,1966 年。

周祖谟:《〈切韵〉的性质和它的音系基础》,载《问学集》,中华书局,1966 年。

周祖谟:《唐五代韵书集存》,中华书局,1983 年。

(与张玉来合写。原载《楚风汉韵何悠悠——廖序东先生纪念文集》,王建军、李申编,高等教育出版社,2007 年)

颜之推《颜氏家训·音辞篇》释要

颜之推，字介，琅琊人（临沂北五十里），生在南方，先在梁朝任职，后入北方，初在周，又到齐，齐亡后又入周。隋开皇中，太子召为文学。生于531年，卒年不确，约590年以后。《北齐书》第四十五卷，《北史》第八十三卷有传。《北齐书》、《北史》“传”里说，他祖上本是山东人，到他已是南渡的第九代了，他的家族大都是历朝的显贵。“传”里还说，颜之推“博览书史，无不该洽，辞情典丽”、“好饮酒，多任纵，不修边幅”、“有《文集》三十卷，撰《家训》二十篇，并行于世。之推在齐有二子，长曰思鲁，次曰敏楚，盖不忘本也。《之推集》，思鲁（案：师古父。）自为序”。

颜之推曾参加过陆法言家的音韵讨论会，并对讨论中的疑难问题多所决定。他的《颜氏家训·音辞篇》是专门讨论音韵问题的，他指出的“古今言语，时俗不同；著述之人，楚夏各异”与陆法言《切韵序》“因论南北是非，古今通塞”相呼应，是理解《切韵》的钥匙。最为重要的是，颜之推具体分析了“南北是非、古今通塞”的现象，不仅有具体的例证，而且还有具体的解释，他文章里的观点反映了当时音韵学研究的前沿水平。整篇文章可以分三大部分：

一、“夫九州……所知也”为第一部分，概论方言并提出正音。

二、“古今……穿凿耳”为第二部分，评论“南北是非，古今通塞”的现象，并提出认识的标准。

三、“古人云……纷纭矣”为第三部分，用实例说明处世居家都应注意正音问题。

我们分别对这三部分进行阐释如下。

第一部分又有可分出七个不同的层次。

第一层“夫九州之人……不显声读之是非也”，讲方言的产生和历代记载的情况。

分两小节。1.“夫九州之人……固常然矣”，这四句讲汉语方言产生很早。“生民以来”恐不确切。方言的产生原因复杂。2.“自春秋标齐言之传……不显声读之是非也”，讲方言见于记载，《春秋公羊传》里记载有齐地的方言词汇，《离骚》有楚地的方言词汇。其后，扬雄著《方言》一书，方言的记载才大为完备，但是《方言》所记载的仅是考究名物词汇的不同，从中不能看出语音上的是非。

第二层“逮郑玄注六经……以为怪异”，谈反切注音方法的发明。1.“逮郑玄注六经……以证音字耳”。用汉代的两家注和两家字书为例，说明此时还没有反切注音方法的产生，只好用“譬况”、“假借”一类的方法注音。2.“而古语与今殊别……盖使人疑”，对“假借”、“譬况”注音方法提出批评。古今语音是不同的，前人所谓的“轻重清浊”我们很难搞清楚，再加上用了“内言、外言”、“急言、徐言”、“读若”之类的模糊术语，更使人陷于迷惑。3.“孙叔炎创……独知反语”，汉末孙叔炎为《尔雅》作音义，使用了反语，可知汉末的人已经知道了反切这一注音方法，在注音手段上超过了前代。4.“至于魏世……以为怪异”，反切的注音方法到了曹魏时期，大为流行，而高贵乡公对反语一事大为不解，以为是怪异之事。

第二层中有两件事要特别注意。（一）孙叔炎可能是反语的整理人和系统的使用人。颜氏原文“至于魏世此事大行”，是接着“汉末人独知反语”说的，照一般的说法，郑玄还没有使用反语，而作为郑玄学生的孙叔炎却正式使用了反语。郑玄生卒年是公元127—200年，而魏世却从220年开始，高贵乡公即位时在254年，前后仅50年左右，而反语就流行起来了，在这之前应当有很深厚的群众基础。颜氏只提到孙叔炎，可能因为孙是个有名的反语整理者，并且有名著《尔雅音义》，故颜氏只提了孙叔炎。（二）高贵乡公（曹髦）是魏文帝的孙子，据《三国志》记载，他很聪明，也很勤奋，跟朝中大臣学者讨论经学、哲学问题，并能把人考倒，还为《左传》注音，似乎不应该不知道反语。之所以被颜氏拿来作为例子，也可能他对反语这一新兴事物不太关心，以至于不能很好地使用，就像梁武帝不知四声，难怪被人以为怪异。这也说明反切并非是人人都明白和随意使用的，"大行"是有条件的。

第三层"自兹厥后……金陵与洛下耳"，谈反切显示了方言的差别，按差别的情况可以分为南北两大语音系统，又分三小节。

1．"自兹厥后……未知孰是"，从魏世以后各种讲注音的书如春笋般地破土而出。（这里的音韵与《切韵序》里的"遂取诸家音韵"的含义相同，应指韵书和有反切的音义书。）"各有土风"是说各种韵书及有关反切各有本乡本土的方言语音成分。"递相非笑"是说互相否定对方，讥笑对方。"指马之喻，未知谁是"，借用《庄子》的是与非的辩证关系，说明各家认为自己的是，那么就意味着别人的非，令人无法弄清楚谁是谁非。"喻"就是打比方的意思。2．"共以帝王都邑……为之折衷"原文的意思是，魏世以后各种讲注音的书大都用首都的语言来考校各地方言（"共"字强调范围，即各家音注），考校古今音读，来折衷并决定一个音读系统。3．"搉而量之，独金陵与洛下耳"，经过一番考察以后，做一个粗略的估量，他们大概的审音依据是金陵话或洛下话的语音。

"搉而量之，独金陵与洛下耳"这句话是非常重要的，它关系到对长安论韵的原则及《切韵》语音性质的认识。有一些讨论者常常把这一句话理解成金陵话或洛下话是当时的正音标准，由此引申说，《切韵》审音依据是金陵话或洛下话，或者推论当时有南北两种标准音。其实，颜之推真正的意思是在批评各种讲注音的书的审音依据大都是金陵话或洛下话，这是不对的，是“各有土风，递相非笑，指马之喻，未知谁是”的根本原因。颜之推理解的正音决不是金陵话或洛下话，而是另有标准。

有一些讨论者常常误解“搉而量之，独金陵与洛下耳”这句话的原因，是没有正确体认这句话的上下文意。这句话承上文“共以帝王都邑……为之折衷”而来，自然是指他提到的各家音注，也自然是指它们审音依据大都是金陵话或洛下话，金陵话或洛下话正是“各有土风”的来源。下面第四、第五、第六层都是针对这个问题的。

第四层“南方水土……具论”，概论南北方言的是非。

讲述因各地的水土结构的差异，导致语音上的不同，南北方尤其明显。南方水土是和柔的，因而他的语音就轻清而上扬，比较确切精道，缺点是语音肤浅，不够厚重，所用的词是粗俗的，不太文雅。北方水土深厚，因而语音就沉重而浑浊，比较的厚钝，其优点是表现了语音的本质，所用的词大多是古雅的。若比较南北的士族和庶民在语音上的使用情况，会发现南方的士族的语音较为正确，北方的庶民的语音比较正确，南方的士族与庶民之间的语音差别很大，北方的士族与庶民之间的语音差别极小。南方的士族和庶民互换衣服去会客，只要听几句话就可以知道他们那个是士族哪个是庶民。北方则不然，因为北方的士族和庶民的语音没有多少区别，所以隔着墙垣听士族和庶民谈话，听一天也分不清楚哪个是士族哪个是庶民。（冠冕和闾里是从服制和住宅的区域来区别士族和庶民。士族是上层社会，属士大夫阶级，是有文化的标志；庶民是下层阶级，属劳动者，是没有文化的标志。）根据这段话我们可以推论南方只有士族讲标准的汉语而庶民讲的却是方言，北方士族和庶民语言上没有本质区别，内部较为统一。还可以推论南方的士族语言和北方话有相通之处，都比较合乎正音。但是，联系下文“至邺以来……”可以发现颜氏并非完全肯定北方话的正确性，而是转弯说明北方的士族语音跟庶民一样存在问题，真正好点的还是南方的士族语音。作者最终认为，南北方语音都存在一些问题，南方沾染了当地吴越方言的成分，北方沾染了外族的成分，都有一些严重的问题，很难一一尽说。他这里所讲的南、北自然是讲汉语共同语，不会是方言。沾染了吴越方言的南方汉语和沾染了外族成分的北方汉语自然包括金陵话和洛下话，这两种话也有一些严重的问题。

第五层“其谬失轻微者……两失甚多”，承接上文，对南北语音的缺点作具体的评论。

南方汉语的语音，用声母该分或不分的例子为证，南方不分“钱涎”，“石射”，“贱羡”，“是舐”，即从邪、禅床不分；北方汉语的语音，用韵母的分或不分为证，北方不分“庶戍”、“如儒”、“紫姊”、“洽狎”，即遇御、鱼虞、纸旨、洽狎不分。这些缺点都还是“谬失轻微者”。文章的结论是，通过这些例证说明南北语音都有弊病。

但是，我们认为不能由此得出颜之推认为北方韵母错，声母对；南方声母错，韵母对的结论，他只是举例说明问题罢了。

第六层“至邺以来……殊为疎野”，评论北方口语和北派韵书的缺点。

颜氏说，自从到了邺都以来，只发现崔、李两家的语音比较讲究，也比较正确，其他的人不太在乎口语的正音。颜氏批评李、阳二家的韵书《音韵决疑》与《切韵》殊为疎野。疎即不精切，野即不雅正。之所以评论北方韵书，不评论南方韵书，是因为这些是他到北方后才看到的，故特别拿来评论一番，南方的韵书想必他比较了解，问题比较清楚。

第七层“吾家……所知也”，讲颜氏用正音的思想作为家教的一部分。

颜氏认为教育子弟,正音是一件很重要的事情。对儿女要从小就教,对事物名称查过书才敢确定他们的读法。儿女若是一个字弄错了,那是做家长的责任。他以身作则,他的儿女们都是知道的,并要求儿女们要对此有谨慎的态度。

这一部分有两个问题特别需要重视。一是颜之推讨论的南北语音的范畴是共同语,不是方言;二是颜之推评论南北俱有深弊的标准并没有明确告诉我们,但肯定不是金陵话和洛下话。

第二部分为两个大段。

第一段"《仓颉训诂》……未之前闻也",重在评古今音读之是非通塞,兼及南北音读之是非通塞,可分二层。

第一层"仓颉训诂……必须考校"。讲一些韵母、声母分合当否的问题。

《仓颉训诂》、《战国策》、《说文》、《字林》等字书所附的注音有的很成问题。如《仓颉训诂》将"稗"注为逋卖切,是帮母,它应读並母,这就是声母不妥。反"娃佳"为於乖皆切,是韵母上不妥。《韵集》这部韵书,"成清仍蒸"合为一韵,"宏耕登登"合为一韵,这是韵母分合不妥,"为支奇支"本是一韵,"益昔石昔"本是一韵,《韵集》却分作两韵,也是不妥。"系"字,匣母,李登《声类》用疑母的"羿"注音;"乘"字是床母,刘昌宗《周官音》用禅母的"承"来注音,这都是声母分合不妥的例子。

第二层"前世反语……未之闻也",讨论反语用字的当否。

前代的反语有很多是不切正的,比如徐仙民《毛诗音》用在遘反"骤",反切上字和被切字的声母(床、从)、反切下字和被切字的韵母(侯韵、尤韵)都不合,《左传音》里徒缘反"椽",上字(澄定),声母不合。这类的不正确的注音是不能相信的。《通俗文》"入室求曰搜",有把"搜"注成"兄侯反"的,按照这一注音,那么"兄"字就要注成所荣反,因此这是不正确的注音。现在北方流行的兄侯反的读音是古代传下来而现代不用的例子。“璵璠奉母”是鲁国的宝玉，应读“馀烦奉母”，可是江南人读成了藩屏的“藩非母”。岐山的“岐”应读为“奇渠羁切”，江南人读成了神祇的“祇巨支切”，［案：“奇渠羁切”与“祇巨支切”同韵同声，但韵图等第不同，“奇”在三等，祇在四等，即所谓重纽。］在北方征伐南方，打下江陵以后，一些南方人随着来到北方，这些不正确的读音也随之到了北方，而且覆盖了关中一带。但是这样的读音（“岐”读为“祇”）是从哪里继承下来的实在说不清楚，也不知有什么根据。颜氏自谦地说：“像我这样浅学的人一向没有听说过。”

第二段“北人之音，此为穿凿耳”，重在评南北音读之是非通塞，兼及古今音读之是非通塞，可分二层。

第一层“北人之音……此为知音矣”。颜氏认为北人“举莒鱼”与“矩虞”同音是不正确的。

颜氏认为，李季节引用东郭牙的故事，证明“莒”“口开而不闭”应当属开口，“举莒”、“矩”必不同呼，说明李氏是个知音的人。颜氏这里的知音应当就是陆法言“若赏知音”的知音，即审音的意思。

第二层“夫物体……此为穿凿耳”。这一层讲的都是破读及书面正音问题，相因的两义会各义各读。又分几个小节。

第一小节“夫物体……殊不通矣”。凡一件东西就其本身来说，自有精和粗的不同。精就是“好”，《王三》呼浩反，上声；粗就是“恶”，《王三》乌各反，入声。对待一件东西，从人的情感表现来说，人心有所取叫作“好”，《王三》呼到反，即爱好、喜欢的意思，去声；人心有所不取，叫作“恶”，《王三》乌故反，即讨厌的意思，去声。葛洪、徐邈（即徐仙民）就是如此。可是河北学士读《尚书》“好生恶杀”时，读“好”去声，是就着人情讲的，读“恶”入声，是就着本体讲的，这就标准不一，自相矛盾了。

第二小节“甫者……须依字读耳”。“甫非母”字本是男子名字用的好字眼,古书写起来就借用"父奉母"字,北人于是看字读音,把"甫"读成了"父",真是错得离奇。本来只有管仲的仲父、范增的亚父的父读去声,其他的不应读去声。

第三小节"案:诸字书……不可行于今"。根据字书,"焉"字,鸟名,或语助辞,都读於愆反。葛洪《要用字苑》(诸家字书之一)根据训诂把"焉"字的读音分为两种:

义	音	例句
何、安	於愆反、影母	于焉逍遥、于焉嘉客、焉用佞,焉得仁
语助词	矣愆反,喻母	故称龙焉,故称血焉,有民人焉,有社稷焉,托始焉尔

江南人从葛洪到现在流行这种分别读音,一读就可以听出字的不同作用,便于领会。可是河北则混同为一。河北的读音虽然是古代传下来的,但不合时代的要求。

第四小节"邪者……以折之耳"。"邪"是疑问语气助词,表疑而未定应读平声,而"也"是表示肯定语气的,应读上声,北人却将"也"也读为"邪",这也是错误的。有人说《易经·系辞》"乾……邪"也是未定之词吗?我只能回答:"那为什么不是呢?这段话上句表明问话,下面才是列举卦的德行以折服疑问,正应是疑而未定,实应读'邪'"。

第五小节"江南学士……此为穿凿耳"。江南学士也有些怪事,他们强行区别"败"的音义:

败	军自败	並母
	打破人军	帮母

颜氏说:"诸记传未见补败反,徐仙民读《左传》,唯一处有此音,又不言自败、败人之别,此为穿凿耳。"

这一部分值得我们注意的是,颜氏所讨论的"是与通"的部分大多体现到陆法言的《切韵》里,"非与塞"的部分陆法言大都没有采用,由此可见《切韵·序》“颜外史、萧国子多所决定”之真谛。

另一值得我们注意的是,颜氏所讨论的大都是具体字音读法的“是非与通塞”,很少涉及语音体系问题,涉及到的也是韵部的分合问题,说明当时南北共同语语音在具体字音的读法上有差别,音系系统未必有本质的区别。这很令人联想当时的共同语与今天“国语”和“普通话”的差异是否有相似性,这样的课题真令人神往。

第三部分可以分为两段。

第一段“古人云……以此为戒”,讲述正音的重要性。

古人说得好,处境优越的人难以纳入正道,这是因为他们骄侈自满,不能自制自励。这些王侯贵族之家,出言吐语,多有错误。他们内受无教养的保姆下人的感染,外无好师友的熏陶。有人把“癡丑之钝徒困”读作“飔楚治段徒玩”,“郢以整州”读作“永荣眪州”的故事,当时梁文帝、简文帝把这当成了笑话。然而这些贵族之家类似的例子多不胜数,往往开口就是如此。所以梁元帝亲自教导儿子们读书,把正音当作特别的告诫,使他们不得大意疏忽。

第二段“河北……纷纭矣”,用人名避讳这样的重要事件再次重申正音的重要。

河北人读东韵的“攻”用古琮切,就在冬韵了,“工、公、攻”读来不同韵了,真是怪事。近世有人读人名的“暹”作“纖”[案:《王三》“暹,息廉切:纖,息廉切”两字同音,殊不合文意。卢文弨《颜氏家训注》:“不知颜读何音”。周祖谟《颜氏家训音辞篇注补》认为颜氏读音应与《切韵》合,随疑“纖”为“殲瀸”之误,然声母不合。存疑。]“琨古浑切,平声,见母为衮古本切,上声,见母”,“洸古皇切,见母为汪乌光切,影母”,“勬以灼切,以母为獡书灼切,审母”,这不但音韵不准,而且儿孙们避讳时也无所适从了。

这一部分无疑告诉我们当时有教养的士大夫阶层都注意语言的正音问题,在颜之推的时代社会上存在着内部一致的共同语系统。

最后,我们要说明,本篇意在阐释颜氏的音韵学思想,至于《音辞篇》原典的注释和解读问题大家可以参考王利器先生的《颜氏家训集解》、周祖谟先生的《颜氏家训音辞篇注补》。

参考文献

卢文弨:《〈颜氏家训〉注》,抱经堂丛书本。
罗常培:《〈切韵·序〉校释》,《中山大学语言历史研究所周刊》3 集 25、26、27 期合刊,1928 年。
王利器:《颜氏家训集解》,上海古籍出版社,1980 年。
周祖谟:《颜氏家训〈音辞篇〉注补》,载《问学集》,中华书局,1966 年。
周祖谟:《〈切韵〉的性质和它的音系基础》,载《问学集》,中华书局,1966 年。

(与张玉来合写。原载《语言研究集刊》第 4 集,复旦大学汉语言文字学科《语言研究集刊》编委会,上海辞书出版社,2007 年)

反切释例

反切是传统的注音方法，在识字正音上曾经起过良好的作用。从它产生以后直到注音字母出世以前这一千几百年间，反切一直是注音的主要工具。字书和典籍的注音用它，声律韵语的研究也用它，研究汉语的语音更是少不了它。

但可惜的是，从今音来看，好多反切是不大容易了解的。摸不清它也就不好应用它。不好根据它来讲字音，也不好根据它来讲通假和声律，只得置之闲散。想学一学音韵的，也往往因反切不易了解而犹豫不前。

这里想举一些例子来对反切试作解释，也可以说是谈谈反切的大概情况。反切的例子是从《广韵》这部书里引来的。这部韵书所反映的是中古汉语的语音。《广韵》的反切跟别的书里的反切在用字上虽然有所不同，但在反切原则和反切方法上则是一致的，了解了《广韵》的反切，对于了解别的书里的反切是有许多帮助的。解释时，今音根据北京音。为了便于省览，所举的反切例子都用拼音字母把今北京音注出来。

一

反切是用两个字来给一个字注音。依照旧来直行书写的款式，习惯上把注音的上一个字叫“反切上字”，下一个字叫“反切下字”。那被注音的字就叫“被反切字”。比如“欢：呼官切。”“呼”是反切上字，“官”是反切下字，“欢”是被反切字。①

---

① 本文引用的反切例字，必要时用繁体字。

反切注音有个根本原则:"上字定声,下字定韵。"也就是,反切上字要用跟被反切字声母相同的字,借以指定被反切字的声母是什么;反切下字要用跟被反切字韵母相同的字,借以指定被反切字的韵母是什么。被反切字的声母韵母既已由反切上下字指定,也就可以得出被反切字的读音。比如:欢 huāng←呼 hū ＋官 guān 这里,"呼"跟"欢"声母相同,"官"跟"欢"韵母相同。知道"呼"的声母和"官"的韵母,由它们来指定的"欢"的声母和韵母也就可以知道,因而"欢"的读音也就得出来了。

根据上述原则,可以得出应用反切上下字来求被反切字的读音的方法:在反切时,取上字的声母和下字的韵母,把声母和韵母拼合,就能够得出被反切字的读音来。

这样说来,反切注音的方法,应该是相当简单的了,但为什么有好些反切用了这种方法还是得不出被反切字的正确读音来呢?比如:"但:徒旱切","但"和"徒"声母不合;"姬:居之切","姬"和"之"韵母不合;"公:古红切","公"和"红"声调不合。乃至像"私:息夷切",声韵调都不合。不合就不能得出正确的读音。这是什么道理呢?

原来,在制定或选定一个字音的反切时,遵照上述的反切方法,是可以根据反切上下字得出被反切字的正确读音的。反切的方法也都像"欢:呼官切"这个例字所表现的那么简单。其所以会有不合,乃是由于古今读音因经历过一些语音演变而有了某些差异。在语音演变中,被反切字跟反切上下字的读音都起了变化。因为演变的原因有多种,演变的路子也就有多样。有些被反切字的声母与其反切上字的声母因演变的路子不同而变得不一致,有些被反切字的韵母或声调与其反切下字的韵母或声调因演变的路子不同而变得不一致,乃至有些被反切字与其上字在声母方面和与其下字在韵母及声调方面各走了各的路子,而变得都不一致,因而就有了像"但:徒旱切"等的不合以致得不出正确的读音的例子了。当然也会有些例子在声韵调三方面变得还能一致的,这就是上面所举的"欢:呼官切"所显示的。所以,用今音来看旧来的反切,有的还能直接拼出正确的读音来,有的便不能,理由就在于此。了解了这些道理,便不会怀疑反切原则和反切方法了。反切原则、反切方法原来是简单明白的。

下面先举一些用今音就能得出正确读音的例子来讲一讲反切原则,然后再把不能用今音得出正确读音的例子提出几类作例,说一说怎样对待这样的反切。

二

第一类　从今音看声韵调都符合的反切的例子。例如(为便于讲述,以下注音,个别地方不按拼写规则的简拼方式):

旦　得按切　dàn←d(é)+(o)àn①

政　之盛切　zhèng←zh(ī)+(sh)èng

冀　几利切　jì←j(ǐ)+(l)ì

廉　力盐切　lián←l(ì)+(o)ián

怪　古坏切　guài←g(ǔ)+(h)uài

顿　都困切　duèn←d(ū)+(k)uèn

举　俱雨切　jǚ←j(ǜ)+(o)ǚ

劝　去愿切　qüàn←q(ǜ)+(o)üàn

这些例子,都是被反切字与其反切上字声母相合、与其反切下字韵母相合可以直接拼合的。在反切时,上字取其声母,舍去其韵母;下字取其韵母,舍去其声母。留下了上字的声和下字的韵,就

① 本文用圆圈"○"表示零声母。零声母字一律用韵母的写法,不用 y 和 w。又 ü 拼任何声母都写 ü,在 j 等声母后也不写作 u。

可以进行拼合。比如:“旦:得按切”,就留下“得”的声母 d(舍去它的韵母 e。注音里的括号表示舍去)和“按”的韵母 àn;“怪:古坏切”,就留下“古”的声母 g 和“坏”的韵母 uài。再把留下的声和韵进行拼合。比如:

旦　dàn←d + àn

怪　guài←g + uài

由上面例子可以看出,反切原则是极其简易的,就是上字定声,下字定韵。

关于“下字定韵”,有两点还要说明。(1)下字定被反切字的开齐合撮;(2)下字定被反切字的声调。先看例子:

航　胡郎切　háng←h(é) + (l)áng

该　古哀切　gāi←g(ǔ) + (o)āi

器　去冀切　qì←q(ù) + (j)ì

遣　去演切　qiǎn←q(ù) + (o)iǎn

睹　当古切　dǔ←d(āng) + (g)ǔ

锻　丁贯切　duàn←d(īng) + (g)uàn

胥　相居切　xǖ←x(iāng) + (j)ǖ

吕　力举切　lǚ←l(ì) + (j)ǚ

关于(1)下字定开齐合撮。比如:“航:胡朗切”,被反切字“航”háng 是个开口字,反切下字“郎”láng 也是个开口字。至于“下字定开齐合撮”的道理,是不难理解的。本来,一个字音的开齐合撮,是由它的介音来规定的,介音是韵母的一个组成成分,所以反切原则的“下字定韵”当然也就包含“下字定开齐合撮”这一层意思。又如:“遣,去演切”,“遣”和“演”都是齐齿;“锻:丁贯切”,“锻”和“贯”都是合口。

关于(2)下字定声调。比如:“该:古哀切”为平声,反切下字“哀”是平声;“睹:当古切”为上声,反切下字“古”是上声;“锻:丁贯切”是去声，反切下字“贯”是去声。这其中的道理也是不难理解的，声调也是韵母的一种性质，所以也由那“下字定韵”的下字来规定。

这里还得说明一下，用今音来看反切，根据反切下字定调类也有例外。被反切字和反切下字从今音看，有时候有阴平阳平的差别，有时候有上声去声的差别，那还得参看下面的说明①。

到这里，可以综述一下反切原则。反切原则是：上字定声，下字定韵；而下字定韵又包括定开齐合撮和定声调。

三

从这以下，谈一些在声韵调上有点问题因而不能直接拼合的反切。

这里先谈谈中古音声母的清浊不同在语音演变中给声调的影响，以及一些浊声母在语音演变中所受到声调的影响，由于这两种情况所引起的反切上的不合。例如：一些平声调类的反切在读阴平阳平上的不合；一些反切在声母读送气不送气上的不合；一些上声调类的反切在读上声去声上的不合。

第二类　一些古平声的反切在读阴平阳平上有问题的例子。例如：

刊　苦寒切　kān←k(ǔ)+(h)án

心　息林切　xīn←x(ī)+(l)ín

推　他回切　tuī←t(ā)+(h)uí

居　九鱼切　jū←j(iǔ)+(o)ǘ

坛　徒干切　tán←t(ú)+(g)ān

---

① 北京话里没有入声，中古音入声这一调类的字在北京话里，分属阴阳上去各调类，所以这里没举中古入声调类的例子，本文也没谈到入声的声调问题。

祈　渠希切　qí←q(ǘ)+(x)ī

崘　卢昆切　lún←l(ú)+(k)ūn

闾　力居切　lǘ←l(ì)+(j)ū

这里几个平声反切的例子，问题都在于被反切字在声调的阴平阳平上跟反切下字不合，因之不能直接拼合。"刊"到"居"四例，被反切字是阴平，可是它的反切下字是阳平；"坛"到"闾"四例，被反切字是阳平，可是它的反切下字是阴平。把"刊"照它的反切下字"寒"的声调切成阳平 kán，把"坛"照它的反切下字"干"的声调切成阴平 tān，就和这两个字的今音都不符合了。

这些反切下字为什么定阴平阳平不准呢？是不是这些反切不合乎反切原则呢？

这些反切下字之所以定阴平阳平不准，是由于中古音平声这一调类在北京话里分化为阴平阳平，并不是它们违反了反切原则。原来在应用反切注字音的时候，上举这些反切，下字定调都是定得很准的。那时平声还没有分化，当然也就无所谓阴平阳平。现在北京话分阴平阳平，阴平调值55，阳平调值35，中古可并没有这种差别，现在的阴平字和阳平字在那时都是平声。"刊、寒、坛、干"都是平声。那末，"刊"用"寒"作反切下字，"坛"用"干"作反切下字，都替被反切字定准了声调，这种反切也都符合反切下字定声调的原则。但是现在平声分化了，就有上面这类反切下字定阴平阳平不准的反切了。

怎样认识这类平声定调不准的反切呢？了解平声分化的情况会给我们帮助。中古音平声分化为后代的阴平阳平是有条件的，就是声母的清浊。在中古音读清声母的平声字，变到现在北京话里就读阴平；中古音读浊声母（全浊、次浊）的平声字，变到现在北京话里就读阳平。换言之，中古声母的清浊决定平声字今读的阴阳。上文说过，反切上字跟被反切字的声母是相同的，当然在清浊上也是相同的。因而,反切上字如果是中古清声母字,它就表示被反切字也是当时清声母字,同时也就表示它在今音该读阴平;反切上字如果是中古浊声母字,它就表示被反切字也是当时浊声母字,同时也就表示它在今音该读阳平。这样,反切上字便成了决定平声被反切字该读阴平阳平的标志了。反切时就可以利用这个标志。上面例字里,前四例的反切上字"苦、息、他、九"都是中古清声母字,后四例的反切上字"徒、渠、卢、力"都是中古浊声母字。

比如:"刊:苦寒切",先看反切下字"寒","寒"是平声(阳平),这就确定了被反切字"刊"该读平声;再看反切上字"苦","苦"是个清声母字(次清),这就标志出被反切字"刊"今音该读阴平。这样,就能够得出"刊"的正确读音 kān(而不是 kán)。又如"坛:徒干切","干"是平声(阴平),这就确定了"坛"是读平声;"徒"是浊声母字(全浊),这就标志出"坛"今音该读阳平,读 tán(而不是 tān)。①

到这里,就可以看出,像前面提到"公:古红切"这样被切字和下字阴阳平不合的反切,就是要应用上字"古"是中古清声作为标志来把"公"字定为阴平。"廉:力盐切""该:古哀切"等反切,被反切字和下字声调相同,也可以用这里的解释来说明。"力"中古浊声母,"盐"阳平,正好,"古"中古清声母,"哀"阴平,也正好。

第三类　一些在送气不送气上有问题的反切(一)。例如:

忌　渠记切　jì←q(ú)+(j)ì

度　徒故切　dù←t(ú)+(g)ù

懼　其遇切　jù←q(í)+(o)ù

这里几个例子,问题都在于被反切字是不送气的,而反切上字是送气的,因而不合,不能直接拼合。比如:"忌:渠记切","忌"是

① 反切上字本来不管平上去入。

不送气的 jì,而“渠”却是送气的 qú,如果照反切上字“渠”送气把“忌”切成 qì,那当然不合乎“忌”的读音。用今音来看这些反切,是上字定声在送气不送气上不准。

这类上字定送气不送气的不准,也是由于读音有了演变,中古全浊声母在发音方法上起了变化。例子里的“忌、度、惧”和“渠、徒、其”都是中古全浊声母塞音字。在语音演变中,它们分化为送气不送气两组。这种分化也有条件,那就是声调的平仄①。中古读平声的全浊声母字,现在北京话里如读塞音塞擦音声母就送气②,比如“渠、徒、其”;中古读仄声的全浊声母字,现在北京话里如读塞音塞擦音声母就不送气,比如“忌、度、惧”。这种分化,就影响到用今音来看反切。在分化中,被反切字跟反切上字走了不同的路子。被反切字是去声,今读不送气;反切上字是平声,今读送气,所以称为上字定送气不送气不准的反切。而当它在中古未分化时,被反切字(比如“忌”)跟反切上字(比如“渠”),都读浊音声母(群母),那是正好符合反切原则的。

因为反切受了这种分化的影响,所以,看到反切下字为去声而其上字为阳平送气的这类例子,就得注意把被反切字定为不送气。比如:“度:徒故切”,反切下字“故”是个去声字,而上字“徒”是个阳平送气字,一看到这类反切,就要注意送气不送气上的不合,比如这里“度”就要切成不送气的 dù 才对。

到这里,就可以看出,像前面提到的“但:徒旱切”这样送气不送气上不合的反切,情况和“度:徒故切”相同。

第四类 一些在送气不送气上有问题的反切(二)。例如:

头 度侯切 tóu←d(ù)+(h)óu

鼙 部迷切 pí←b(ù)+(m)í

① 仄声包括上去入三声,这里只举去声的例子。

② 这类字读送气阳平。参上面第二类例子的解说。

团　度官切　tuán←d(ù)+(g)uān

权　巨员切　qüán←j(ǜ)+(o)üán

这里几个例子,问题所在也跟上面第三类性质相同,不过这里的是被反切字为送气而反切上字为不送气的一种参差,但也因而不能直接拼合。比如:“头:度侯切”,“头”读送气 tóu,而反切上字“度”却读不送气 dù,如果照反切上字“度”的不送气把“头”切成 dóu,就不合“头”的读音。

其所以造成这样的参差,理由也跟第三类相同。这种参差是第三类所说的中古全浊声母字以声调为条件分化为送气不送气在另外一方面的表现,第三类跟本类讲的是同一件事。第三类说的是,被反切字是仄声(去声)不送气而用平声(阳平)送气字作反切上字,就要切为不送气;本类说的是,被反切字是平声(阳平)送气字而用仄声(去声)不送气字作反切上字,反切时正好要跟上类的改切法相反,要改切为送气。了解了第三类的所以然,这一类也就很容易明白。

把第三类的例子“度:徒故切”跟本类的例子“头:度侯切”作个对照,便可以了解这两类的关系。“度、徒、头”都是中古全浊声母塞音字,“度”是去声,“徒、头”是平声。在中古时这三个都读浊音声母(定母),所以“度”可以用“徒”作反切上字,“头”可以用“度”作反切上字。后来分化了,“度”是去声就演变为不送气,“徒、头”是平声就演变为送气。今音这三个字声母的分化就是演变的结果。所以,用今音来看反切,遇到“度:徒故切”这样“故”去声而“徒”送气的例子,就要定被反切字为不送气(上类所说);遇到“头:度侯切”这样“侯”平声而“度”不送气的例子,就要定被反切字为送气(本类所说)。

到这里,就可以看出,像前面举过的“坛:徒干切”“祈:渠希切”等,被反切字跟反切上字相合,也可以用这里的解释来说明。

"坛"与"徒","祈"与"渠",都同是中古全浊声母,都同是平声,所以演变相同,都读阳平送气。

第五类　一些在上声去声方面有问题的反切。这一类又可以分两项来说。

甲项　被切字去声,反切下字上声。例如:

户　侯古切　hù←h(óu)+(g)ǔ

杜　徒古切　dù←t(ú)+(g)ǔ

亥　胡改切　hài←h(ú)+(g)ǎi

这里几个例子,问题都在于被反切字是去声字,而反切下字是上声字,因而不合,不能直接拼合。比如"户:侯古切","户"是个去声字,而"古"是个上声字,如果照反切下字"古"的上声把"户"切成上声,那就不合"户"hù 的去声读音。用今音来看这类反切,是下字在定上声去声方面的不准。

这类下字在定上声去声方面的不准,是因为中古的上声这一调类在语音演变中起了分化。分化的条件是声母。情况是:中古清音、次浊两类声母的演变相同,属于这两类声母的中古上声字,在现在的北京话里仍然是读为上声,这是一路;而全浊这一类声母则有其独特的变化,属于这一类声母的中古上声字,在现在北京话里演变为去声(这也就是常常听到的"全浊上声变去声"),这是另一路。道理很显然,上声既然有了这样的分化,如果被反切字跟反切下字分化的路子不同,那就影响到反切,出现了像上面所举的下字在定上声去声方面不准的例子。比如:"户:侯古切","户"是中古上声全浊声母字,今读去声,而"古"是中古上声清音声母字,今读上声。

所以,看到反切下字是个上声字,比如"古",这就应当注意反切上字是哪一类声母的字,如果上字是个全浊声母字,比如"侯",就应当定为去声,这才能够得出"户"的正确读音 hù(而不是 hǔ)。

乙项　被切字上声，反切下字去声。例如：

古　公户切　gǔ←g(ōng)+(h)ù

苦　康杜切　kǔ←k(āng)+(d)ù

乃　奴亥切　nǎi←n(ú)+(h)ài

这里几个例子，问题都在于被反切字“古、苦、乃”等是上声字，而反切下字“户、杜、亥”等是去声字，因而声调不合，不能直接拼合。用今音来看这类反切，也是下字在定上声去声方面的不准。

甲乙两项是反切下字在定上声去声方面的不准，是同一种语音演变在两方面的表现，把这两项反切对照起来看就可以了然，如：

户：侯古切　　古：公户切

杜：徒古切　　苦：康杜切

亥：胡改切　　乃：奴亥切

“户、杜、亥”跟“古、改、苦、乃”都是中古上声字，所以“户”用“古”作反切下字，“古”用“户”作反切下字。语音起了分化，“户”等是全浊声母，变为去声，“古”等是清音声母；“乃”是次浊声母，仍读上声，这才有反切上的不合。

四

以下谈谈反切上字的作用好像似有似无的一些反切。分两类来谈。

第六类　反切上字属于中古影、喻、为①声母今读零声母的一些例子。例如：

影　乌　哀都切　ū←(āi)+(d)ū

　　影　於丙切　ǐng←(ǘ)+(b)ǐng

① 喻母或称以母；为母或称云母、于母。

	爱	乌代切 ài←(ū)+(d)ài
	央	於良切 iāng←(ű)+(l)iāng
喻	盐	余廉切 ián←(ű)+(l)ián
	以	羊己切 ǐ←(iáng)+(j)ǐ
	漾	馀亮切 iàng←(ű)+(l)iàng
为	袁	雨元切 üán←(ű)+(○)üán
	雨	王矩切 ǚ←(uáng)+(j)ǚ
	于	羽俱切 ű←(ǚ)+(j)ṻ

对于这一类反切,这里先谈一下应当注意的两件事。一是反切上字的有而若无。这些例子的被反切字和反切上字在今音里是读的零声母,遇到这类例子,反切时可以直接把下字的韵母认作是被反切字的读音。比如看到"乌:哀都切",就直接把"都"的韵母 ū 算作"乌"的读音,看到"以:羊己切",就直接把"己"的韵母 ǐ 算作"以"的读音,看到"袁:雨元切",就直接把"元"的韵母 üán 算作"袁"的读音,这就行了。二是反切上字有作阴平阳平的标志的作用。"影、哀、於、乌"等中古为清音声母,是读阴平的标志("於"旧读阴平声);"喻、余、羊、馀"和"雨、王、于、羽"等中古为次浊声母,是读阳平的标志。比如"央:於良切",不要照"良"的声调切为 iáng,而要改切为 iāng;"于:羽俱切",不要照"俱"的声调切为 ṻ,而要改切为 ű。

第七类　反切上字属中古疑母的。这一类又可以分两项来说。

甲类　下字为开、合、撮三呼者,今音读零声母。例如:

开	艾	五盖切	ài←(ǔ)+(g)ài
	藕	五口切	ǒu←(ǔ)+(k)ǒu
合	五	疑古切	ǔ←(í)+(g)ǔ
	魏	鱼贵切	uèi←(ű)+(g)uì
撮	愿	鱼怨切	üàn←(ű)+(○)üàn

鱼　语居切　ǘ←(ǚ)+(j)ū

乙项　下字为齐齿呼者，今音多数读零声母，也有少数读 n 声母的。例如：

被切字读零声母的：

艺　鱼祭切　ì←(ǘ)+(j)ì

砚　吾甸切　iàn←(ù)+(d)iàn

银　语巾切　ín←(ǚ)+(j)īn

被切字读 n 声母的：

拟　鱼纪切　nǐ←(ǘ)+(j)ǐ(纪，姓，上声)

倪　五稽切　ní←(ǔ)+(j)ī

牛　语求切　niú←(ǚ)+(q)iú

这一类的反切，如上面例子所示，情况跟第六类大致相同。关于甲项也要注意两件事。比如："艾：五盖切"，反切下字"盖"的韵母 ài，就是被反切字"艾"的读音。这是"反切上字的有而若无"，跟第六类一样。① 再如："鱼：语居切"，因为"疑、鱼、语、吾、五"等也是中古次浊声母，"鱼"不要照"居"的声调切为 ū，而要改切为 ǘ。

关于乙项，除了要注意的两件事同甲项以外，还要注意那不多的读 n 声母的字。比如："拟：鱼纪切"，在照上项方法用反切下字"纪"的韵母切成 ǐ 音之后，还要在 ǐ 前头加个 n 声母，这才得出被反切字"拟"的正确读音 nǐ。"倪：五稽切""牛：语求切"的反切中要加 n 声母亦同此例。

疑母字的中古音是 ng 声母开头，在语音演变中，这类 ng 声母的字大都丧失其声母而转为今音的零声母，这比如上面开、合、撮三呼以及齐齿呼里一部分的例子；而在齐齿呼里则还有一部分的字转为今音的 n 声母，如上面所举，不过并不多，常见的还有"倪、

---

① 撮合呼里有"虐疟"(都是"鱼约切"，今读 nüè。"疟"在"发疟子"中读 iào，则为零声母)。

霓 ní、擬 nǐ、逆 nì、孽、齧 niè，凝 níng”等。其中“牛”“擬”两字要特别记住，因为这两个字还用作反切上字，比如：“遇：牛具切 ǜ←n(iú)＋(j)ǜ”，不在意就会照一般反切方法，把“遇”多切出个 n 声母来。应当注意，对于“语”作“牛”的反切上字，“牛”作“遇”的反切上字这类例子，都得注意：中古疑母今齐齿呼一般是零声母，少数是 n 声母。

五

这里谈一些因为韵母的分化致使不能直接拼合的例子。主要是“洪音”与“细音”，即“开”与“齐”，“合”与“撮”的不合。

第八类　一些在读 i 韵、[ʅ]（“思”）韵上有问题的反切。例如（以下用“i”下加黑点表[ʅ]）：

子　即里切　zị̌←j(í)＋(l)ǐ

姊　将几切　zị̌←j(iāng)＋(j)ǐ

貲　即移切　zị̌←j(í)＋(○)í ㊁①

雌　此移切　cị̄←c(ị̌)＋(○)í ㊁

私　息夷切　sị̄←x(ī)＋(○)í ㊁

笥　相吏切　sị̀←x(iāng)＋(l)ì

似　详里切　sị̀←x(iáng)＋(l)ǐ ㊄

这里几个例子，问题主要在被反切字实际读i 韵母，可是它的反切下字读的是 i 韵母，因而不合，不能直接拼合。

这些例子的反切上字像“子、将、即、此、七、息、相、祥”等，还有些常用反切上字像“作，仓，昨，徂，苏，徐”等，在中古都读 z、c、s 等声母，比如“将”读 z，“七”读 c，“息”读 s 声母，在看这里举的例

---

① ㊁ ㊄一类数字代表本文所谈的类次。如㊁表示这个字的反切和上文第二类讨论的有关。下同。雌字审音定为阳平。

子时，要把“将、七、息”等作代表 z、c、s 等声母看，不要当作代表 j、q、x 等声母看。

这些例子里的反切下字都是读 i 韵的。在北京话里，z 等声母是不拼 i 的，这里如果拿反切上字跟下字硬拼，得出来 z + i(i 代表“衣”的韵母)等音节，北京话里也是没有的。比如“子：即里切”，如果取上字“即”所代表的声母 z，取下字“里”的韵母 ǐ(“以”)，拼出来的 z + ǐ 音也并不是被反切字“子”的读音。再如“雌：此移切”，取“此”声 c 跟“移”韵 í，拼出来的 c + í 也不是北京话里的音节，并且也不是被反切字“雌”的读音。像这里的 i 韵，都要改为ị韵，才能切出被反切字的正确读音来。

其所以要把韵母 i 改为ị，原因在于，中古的“支、脂、之”三韵(包括它们的上声和去声的字)起了分化。上面例子里的反切下字都是这三韵的字。这三韵里旧读开口这一部分字，在语音演变中，有一些转读为现今的 i 韵母，作这种演变的是读 j、q、x、l 等声母和零声母的字，还有一些读 b、p、m 声母的字。另有一些转读为今音ị韵母，作这种演变的是读 z、c、s 声母的字。可以看出，这种分化是以声母为条件的。既然有这样的根据声母不同而起的不同的分化，在反切时，当然也就应该根据声母的不同而对反切作相应的更改，上面例子里的反切上字，既然都是代表 z、c、s 声母的，那末，那就应当改它们的反切下字的 i 韵为ị韵了。这里可以看一下反切下字的声母，“里、几、移、吏、夷”等字的声母依次是 l、j、零、l、零。这些字是这类的声母，所以演变为现在的 i 韵，跟原来读同一韵的 z、c、s 等声母的字各走一路。分化之后，韵母各异，因之用今音来看“雌：此移切”，“雌”(作ị一路的变化的)和“移”(作 i 一路的变化的)韵母就不一致了。而在未分化的时候，“雌”用“移”作反切下字，是符合反切原则的。

第九类　一些反切上字是 zh、ch、sh、r 声母的“洪”“细”不合的反切。例如：

齿　昌里切　chǐ←ch(āng)+(l)ǐ

煮　章与切　zhǔ←zh(āng)+(o)ǔ

然　如延切　rán←r(ú)+(o)ián

神　食邻切　shén←sh(í)+(l)ín

这里一些例子，被反切字是读 zh、ch、sh、r 声母的洪音（开口、合口）字，而其下字则是一些读细音（齐齿、撮口）字，因而不合，不能直接拼合。比如："齿：昌里切"，如果直接用上字"昌"的声母 ch 跟下字"里"的韵母 ǐ 在一起相拼，得出来的 zh + ǐ（ǐ 在这里代表"以"的韵母）并不是"齿"的读音。又如："神：食邻切"，取"食"的声母 sh，"邻"的韵母 ín，切出的 sh + ín 也不是"神"的读音。这些例子，都表现为下字定韵不准。

所以会有这种反切下字定韵不准，是由于在中古音同属一个韵母的字，在语音演变中因为声母不同类而作不同路子的演变，致使韵母起了不同的变化，于是原来同属于一个韵母的字就分化而属于两个乃至两个以上的韵母。如果反切下字碰巧是个跟被反切字演变路子不同的，这就成为一个下字定韵不准的反切。

一般说，像这种韵母的分化，其在声母方面的条件是：zh、ch、sh、r 为一组①，分化后读这类声母的字其韵母是洪音；另外，b、p、m、l、j、q、x 和零声母（齐撮两呼的）为一组，分化后读这类声母的字其韵母是细音。这里的反切例子，其上字都是读 zh、ch、sh、r 的，其下字则是读 l 或零声母的。

怎样对待这一类下字定韵不准的反切呢？要把下字韵母的齐、撮改为相应的开、合。下面列举齐、撮改开、合的例子。

（1）i 改为[ʅ]（"诗"）的韵母，下面用 i 下加小圈来表示，遇下

① 这里且不谈 f 声母。

字读齐齿"饥移倚义"韵的,改为相应的开口"诗时始是"韵。例如:

滞　直利切　zhì←zh(í) + (l)ì

试　式吏切　shì←sh(ì) + (l)ì

(2)ü 改为 u　遇下字读撮口"居鱼与遇"韵的,改为相应的合口"朱除主住"韵。

初　楚居切　chū←ch(ǔ) + (j)ǖ

戍　伤遇切　shù←sh(āng) + (○)ǜ

(3)ian 改为 an　遇下字读齐齿"焉延演艳"韵的,改为相应的开口"占缠展战"韵。

展　知演切　zhǎn←zh(ī) + (○)iǎn

赡　时艳切　shàn←sh(í) + (○)iàn

(4)üan 改为 uan　遇下字读撮口"娟缘卷眷"韵的,改为相应的合口"专椽转篆"韵

专　职缘切　zhuān←zh(í) + (○)üán ㊁

川　昌缘切　chuān←ch(āng) + (○)üán ㊁

(5)ìn 改为 en　遇下字读齐齿"因寅引印"韵的,改为相应的开口"真陈轸慎"韵。

珍　陟邻切　zhēn←zh(ì) + (l)ín ㊁

仁　如邻切　rén←r(ú) + (l)ín

(6)ing 改为 eng　遇下字读齐齿"鹰陵井劲"韵的,改为相应的开口"蒸绳整政"韵。

徵　陟陵切　zhēng←zh(ì) + (l)íng

整　之郢切　zhěng←zh(ī) + (○)ǐng

比如:"滞:直利切",上字直是 zh 声母,而其下字"利"却是 ì 韵母,取 zh 和 ì 拼合,就得不出"滞"的正确读音(zh 跟 ì 拼得的字音也不是北京话里所有的),这就得改下字韵母 ì 为其相当的开口 i。zhi 才是"滞"的读音。

第十类　一些反切下字是 zh、ch、sh、r 声母的“洪”“细”不合的反切。例如：

基　居之切　jī←j(ū)+(zh)ī

缕　力主切　lǚ←l(ì)+(zh)ǔ

骗　匹战切　piàn←p(ǐ)+(zh)àn

因　於真切　īn←(ǘ)+(zh)ēn

应　於证切　ìng←(ǘ)+(zh)èng

卷　居转切　jüǎn←j(ū)+(zh)uǎn

这里一些例子被反切字是读 p、j、l 以及零声母(齐撮开头)的细音字，而其下字则是读 zh、ch、sh、r 声母的洪音字，因而不合，不能直接拼合。比如：“基：居之切”，如果直接用上字“居”的声母 j 跟下字“之”的韵母 i 在一起相拼，得出来的开口韵 j+i 音并不是“基”的读音。又如：“卷：居转切”，取“居”的声母 j，“转”的韵母 uǎn，切出的 j+uǎn(u 在这里仍表合口介音)也不是“卷”的读音。这些例子也都表现为下字定韵不准。

显然可以看出，这里一些例子跟上面第九类一些例子是相对照的。上一类是被反切字和反切上字读 zh、ch、sh、r 声母的洪音，要求把反切下字的细音改为洪音；这一类则是被反切字和反切上字读细音，要求把反切下字的洪音改为细音。看了上类关于改切之所以然的说明，可以了解这两类实在是一种语音演变事实的两方面的表现，下面再举些例子。

(1)ị 改为 i　遇下字读开口“诗时始是”韵的，改为相应的齐齿“饥移倚义”韵。例如：

利　力至切　lì←l(ì)+(zh)ị 易

　　以豉切　ì←(ǐ)+(sh)ị

(2)u 改为 ü　遇下字读合口“朱除主住”韵的，改为相应的撮口“居鱼与遇”韵。例如：

俱　举朱切　jū←j(ǔ)+(zh)ū

裕　羊戍切　ù←(iáng)+(sh)ù

(3)an 改为 ian　遇下字读开口“占缠展战”韵的，改为相应的齐齿“焉延演艳”韵。例如：

琏　力展切　liǎn←l(ì)+(zh)ǎn

延　以然切　ián←(ǐ)+(r)án

(4)uan 改为 üan　遇下字读合口“专椽转篆”韵的，改为相应的撮口“娟缘卷眷”韵。

缘　舆专切　üán←(ǚ)+(zh)uān ㊀

圈　渠篆切　jüàn←q(ǘ)+(zh)uàn ㊁

(5)en 改为 in　遇下字读开口“真陈轸慎”韵的，改为相应的齐齿“因寅引印”韵。例如：

隣　力珍切　lín←l(ì)+(zh)ēn ㊀

印　於刃切　ìn←(ǘ)+(r)èn

(6)uen 改为 ün　遇下字读合口“谆纯准顺”韵的，改为相应的撮口“均匀允俊”韵。例如：

允　余准切　ǚn←(ǘ)+(zh)uěn

(7)eng 改为 ing　遇下字读开口“蒸绳整政”韵的，改为相应的齐齿“膺陵井劲”韵。

令　力政切　lìng←l(ì)+(zh)èng

性　息正切　xìng←x(ī)+(zh)èng

比如“邻:力珍切”，下字“珍”的韵母是读 zh 声母的开口 en，en 跟被反切字“邻”的韵母齐齿 in 不相合，所以要改 en 为 in，改后才能够切出“邻”的读音。在第九类里，曾举过“珍:陟邻切”，那是说要改“邻”的齐齿 in 为开口 en 韵以切“珍”字。第九类切“珍”要改“邻”，本类切“邻”改“珍”，或改过来，或改过去，皆由声母不同类致使语音分化之故。根据已经分化之后的今音来看旧来的反切,不改则切不出正确的字音。至于被反切字跟反切下字的声母同类的,在分化中韵母就走同一条路子。那在今音看来就可以直接拼合,如第一类里举过的"政:之盛切""举:俱雨切"之类。

上面的解说只是举例性质。反切原则和反切方法本是极其简易的,这从上面所说的可以看出来,反切之所以有参差,主要是起于语音的分化。语音分化是有条件的。从其分化的条件入手,可以说明语音的演变,也就可以说明反切的参差。以语音分化的条件着眼来看上面的解释,就很容易理解。

(原载《中国语文》1962 年第 8、9 期)

反切续释

反切是汉语言教育上长时期广泛运用的一种主要注音方法，但因古今语音有变化，今人利用反切就不免有困难。前曾写《反切释例》一篇，对反切原则和一些用今音看反切不能直接拼合的这种困难做了解释[①]，这里再解释一些例子。对前人的反切作解释，重要处在于：让运用反切的人，能够根据反切的上下两字的今音，参照解释，求得被反切字的今读。所以，所作解释都应从便于今人运用出发。因之，这里也替反切的上下两字和被反切字注出普通话读音。注音依照《汉语拼音方案》，为便于观察语音变化，都用基本形式拼写。

一

第一类　一些在读 g、k、h 与 j、q、x 上有问题的反切（一）

“上字定声”是反切的一个根本原则。例如：“贯 guàn：古 gǔ 玩 uàn 切”，反切上字“古”就是用来替被反切字“贯”定声的。但有一些上字读 g、k、h 的反切，在“定声”上不准，例如：

绛　古巷切　jiàng←g(ǔ)＋(x)iàng[②]

悭　苦闲切　qiān←k(ǔ)＋(x)ián ㊁[③]

---

① 见《中国语文》1962 年 8—9 期。

② 括号内的音素，在反切拼合时不用，○表示“零声母”。

③ 反切下字跟被反切字在阴平阳平上有的不相合，文中用符号㊁提示注意这种不合。

孝　呼教切　xiào←h(ū)+(j)iào

遐　胡加切　xiá←h(ú)+(j)iā ㊁

计　古诣切　jì←g(ǔ)+(o)ì

窍　苦吊切　qiào←k(ǔ)+(d)iào

磬　苦定切　qìng←k(ǔ)+(d)ìng

涓　古玄切　jüān←g(ǔ)+(x)üán ㊁

这里一些例子，被反切字的字母 j、q、x 等，韵母是细音（齐齿呼，撮口呼）。从韵母来看这些例子，反切下字也是细音，这跟被反切字相合，但从声母来看，反切上字读 g、k、h，这就跟被反切字读 j、q、x 不合。这里如果用上字的 g、k、h 跟下字的细音韵母相拼，得出来的字音就跟被反切字的今音不合，并且现代北京音里也没有这种 g、k、h 拼细音韵母的音节。比如："绛：古巷切"，如果取上字"古"的声母 g，取下字"巷"的韵母 iàng，拼出来的 giàng，并不是"绛"的正确的读音。又如："涓：古玄切"，如果取"古"的声母与"玄"的韵母拼出 güán，güán 也不是"涓"的正确读音。并且，giàng、güán 也都不是北京音里所有的音节。像这些例子，都是反切上字定声不准。

原来，在中古读 g、k、h 等声母的字，由于语音演变分化为现代北京音的两组声母：一组仍旧保持读 g、k、h 等，一组转变为 j、q、x 等。这种分化，从其跟现代音韵母配合上看，是很有规律的，就是：中古读 g、k、h 声母的字，在现代北京话里，如果其韵母读为洪音（开口呼、合口呼）的，就仍旧保持读 g、k、h 声母；其韵母读为细音（齐齿呼、撮口呼）的，就读 j、q、x 声母。上面例子里的反切上字，像"古、苦、呼、口、康"等今读韵母是属于洪音，它们的声母仍然保持着 g、k、h 的古读；而被反切字"绛、悭、孝、涓"等今读韵母，正如反切下字"巷、闲、教、玄"等所指明的，是属于细音，它们的声母便转变为 j、q、x。在中古时这些例子，反切上字的声母本是和被反切字相同,都是 g、k、h,但在语音演变中变化的路子不相同,在今音中就表现为声母两不相同,因之,用今音来看这类反切,便觉得它们上字定声不准了。在反切时,遇到这类例子,就要根据反切下字韵母属于细音这个条件来改变反切上字声母 g、k、h 为相应的 j、q、x,就是 g 改为 j,k 改为 q,h 改为 x,这样,就能够切出被反切字正确的读音。比如"绛:古巷切","巷"是细音,那就改"古"的声母 g 为 j,来跟"巷"的韵母 iàng 相拼合,这就正好得出"绛"的正确读音 jiàng。

第二类　一些在读 g、k、h 与 j、q、x 上有问题的反切(二)

这一类谈一些上字读 j、q、x 的反切在"定声"上不准。例如:

归　举韦切　guēi←j(ǔ)+(o)uéi ㊁

窥　去随切　kuēi←q(ù)+(s)uéi ㊁

岿　丘追切　kuēi←q(iōu)+(zh)uēi

毁　许委切　huěi←x(ǔ)+(o)uěi

犷　居往切　guǎng←j(ū)+(o)uǎng

狂　巨王切　kuáng←j(ù)+(o)uáng ㊁①

这里一些例子,被反切字的声母是 g、k、h 等,韵母是洪音 uei 韵、uang 韵。这里反切下字韵母也是跟被反切字的韵母相合的,但反切上字读 j、q、x 声母,这就跟被反切字的声母不合。这里如果用上字的 j、q、x 声母跟下字的 uei、uang 的洪音韵相拼,得出来的字音也是跟被反切字的今音不合的,并且,北京话里也没有这种音节。比如:"毁:许委切",如果取上字"许"的声母 x 来拼下字"委"的韵母 uěi,就只能得出 xuěi 这样一个既不是"毁"的正确读音又不是北京话里所有的音节的离奇的拼法。又如"犷:居往切",如果拼成 juǎng,那也是既非"犷"的正确的读音也非北京话

① 反切上字跟被反切字在送气不送气上有的不相合,文中用符号㊁提示注意这种不合。

里所有的音节。像这些例子,也是反切上字定声不准。在反切时要把这一类反切上字的j、q、x改为相应的g、k、h,即j改为g,q改为k,x改为h。

这里之所以要把反切上字声母j、q、x改为g、k、h,其理由在前面第一类里已经说过。实在说来,这里所说的跟第一类所说的是同一个语音演变之两方面的表现。像这里的反切上字"举、居、去、丘、巨、许"等,中古也是读g、k、h等声母的,只是因为他们自己本身韵母是细音,g、k、h等声母就转变为读j、q、x了。但现在它们是在读uei、uang洪音韵母的下字前面作反切上字,uei、uang洪音韵里读g、k、h声母的字在今音里仍然保持读g、k、h,所以这里的反切上字今音j、q、x声母要改为g、k、h声母来切字,比如:"毁:许委切","许"的声母x要改为h;"犷:居往切","居"的声母j要改为g。huěi、guǎng才是"毁""犷"的正确的读音。

二

第三类 一些在读z、c、s与j、q、x上有问题的反切(一)

今音读z、c、s声母的字作反切上字有时候定声不准。例如:

酱 子亮切 jiàng←z(ị̆)① + (l)iàng

镌 子泉切 jüān←z(ị̆) + (q)üán ㊁

青 仓经切 qīng←c(āng) + (j)īng

诠 此缘切 qüán←c(ị̆) + (o)üán ㊁

荐 在甸切 jiàn←z(ài) + (d)iàn

聚 才句切 jù←c(ái) + (j)ù ㊂

啸 苏吊切 xiào←s(ū) + (d)iào

① 文中用i下加圆点代表"思"的韵母。

湑　私吕切　xǚ←s(ị̄) + (l)ǚ

详　似羊切　xiáng←s(ị̀) + (o)iáng

徐　似鱼切　xǘ←s(ị̀) + (o)ǘ

这里一些例子,被反切字的声母是 j、q、x 等,韵母是细音(齐齿呼、撮口呼)。这些例子的被反切字的韵母与反切下字的韵母是相合的,都是细音,但在声母方面,被反切字读 j、q、x,而反切上字读 z、c、s,两不相合。对于这类反切,如果径用上字的声母 z、c、s 跟下字细音韵母直接拼合,就不能得出被反切字的正确读音。比如:"酱:子亮切",如果取"子"的声母 z 跟"亮"的韵母 iàng 直接拼合,得出的读音是 ziàng;"徐:似鱼切",如果取"似"的声母 s 跟"鱼"的韵母 ǘ 直接拼合,得出的读音是 sǘ。ziàng、sǘ 并不是"酱"、"徐"的正确的读音,北京话里也并没有这种音节。这是反切上字定声的不准。

这种定声的不准,也是语音的演变造成的。这种演变是中古读 z、c、s 等声母的字的分化。原来,上例中的被反切字和反切上字,在中古时期都是读 z、c、s 等声母,在那时反切上字定声原都是准确的。中古读 z、c、s 等字声母的分化,以韵母的今读是洪音或细音为条件。韵母是洪音的字,声母就仍然维持 z、c、s 旧读;韵母是细音的字,声母就演变为 j、q、x。在上例里,被反切字都是细音字,声母已变为 j、q、x,比如"酱",今音是齐齿呼,声母是 j;"徐"今音是撮口呼,声母是 x。而反切上字本身则都是洪音字,声母就仍然维持 z、c、s 旧读,比如"酱"的反切上字"子"和"徐"的反切上字"似",今音都读开口,"子"的声母是 z,"似"的声母就是 s。被反切字与反切上字有细音与洪音的不同,它们的声母也就有读 j、q、x 与 z、c、s 的不同:这就是这类反切上字定声不准的原因。

了解这类反切上字定声不准的原因,也就可以知道这类反切的改切方法,即:改反切上字的 z、c、s 为相应的 j、q、x 来拼切。比如,见到"啸:苏吊切",反切上字是洪音合口字,是 s 声母,而反切下字是个细音齐齿字,这就要考虑到:中古 s 声母在今音齐齿字中已经分化为 x 声母的,这里反切上字的 s 声母只不过因为上字"苏"本身是洪音合口而保持下来的旧读,现在下字既然是齐齿呼 iào,这就要把 s 改为 x 来拼齐齿呼,切出的 xiào 才正好是反切字"啸"的正确的读音。

第四类　一些在读 z、c、s 与 j、q、x 上有问题的反切(二)

这一类谈一些上字读 z、c、s 声母的反切在定声上的不准。例如:

醉　将遂切　zuèi←j(iāng)+(s)uèi

钻　借官切　zuān←j(iè)+(g)uān

仓　七冈切　cāng←q(ī)+(g)āng

窜　七乱切　cuàn←q(ī)+(l)uàn

蹭　千邓切　cèng←q(iān)+(d)èng

桑　息郎切　sāng←x(ī)+(l)áng ㊀

赛　先代切　sài←x(iān)+(d)ài

髓　息委切　suěi←x(ī)+(o)uěi

随　旬为切　suéi←x(ún)+(o)uéi

这里一些例子,被反切字的声母是 z、c、s,韵母是洪音(开口呼、合口呼)。从韵母看,反切下字也是洪音,跟被反切字是相合的;但从声母看,反切上字读 j、q、x,跟被反切字不相合。这类反切,也都不能取上字声母同下字韵母直接拼合。比如"仓:七冈切",如果取"七"的声母 q 来同"冈"的韵母 āng 直接拼合,得出来的 qāng 并不是"仓"的正确读音。又如"随:旬为切",如果取"旬"的声母 x 来同"为"的韵母 uéi 直接拼合,得出来的 xuéi(u 在这里仍表合口呼)并不是"随"的正确读音。并且,像 qāng、xuéi 这样的音节北京话里也是没有的。这类反切也是上字定声不准。

原来,在中古时期,这类反切上字的声母也同被反切字一样读 z、c、s,在那时,“七”作“仓”的反切上字,“旬”作“随”的反切上字原是恰好的。但在语音演变中反切上字本身韵母转变为今读细音,z、c、s 也转变为今读 j、q、x,比如“七”今音是齐齿呼,声母也由原来的 c 转变为今音 q;“旬”今音是撮口呼,声母也由原来的浊音 s(邪母)转变为今音的 x。而被反切字“仓”“随”因为今音读洪音(“仓”开口呼,“随”合口呼)仍然保持中古 c、s 声母的读法(“旬”由浊声母变为清声母)。这样读洪音韵母的被反切字和读细音韵母的反切上字声母就不同了。这类反切上字的定声不准,实在是由于声母的分化。这一类例子同上面第三类例子实在是一个语音演变事实的两方面的表现。上面第三类,要求在反切时依据反切下字的韵母是细音来改反切上字声母 z、c、s 为 j、q、x,这一类则要求在反切时依据反切下字的韵母是洪音来改反切上字的声母 j、q、x 为 z、c、s。比如见到“钻:借官切”,下字“官”的韵母是洪音合口呼 uān,上字“借”的声母是 j,这就要依据下字是洪音来改上字的 j 为 z,z 同 uān 拼合才得到“钻”的正确读音 zuān。

三

第五类　一些反切上字是 b、p、m 声母的等呼(“开”与“合”)不合的反切。例如:

簸　补过切　bò←b(ǔ) + (g)uò

叵　普火切　pǒ←p(ǔ) + (h)uǒ

拜　博怪切　bài←b(ó) + (g)uài

杯　布回切　bēi←b(ù) + (h)uéi

潘　普官切　pān←p(ǔ) + (g)uān

蛮　莫还切　mán←m(ò) + (h)uán

喷　普魂切　pēn←p(ǔ)+(h)uén㊁

闷　莫困切　mèn←m(ò)+(k)uèn

谤　补旷切　bàng←b(ǔ)+(k)uàng

这里一些例子,都是被反切字是唇音开口字,而反切下字是一些用 u 作介音的合口字,因而不合,不能直接拼合。比如把“普官切”直接用“普”的声母 p 跟“官”的韵母 uān 相拼,得出来的是 puān,是个合口音,可是这里被反切字今音读的是 pān,是个开口音。又如“谤:补旷切”,如果用“补”的声母 b 与“旷”的韵母 uāng 直接拼合,得出来的是 buāng,跟“谤”的今音读 bāng 有开合的差异。反切下字原是替被反切字定韵的,比如“判 pān,普 pǔ 半 bàng 切”,反切下字“半”跟被反切字“判”在韵母的开合上正好相合,而这里一些例子,都表现为下字定韵不准。

这一类下字定韵不准之所以产生,主要也是起于语音的分化。原来中古时期有一些合口韵的唇音字在语音演变中如果能仍然维持其读唇音开头,那就丧失其合口。这当然是起于语音的异化作用。这些字音的声母的发音是唇在起作用,介音的发音也是唇在起作用,两者在一起就产生了异化,于是挤掉了这介音性质的 u。因此,演变到现代北京语音系统里,唇音声母 b、p、m 就只存在与元音的 u 相拼的字而没有与介音 u 相拼的字。由此可以知道,在中古时期还读作合口的一些唇音字,在反切时,它的下字当然可以用那在当时还是同韵的合口字。比如“潘:普官切”,“潘”在当时读合口,它当然可以用那跟它同韵的合口字“官”来做反切下字,这恰恰符合反切下字定韵的原则。后来“潘”因为声母是唇音而失去 u 介音,便跟同韵中读其他声母仍然保持读合口的字走了两条不同变化的路子。这样一来,像上举的例子,用今音来看,便有开合口上的不相合了。所以,遇到这类反切上字是唇音而下字是合口的,就要把下字的 u 介音去掉,这才能切出正确的今音,比如

“谤：补旷切”，下字“旷”的韵母是 uàng，但反切时对于韵母就不取 u 介音而只取 àng，用上字声母 b 与 àng 相拼，就得出“谤”的今音 bàng。至于像“补：博古切 bǔ←b(ó) + (g)ǔ，暮：莫故切 mù←m(ò) + (g)ù”其下字韵母本身是 u，就不跟下字韵母介音是 u 的同例，像这种情形，就不必改动下字韵母的 u。

第六类　一些反切上字是 b、p、m 声母的等呼（“齐”与“撮”）不合的反切（二）。例如：

边　布玄切　biān←b(ù) + (x)üán ㊂

变　彼眷切　biàn←b(ǐ) + (j)üàn

敏　眉殒切　mǐn←m(éi) + (o)ǚn

这里一些例子，都是被反切字是双唇音齐齿字，而反切下字是撮口字，因而不合，不能直接拼合。比如“边：布玄切”，如果径取下字“玄”的韵母“üán”来跟上字“布”的声母 b 在一起拼合，得出来的 büán 并不是被反切字“边”的今音。“边”的今音是 biān 而不是 büán。在现代北京音里，b、p、m 声母并不跟撮口呼韵母相拼，遇到这类上字是 b、p、m 声母下字是 üan、ün 韵母的反切，要改撮口呼为齐齿呼切字，才能得到被反切字的正确读音。比如：“边：布玄切”，“布”是双唇音声母 b，“玄”是撮口呼 üán 韵母，这就要改撮口呼为齐齿呼韵母 ián，然后以 b 同 iān 拼合，就得出“边”的正确读音 biān。

第七类　一些反切上字是 b、p、m 声母的等呼（“开”与“齐”）不合的反切（三）。例如：

巴　伯加切　bā←b(ó) + (j)iā

怕　普驾切　pà←p(ǔ) + (j)ià

麻　莫霞切　má←m(ò) + (x)iá

邦　博江切　bāng←b(ó) + (j)iāng

胖　匹绛切　pàng←p(ǐ) + (j)iàng

牻　莫江切　máng←m(ò)+(j)iáng ㊀

这里一些例子,被反切字今音读开口,而反切下字今音读齐齿,因而不能直接拼合。比如“巴:伯加切”,如果取反切上字“伯”的声母 b 来跟下字“加”的韵母 iā 相拼,得出来的 biā 并不是“巴”的正确读音。又如“牻:莫江切”,取上字“莫”的声母 m 来跟下字“江”的韵母 iāng 相拼,所得的 miáng 音也并不是“牻”的正确的读音。这是反切下字定韵不准。

这类下字定韵不准,是由于中古韵母的分化。中古音这一类韵母,在语音演变中,按照声母的不同走了不同的路子,一部分的字在今音里读开口,这一部分字是唇音声母字,即 b、p、m 声母字像上例里的被反切字“巴、怕、帮、牻”等,它们的韵母是 a、ang 等(zh、ch、sh、r 声母字读洪音是不用说的);另一部分字在今音里读齐齿,这一部分字是中古牙音和喉音声母字,即今音舌面音 j、q、x 声母字。像上例里的反切下字“加、驾、江、绛、霞”等,它们的韵母是 ia、iang 等。韵母分化了,被反切字跟反切下字韵母有了洪(开)、细(齐)的差异,因而下字定韵不准。

因此,遇到这类反切,就不能直接拼合,应当改下字的齐齿为开口来切字。比如“巴:伯加切”,要改下字“加”的韵母 iā 为 ā 来跟上字的声母 b 相拼;“牻:莫江切”,要改下字“江”的韵母 iāng 为 āng(㊀表应改为阳平 áng)来跟上字“莫”的声母 m 相拼,这样,得出来的 bā、máng 才正是“巴”、“牻”的正确读音。

我们这里只提出今音 ba、pa、ma 和 bang、pang、mang 两类韵母,其实,符合这类改下字韵母来反切的并不止这两类韵母(还有,比如 ie、iao 韵母),不过,就一般学习说,像这里所举的两类是较容易掌握的。这是因为在北京音里只有 ba、pa、ma 和 bang、pang、mang 等音节,而并没有 bia、pia、mia 和 biang、piang、miang 等音节,北京音既然是这样,那也自然会启发我们在看到“巴:伯加切”

“牻:莫江切”之类的反切时就意识到要改下字的齐齿细音为开口洪音来切字了。

四

第八类　一些反切上字是 f 开头的字等呼不合的反切。例如:

非　甫微切　fēi←f(ǔ)+(o)uéi ㊁

斐　敷尾切　fěi←f(ū)+(o)uěi

膹　浮鬼切　fèi←f(ú)+(g)uěi ㊄①

返　府远切　fǎn←f(ǔ)+(o)üǎn

翻　孚袁切　fān←f(ú)+(o)üán ㊁

烦　附袁切　fán←f(ù)+(o)üán

饭　扶晚切　fàn←f(ú)+(o)uǎn ㊄

分　府文切　fēn←f(ǔ)+(o)uén

芬　抚文切　fēn←f(ǔ)+(o)uén ㊁

分　扶问切　fēn←f(ú)+(o)uèn

焚　扶云切　fén←f(ú)+(o)ǘn

放　甫妄切　fàng←f(ǔ)+(o)uàng

府　方矩切　fǔ←f(āng)+(j)ǚ

赴　方遇切　fù←f(āng)+(o)ǜ

父　扶雨切　fù←f(ù)+(o)ǚ ㊄

这里一些例子,被反切字是 f 声母的开口字,其反切上字是 f 声母字,反切下字是合口字或撮口字。这些反切,从声母看,反切上字跟被反切字相拼合,但从韵母看,反切下字与被反切字不合,

---

① 反切下字跟被反切字在上声、去声上有的不相合,文中用符号㊄提示注意这种不相合。

因而不能直接拼合。比如“斐:敷尾切”,如果取上字“敷”的声母 f 来跟下字“尾”的韵母 uěi 相拼合,得出来的 fuěi 并不是“斐”的正确读音。又如“烦:附袁切”,如果用上字“附”的声母 f 跟下字“袁”的韵母 üán 相拼合,得出来的音是 füán;“府:方矩切”,如果由上字“方”的声母 f 跟下字“矩”的韵母 ǚ 相拼合,得出来的音是 fǚ。füán 和 fǚ 也都不是“烦”“府”的正确的读音。并且,像 fuěi、füán 和 fǚ 等也不是北京音里的音节。这都是下字的定韵不准。

这类反切下字在中古时期原是定韵准确的,但一则由于韵母的分化,不同声母的字走了不同的演变的路子;一则由于 f 声母的特性,在现代北京音里,f 声母除了拼 u 韵母外,就只拼开口韵,不跟齐齿、合口、撮口等韵母拼合,所以今音里并没有 fi、fi-、fu-、fü-等音节。由于这些原因,用今音来看这类反切就觉得它是定韵不准了。

这类下字定韵不准的反切,改切的方法是:(1)下字是合口的,就改为相应的开口,即是去掉 u 介音,如 uei 改为 ei,uen 改为 en,uan 改为 an,uang 改为 ang(下字是 u 韵的就不必改动);(2)下字是撮口的,ü 韵就改为 u 韵,ü 介音韵就改为相应的开口韵,如 ü 改为 u,üan 改为 an,ün 改为 en。比如“斐:敷尾切”,就用 uěi 韵去掉 u 介音来跟 f 声母相拼合;至于“焚:扶云切”,就改 ǘn 韵为 én 韵来跟 f 声母拼合;“府:方矩切”,就改 ǚ 韵为 ǔ 韵来跟 f 声母拼合。这样,就可以得出各被反切字的正确读音 fěi(斐)、fán(烦)、fén(焚)、fǔ(府)了。

第九类　一些反切上字是微母的等呼不合的反切。例如:

无　武夫切　ú←o(ǔ)+(f)ū ㊁

武　文甫切　ǔ←o(uén)+(f)ǔ

务　亡遇切　ù←o(uáng)+(o)ù

微　无非切　uéi←o(ú)+(f)ēi ㊁①

尾　无匪切　uěi←o(ú)+(f)ěi

吻　武粉切　uěn←o(ǔ)+(f)ěn

樠　武元切　uán←o(ǔ)+(o)üán

问　亡运切　uèn←o(uáng)+(o)ùn

晚　无远切　uǎn←o(ú)+(o)üǎn

亡　武方切　uáng←o(ǔ)+(f)āng

这里一些例子，反切上字都是“微”母字，当然被反切字也是“微”母字，这些字今音都读作合口韵。可是上例里的反切下字今音是读开口或撮口的，这跟被反切字不合，因而不能直接拼合。从今音来看，这也是下字定韵不准。

“微”母字作反切上字有两项情况可说。（甲）在反切中有而若无，但有指示被反切字读合口的作用。“微”母在中古虽跟“明”母同属于一个声母，但后来它们分化了。“明”母字演变到现代北京音里仍维持中古的读法，读 m，如“明”字本身就是：m(íng)。“微”母演变到现代北京音是读“开头的零声母”，如“微”字本身就是 o(uéi)。我们看一看上面例子，反切上字“武、文、亡、无”等都是读的 u 开头零声母：被反切字“无、武、务、微……”当然也是“微”母字，也都是读 u 开头的零声母。简单说，“微”声母的字，在今音都读合口零声母。这样，我们可以说，“微”母反切上字也是有而若无，不过它有指示被反切字该读合口的作用。反切下字如果是开口或撮口的，都应当改为合口切字。

（乙）反切下字如果是平声字，“微”声母上字有指示被反切字应读阳平声的作用。这一点是容易理解的，因为“微”声母是个浊声母（次浊），中古浊声母平声在今音都是读阳平的。

① “微”字今音审音定为读阴平声。又：请参本文“五”。

根据上述两项来看上面例子，可以确实指出，反切上字是“微”声母字，因下字不同可有如下的拼切情况。

（1）下字是u韵母的，被反切字就读u韵母。比如“武：文甫切”，下字“甫”的韵母ǔ，被反切字“武”就读ǔ音。

（2）下字是撮口ü韵母的，就改为相应的合口u韵母来读反切字。比如“务：亡遇切”，下字“遇”的韵母是ǜ，被反切字“务”就读ù音。

（3）下字是ü介音韵母的，就改为相应的u介音韵母来读被反切字。比如“问：亡运切”，下字“运”的韵母是ǜn，被反切字“问”就读uèn音。

（4）下字是开口韵母的，就改为相应的合口韵母来读被反切字。比如“尾：无匪切”，下字“匪”的韵母是ěi，被反切字“尾”就读uěi音。

（5）至于下字是平声的，被反切字就读阳平声。比如“无：武夫切”，下字“夫”fū是平声字，被反切字就读ú音。“樠：武元切”，下字“元”是平声字（正好是阳平），被反切字就读uán音。

总之，反切上字是“微”母字的，遇到上面所说的下字，都应当切读为合口零声母，下字是平声的就切读为阳平声。

这里应当指出的是：上面例子里，下字是u韵的，下字本身是f声母字；下字是开口韵的，下字本身也是f声母字；下字是撮口韵的，下字本身多是零声母字或是j、q、x声母字。

五

第十类　一些反切上字是轻唇应当改为重唇切字的反切。例如：

醅　芳杯切　pēi←f(āng)+(b)ēi

嶭　方卖切　bài←f(āng)+(m)ài

苗　武瀌切　miáo←o(ǔ)+(b)iāo ㊁

阪　扶板切　bǎn←f(ú)+(b)ǎn

蠻　武板切　mǎn←o(ǔ)+(b)ǎn

辩　方免切　biǎn←f(āng)+(m)iǎn

免　亡辨切　miǎn←o(uáng)+(b)iàn ㊄

褊　方缅切　biǎn←f(āng)+(m)iǎn

奔(投奔)　甫闷切　bèn←f(ǔ)+(m)èn

这里一些例子,被反切字读重唇,反切上字却读轻唇,如果取反切上下字直接拼合就不能得出被反切字正确的读音。比如:"醅:芳杯切",如果取上字"芳"的声母 f 跟下字"杯"的韵母 ēi 相拼,得出的 fēi 并不是"醅"的正确的读音。又如"蠻:武板切",如果取上字"武"的零声母按上字微母反切法跟下字"板"的韵母 ǎn 相拼合,得出来的 uǎn 也并不是"蠻"字的正确读音。这些例子都表现为上字定声不准。

这类上字定声不准是由于唇音的分化。原来,现代北京音里的轻唇音(即唇齿音)f 声母是从古代的重唇音(即双唇音)b、p 等分化来的;古代的重唇 m 声母也分化出所谓轻唇微母即北京读 u 开头的音来(微母我们在前面曾说过)。比如"芳"在古代原也跟"醅"字同样读重唇音的,"武"字在古代原也是跟"蠻"字同样读重唇音的。在古代,这样的反切上字原来也是定声准确的。

唇音分化有个通则,就是:韵母相同的在分化时走的演变的路子相同。照反切原则,反切下字定韵,即是反切下字跟被反切字韵母相同。因为,反切下字如果是读重唇的,那也就等于指出,被反切字若是唇音字,就应当是个读重唇的,至于反切上字如果是个唇音字,但因为它跟被反切字在韵母上不一定相同,它的读重唇或轻唇也就跟被反切字不一定相同。因此,有一部分唇音反切,其上字如果是轻唇字而下字是重唇字，这就要：(1)以上字的轻唇来读被反切字为唇音字。(2)再根据下字的重唇来定被反切字为重唇字，并按照反切上字的属于“非敷奉微”改为相应的“帮滂並明”。比如“奔”的反切上字是“甫”，是个轻唇(“非”母)字，这就指明“奔”该读唇音；又“奔”的反切下字“闷”是个重唇(“明”母)字，这就指明“奔”该重读为重唇音。于是，就改“奔”的反切上字“非”母读为相应的重唇“帮”母。“帮”母演变为今音 b，就用 b 来跟下字“闷”的韵母 èn 拼合，这就得出“奔”的读音 bèn。又如“醅、阪、䜩”的反切下字“杯、板、板”都是重唇字，而“醅”的反切上字“芳”是轻唇“敷”母字，那就要改为相应的重唇“滂”母字，“滂”母演变为今音 p，就用 p 来跟下字“杯”的韵母 ēi 拼合，这就得出“醅”的读音 pēi。“阪”的反切上字“扶”是个轻唇“奉”母字，那就要改为相应的重唇“並”母字，“並”母在仄声演变为今音 b，这用 b 来跟下字“板”的韵母 ǎn 拼合，这就得出“阪”的读音 bǎn①。“䜩”的反切上字“武”是个轻唇“微”母字，那就改为相应的重唇“明”母字，“明”母演变为今音 m，就用 m 来跟下字“板”的韵母 ǎn 拼合，这就得出“䜩”的读音 mǎn。

这里举轻唇音的常用反切上字以便参考：“非：方甫府”，“敷：芳敷抚”，“奉：符扶房”，“微：武无亡”。

看了上述唇音分化通则及其应用，我们当然会推定：

(1)反切上下两字都是今音轻唇的，被反切字也就读轻唇。例如：

芳　敷方切　fāng←f(ū)+(f)āng

菲　芳菲切　fēi←f(āng)+(f)ēi

(2)反切上下两字都是今音重唇的，被反切字也就读重唇。

---

① “阪”今音仍读上声。

例如：

片　普面切　piàn←p(ǔ)+(m)iàn

磨　莫婆切　mó←m(ò)+(p)ó

这两项推定果然是对的，上面已举出了例证。当然我们还会推定：

(3)反切上字是今音重唇而下字是今音轻唇的，被反切字也就应当照下字切读为轻唇。例如：

芝　匹凡切　fān←p(ǐ)+(f)án ㊁

忿　匹问切　fèn←p(ǐ)+(o)uèn[1]

这一项推定果然也是对的；并且，这项推定对反切的改切是具有指导作用的。

（原载《山东大学学报》（语文版）1963年第4期）

---

① 参前第八类。

新文字字母的字类跟字值

一、字类、字值的意义

根据个人教学的经验，认为为了教学上的便利，新文字字母有分为字类跟字值来认识的需要。我想把字类只算个“虚位”，把字值才算做实际口语里的“音值”。用英语打比方，比如字母 c 只算是字类，是个虚位；c 在 call 里读 k，在 cell 里读 s，k 或 s 才是 c 在各种拼法情形下的字值（音值）。又比如字母 r，也只算做个字类，是个虚位；它在英国南部方言里读摩擦音 ɹ，在爱尔兰大部地区里读舌尖滚音 r，而在 Northumberland 方言里读小舌滚音ʀ，ɹ、r 或ʀ才是 r 在各方言里的字值（音值）。因之，c 字如果脱离了它的拼法孤立起来，我们便无法说出它是代表什么音值；r 如果脱离了它的方言也是同样。算它们作虚位的道理在此。像这种字母跟音值不能“一成不变”地相配合，便产生了字母要分成字类跟字值来认识的需要。

字类既然是个虚位，为什么我们还有要立出“字类”这个名目呢？这因为它虽然是个虚位，但到底不是等于零，而实际领有一个范围，虽然这个范围里的分子来路可以不一样（或因拼法而有，或因音变而有，或因方言而有），虽然这个范围的大小（即一个字母因各种来路而产生的音值数目的多寡）还要等调查统计后才能确定，然而总无害其为有一个范围。比如上举的 c 字类，它领有某种条件下的 k 音值，某种条件下的 s 音值；而 r 字类，则领有某种条件下的ɹ音值或r音值,或R音值。c和r还是各有其范围,亦即是各有其“类”的,因之我们立出“字类”这个名目。

二、为什么要把字类跟字值分开来认识

骤一看起来,把我们的新文字字母硬拆成字类跟字值来认识,是要令人吃惊的。为什么要有新文字?无非是为的拼音文字比义符文字优良,拼音文字字母能够代表口语里的实际的音值,比如d就代表[t](方括弧里的国际音标用来代表口语里的实际的音值),ei就代表[ei],dei就代表[tei],怎样说就怎样写,怎样写就怎样读,方法简便,好学好记;而现在却提出“字母只是虚位,字值才是实值”的话头,岂不要令人吃惊!

在经过一段时期的教学之后,在枝枝节节地解答了一些问题之后,在经过一番困惑一番思考之后,觉得还是要把这个题目提出来讨论,实实在在新文字字母里是存在着字类跟字值应当拆开来认识的问题。问题就产生在“怎样说有时并不就怎样写、怎样写有时就并不怎样读”的上面。这些问题是:

wan = uan?

wei = ui?　dui = (duei)?　un = (uen)?(括弧里是北方话拉丁化新文字方案里所没有的拼法)

wen = un?　weng = ung?

gi = zi?

wen = (ven)?

xe = xo?

等等;还有:

e跟ie、ye里的e音值同不同?

ia的音值跟ian里ia的音值同不同?

wang、ian里的a音值同不同?

等等。这些问题,都不是枝枝节节所能解决得下的;但在一起初我也只能枝枝节节地解答,直到累积久了,才想到提出字类跟字值分开来认识的解决办法。

三、同一个方案里的字类跟字值

上节所列举的一些问题,一看便可看得出一部分是属于方案本身的,一部分是属于方案与某方言之间的差别的。现在先谈属于方案本身的。我们姑且选北拉方案来做例子,并选北京话来谈字值。虽然北拉原不是单为北京话制定的,但我们既然要谈字类跟字值,总得要选用一个方言而后才有字值可谈。

根据北京话,北拉的方案足以引起字类跟字值要分开来认识的问题有:

g[k]、gi[tɕ]

r[ər]、rh[ʒ]

e[ə]、ie[iɛ]、ye[yɛ]、ei[ᴇi]

a[A]、ian[iɛn]、iang[iang]、guang[kuɑng]

u[u]、un[uən]

等,因之,如 g　r　e　a　u 等字母,在北京话里,只能认作是字类,而不能认做是字值。这种字母跟音值不能"一成不变"相配合的情形,好比英语里的字母 c,新文字的 g 在 gi 或 gi-(gy 或 gy-)等拼法中音值是[tɕ],在其馀的拼法中音值是[k];u 在 un(ui)等拼法中的音值是[uə]、[uᴇ],在其馀的拼法中的音值是[u];或[tɕ]或[k],或[u]或[uə],就替新文字的教学上增添出问题来了。

四、方案里字类字值不一致的由来

制定方案的人为什么让字母有字类跟字值的差异呢? 我们姑

且假设北拉方案是根据北京话制定的，分下列几条来说明：

1. 为了省字：假如把全套国际音标再加上赵元任先生所增添的都搬来供给做新文字字母用，比如在母音方面我们就无妨出现tA（da 大）、iang（iang 央）、kuɑng（guang 光）、iɛn（ian 烟）或 iɛ（ie 叶）、yɛ（ye 月）、ə（e 额）等拼法的方案；但拉丁化的几个母音字母都各有专责了，我们还有母音可以用来专表 A、ɛ 等音值吗？字母的数目有一定在限制我们了，不省字不行！

2. 为了省事：如果有人想出“a e”来代表 iɛ 跟 iɛn 里的音值［ɛ］，我们姑且用合字，但也不能完全解决问题（还有 A、a、ə 等在等着），合字容易引起误会（iae 容易误认为 ia-e 两音的合写）不问，单就省事来说，也是不合算的。同样道理，虽然“对”字的实际读音是［tuᴇi］，方案把它写成 dui，不独不管 E 字，并且连 e 字也省了（不省则是 duei）；虽然“遁”字的实际读音是［tuən］，方案把它写成 dun，不独不管 ə 字，并且连 e 字也省了（不省则是 duen）。文字以便于应用为主，能省自然从省。

3. 为了照顾更多的方言：如果一个方案对于某一个方言照顾到精细，则对于它原来可以照顾得了的其他一些方言，这个精细一定变成桎梏。所以，不独可以省的省，并且可以从宽的也就从宽。从照顾到更多的方言来说，北拉把 ㄐ、ㄑ、ㄒ 等订为 gi、ki、xi 等是很有道理的。比方内黄话读“见”、“欠”、“君”、“群”等字，g、k 都不变，仍读 ㄍ、ㄎ，不过发音部位移向舌中，用上北拉方案，还是正正相合（gian、kian、gyn、kyn），没有改字的麻烦；如果是用上林涛方案或罗马字方案便不能相容，要另想办法了。我们可以说：制定北拉方案时若然不是注意到语音历史演变的（比如 ㄐ←ㄍ），则便是注意到照顾更多的方言的（当然也只是照顾到一个面）。

4. 为了避免脱误，写、印便利：如果有人想出办法，说可以在字母上、下加标记，如加“ˆ”、“˚”之类，那就应当注意到是不是容易脱落,是不是便于书写、打字和印刷！现在北拉定“奥”韵母为 ao,“欧”韵母为 ou,让它们字尾有 o、u 的分别,这是很好的。在草写得快一点的情况下,a 形是很容易混为 o 形的;假如两个韵母的字尾都定成 u,那“地道”就很容易混为“地豆”了。我们不去替 a、e 等加上那容易“张冠李戴”、“风吹就落”的帽子或容易“失足”的靴子,我们不用那些怪里怪气的或草写起来容易混的符号是合适的:A(没法草写)a(没法再草)等就不搬进来,也就是不肯吃那易脱误、不顺利的苦头。再比如韵母[uɛi],我们在拼声母时写“对”字作 dui,不拼声母时写“位”字作 wei;一是为的省去多写一字的麻烦,一是为的避免连写时的误会。凡此等等,都是制定方案时所应当注意的。

为了照顾以上所说的几种理由,不独北拉而且广州话方案也同样地受着限制,同样地引起字类跟字值不合一的问题。广州话同一字母有长短音的区别,方案里表示长短音不同的方法除了磕上帽子(如 āi)、塞上夹带(如 a:i)等容易脱落的不计而外,还有 1. 重叠元音字母(优点是容易明白),2. 变化韵尾,3. 变化元音字母(优点都是简短省字)等方法。可是法 1,费事而不经济,长音要多写一个字;法 2,变化复杂,牵动太大,不便初学;法 3 呢,同类异值(如 em 之 e 读[ɑ])、同值异类(如 ɑe 之 ɑ、em 之 e 同读[ɑ])的问题便更严重地出现了。所以,字类字值不能完全合一这个困难,各方案都“在所不免”;因之,这是一个具有普遍性的值得讨论的问题。

五、方案与方言间的差别所引起的字类字值的不一致

由于汉语方言的不齐一,一个方案便不可能把它所领有的各有其“小异”的许多方言一个个都照顾到恰好。拿方言的读音来学方案,字类跟字值不相符合的问题便必然地出现。比如方案里

的 w 开头拼写的字如 wan、wen 等,山东利津话大多读成 v 开头。w 等于 v 吗?假如用上林涛同志的定型字,是把 hwa(话)读成 hva 呢、还是读成 hua 呢?再比如方案里的 gi 跟 zi,在北京话里同是 gi(g、z 读得一样是异类同值),而 zu 却又正和北京话相同(z 字有两读是同类异值),这便成问题了。

根据我所注意到的一些方言的事例,我把这种字类跟字值不相符合的情形分为甲、乙两类:把比较容易解决的事例归为甲类,把很难解决的事例归为乙类。

甲类的例子如:山东一些方言的比北拉多出 ng 声母;临朐、诸城的读 r 作 el;利津的读 w 开头成 v 开头;江苏六合等地的读 r 作 ə,读 ei 也作 ə,读 ao 作[ɒ];又许多方言的读“国”(guo)、“阔”(kuo)作 gue、kue;再如广东台山的读 s 为清 l;等等。

乙类的例子如:北京及东北一些方言里的 gi、zi 不分;江淮一些方言里的 ch、z 不分;长江沿岸一些方言里的-n、-ng 不分;山东益都等地的 rh、l 不分;又胶东大多数地区的 rh-、i-不分;等等。

从上面所举的事例看来,把北拉方案跟它所领有的方言相对照,比如 z 字,它就包含了 z、gi、zh 等三个音值;rh 字,它就包含了 rh-、l-、i-等三个音值。因之,把北拉方案对照着它所领有的方言来说,z、rh 只能算作是字类,而不能算作是字值;好比英语里面的字母 r,新文字的 z、rh,也因为方言区域不同而读音不同。

六、怎样解决方案里的这类问题

上面说过,一个方案的制定,要考虑到的方面很多;因之,要解决这类问题不能单从更动方案上着想。我们应当这样办:

a. 对于理解力较高的人可以说明方案字类跟字值不能尽相符合的原因及其有省(比如 ui)有变(比如 ao)等声、韵等的读法。

b. 对于一般人可以用整个声或韵做单位来教。比如不把 a 单提着教,见 a 教[A],教[A],见 ian 教[iɛn],见 guang 教[kuɑng];不把 e 单提着教,见 e 教[ə],见 ie、ye 教[iɛ、yɛ]等。(这里仍旧用北京话做讨论的根据)。

可以这样办的理由是:在一个方案(比如北拉)的全盘的语音组织里,这样办不致引起误会。假如北拉方案所领有的任何一个方言(任选一个)里,在实际口语上,它既有 ian 同时又有 iɛn,而两字的意思又不相同(比如 ian 的意思是"烟",而 iɛn 的意思不是"烟"而是另外一个意思),那我们便不能这样办;同理,或是它既有 dui 同时又有 duei,而两字的意思又不相同,那我们也不能这样办;而现在没有任何一个方言里具有这样的情形,因之不会发生冲突,这样办也便不致引起误会。

这里我们可回答第二节里所提出的问题:

北拉语言里面没有 wan、uan 两个音同时存在而又意思不同的机会,因之我们可以把 uan 一音在单用时订做 wan,以避免连写时的混淆而不致引起误会。同理,在单用时,我们把 ua、uai、uang、ui、un、ung、uo 写成 wa、wai、wang、wei、wen、weng、wo。也与此同理,我们把 i、in、ing、ia、iao、ie、iu、ian、iang 等在需要界音时 ji、jin、jing、ja、jao、je、ju、jan、jang(同理,我们又把 u 写成 wu)。

也与上面同理,我们的 gi(或 gi-)没有一个方言同时具有ㄍㄧ、ㄐㄧ两读而又有意思上的不同,因之,我们在制订方案时尽可用 g 拼 i(或 i-读),ㄐㄧ(ㄐㄧ-)——方言中有读ㄍㄧ(或ㄍㄧ-)的也不妨碍。ki(或 ki-)、xi(或 xi-)以及 gy、ky、xy(或 gy-、ky-、xy-)也都是同理由的产品。

也与上面同理,我们可以把 uei、uen 省做 ui、un;iung(或 yung)省做 yng。至于单用的 weng 在北京话(或某些方言)恰好是[uəng]可以算做是个巧合,我们可以把它跟 un:wen 一律看待。

再说到 e 字虽用来代表了 ə、ɛ、E 等音，但在 ie 的拼法里 e 绝不既代表 ɛ 又代表 ə 或 E，因之，我们订 ie 代表 iɛ 绝不会出问题。同理，用 e 代表 ə，ei 代表 Ei，用 a、ian、iang、guang 代表 A、iɛn、iang、guɑng 等，不脱离 e 或 a 所在的拼法里，绝不招致误会。即便是 e 代表 ɛ，a 也代表 ɛ，但一个是须在 ie、ye 的拼法里，一个是须在 ian 的拼法里，不把它们从拼法里孤立出来，它们不会相混。r 跟 rh 里的 r 也是如此，不把 rh 里的 r 孤立出来，它不会跟单用的 r 闹乱子；c 跟 ch 里的 c 等也是如此。

比如英语里的 c，它在 call 的拼法里，没有一个方言既可以读它做 k 又可读它做 s，而同时又有意思的不同；它在 cell 的拼法里，也没有一个方言既可读它做 s 又可读它做 k，而同时又有意思上的不同；因之在“不脱离拼法”的条件，它可以一身而兼二职（值），而无妨碍；新文字的字类字值不尽相符而无妨碍，理由也是如此。在教学时能够注意到用整个声或韵做单位，一定可以减少很多困难。

七、怎样解决方案与方言间的这类问题

我想在“不更动方案来迁就方言”跟“不立即强迫方言服从方案”的原则下提供我能知道的解决办法。

a. 针对甲类的：甲类的问题是比较容易解决的。因为方言中不同于方案的那一批字音，并不和别的字音相混，或虽有相混而仍有办法把它区别出来。并不和别的字音相混的，如临朐、诸城话虽然把方案里的 r 读做 el（暂定做暗 l），但这两个方言却不再把方案中 r 以外的字音读做 el，并且也不把方案中的 r 所领有的字读成 el 以外音；换句话说，方案中的 r 跟这两个方言里的 el 范围完全相同。既然情形是这样，我们就尽可以先把方案里的 r 读成 el 教给临朐、诸城人而在阅读跟拼写等方面都不会闹乱子。

至于虽然和别的字音相混而仍有办法把它区别出来的，我举出利用语言特性来解决六合话把方案的 r、ei 都读成 ə 的混淆做例子。

（特性一）、北拉单用韵母 ei，可以说是有音无字，它只有一个表感叹表承诺的“欸”字，这点，六合话恰巧相同。（特性二），六合话有入声（高而且短，本乡人都容易把它认出），而 ə 音绝没有入声字；而北拉的 e 及用 e 拼的字都是六合话里读入声的字（参下三）。（特性三）、北拉 zh、ch、sh、rh 等声母拼 e 而不拼 ei；六合话不读入声的 ə 如“遮”、“车”、“射”、“惹”跟读入声的 e 如“折”、“彻”、“舌”、“热”只在 zh、ch、sh、rh 等声母下相混。为了醒目，我把这三个特性列表说明（见以下附表）。

声母 / 北拉韵母	单用	b p m f	d t n l	g k h	zh ch sh rh	z c s	声母 / 六合韵母
r	而儿二耳餌耳尔迩	①					ə（平上去）
							（入）
e		②	③④		遮车射惹 ⑤		ə（平上去）
	呃扼额	①①①	得特讷勒	格克赫	折彻舌热	则册色	e（入）
ei	欸	杯沛美非 ⑥ ⑥	内雷				ə（平上去）
			得 ⑦	给 黑 ⑧ ⑥			e（入）

①空格表示北拉、六合都没有字音；只 be、pe、me 格六合有“北”、“拍”、“墨”等字音。

②北拉有“么”（me）一字，是写声字；六合同。

③北拉有“呢”（ne）一字，是写声字；六合同。

④北拉有“了”（le）一字，是写声字；六合同。

⑤“惹”字六合 rhə、ə 两读。

⑥个别字六合的读法：“北”be，“没”mo，“黑”xe，因之“黑”格六合无字音。

⑦“得”字两义（获得、应得）六合都读 de。因之此格六合无字音。

⑧六合“给”字读ㄍㄧ或ㄐㄧ，不读 gei，因之此格六合无字音。

根据附表所给的情形,我们便可订下几条要点,帮助六合人学习新文字:

要点一:六合话里不拼声母的 ə 音,除了表感叹表承诺的"欸"音须拼做 ei 之外,其馀一律是 r,如"而"、"儿"r 等。

要点二:六合话里拼声母的 ə 音,除了拼 zh、ch、sh、rh 四声母的以外(如"遮"zhe,"车"che 等),一律须得拼写作 ei,如"贝"bei,"雷"lei 等。

要点三:六合话里的 e 音,都读入声,一律须得写拼写作 e,如"厄"e、"格"ge 等。又六合话里的 ə 音拼 zh、ch、sh、rh 四声母的,一律须得拼写作 e,如"遮"zhe、"车"che 等。

这样,便可以不更动方案而把方案跟方言配合起来;比起死守着方案所给的字值来勉强学习的人,弄得人头昏脑胀不知所从要好得多了。

b. 针对乙类的:乙类的问题是很难解决得好的。因为方言中不同于方案的那一批字音已经跟别的字音相混了,很不容易把他们区别开来。这里仍用六合话(南乡)失去撮口 y 做例,说出解决的办法。

1. 教的人要清楚实际的情形:六合话里所有的撮口 y 都读成 i,如"于"等于"移"(i),"远"等于"眼"(ian)。因之,方案中用 y 拼的字音六合人尽可以把它当成自己话里用 i 拼的字音来读;但是,六合话里用 i 拼的字音,却有一部分应当按照方案所示的用 y 来拼写!怎样能够知道是哪一部分应当用 y 来拼写呢?那应当:

2. 多多记忆:多多留心别的方言的人对于这些字是怎样读的;多多留心北拉新文字的文章里对于这些字是怎样拼写的。——绝不要以为新文字是用不着一个艰苦的学习过程就可以学得好的;任何一种文字都没有一看就完全行了的便宜事!

在现在还是借助于方块字来推行新文字的时候,对于认识方块字的人,除了还可以多查阅新旧文字对照的字典而外,我再提供出第三个方法。

3. 利用汉字形声法帮助记忆:六合话里读齐齿的字,它的同音符字如有读合口的,就应当改读齐齿为读撮口;即在拼写时用 y 来代 i。例子如下:

吾 u	语	是 y 不是 i;
赌 du	绪	是 sy 不是 si;
浑 xun	军	是 gyn 不是 gin;
	運	是 yn 不是 in;
魂 xun	云纭	是 yn 不是 in;
顽 wan	元沅	是 yan 不是 ian。

当然,如果你已经学会了"军"字是 gyn,是撮口,那你也就知道它的同声符的"晕""運"也是应当读撮口是 yn 而不是 in 了。但如果一旦你突然怀疑"军"字是齐齿呢、还是撮口呢,那你就可以联想到"浑"字而推定"军"字应当是撮口。

把话头再回到字类跟字值。我们可以说,针对乙类的,把字类跟字值分开来认识的方法只能够解决了阅读上的困难(比如告诉六合人见 y 读 i);而针对甲类的,把字类跟字值分开来认识的方法则几乎全部解决阅读上跟拼写上两方面的困难;并且,无论解决一部或全部,这个方法在扫除教学时由于字类字值不一致所引起的混淆上仍有很大的帮助,对于属于方案本身的也是如此,因之,我把这个方法提出来讨论。

(原载《山东大学学报》1951 年第 1 期)

请注意一字两音的分歧现象

在新文字教学工作的实践中，常常碰到口语中一字两音的分歧所带给教学上的困难。比如有些学生按照他本人的口语把“世界”写成 shgai，而“界”字普通是读 gie 的；把“暴露”写成 baolu，而“暴”字用在“暴露”时是应当读 pu 的。这种异读，虽然有着上下文可以推测出他原来是说的什么，但总叫人时时费解，不能把一篇文字很流利地看下去；有时甚至引起误解或不懂。这实在是新文字推行中一个需要解决的问题；虽然它并不是难得解决的，但总要新文字工作同志能时时注意到这点才行。

把一字两音的许多实例归纳起来，按照它的来路可以分为下列三类：

第一类，是由于音变而产生的一字两音。语音是不断地在变着的，变了以后，新的语音便代替了旧的。但有时候是新的旧的都同时存在着，并且会在同一个方言里存在着，什么场合该念什么音，只是由习惯来决定；也或者把新旧不同表现在读书音和说话音的不同上。也有时候是音变情形不同的两个方言互相影响，因而使每一个方言里都夹杂着一字两音；在一个场合说的是本地读音，在另一个场合却说的是别地方言的读音。这样，用新文字来拼写口语，就不能不特别注意了。比如有的方言里，“间”字用在“房间”时读 fanggan，用在“中间”时读 zhunggian；“卡”字用在“关卡”时读 guankia，用在“卡车”时读 kache；“戒”字用在“戒烟、戒酒”、“猪八戒”时读 gaijan、gaiziu、zhubagai，用在“戒严”时读 giejan；“家”字用在“国家”、“家庭”时读 guogia、giating，用在“张家庄”、

“李家村”时读 zhanggezhuang、ligecun(现在报纸把存在等“家”字音译作“格”、作“哥”等,译作“哥”字就会引起望文生义的误解了)。这类情形,如果是一个小方言区里的人写给本区的人看,问题还小;若是写给别的方言区的人看,就要多费思索了。读“突”作 tu 的人,认出了 durhan 乃是“突然”,不免要感到突然;读“特”作 te 的人,认出了 debie 乃是“特别”,真要觉得特别了。

第二类是由于配合意义的不同而有的一字两音。比如“得”字用在“得到”时读 dedao,用在“你得这样办”时读 ni dei zhe jang ban:“省”字用在“山东省”时读 shandung shengi;用在“反省”时读 fansing;“读”字用字“句读”时读 gydou,用在“读书”时读 dushu;“恶”字用在“罪恶”时读 zui'o,用在“厌恶”时读 ianwu,“行”字用在“行为”时读 xingwei,用在“银行”是读 inxang;“没”字用在“没有”时读 meijou,用在“沉没”时读 chenmo;“滑”字用在“滑稽”时读 gugi,用在“光滑”时读 guangxua;“宿”字用在“二十八宿”时读 28siu,用在“住宿”时读 zhusu。诸如此类例子,都是因为意义不同而读音也不同的,但有时不免错用了,拼写出来,就要令人费解。比如错说“反省”作 fansheng,“厌恶”作 ian'o,“滑稽”作 xuagi,“星宿”作 singsu,这种情形是相当普遍的,要叫人想一下才懂。又比如“发行”一词,许多人不敢确定它是 faxing,还是 faxang;“滑稽”一词,现在是弄成了 gugi、xuagi 两可,这都是一字而有两音所造成的分歧现象。

当然,这种现象并不是和音变没有关系的,如果我们要追根究底的话。例如“恶”字作“罪恶”或作“厌恶”讲,在古代读音虽也有差别,但并不像现在差别到这么大,以至要用两个不同的字母 o、u 来表示;它在古代也不过差别到像扇(动词,读阴平声)、扇(动词,读去声)两种讲法的读音,“扇”字的两种读音,拼写出来还都是 shan。在这里我们用不到考古,等有机会再挖根吧!

第三类,是由于正读与社会化的错读同时并存而产生的一字两音。汉字在以前曾经有过它的优点,就是它有一批形声字是由注义跟注音两部分符号合成的。比如“柏”字,“木”是义符,指示出“柏”是“木”类;“白”是音符,指示出“柏”读“白”音。我们推想在形声字的初期,这种义符和音符的效用应当是相当的高的。可是后来字音起了变化了,音符就往往失去它的效用。于是现存的形声字就有两种现象:一批是音符仍旧有着效用的,如“柏、铜、纲”等字中的音符“白、同、冈”等;一批是音符的效用已经过了时的,如“河、姓、義”等字中的音符“可、生、我”等。这两种现象同时并存,便造成了汉字的致命伤:一个失效的音符,恰巧诱导人读了“白字”(别字),那必然地连累到那些仍旧有效的音符也叫人怀疑它的效力。如果有人还是相信音符,照“苔”字的读法 tai 去读“笞”(应当读 ch),照“管”(guan)读“菅”(gian),照“镗”(tang)读“瞠”(cheng),照“蹏”(ti)读“褫”(ch),照“棣”(di)读“隸”(li)(隸字照说文“柰”是音符),照“锭”(ding)读“绽”(zhan),那就正是读错了。实在这种错法也是很普遍的,不只是几个人的事,所以我把这种情形叫社会化错误。(近来常听到许多人说 fanjang,很为不解,一位朋友说就是“反映”啦,照着“央”读的,才知道也是音符作的怪。汉字的优点到现在已是这样的出乖丢丑了,很应当让它告老退休啦!)有人依正读,有人依误读,还有的例子是你照甲字作例来读乙、我照丙字来读乙的,就如“逮捕”一词,弄得人不知道是照“棣”读 di 好,还是照“埭”读 dai 好。这样的情形,拼写出来,就不得不叫人大费脑筋了。

从考古的眼光来看,这一类也还是跟音变有关的。这从上面的叙述中已可以察觉出来,我就不多赘了。

上面所说的三种情形,如果大家都说“厌恶”是 ian'o,而绝没有说 ianwu 的;大家都说“戒烟”是 gaijan,而绝没有说 giejan 的;大家都说“破绽”是 poding，而绝没有说 pozhan 的；那么事情好办，既然大家如此，自然大家一见就懂，我们很不必拘拘泥泥的去干“正读”的事，无奈不是大家一致的，拼写出来就必然要人费神，以至不懂，那么，我们就要老老实实做一做划一的工作了。我想，热爱新文字的工作者，也一定常常碰到这种困难，也一定会认为在我们推行新文字的工作中，兼做一番划一的工作是合理的、必须的，而且对于新文字的前途是有利的。尤其在目前新文字运动仍须做实验和深入研究的阶段中，正是新文字还得要通过知识分子的手来交给工农兵大众的时候，那也正是一个预先做划一工作的适宜的时候。我们对于这种分歧万不可任其自流，万不可把这种分歧原封未动的交给工农兵大众；让他们再分歧；何况其中某些分歧，还是由于我们的错误所造成的呢！现在我们能解决了推行中的教学的困难，也就是替新文字的成功扫除障碍，所以我愿意提出浅见来，请同志们注意，并请商讨、指教！

（原载《新文字周刊》1950 年第 34 期）

破读的语言性质及其审音

在书面语言里标注出一个字的另一个音义的所谓"破读"这一现象,是个有关语法、词汇以及语音声韵调等方面的语言现象的一种反映。它实在不仅是古代汉语里的一个问题,而且也是现代汉语里从书面语到口语里的一个问题。在语言规范教育受到重视的今日,语音规范也极为各方面所注意,于是,破读问题也就在当前语言议事日程上显示其重要地位。初看起来,破读跟文言文的阅读是关系密切的,语文教师似乎首先体察到这个问题的亟待解决,但进一层来看,破读在现代汉语也并非不成问题,实在它也是早在审音范围之内的。破读中固然有"军自败曰败(浊声母、去声),打破人军曰败(清声母、去声)"之类的为前人破读讨论中所指斥而在如今看来也是生僻的事例,但如"质有精粗谓之好恶(并如字),心有爱憎称为好恶(并去声)"之类则是通乎古今而在现代汉语里也仍然普遍存在的一种现象,至于"曾[经]"(céng,有人读 zēng)、"尽[管]"(jǐn,有人读 jìn)、"处[理]"(chǔ,有人读 chù)之类,则跟"暴[露]"(bào,正音如此,但现今仍然偶有人从旧读念 pù)相似,差不多是在现代汉语里才显现出来的具有普遍性质的一个问题。由此看来,破读问题,质言之,是整个汉语里的一个问题,它通乎古今,普遍存在于书面语和口语里。因之,对破读这一问题的探讨,首先当然要注意到它的有关当前语言规范的一方面(这自然也就包括"文言文"阅读在内),但也不可忽视它的有关汉语性质和汉语史的研究的一方面。

一、前人的破读人为说

前人讨论“破读”，有认为破读并非源于语言自然的。他们认为破读非古，而仅是后世经师或音韵学家的强生分别，亦即是人为的。因而他们认为破读一概不可依从。三百年前的顾炎武、钱大昕等可以作为这一说的代表。

顾炎武是一位古音学家，他在古音学上的“考古之功”一直是被研究古音学者所推重的。他的非议破读自应是有所见而云然，绝不同乎一时兴到的聪明话，我们讨论破读，值得把他的意见提出来看看。

顾炎武承用某些小学家的说法，把我们这里所谓的破读比附为“六书”里的“转注”①，其内容所指就是前人亦尝谓之“破字”“发字”“发音”（“点发”“圈发”）的“破读”。他又给这种破读现象以“一字两声各有意义”或“两声各义”的扼要说明，他也说到这种“各义”是“可一”的，他的“可一”也就是本文下面就会提到的钱大昕所说的“义本相因”，质言之，破读是讲的一个字的本义与其引申义各专一读的现象，引申义是从本义引申出来的，故曰“可一”。更确切地说，“破读”所反映的是“一个字的各音各义”的现象②。顾炎武主要是根据古代韵语来考察他所谓的转注亦即破读问题的。他谈了不少例子，也曾重点地就“好”“恶”的声义搭配谈出他的意见。“好”“恶”这两个例子对我们的考察这一问题说来也是

---

① 戴震很不赞成顾氏把转注作为如是解，见《戴东原集》卷三，但不是我们这里所要查考的问题。

② “破读”原亦包括指明假借（乃至改正错字），不仅指明一字的义别而音亦别。不过假借或错字既另有正字，则关涉审音问题不大，且与此处义别音别性质有异，所以本文不以之为对象。

很适合的。“好”是阴声韵部里的字,“恶”是入声韵部里的字(我们用周秦韵阴阳入三大类的系统)。顾氏论定,在古代,“恶”字的爱恶义和美恶义并无声调上一去一入的相搭配的现象。他指出,爱恶义的读去声“乌路反”,美恶义的读入声“乌各反”①是后起的。他说:

> 先儒谓一字两声,各有意义,如“恶”字为爱恶之恶则去声,为美恶之恶,则入声,《颜氏家训》言此音始于葛洪徐邈,乃自晋宋以下,同然一辞,莫有非之者。

据他的考证,在韵文中,(一)美恶之恶而韵去声的是:

> (1)《诗·小雅·雨无正》篇二章“复出为恶”韵夜夕②;(2)《楚辞·离骚》:“好蔽美而称恶”,韵固寤古;(3)又:“孰云察余之美恶”韵字;(4)《汉书》赵王友歌:“诬我以恶”韵寤;(5)《易林·比之既济》:“形骸丑恶”韵落蠹;(6)晋木华《海赋》:“戕风起恶”韵暮布露度;(7)宋谢灵运《之郡初发都》诗“丑状不成恶”韵步慕。

(二)爱恶之恶而韵入声的是:

> (1)汉刘歆《遂初赋》:“为群邪之所恶”韵落;(2)魏丁仪《励志赋》:“将未审乎好恶”韵错;(3)《文苑英华》梁人无名氏《七召篇》:“六情通其爱恶”韵乐怍穫;(4)唐王建《伤韦令孔雀词》:“如今憔悴人见恶”韵雀落。③

他认为前7个例子可以说明“美恶之恶而读去声”,后4个例子可以说明“爱恶之恶而读入声”,于是他说:

> 乃知去入之别,不过发言轻重之间,而非有此疆彼界之分也。④

---

① 乌路反今读 wù,乌各反今读 è。

② “夕”,《广韵》入声。顾氏举此例时应计及“夕”字。

③ 例证均见《唐韵正》卷十八铎韵“恶”字下。

④ 《音论》卷下。

顾氏所举的“好”的例证:(一)“心所爱”之好而韵去声的是:

(1)《诗·邶风·日月》篇二章:“逝不相好”韵冒报;(2)《卫风·木瓜》篇一二三章“永以为好也”韵报;(3)《郑风·女曰鸡鸣》篇二章:“知子之好之”韵酒老。

(二)心爱而韵上声的是:

书洪范“无有作好”韵道①(“道”《广韵》上声字)

顾炎武在他的“先儒两声各义之说不尽然”里计举了“恶”(入去两读)、“好”(上去)、“誉”(平去)、“败”(见前)、“棺”(平去)、“观”(平去);“翰”(平去)、“看”(平去)、“望”(平去)、“忘”(平去)、“醒”(平上)等字,也是提出了它们在韵文中或运用中的情况,指明:“恶”以下诸字虽具有两义而在声调上并无定限;而“翰’以下诸字只具有一义却拥有两个声调,虽“唐人律诗至严”,但用到“翰”之类的字,在声调上则是可此可彼的。于是他认为“一字两声”实在是“繁辞曲说”。

顾炎武在他论证时,还引用了宋代一位学者魏了翁(华父)在论观卦时非议这类破读的话,魏说:

今转注之说,则彖象为观示之观,六爻为观瞻之观,窃意未有四声反切之前,安知不为一音乎!②

顾氏当然很同意魏了翁的话,引它来大概是用以显示破读一事虽在“自晋宋以下同然一辞,莫有非之者”的气氛笼罩中,却亦有“先觉”之士起而非之者。

清代另一位古音学家钱大昕也是非议破读的。他是一位深于小学经学的人,当然也值得看一看他的意见。他也谈到“观”的两

① 《音论》卷下。顾氏并不否认古爱“好”常韵去声厌“恶”常韵去声之类。

② 见《音论》卷下。

读,也提到魏了翁。钱氏认为:“人之观我与我之观人,义本相因,而魏晋以后经师强立两音,千馀年来遵守不易,唯魏华父著论非之,谓未有四声反切之前,安知不皆为平声,此可谓先觉者矣”①;他也谈到“好”“恶”的各具有两读,他说,“盖好恶之有两读,始于葛洪字苑(原注:《颜氏家训》言之),汉魏诸儒本无区别,陆氏生于陈隋之世,习闻此说,而亦不能坚守,且称为‘旧’,则今之分别非古音之旧审矣!”因而指出:“虚实动静之分,皆六朝俗师妄生分别,古人固未之有也。”②至于钱氏致叹于“盖自韵书兴而声音益戾于古,自谓密于审音,而龃龉而不安者益多矣”的几句话则是跟顾氏的“自训诂出而经学衰,韵书行而古诗废,小辩益滋,大道日隐”③几句话同其心曲的。

这两位古音学家都对这种破读现象的所以然给出一个合理的解释。顾氏认为这种“转注”是古人的“临文之用,或浮或切,在所不拘”,是由于“发言轻重之间”,是由于发言“迟疾轻重”。④ 钱氏认为“……古人一音异读,多由南北方言清浊讹变,非真义随音异,若泾渭之悬殊”。⑤

总看他们所说的反对“破读”的理由大概都在这里了。简单替他条理一下是:(1)未有四声反切之前一字原只一声,没有存在着“破读”的语音的依据;(2)到了虽然有了一音异读之日,但各义各读的分配则是后儒的强生分别。总之,“破读”是人为的。

应当注意的是,直到今日,他们的理由还是在模糊着我们对“破读”的看法!

---

① 《潜研堂文集》卷十五。

② 同上。

③ 《音论》卷下。

④ 均见《音论》卷下。

⑤ 《潜研堂文集》卷十五。

但是,我们应当考察一下他们的理由。我们可以看到,顾、钱二氏反对破读虽同,但所持的理由重点各异。顾氏主要是以(1)一字只一声为依据来反对破读的,所谓"去入之别不过发言轻重之间"。这里就看一看顾氏常说的"轻重""迟疾"到底是什么?仍看顾氏自己说的:

> 四声之论虽起于江左,然古人之诗已自有迟疾轻重之分,故平多韵平,仄多韵仄。①

顾氏话里的"故",当然是申明古人语言的"迟疾轻重"正是古人的"平多韵平,仄多韵仄"的客观物质的依据的,这样,我们就不能不怀疑,那"恶"的去入两读不是也有了客观依据了吗?我们只好说顾氏是在自相矛盾的了。原来顾氏的"迟疾轻重"是他在肯定了古人实有四声的这一常态和肯定了古人四声同用的这一非常态之后再予以解释中所应用的"调和的"字眼,顾氏对这"迟疾轻重"字眼看来未能认真思考,这"迟疾轻重"就首先模糊了顾氏自己,试看他竟会让他的"去入之别不过发言轻重之间"用以申明"恶"字不必拘于两声各义的这一说法,跟他的"古人未尝无入声"的这一番话,在同书中并存,就可以知道了:

> 《诗》三百篇中亦往往用入声字,其入与入为韵者什之七,入与平上去为韵者什之三。以其什之七而知古人未尝无入声也,以其什之三而知入声可转为三声也。②

如果我们把顾氏的意思转为"乃知去入之别实有发言轻重之殊",而"轻重"者,又分平分仄之客观物质依据也,那顾氏也就自觉其矛盾了。他的"发言轻重"正好说明"恶"之去入两读实有语音的依据。

---

① 《音论》卷中(原文314页)。

② 《音论》卷中。

钱氏主要是以(2)后儒强生分别为依据反对破读的。钱氏又曾说过：

> 予我之予，锡予之予，今人分平上两音，而《诗》、三百篇《楚辞》皆读上声；当直之当，允当之当，今人分平去两音，而孔子赞《易》，皆读平声。汉儒言读若者，正其义，不必易其音，如郑康成注《礼记》仁者人也，读如相人偶之人，自古讫今，未闻人有别音，可见虚实动静之分，皆六朝俗师妄生分别，古人未之有也。①

钱氏在这里是不拒绝古有四声的②，也认为一字可以因"南北方言清浊讹变"而有异读，钱氏所坚持的只是"非真义随音异，若泾渭之悬殊"（引见上）。

钱氏的看法仍然可以用他自己的话来反驳的，他说过这一番话：

> 《公羊传》："伐者为客，伐者为主。"何休曰："伐人者为客，读伐长言之，齐人语也。见伐者为主，读伐短言之，齐人语也。"长言，若今读平声；短言，若今读入声。《广韵》平声不收"伐"字，盖古音失传者多矣。③

这里的"伐"的"伐人""见伐"有"长言""短言"之别，不也正同于"观"的"观我""观人"有"平声""去声"之殊；这里的"古音失传者多"，不也正同于"自古迄今，未闻人有别音"。钱氏的矛盾是显然的，看来他好像没把自己的两种意见合并思考似的。

但无论他们自相矛盾到怎样程度，而古汉语的四声情况如何，以及后儒如何强生分别，则仍是应当求其真相的。下面我们就试作说明。不过我们大可不必震于顾、钱二氏之盛名而轻信其说了，虽则他们在古汉语研究方面多有贡献。

---

① 《潜研堂文集》卷十五。

② 他在《诗经韵谱序》里同意段玉裁的"四声之分，古已有之"（此据《潜研堂文集》卷廿四）。

③ 《十驾斋养新录》卷四，76 页。

二、破读是反映的语言自然

这种“各音各义”的“破读”是人为的呢抑是反映了语言自然，这个问题是关系到我们的审音态度，关系到对于汉语性质的认识和汉语史的研究的。顾、钱等学者对破读人为的看法是不能令人满意的，我们对破读现象得另求解答。

破读，就其语音方面说，它是取材于客观存在的语言自然现象的。语言由于其本身的系统以及其历史的、方域的多方面的原因，在其复杂的演进过程中，或存在着某种语音对立，或产生了某些语音歧异，这种语音对立或歧异就替破读提供了语音方面的材料而成为破读的语音依据。这也就是说，这种语音对立或歧异使得语义在其被“记载下来，巩固下来”①或在其演进中得以运用它来定形。“破读”之所以有，至少似乎应作如是观。至于“破读”在语义方面有本义与引申义的关联所谓“二义可一”，则是为大家所已公认的“事实如此”，可以不必赘说。因此，可以作这样的论断：破读是反映的语言自然。

这里试说明这一看法。

有这样一条为大家所熟知的文献材料，不过它的意义尚未十分予以肯定，这就是上面提到过的《公羊·庄二十八年》之《传》“春秋伐者为客，伐者为主”的何休注：

> 伐者为客，读伐长言之，齐人语也；见伐者为主，读伐短言之，齐人语也。

在我们还弄不清古人“长言”“短言”实质何指的时候，除了可以十

① 斯大林：《马克思主义与语言学问题》，20页。

分肯定地指出这是古汉语的各音各义语言自然的反映之外，除了可以十分肯定地指出这是古汉语里确实有这种所谓长言短言对立的语言自然的反映之外，在语音上我们便不好再能够说些什么。然而，在弟兄民族语言调查工作蓬勃发展的今日，使我们有可能对这种长言短言作进一步的体会。汉藏系语言长元音短元音与声调的资料，是颇能予我们以启发的。这是：

> 拉萨元音的长短……跟声调紧密地结合着，这是事实。两者以互补的姿态出现，说明它们之间的转化过程已达到了关键性的阶段（主流和伴随现象互相转化到“势均力敌”的时候，往往以互补姿态出现）。这转化过程总会有个归结。看来拉萨话正处在元音长短转化为声调的过程中，由声调转化为[元音]长短的可能性不大。

上面这段话是从马学良、罗季光两先生《我国汉藏语系语言元音的长短》这篇富有概括意义的报告中引来的。① 这篇文章曾几次提到汉语如下的情况，指出“汉语元音在历史上是分长短的”，并指出“从《切韵》本身反映的情况来看，恐怕不是个别元音分长短而是多数元音分长短。就算不承认六、七世纪前后多数元音分长短，也应该承认更早一个时期多数元音分长短”（并见210页），并认为粤方言不独留有长短元音对立的踪迹，并且留有长短元音对立转换为声调对立的踪迹。这些意见都是很重要的。

我们都公认，把一个语言纳入其同系族的一群语言中去研究，必然会得到多方面的相互启发，必然会得到多方面的相互核正。这里我们也应当试作一作，试把何休的对“伐”的长言短言的说明跟这篇报告比合起来看。把这二者比合起来一观察，我们不禁承认王力先生把上古汉语声调跟音长联系起来看这一认

① 《中国语文》1962年5月号209页。

识是很有意义的。① 音长作为一个语音要素(指可以存在长短对立),既然是汉藏语系语言共同的"语言的风格",而其遗迹在现代汉语里也是可以见之于粤方言,那末,何休所说"伐"字长言短言两读,就很可以推测为就是指的古汉语中所得具有的音长上的差别了。有了汉藏语系资料作比照,我们可以继续推测:何休的特别指出"齐人语也",那也好比而今的特别取证于"粤方言";何休这种特别指出,也正可以替我们认识在该一时期这种音长因素在大多数汉语方言里已有消失或转化提供了证据。既然如此,"义本相因"的"伐"的两义,其所以得有两读,像"齐人语"里的长言、短言的语言自然,应当是其取材之所自。我们还可以这样推测:假如语言中根本没有长言、短言的对立(声调上的,或是元音上的,等等),何休是很难作此奇想的;再者,何休作如此奇想,而竟然不遭到并世经师,尤其是"齐语"经师的非议,那实在是可怪的,如我们所说,当时的齐鲁是多有大师的。再则,何休话里的"长言""短言"是相对立的,是有辨义作用的音位的,这不用旁求证据,何休自己的话就足以自明,不然,他就是说的废话了。于此,我们如果这样说,何休的"长言""短言"是有辨义作用的语言自然(先且不管是怎样的"长言""短言"),何休并未自造一个"长言""短言"的对立以加诸语言自然,这是可以得到人们的同意的。

在声调方面的情况是怎样呢?因为现代汉语里还有声调为我们所习见,可能我们接受周秦汉语有声调较为容易些。顾炎武虽

---

① "正"字在壮语中有两读。

一读是 çing^1 正(月)

一读是 çing^5 正(在)

例见《壮语中的汉语借词》,《中国语文》1962 年 6 月号 254 页左。壮语声调 1,对应汉语声调阴平,声调 5,对应汉语声调阴去,在老借词中是如此(见上文,253 页,表一)。这启发我们:(1)王了一先生认为古汉语声调与元音长短的综合的意见是很有意义的。(2)破读两音在古汉语中也可能既是声调上的又是音长上的综合的差别。

然说古人“四声一贯”，但他也曾说“四声之论虽起于江左，然古人之诗已有迟疾轻重之分，故平多韵平，仄多韵仄”。① 江永也说：“四声虽起于江左，按之实有其声，不容增减，此后人补前人未备之一端。平自韵平，上去入自韵上去入者恒也；亦有一章两声或三四声者，随其声讽诵咏歌，亦自谐适，不必皆出一声，如后人诗馀歌曲，正以杂用四声为节奏，诗韵何独不然。”②实在说来，他们都不敢断然说古无声调的，因为韵语文献不能提供他们作这样论断的依据。所以到了作深入研究的江有诰、王念孙，就指出“古人实有四声”了。③

因之，我们可以作这样的论断，“各音各义”在声调上也是有其语言自然作依据的。“四声、反切”是反映了这种语言自然，“四声、反切”是很难人为出这种语言自然的。到了今日，在对汉藏系语言的声调特性已有了进一步观察之后，再证之以古汉语的韵语材料，当然我们不再相信反映“各音各义”的“四声、反切”是伪造出的语言自然。

当然，有人也还可以作这样的怀疑：虽然古汉语里存在着长短元音，虽然古汉语里存在着声调，但这只能用来解决两读的在语音客观上有依据，至于“好”“恶”的两读之与两义相配则仍然可以如钱大昕所说是后世经师或音义家硬派出来的。我们应当再对这一疑问作解释。

我们的解释不宜于引用大量的破读的字例，因为如顾、钱等学者会认为这些都是人为的。我们想用那比较说来是如亲闻见的语言事实，这样在说服上比较有效。这里就想用这种语言事实来说明：并不是语音有了某种现象诸如声调的差别、声母的差别、韵母

① 《音论》卷中。

② 《古韵标准》例言。

③ 江有诰《唐韵四声正》卷首，《再寄王石臞先生书》。

的差别等，于是经师或音义家就可以随意利用这类现象来作读音上的差异，而是，一字之所以会有各音各义作某种某样的相配也仍然是语言自然及其演变的结果。

"尾"字在现代是个各音各义的例子。"尾"，《普通话正音字表》收有两音：(1) wěi，无注；(2) yǐ，注云："马尾儿"。[①]《同音字典》亦收两音：(1) wěi，注云：尾巴；鲤鱼两尾；末尾、排尾、尾声；尾数、尾击；(2) yǐ，注云：又音。尾巴、马尾儿、后尾儿；尾巴主义，摆尾儿。也有一些现代字书是两义只收 wěi 一读的，如《汉语拼音检字》《学生字典》等。[②]

"脊"字在现代也是个各音各义的例子。脊，《字表》收有两音：(1) jí，注云：脊梁；(2) jǐ，注云：脊髓。《检字》依《字表》。《同音字典》也收两音：(1) jí，注云：脊梁、脊梁沟儿、脊梁骨；(2) jǐ，注云：背脊；山脊；房脊；脊柱、脊椎骨、脊髓。也有一些字书是两义只收 jí 一读的，如《学生字典》《常用字汇》等。

这一类比较后起的各音各义的例子是不少的，这里不用多举。像"尾"字《广韵》只收"无匪切"一读，这是现代读 wěi 的来源。现代好多方言，如北方方言，说尾巴为 yǐba，而"尾子"（尾数）只说 wěizi，没有说 yǐzi 的。现代好多方言"尾巴"之"尾"还有两读，如果跟随口语，推测向后去"尾巴"之"尾"会只读 yǐ 的，"尾"的两音两义会固定下来的。但也有好多方言，如南方方言，"尾"字读音没有分化[③]，那"尾"字当然也就没有什么两音两义。

"脊"字的两读可能方域更狭小些。"脊"字《广韵》只收入声"资昔切"，这可能是现代 jǐ（上声）的来源（《中原音韵》"脊"上

① 新知识出版社，1958 年 6 月。又参《普通话异读三次审音总表》。

② 《同音字典》，五十年代出版社，1955 年 2 月；《汉语拼音检字》，上海教育出版社，1962 年 10 月；《学生字典》，商务印书馆，1961 年 9 月。

③ 没计算读书音和白话音的分化。

声),那末,阳平一读可能是后起的(《汉语方音字汇》记录“脊”在无入方言都读平声:阴平如济南、西安;阳平如北京、汉口①)。照作者所见不广来看“脊”字,它的各音各义的前途恐不及“尾”字为乐观的。

上面“尾”“脊”的各音各义堪称是亲所闻见。我们对这类例子,该能十分相信辞典编纂处或审音委员会所采取的读音是反映了语言的自然,因为一些字的各音各义已经存在了。斟酌取舍于其间则有之,创造一音来配义则诚然无暇及此,由此而推,对以往的破读之为反映语言的自然,实在可以十分肯定。

这里还简单说明一下有关的汉语语音发展情况。如果所企图证明的能符合于发展情况,那就更为可信了。

我们所谈的事例,主要是关于汉语声调的。目前研究的成果,已经可以使我们相信:上古汉语声调和中古汉语声调有相同处,有不同处。相同处是它们都有音高的特色与音长的特色;不同处是这两种特色在各时代中有主要、次要的差别。并且,上古的声调特色是继续在向中古转化中的。

王力先生下面这番话仍然是值得参看的,是:

> 先秦的声调分为舒促两大类,但又细分为长短,舒而长的声调就是平声,舒而短的声调就是上声。促声不论长短,我们一律称为入声。长入到了中古变为去声(不再收-p、-t、-k),短入依旧是入声。②
>
> 上古的汉语声调虽然由长短来决定,但也并不排斥音高作为次要的特征,因此有可能发展成为另一个样子,即音高变了主要的特征,音长变了次要的特征。这一转变大约是在第五世纪或更早的时期完成的。③

王力先生的这一番话关于汉语语音发展的意见,是得到了我们上

① 文字改革出版社,1962 年 9 月。

② 《汉语史稿》,65 页。

③ 同上书,100 页。

面所说的汉藏系语言演变情况的支持的;那也就是说,何休所云"伐"的长言短言是得到汉语发展情况的支持的。那些类似于"伐"的事例当然也应当用"伐"的情况去考虑。

再则,旧来的各音各义的字,它们的两读绝大多数是平:去(如"观");上:去(如"好");入:去("恶"),很少有平:上;平:入;上:入的,①这是适合于古韵部阴阳入鼎立的情况的,也是适合于去声的发展情况的:去声后起,与去声字多。

段玉裁说:

> 古平上为一类,去入为一类,上与平一也,去与入一也;上声备于三百篇,去声备于魏晋。②

王了一先生也说:

> 同一个词,由于声调的不同,就具有不同的词汇意义和语法意义。主要是靠去声来和其他声调对立,因为这正如段玉裁所说,上古没有去声,后来一部分入声转为去声,又有一部分平声和上声转为去声。③

一字各音各义在声调分配上这一特色,对我们观察和论定一些各音各义的事例,是有益的指南针和试金石。

还要一提的是语言发展的规律不是亘古有效的,而且在规律有效时,语言的发展各方言也是不一致的。因此,我们对那些此是彼非"各有土风,递相非笑"的一些资料,也需要把它们当作是发展不平衡的反映来对待的。像颜之推对"败"的各音各义的不同意,原是不足为怪的。我们也应当从这点来看顾氏的对"好"、"恶"音义的看法。

---

① 统计贾昌朝《群经音辨》的结果是如此的。

② 《六书音均表》,一。

③ 《汉语史稿》中,213 页,1957 年,第一版;第二版有所修订。

三、“四声反切”以前的“破读”

所谓“强生分别”的“破读”，实起于语言自然，这在上节已有说明。文字，这一记录语言的符号，原是很难曲如其情地反映口语的，于是，文字在实用中就少不了破读。我们可以这样说，所谓一字而数音数义的破读，从另一角度说也是所以济文字之用、成文字之简的，这可证之汉字简化之以“舍”兼“舍”“捨”，“尽”兼“尽”“侭”。这样，在语言的诠释工作也就少不了有破读了。以一个形体来兼数音数义，别的语系的语言也不乏其例，如俄语、英语皆有之。从其语音上看，则或是变更重音位置，或是变更辅音元音；从其意义上看，则或是有本义、引申义的不同，或是有所谓“动静虚实”之别。① 这些，方之汉字，实在与破读同其事例。现今习见俄语的标重音，英语的牛津音标，也好比是汉语旧来的点发、圈发；其另外用国际音标注音的，也好比汉语旧来的反切：要皆是反映的语音的自然，不过这一现象汉字的表现可能突出些。

前面提到的一些学者，他们未能体会到语言中的各音各义的现象，因而也就漠视语言中反映这种现象的一些事例。他们认为各音各义起于“四声、反切”，实在是所见不远。“四声反切”把这种“破读”反映得较然明白了，他们这才得以抓住这种显著的形迹而加以非议，但他们忽略了汉儒的读若、先秦的训诂以及文字的孳乳，其实这些方面，也都是在反映着这种各音各义的破读的。

由我们今日来看，比较显著的是汉儒的读若。

汉儒的语言诠释的方法中有了读若了，标明语音的方法比以前进步了，语言中所具有的这种各音各义的现象，读若便也自然而

---

① 如严复《英文汉诂》即以英语动词 write 与 wrote 之类为“读破”（即“破读”）。

然地把它反映出来。周祖谟先生《四声别义释例》曾举汉人读若凡二十例,谓“一字两读,决非起于葛洪徐邈,推其本源,盖远自后汉始。魏晋诸儒,第衍绪馀,推而广之耳,非自创也;惟反切未兴之前,汉人言音只有读若譬况之说,不若后世反语之明切,故不为学者所省察。”①清儒虽也有说到“字有数音,自汉已然,不自齐梁分四声起”的,②但未似《四声别义释例》之论证详明。现在从这类两读字之四声上的关系来条理一下《释例》所举的二十例,情况是:

一读在平声,一读在去声的,共九例。如:“渔、为、遗、难、劳、任、量、阴、过”。

一读在上声,一读在去声的,共八例。如:“语、与、子、比、下、假、被、走”。

一读在入声,一读在去声的,共二例。如:“借、告”。

一读在上声,一读在去声,一读在入声的,共一例。如:“数”。

《释例》在推定这些读若之为各音各义的反映时,有辗转求之的。如讨论“渔”的两音两义时说:

> 案《吕览·季夏纪》“令渔师伐蛟,取鼍”。高注云:“渔师,掌鱼官也。渔读若相语之语。”……此相语……之语读去声,与言语之语读上声……不同。今韵书渔字有平声,无去声,高诱音去声,以渔师渔人渔者之渔,与易以佃以渔之渔,为用不同,前者为由动词所构成之名词,后者为动词,故《吕览》……诸[动词]渔字并如本字读,而不别加音释。是渔字汉人有平去二音也。

《释例》的考订均审慎可信类此。不过《释例》讨论的范围在四声,对于古汉语的“各音各义”在读若中的反映未及备论,然其中颇有不可忽视的事例,今略举其例于下。

---

① 《汉语音韵论文集》51页起。

② 张行孚《说文发疑》,“说文读若例”。

奇　《周礼·大祝》"奇拜"，杜子春注云："奇读为奇偶之奇。"案《说文·可部》："奇，异也，一曰不耦。"段玉裁注谓"二义相因"，盖奇异者不群之谓，不群与不偶义实相成。《广韵》收"奇"的两读均在平声："渠羈切"注"异也"；"居宜切"注"不偶也"。由此可知，杜子春的"奇读为奇偶之奇"，正是指明"奇拜"（意为"一拜"）和"奇异"的两"奇"不同音义。①

立　《周礼·小宗伯》"掌建国之神位"，郑康成注云："故书位作立。郑司农曰：立读为位，古者立位同字，古文春秋经公即位为公即立。"案《周礼·大仆》"掌正王之服位"注，"位，立处也。"《管子·心术》"位者，谓其所立也。"这可见"立"之与"位"二义是义本相因的。先郑云"古者立位同字"，从金文所见，亦可证其说为不虚。郑司农认为此处"立读为位"，即是"立"不读如字而当读"位"音，义亦当为"位"。"位"为后出孳乳字，其始则"立"兼"立"音"立"义与"位"音"位"义，故郑司农得举此"读为"。其后"立"孳乳为"位"，亦犹"子"孳乳为"字"。《广韵》入声"立、力入切"，去声"位、于愧切"，去声"位"实在就是"立"的去声之表现。"立"为闭口入声，而得以"位"为去声者，古音如盍盖、叶世、协荔、纳内、遝隶等，皆比其类。在声母方面，"立""位"的关系也正如"落"之与"貉"等类的关系。

立　《周礼·大宗伯》"涖玉鬯"，郑康成注："故书涖作立，郑司农读为涖。"案：《广韵》去声"涖、力至切"，此亦"立"有入声去声两读之证。此则"立""涖"声母相同。

案：实则"立、位、涖"乃是一语之孳乳，其始亦相通用。《易·需卦·彖传》"位乎天位"，《释文》谓上"位"字"郑音涖"，可见"立、位、涖"同字，其作位字而可以兼涖音，亦犹作立字而可以兼位音。

利　《周礼·太宰》"六曰主以利得民"，郑康成谓"利读如上思利民之利"。案：利民之利与财利之利义虽别而义相因。《广韵》去声"利、力至切"。段玉裁曰："……一字有数音数义。利民之利于财利别……故曰'读如''读为'以别之也。利民与财利别者，如公羊之'伐'"。②

---

① 凉山彝语里自动与使动以声母清浊为别，如"出"，自动：bi ˥，使动：pi ˥，这也是我们应当注意的。

② 《周礼汉读考》卷一。段子说文伐下注举"房废"为长言。

以上四例,若从今日所知的古音知识来看,“奇”的两读都是平声,但声母清浊有不同。“立”的“立”“位”两读,有入声去声的不同,而声母韵母亦都不同。至如“利”字,虽然只留传下来一种反切注音,使我们难以索解,但段玉裁以之比类《公羊》之“伐”,亦即谓为具有长言短言之异,段氏的话是值得我们考虑的。

由上四例,可见汉儒读若之所反映者实不仅一字各音各义之属于四声者而已。我们正需要观察古汉语中声调与元音与辅音之错综关系,则上列的汉儒读若亦当在观察之中。

再则是先秦的训诂。

先秦的经籍中也很有些诠释语言的话语,如《易·文言》的“元者,善之长也;亨者,嘉之会也”、《左·桓二年传》的“嘉耦曰妃,怨耦曰仇”之类,可以称之为先秦的训诂。其中有一些以本字为训或以同声符字为训像《孟子》里的“彻者、彻也”,《易经》的“咸、感也”之类的声训,论其性质,颇跟汉儒的读若相类。先秦没有读若,但这一类声训就很可以用为探索一字各音各义的资料,其价值应不弱于读若。结合一字各音各义的现象来研究古汉语的性质,尤其是语音的性质,这类声训的蕴奥值得花力量去挖掘。下面试加探索。

第一类　先秦声训之以本字为训的,例如:

蒙者,蒙也——《易·序卦》

比者,比也——《易·序卦》

剥者,剥也——《易·序卦》

彻者,彻也——《孟子·滕文公上》

亲之也者,亲之也——《礼记·郊特牲》,又见《哀公问》。

夫也者,夫也——《礼记·郊特牲》

第二类　先秦声训之以同声符字为训的,例如:

咸,感也——《易·彖下传》

夬者，决也——《易·序卦》

兑者，说也——《易·序卦》

政者，正也——《论语》

征之为言正也——《孟子·尽心下》

这两类声训实质如何，为之解答首先自应取证于先秦文献，而亦必须注意自汉代而来的相关资料，自其流以观其源，这也是事之当然而亦势之所不能免的。

先看那些以本字释本字的训诂。这类训诂，现在看来，不能轻易地认为这是古人的不懂诠释法则，不能简单地认为这是古人的辞费，不然，我们便会当面错过这一些对探索古汉语性质是有用的文献。这可以看一看《诗大序》的"风、风也"。"风、风也"很可以启发我们认识这类本字为训的文献之蕴藏的价值，认识它是个反映一字之各音各义的一种方式。我们也可以征之于"四声、反切"，"四声、反切"也支持"风、风也"的作为一字之各音各义互相为训之一例。"风"，《广韵》平声"方戎切，教也"；去声"方凤切，讽刺"。用这个各音各义的分配来读《诗大序》，觉得文理甚顺。下面就节引原文并加按语，以供寻绎：

> 风（按：平声）风也（去声），教也。风（去声）以动之（动即讽刺。此为"风"之去声一义），教以化之（此风之平声一义）……上以风化下（此句申"教以化之"，"风"平声），下以风刺上（此句申"风以动之"，"风"去声）。①

这也就使我们觉得，"风、风也"的下"风"字，即《广韵》记录下来的去声通"讽"的"风"是没有疑问的，这因为它所在的上下文是可以作证的。能够确定《诗·大序》的"风、风也"是以一字之各音各义为训而绝不是辞费，则先秦这类以本字为训的训诂方法亦可显示

① 《匡谬正俗》卷一有讨论。

出其实同读若的真相,而后世的“风”的两音亦可得其源流。以本字为训不合诠释法则的疑云的扫清,“风”的两读历史渊源的测定,对汉语语义、语音及其发展的研究应当是很有意义的。

这里还可以看一看汉儒董仲舒的以本字为训的“正者、正也”。董仲舒在其《春秋繁露·三代改制质文第二十三》中讨论到“正朔”和“正朔”的作用在“使一切得其正。”我们现在是很熟悉“正”的两读的。“正”,据《广韵》,平声:“诸盈切,正朔”;去声:“之盛切,定也、平也、是也。”《广韵》记录下来的“正”的各音各义,正好可以用来读董仲舒的原文。现在也引来加上按语,以便参看。

> 其谓统三正者,曰:正者(以上二“正”字皆“正朔”义,平声),正也(此以下四“正”字皆“是正”义,去声),统致其气万物皆应而正,统正其馀皆正……

这样来看以本字为训的“正者、正也”,觉得它是个以一字之各音各义为训是可以理解的。

下面再看一看关于射之“的”的“正鹄”之“正”的以本字为训。

> 正之言正也——《周礼·射人》“九节五正”,郑康成注:“玄谓……正之言正也,射者内志正则能中焉。”

作为射之“的”的“正”是平声,作为“正直”的“正”是去声,而射“的”之“正”,取义于“正直”之“正”,是二“正”的义本相因,由此亦可见“正之言正也”也正是一个以一字之各音各义作训的例子。

通过对“风”“正”等以本字为训的认识,再来看上举的“蒙者、蒙也”,就可能对它的作为一个以一字各音各义为训的例子,疑惑会要减少。《易·序卦》里的“蒙”,其兼有二义也是可以从《序卦》本文得到证明的。《序卦》说:“屯者、物之始也。物生必蒙,故受之以蒙。蒙者、蒙也,物之稚也。”这里“物生必蒙”之“蒙”通“萌”、通“夢”。《尔雅》“萌、虇蕍”,《说文·艸部》“夢,灌渝,读若萌”,

又《尔雅·释诂》“权舆，始也”，蘿蕍、灌渝、权舆并通，此“蒙”之“物之始生”义；“蒙者、蒙也”的下“蒙”字则为“蒙昧”之“蒙”，故承之以“物之稚也”。焦循《易通释》：“郑康成云：‘齐人谓萌为蒙’，改革于彼，则蒙芽于此，是蒙通于萌；幼稚则闇弱，是蒙又为蒙昧之蒙。”由此可见，“蒙”实兼“蒙芽”“蒙昧”相因的二义，“蒙者、蒙也”就是以下“蒙”之“蒙昧”义来申明上“蒙芽”之“蒙”（亦即于此作文章之转折），事亦显明，也绝不是古人的辞费。

至于“蒙”的读音，参考上面的“风”“正”，知道它也很可能具有两读。《广韵》记录只“莫红切”一读，这也跟前面提到的“伐”“渔”一样。这些字的所得具有的另一音读可能是失传了（如“伐”“渔”），也可能是因文字孳乳假借而由另一字形分担了。像“景、影”“华、花”等类的分化是我们熟知的。“蒙”字的另一读音也可能是寄在别一字上，这也是我们应当有此设想的。这里试就“霿”字的读音来作推测，以著一例。“蒙”通“霿”，《书·洪范》“曰蒙”，《汉书·五行志》作“曰霿”。《洪范》“曰蒙”与“曰圣”对，是“蒙”的意义为“蒙昧”“蒙闇”。“霿”《广韵》记录有平声去声两音，平声与“蒙”同为“莫红切”，去声为“莫弄切”。这个“莫弄切”就很可能是“蒙”之寄在“霿”上的一读。当然，这里并不是拘执在“蒙”所得有的两音必为声调上的差别，正如上文曾说过的，它也可能本来是元音上的差别，而在向后转为声调上的差别的。

对“蒙者蒙也”以本字作训的事例有了体察之后，那第二类“咸、感也”以同声符字作训的事例就更好解释。“征之为言正也，各欲正己也，焉用战”，“征”“正”分写也就不像董仲舒的同用一个“正”之要我们作些推定。读起来也就觉得很顺了。但谈这第二类例子时，一方面我们固然应当通过它来认识第一类例子为一字各音各义为训之可信，而另一方面也应体会到它也是第一类例子的变形。这也可以从它们(互训二字)之相通假的情况看出来。比如《左·昭二十一年传》"窕则不咸","咸",《释文》本又作"感";《诗·车攻》篇"夬拾既佽","夬",《释文》本又作"决";《书·说命》"说",《释文》本又作"兑";《周礼·凌人》"掌冰正岁十有二月"注:"故书正为政";《礼记·王制》"讥而不征","征",《释文》本又作"正"。这些都是互训上下两字通假之证。这里还可以再看一下"立"、"位"的相通。俞樾《古书疑义举例》曾谈到《论语·卫灵公篇》"臧文仲其窃位者与,知柳下惠之贤而不与立也"的"立"当读为"位",这也提醒我们可以把第二类的例子作为第一类例子的变形来看。今日的文字上一些事例,也可以帮助了解第二类例子之同于第一类,诸如"舍、捨也","尽、侭也"、"背、揹也"等都是。这里互训的两个字实在是语同一源,在文字渊源上亦是同源于一,所以,它们的通假又非一般纯乎声同通假可比,它是在反映出字形虽有分化但犹未定时之书写的情况。郑康成注《周礼·小宰》"一曰听政役以比居"说:"政谓赋也,凡其字或作政、或作正、或作征,以多言之,宜从征",从这一例很可以看出一些渊源相同的字,其相互通假,实在是反映字形分化未定时的书写互用。至于"咸"、"感"等的读音,据《广韵》,咸、平声,感、上声;夬、去声,决、入声;兑、去声,说、入声又去声;政、去声,正、平声又去声,征、平声。除"咸","感"为一平一上外,其馀或为一平一去,或为一入一去,也是很符合这类两读事例在声调差别上的情况的。至如"咸"、"感"的声母匣、见上的差异,亦正如现之与见,懈之与解,在谐声中也正是数见不鲜;其馀的例子如夬之与决等,从古声母看则都是相同的了。

上面两类事例,就其两义的相因而又具分别看(有些字形也作了相应的分别),就其两义在本文中上下承接情况看,就其声韵同源于一而又具分别看(正、政声韵同源于一,而作声调上的平去的分别；兑、说声韵同源于一，而作声调上的入去的分别，兑、说声母及韵母上的分别亦都符合古代语音实际)，更重要的是就其在声调上的分别符合于一般的规律(平去、去入、上去，而平上则较少)，那末，我们对于“蒙者蒙也”、“征之为言正也”之为反映一字各音各义盖无可疑。

谈到这里，我们可以体会到，“四声、反切”是反映方法的进一步，而其所反映的现象则必有其历史继承，不得恰巧与“四声、反切”同始，其所承乃即汉人“读若”之所反映者。“读若”也是反映方法的进一步，而其所反映的现象亦必有其历史继承，不得恰巧与“读若”同始，其所承乃即先秦典籍中本字为训同偏旁字为训之类所反映者。“四声、反切”之所反映者，可征之于汉儒“读若”与先秦“声训”；而先秦“声训”、汉儒“读若”之所反映者又可征之于“四声、反切”，其脉络非常明晰。所以，说上述先秦声训亦在反映着“破读”，可以无疑。明了先秦的声训实在反映着破读，那也就应注意到汉代的此类声训。盖就文体上应用而论，“四声、反切”仅施之于音义，不施之于一般文章；“读若”亦然；至于“声训”，在先秦则见之于一般文章，在汉代则亦施之于音训。汉儒音义，实“读若”与“声训”并用。这里是就着考订先秦“破读”的现象而言，如考订汉代的破读，“读若”自应当首先重视，但亦不可忽略其时的这一类的声训。①

又者，从文字孳乳论，如“子”之与“字”，“正”之与“征”，其得为反映“破读”现象，事亦显明，为其尚有同偏旁的形迹可征。惟文字孳乳，不拘于偏旁相同，则如“孳”之与“字”，“宜”之与“义”

① 顾千里“释名略例”：“本字而易字者，何也，则宿宿也，星各止宿其处也，以止宿之宿释星宿之宿，如此之属，三也。”又，罗常培、周祖谟两先生也指出《释名》“取同一字为训，但四声读法不同，如宿，宿也；济，济也，观，观也。”见《汉魏晋南北朝韵部演变研究》，106 页。焕案：《释名》“害，割也”之类也应当得到同样的重视。

（皆平、去），“伯”之与“霸”，“借”之与“助”（皆入、去），也是不能不予以重视而去下一番爬梳工夫的。

四、破读的审音问题

语言中既然存在这种破读，并且对语言的交际功能发生作用，那就会使语言工作者自然而然地重视对它有所表示。根本认为它只是人为的而一概不予承认的这种态度，我们在上面已经介绍过了，现在看一看另一些人的态度和对破读的处理。

音韵学者颜之推是值得介绍的。他对破读的态度，从他著的《颜氏家训·音辞篇》可以看得比较完全。《音辞篇》可以说是我们而今可以看得到第一份对破读提出审音标准的较完全的资料。我们知道，颜氏是参加《切韵》编著时审音工作八位音韵大家之一，《切韵序》曾道出他们所谓“我辈数人定则定矣”的审音标准。颜氏《音辞篇》虽曰家训，为教子弟以“正音”而作，但语言是社会的，所以这篇也实在就是他对当世提出的审音标准，包括破读的审音标准。破读的审音标准原是一般审音标准的内容之一，破读审音标准当然是不能脱离一般审音标准而独立存在的。《音辞篇》在说出了一般审音事例之后，接着就说到破读审音的事例。在谈“焉”字读音时，说：

> 案诸字书，“焉”字鸟名，或云语词，皆音于衔反，自葛洪《要用字苑》分“焉”字音训，若训“何”训“安”，当音“于愆反”，“于焉逍遥”、“于焉嘉客”、“焉用佞”、“焉得仁”之类是也；若送句及助词，当音“矣愆反”，“故称龙焉”、“故称血焉”、“有人民焉、有社稷焉”、“托始焉尔”、“晋郑焉依”之类是也。江南至今行此分别，昭然易晓，而河北混同一音，虽依古读，不可行于今也。

这是提出了采用那“昭然易晓”的标准。在谈到“好”“恶”的读音时，他说：

> 夫物体自省精粗，精粗谓之好恶，人心有所去取，去取谓之好恶（原注：上呼号下乌故反），此音见于葛洪、徐邈，而河北学士读尚书云好（原注：呼号反）生恶杀（原注：于各反），是为一论物体，一就人情，殊不通矣。①

这是提出在实施中应当遵守各声各义的分配，若有参差，则反而有损于辨义。在谈到“败”的读音时，他说：

> 江南学士读《左传》，口相传述，自为凡例。军自败曰败，打破人军曰败（原注：补败反），诸传记未见补败反，徐仙民读《左传》唯一处有此音，又不言自败败人之别，此为穿凿耳。

这可以说是颜氏的“通行”标准，也可以说是“约定俗成”的标准。可能有人说颜氏此处不免“毁所不见”，但就颜氏之认这一区分为穿凿而加以非议来说，实亦可以从而看到颜氏之审音标准的。

上面所说的颜氏对破读审音标准有几点可以说明一下，一是并不媚古，比如论“焉”字指出不必一依古读；二是并不盲目崇拜权威，比如同一位徐邈（仙民）所作出的音切，可从则从（如论“好”“恶”），不可从则不从（如论“败”）；三是并无地域及学派偏见，比如可以是江南（如论“焉”字）亦可以非江南（如论“败”字）。总的看来“昭然易晓”而又“可以行于今”该是颜氏审音的大处。“昭然易晓”“可以行于今”，这对作为交际工具的语言是有益的。至于斟酌南北，则是当时社会之分裂使然，那自然是不同于大统一之今日的。

再应当一提的是破读的标注方法。在使用直音反切为标注的方法中，对于一般的字，在用在所谓本义本音就不加直音或反切，在需要标出破读时就特别加直音或反切。又，一个字虽然用的是

---

① “此音见于”顾、钱两家引“见”作“始”，盖误记。

本音本义,但从上下文看可能有误会时就注明“如字”或加上直音或反切。例如:

> 子曰:唯仁者能好人能恶人——《论语·里仁》。《释文》“好,呼报反;恶,乌路反”。

至于字有两解的(依上下文两种说法皆通)就既注“如字”又注上破读的直音或反切。例如:

> 子曰:苟忠于仁矣,无恶也。——同上。《释文》:“恶、如字,又乌路反”。①

此即陆德明所说明“音堪互用,义可并行”的例子。②

在而今值得一谈的是点发、圈发的破读标注方法,这个方法或许有可采用之处。

张守节《史记正义·发字例》云:“古书字少,假借盖多。字或数音,观义点发,皆依平上去入。若发平声,每从寅起。又一字三四音者、同声异唤,一处共发,恐难辨别,故略举四十二字。如字初音者,皆为正字,不须点发。”钱大昕“四声圈点”引了张守节的话之后,说:“盖自齐梁人分别四声,而读经史者因有点发之例,观守节所言,知唐初已盛行之矣。”又说:“宋以来改点为圈,如相台岳氏刊五经,于一字异音,皆加圈之。”③古书圈发的例子如宋余仁仲万卷堂家塾刻本《礼记注》:

> 敖ᵓ不可ᶜ长。欲不可从ᵓ。④

“敖”圈发去声读 ào(傲慢),以别于平声“遨游”;“长”圈发上声读

① 均见《论语·里仁》。刘宝楠《论语正义》引有作“乌路反”的一解。

② 《经典释文·序录》。

③ 《十驾斋养新录》卷五。

④ 此据《中国版刻图录》,第三册,图版一七一。

zhǎng(滋长),以别于平声“长久、长远”;“从”圈发去声读 zòng(放纵),以别于平声“随从、任从、顺从”。这种四角圈发,现在印书已不用,只在汉语研究及汉语语言调查上还用它,或就汉字圈发,或就记音圈发,不过用意只在标明声调,不作破读用了。①

圈发法有个好处:(1)它提醒人这个字有特别的读法。如“反꜀省”,圈发上声(“省市”不圈发);“宝藏꜄”圈发去声(“收藏”不圈发)。(2)它不增加总字数,不增加认、写学习上的负担。这样就可以节约字形的分化(比如我们现今的以“舍”兼“捨”,以“尽”兼“侭”也是容许破读,不过不就字圈发罢了)。

关于破读的审音和标注,我们传统的方法是如此。

我们现在对破读的审音一直是纳入在一般审音中进行的。但我们的正音精神和条件有跟古人大为不同的地方。一是古人重在为阅读经典服务;而我们现在则是为现代服务。古人重在通经史,应科举;而现代是为增强现代汉语交际功能。二是古人就字论字;而现在,由于语言有变化,有条件就词论字。

下面略举对破读审音的几点体会。

(1)在口语里仍然活跃的破读,当然继续让它存在。比如:“好学好问”,“好”读去声(比较“好人好事”,“好”读上声)。现代有少数人把“可恶”的“恶”读为 è 去声(由旧入声一读来),应正读为 wù(由旧去声一读来)。文言文(此处当然指选读的一些,非对全部典籍而言)中此类破读应当依从口语。

(2)古代属破读字,后来发展中有了分别字的,在文言文中仍继续破读,使可以由古知今由今知古,如“见”之破读为“现”,“舍”之破读为“捨”。而在现代书面语中,则有分别字的不用破读法,如对“见”不必破读为“现”,因为有“现”字在,就应当用“现”书

① 参《汉语方言字汇》,文字改革出版社,1962 年版。

写;无分别字的则用破读法,如“舍不得”(“舍”破读上声,以别于“宿舍”的去声一读),因为我们已简去“捨”(所以我们说,一字之可以有各音各义是济文字之用成文字之简的)。

在现代口语中为常用字,有其常用的意义,其古代破读的音义,在现在已另有说法,这类可以尽量不破读,如“王”、“子”之类,现在说“统一全国”,说“爱护他”、“当儿女看待”。这样办,一则可以不添一个古音来搅乱现代音,于正音有利;二则不增添学习的负担,“王”、“子”破读去声,虽有历史依据,但其久已不为现代语所用,再把它拉入现代语,使人有自天而降的突如的感觉。赵宋刘攽曾谓“项羽背约而王君王于南郑”句中上“王”字“作如字何害”①,依我们看来,作如字岂但无害,而且有益,“暴露”的“暴”在正音上很使我们费力,再拉进一大批“王”之类的古破读来,徒增干扰,那又何必。

在现代书面语中,从词的眼光来考虑,有些单音节词可以酌量采用破读标注法。诸如遇到

> 你为什么卖凌家湾不先“侭尽”我呀?二十几岁的人,难道不晓得卖业是先要“侭尽”亲疏内外的老规矩吗?

之中的“侭”字是我们已经把它精简下去的,现在为了使文意明晰,暂时把它起用②。这里如果不起用“侭”字,则就“尽”字圈发上声也未尝不是一个方法。又比如我们现在保留“揹”,跟“侭”一样是个后起的分别字,如果“揹”用破读标注,像“揹着他上山去了”可以写成“꜀背着他上山去了”。

总之,谈到了破读的审音,当然要有“为今用”(可行于今)的

---

① 《音论》卷下引。

② 例子引自李六如《六十年的变迁》12页。此书印刷在“侭”简化作“尽”的一年之后。

精神,要从“昭然易晓”着眼,而亦当接受汉字简化的制约。以上几点,所见实浅,希望得到教正。

就以上各节所述看来,可见一字之各音各义,实在是本诸语言之自然,先秦的声训反映它,汉儒的读若和声训也反映它,魏晋而来的四声反切也反映它,直到今日,它仍然在我们语言中存在。它并且在文字的孳乳中,起过作用,留下痕迹。若就着汉语史的研究说,它替我们提供了一份宝贵资料,诸如古汉语中长短元音问题,声调问题,以及此二者间相关及转变问题,都可以从这里去探索,并且这些也都跟词汇、语法密切联系。若就现代汉语审音以及文言文阅读说,它也是当前正音议事日程上重要项目之一,如何使往昔之破读有利于今日现代汉语而不干扰现代汉语,也应当是大家都注意的问题。本文是个试探,想在“破读”为语言之自然和其渊源甚远上以及在其现代正音上提出一些自己的体会,疏漏在所不免,甚望得到同志们的指正,以作为进一步探索之指南针。

(原载《山东大学学报》(语文版)1963 年第 1 期)

声调和声调教学

一、什么是声调

什么是声调？我们可以简单地回答：声调是说的一个字音的高、低、升、降。比如“梯”、“题”、“体”、“替”四个字，声母和韵母都相同——都是 ti，但它们的读音还是不完全一样，这就是因为它们的声调还是各不相同的。这种不相同，就是音的高、低、升、降不相同；这种高、低、升、降，就是声调。比如北京话里，“梯”是“高平调”——读这个字音一开始就是高的（所以叫“高”），以后就维持这样高度不再升高也不再降低（所以叫“高平”）；“题”是“高升调”——读这个音一开始就相当高，以后再往上升高；“体”是“降升调”——读这个字音一开始是由相当的高度向下降，以后又由低转而向上升高；“替”是“全降调”——读这个字音从高一直向下降低（所以又叫“高降调”）；这就是字音的高、低、升、降的实际例子。

二、调类和调值是两回事

为了更进一步去认识声调，我们还应当把声调分为调类和调值两方面来认识。调类跟调值是两回事。

什么是调类？比如我们说，在北京话里，“梯”、“乌”、“通”三个字是“阴平声”，“题”、“吴”、“同”三个字是“阳平声”，“体”、“五”、“桶”三个字是“上声”，“替”、“误”、“痛”三个字是“去声”：

这种“阴平声”“阳平声”“上声”“去声”等等是说的调类。

什么是调值？调值是一个调类在某方言里读起来的实际音值，这个实际的音值就是音的高、低、升、降。比如，“高平调”是北京话“阴平声”读起来的实际的音值，“高升调”是北京话“阳平声”读起来的实际的音值等等。

由此我们可以明白：比如，我们说“梯”、“乌”、“通”三个字在北京话里是属于“阴平声”，这就是说“梯”、“乌”、“通”三个字在北京话里的调类；说“梯”、“乌”、“通”三个字在北京话里是读“高平调”，这是说“梯”、“乌”、“通”三个字在北京话里的调值。

三、综合各方言来看调类

先简单说一说怎样决定一个方言的调类。

先讲出原则，原则是：在现代汉语一个方言里，调值决定调类——在一个方言里，读起来是属于同一个调值的一些字，便属于同一调类；并且，这个方言对于汉语所有字音能读出几种调值，便决定这个方言有几个调类。比如，“屋”字在北京话里读起来跟“梯”“乌”“通”三个字是同一调值，这便决定这四个字在北京话里是属于同一调类：北京话对于汉语所有字音只能读出“高平”“高升”“降升”“全降”四种调值，这便决定北京话只有四个调类。（我们暂且不谈变调）再看一看另一些方言。有些方言“屋”字读来不跟“梯”“乌”“通”三个字同一调值，那“屋”字在这些方言里跟“梯”“乌”“通”便不属于同一调类；有些方言对于汉语所有字音能读出五种或六种……调值，那这些方言便会有五个或者六个……调类。

话说到这里，我们便也可以猜测出各方言在调类方面的情况，情况是，各方言在调类方面彼此不一定是一致的。现在我们就谈这点。为了简单醒目,先用一个表来显示这种“不一致”。

表一　调类表

<table>
<tr><td colspan="2">调类＼例字
调类＼语言</td><td>梯</td><td>题</td><td>体</td><td>弟</td><td>替</td><td>第</td><td>的</td><td>笛</td><td>调类总数亦即调值总数</td></tr>
<tr><td colspan="2">古代汉语</td><td colspan="2">平声</td><td colspan="2">上声</td><td colspan="2">去声</td><td colspan="2">入声</td><td>4</td></tr>
<tr><td rowspan="7">现代汉语</td><td>厦门话</td><td>阴平</td><td>阳平</td><td>上</td><td colspan="2">阴去</td><td>阳去</td><td>阴入</td><td>阳入</td><td>7</td></tr>
<tr><td>嵊县话（浙江）</td><td>阴平</td><td>阳平</td><td>阴上</td><td>阳上</td><td>阴去</td><td>阳去</td><td>阴入</td><td>阳入</td><td>8</td></tr>
<tr><td>永康话（浙江）</td><td>阴平</td><td>阳平</td><td>阴上</td><td>阳上</td><td>阴去</td><td>阳去</td><td colspan="2">无(阴入读同阴上,阳入读同阳上)</td><td>6</td></tr>
<tr><td>北京话</td><td>阴平</td><td>阳平</td><td>上</td><td colspan="3">去</td><td colspan="2">无(入声分属以上四调)</td><td>4</td></tr>
<tr><td>高密话（山东）</td><td>阴平</td><td>阳平</td><td>上</td><td colspan="3">去</td><td colspan="2">无(入声分属以上四调)</td><td>4</td></tr>
<tr><td>昆明话</td><td>阴平</td><td>阳平</td><td>上</td><td colspan="3">去</td><td colspan="2">无(入声读同阳平)</td><td>4</td></tr>
<tr><td>南京话</td><td>阴平</td><td>阳平</td><td>上</td><td colspan="3">去</td><td colspan="2">入</td><td>5</td></tr>
</table>

表一显示出以下各种情况:

一是就古今说,古代调类跟现代调类不一致。(“四声”“平”“上”“去”“入”的名称是公元五世纪定的。)如表一所示,表里几个现代方言在调类上都不完全跟古代的一致。

二是就现代各方言说,现代各方言在调类上往往彼此不能一致。它们的不一致是(看下文时请同时参看表一):

(a)调类有无不同:比如北京话、永康话都没有“入声”这一调类;好多方言的“上声”“去声”或者“入声”不能兼有“阴”“阳”两类(这比如嵊县话“平”“上”“去”“入”都有“阴”“阳”两类,北京话、南京话等则只有“平声”有“阴”“阳”两类)。

(b)调类数多寡不同:调类的有无自然要影响到调类数的多

寡，比如北京话调类数只是四；而嵊县话调类数则是八（至如广东台山话则调类数是十）。

（c）调类范围广狭不同（即每一调类包含字数多寡的不同）：调类数多寡也自然要影响到调类范围的广狭。比如，北京话"去声"的范围比表一中任何一个方言的"去声"都来得广些（只有高密话的"去声"跟它范围差不多），它包括"阳上声"的大部分（这点，南京话的"去声"也相同），这就比嵊县话（同样永康话）的"阴去声""阳去声"两类合起来还要大；它又包括一部分古代"入声"字，这就比南京话的"去声"范围大（南京话"去声"里不包括古代"入声"字，比如古代"入声"字"目"，南京话仍在"入声"调类里，北京话则在"去声"调类里）。

说到这里，我们可以把这一点认识明确下来：一个字，它在方言里属于哪一个类，两个方言很可能彼此不同。比如"杜"字，在北京话里是属于"去声"调类，而在嵊县话里则是属于"阳上声"调类。

四、综合各方言来看调值

现在我们接着谈一谈方言里的调值。先总说一句：即使同在一个普通话大方言里，各方言的调值彼此也很难一致。也列个表来谈谈。见表二。

表二　调值表

调类 / 调值 / 方言	阴平	阳平	上	去	入
北京话	55	35	214	51	
南京话	21	15	22	44	5
高密话（山东）	24	53	55	32	
文登话（山东）	42	55	13	33	

表二用简单线条来描绘调值的高、低、升、降的。竖线表示高度(从简分为五度来表示高低,5 表示"高",4 表示"半高",3 表示"中",2 表示"半低",1 表示"低"),竖线左边的斜线表示升(向右升起)、降(向右降下)、降升(先降后升)、升降(先升后降),横线表示平(不升不降)①。比如"阴平声",在北京话里调值是"高平调"(高度最高,又不升不降,所以写 55),在南京话里是"低降调"(开始的高度是半低 2,继续降至低 1,所以写成 21),在高密话里是"中升调"(24),在文登话里是"中降调"(42):这是调类相同而调值不相同。又比如"高平调",在北京话是"阴平声"的读法,在高密话则是"上声"的读法,在文登话则是"阳平声"的读法:这是调值相同而调类不相同②。

由表二可以看出,用北京话的读法读"乌"字("阴平声","高平调"),说文登话的人听来以为是"吴"字,说高密话的人听来以为是"五"字。我们平常说:"你(比如北京)的'乌'字,像我(比如高密)的'五'字",这就是两个方言在调值与调类的相配上彼此不相同所产生的现象。但说北京话的万不可因此便说"乌"字在高密话里读"上声",说文登话的人也不能便说"五"字在北京话里是读"阳平声"。各方言各算各的账。

由此可知,综合各方言来说,我们可以很清楚地看出调类跟调值是两回事:同一调类,各方言里读出来的调值往往是彼此不相同的;而同一调值,在各方言里所代表的调类也往往是彼此不相同的。很相近的两个方言里,一个字所属的调类彼此相同的可能性很大(除掉古代"入声"字),但调类相同调值也相同这个可能性则很小很小。

---

① 看到这里,对于一个方言能读出五种以上升调(即五种以上的高、低、升、降)这一点,我们可以不用怀疑了。

② 这并不是说这三个方言的"高平调"完全相同,因为这里线条是简化过的标号。

单就现代汉语一个方言来说,调类跟调值是合一的。一个字,在一个方言里,它所读的调值是固定的,它所属的调类也是固定的:这是整齐有秩序而不是杂乱无章的①。在现代汉语一个方言里,调值决定调类。比如,说北京话的人,他看到"梯"字,他从口里便能读出来"梯"是"高平调"(这不用查字典),因而他便可以决定"梯"字是"阴平声"。这里重提的两点都是"声调好教""声调好学"的天然优良条件(当然是指教学自己方言的声调)。

我们固然应当注意声调在不同方言里的参差,但不能认为一个方言里的声调也难掌握。

五、调类的名称

讲到这里我们就要问:我们怎么会知道北京话的"高平调"是"阴平声",文登话的"高平调"则是"阳平声",高密话的"高平调"则是"上声"呢?又要问:刚才说过,在一个方言里是调值决定调类,我们要问:同是"高平调"一个调值,为什么在北京话就决定是"阴平声",在文登话就决定是"阳平声",在高密话就决定是"上声"呢?

原来我们的语言在古代就是有声调的区别的,这就是"平""上""去""入"四类。每一类当然包括很多的字。我们现在要想知道某一字在古代是读什么调类,那查一查古代讲字音的书就可以知道。根据语音研究的指示,我们知道,虽然古今声调已不相同,但我们还有可能大致依照古代声调调类的名称来给现代各方言声调的调类命名;并且知道:这样做能给我们的语音研究以及教学以不少便利。比如,在古代都是读"平声"调类的一批字:"梯"、

① 至于像"钉一根钉子"的两个"钉"字,"教语文的教师"的两个"教"字,都是原来属于两个调类。

“乌”、“通”、“题”、“吴”、“同”……，在现代方言里表现为两个调类（即是能读出两种调值来，这就决定它们是表现为两个调类）：一类是“梯”、“乌”、“通”……，一类是“题”、“吴”、“同”……。对于这两类，研究语音的人一直沿用古代的名称总称之为“平声”；又为了使这两类的名称有区别，于是把一类称为“阴平声”，如“梯”“乌”“通”……，把另一类称为“阳平声，”如“题”“吴”“同”……。“阴上声”、“阳上声”等命名仿此。这样，也就几乎等于规定说：一批字，在古代是叫“甲”调类，在现在，我们还以叫它们是“甲”调类为原则来给它们命名。古今情况如有不同，我们便酌量实际情况再在命名上给以说明（比如有“阴平声”“阳平声”的名称）；或在分类上给以归并（比如古代“上声”有一部分字归入“去声”，见下）；如果古代某调类在某方言中已不再能自成一个调类（比如在北京话里，古代“入声”已不再能自成一个调类），那我们就指出该方言已无古代某调类。

把话再说回来，比如：“梯”、“乌”、“通”、“题”、“吴”、“同”一批字在古代是“平声”调类，我们把这一批字给说北京话的人试读，我们察觉“梯”、“乌”、“通”北京话读起来调值是“高平调”，“题”、“吴”、“同”北京话读起来调值是“高升调”。于是我们得出结论说①，古代“平声”在北京话里表现为两个调类：一类是“阴平声”，调值是“高平调”；一类是“阳平声”，调值是“高升调”——我们是这样知道北京话的“高平调”是“阴平声”的。于是，我们便可以向说北京话的人指出：凡是你读来是“高平调”的字（简捷了当的说，就是：凡是你读来跟“梯”“乌”“通”调值相同的字），便是北京话的“阴平声”字；凡是你读来是“高升调”的字（也就是读来跟“题”“吴”“同”调值相同的字），便是北京话的“阳平声”字——所

① 这是举例，事实上我们要把北京话所有的调类都试过了才能下结论的。

以我们说“在一个方言里,调值决定调类”。跟上面办法相同,比如把这一批字让说高密话的人试读,高密话读“梯”“乌”“通”是“中升调”,读“题”“吴”“同”是“高降调”。于是我们便可以向说高密话的人指出:凡是你读来是“中升调”的字,便是高密话的“阴平声”字;凡是你读来是“高降调”的字,便是高密话的“阳平声”字。

原来对于某些字说是哪一调类,我们事先已经大致有个谱儿了。

六、声调教学上应有的认识

从上面几节所谈的,我们可以看出在声调教学中应当特别注意下列几点:

(一)同一个字在各方言里属于哪一调类,彼此不一定是一致的。先举一个教、学两方面所说的方言都是只有四声(阴、阳、上、去)的事例。比如,你以为“屋、吾、五、误”顺序是“阴平声、阳平声、上声、去声”,他却以为“乌、屋、五、误”才是的,而另一个人则以为“乌、吾、屋、误”才是的。各人根据各人所说的方言出发,各人的“以为”都是对的,但如果把自己的“认为”认为对别人的也适用,那就错了。拿只有四个声调的方言和声调在四个以上的方言比较,参差就更大了。比方嵊县话有八个声调:阴平(乌都),阳平(胡吴徒),阴上(虎睹),阳上(五户杜),阴去(顾妬),阳去(误渡),阴入(屋穀笃),阳入(独族)。

(二)同一个调类在各方言里的调值,彼此是往往不一致的。假如一开始就用北京话的调值来教人学声调,说北京话的人固然听来清清楚楚,但说别的方言的人听来就莫名其妙;再不然就会像高密人听了以后,把自己方言的“上声”字(高密读“高平调”)都误认为应该是“阴平声”字(北京话读“高平调”),那就纠缠了。

(三)由上(二)我们可以知道,注音字母的调号是标注北京话的调值的:“阴平声”是“高平调”,从省,不标号(如标出来是平平的一横);“阳平声”是“高升调”,调号是从下向上的一挑“ˊ”;“上声”是“降升调”,调号是先向下又转向上的“ˇ”;“去声”是“全降调”,调号是从上向下的“ˋ”:这些都是描写北京话调值的简单线条,就着北京话来说明以及就着教学北京话说,它们都是有意义的:标调值兼标调类。但在这里我们要注意的是:注音字母的调号标的只是北京话的调值和调类,跟别的方言的调值乃至调类都不一定相同,我们不能把它硬搬过来用到别的方言里去,以为别的方言的声调也应当如此。在长江以北和西南各省大部分方言里,注音字母的调号,大致还可以当做调类的标号来用,比如“长ㄔㄤˊ短”、“班长ㄓㄤˇ”,ˊ代表“阳平”调类,ˇ代表“上声”调类。

总之,我们不可“以己度人”,不可“以一部概全体”。

七、利用字表进行教学

以上所说的声调(调值和调类)的各种情况,便决定我们怎样去教声调。这有两种情况。(一)如果教的人学的人说的是同一方言,而所教的又正好是本方言的声调,那就可以利用口耳直接相传的方法。(二)如果教的人说的是甲方言,学的人说的是乙方言,而所教的又是个丙方言的声调,这就不能光靠口耳相传法,而要用别的方法。方法是利用字表进行教学。这个方法分为两步骤:第一步是利用字表使学的人学好自己方言里的声调;第二步是使学的人转学其他一个方言的声调。分为两步骤的原因是:学好自己方言里的声调对学习别的方言的声调有很大的帮助。这方法看似迂回而实甚直捷。以下先介绍字表。

表三　辨调例字表

古代平声	(一)刚知专尊丁边安,开超初粗天梯偏;蒿商三飞 (二)穷陈床才唐题平;寒时详扶;鹅娘人龙难麻文云
古代上声	(三)古展纸走短比袄;口丑楚草体普;好手死粉 (四)五女惹老暖买武有 (五)近柱市坐断弟倍;蟹社似妇
古代去声	(六)盖账正醉对恋爱,亢趁唱菜替怕;汉世送放 (七)共阵助暂大第备;害树谢饭;岸酿闰漏怒帽望用
古代入声	(八)急竹职既得笔一屋;曲敕出七秃匹,黑识惜福 (九)各劄责接搭百约;却彻尺切铁拍;歇说削法 (十)局宅食杂读笛白;合舌俗服 (十一)额聂入六纳麦物药

表三是照顾各方言的调类情况编制的,大致对各方言都可以适用。这个表可以用来做为教学挂表。

这表中的字一共分为十一行。分行的用意是:大概说来,(1)同在一行的字在方言里读成同一调值(即读成同一调类);(2)每一行字,在方言里很有可能读成一个跟别行不相同的调值;(3)也有此行与彼行同读一个调值的;但哪两行同读一个调值,各方言彼此也不相同。下面也列个表来做例:

表四　古代调类在现代方言中分合表

<table>
<tr><td colspan="2" rowspan="2">古代调类</td><td colspan="2">平</td><td colspan="3">上</td><td colspan="2">去</td><td colspan="3">入</td></tr>
<tr><td>阴平</td><td>阳平</td><td>阴上</td><td colspan="2">阳上</td><td>阴入</td><td>阳入</td><td>阴入</td><td colspan="2">阳入</td></tr>
<tr><td colspan="2">字表行次</td><td>(一)</td><td>(二)</td><td>(三)</td><td>(四)</td><td>(五)</td><td>(六)</td><td>(七)</td><td>(八)(九)</td><td>(十)</td><td>(十一)</td></tr>
<tr><td rowspan="3">分合情况</td><td>北京话</td><td>阴平</td><td>阳平</td><td colspan="2">上</td><td colspan="3">去</td><td>分属阴阳上去</td><td>阳平</td><td>去</td></tr>
<tr><td>南京话</td><td>阴平</td><td>阳平</td><td colspan="2">上</td><td colspan="3">去</td><td colspan="3">入</td></tr>
<tr><td>嵊县话</td><td>阴平</td><td>阳平</td><td colspan="2">阴上</td><td>阳上</td><td>阴去</td><td>阳去</td><td>阴入</td><td colspan="2">阳入</td></tr>
</table>

表四指出:在北京话里,第(一)(二)两行字各自读成一个调类:(一)“阴平声”(二)“阳平声”;(三)(四)两行共读成为一个调

类:“上声”,(五)(六)(七)三行字共读成一个调类:“去声”,(八)(九)(十)(十一)四行古代“入声”字则分属到别的调类。而在嵊县话里,则只有(一)(二)两行字各自读成一个调类跟北京话相同,其馀都跟北京话不同(看表自明)。看上表应当注意这类地方,比如第(五)行字在北京话里是跟(六)(七)两行字合成一个调类,而在嵊县话则跟(四)行字合成一个调类。

把这十一行字给各方言区的人去试读,我们便可以看出现代汉语各方言的声调情况。

八、利用字表学好自己方言的声调

这里就想着怎样利用“辨调例字表”来谈这个题目。这个字表可以用来帮助学的人学好自己方言里的声调。方法是:

(1)让学的人完全用自己所说的方言分行一字一字地读(字音单读,不要把两个字连起来读),教的人在一旁用心听他读每一行字的“高、低、升、降”。第一行字读完后,稍停就接着读第二行。

(2)教的人就着第一行跟第二行刚才所读出来的“高、低、升、降”方面的不同,提醒学的人对于“高、低、升、降不同”的感觉。教的人要能选一个适合的比拟来提醒学的人,比如,对说北京话的人,可以提醒他说:你读第一行字给人的听感是“庄重的”,读第二行字给人的听感是“活泼的”。并肯定:这两行字读起来给人的听感是不相同的(学的人对于字音的“高、低、升、降”虽然一时不能辨认精确,但对于这种“听感上的不相同”则很容易马上了解)。并以“梯”“体”两个字做例,指出这种“差别”不在声母韵母上头,这两个字的声母都是“t”,韵母都是“i”,但是给人的听感不同。待到学的人认识到这种“不相同”之后,教的人又可以指出:第一行字是“阴平声”字,第二行是“阳平声”字;任何字音,凡是你读来跟第一行的“庄重”相同的，那就是你的方言里的“阴平声”字，凡是你读来跟第二行的“活泼”相同的，那就是你的方言里的“阳平声”字。如果学的人是说南京话的，教的人便可以提醒他说：你读第一行字给人的听感是“低沉的”，读第二行字给人的听感是“活泼的”①。并指出：任何字音，凡是你读来跟第一行的“低沉”相同的，那就是你的方言里的“阴平声”字，凡是你读来跟第二行的“活泼”相同的，那就是你的方言里的“阳平声”字等等。

(3)让学的人反复地读第一行字和第二行字，并细心比较其所给人的听感，以达到能确实认识到这两行字是有所谓“庄重”与“活泼”的不同(这是就着学的人是说的北京话而说的)；然后教的人另选一个“阴平声”或“阳平声”字，让学的人辨认它是属于“阴平声”或“阳平声”。辨认的方法是：读完第一行字后便紧接着读这个新选来的字，看这新选来的“庄重”是否合群；再在读完第二行字后便紧接着读这个新选来的字，看这新选来的字在听感上跟第二行字的“活泼”是否合群。这个新选来的字在听感上能跟哪一行字合群，它便跟哪一行字同调②。

(4)在对(一)(二)两行字的辨认巩固之后(重要的，要能够认识到是有所谓听感上的不同)，可继续向下进行学习。下面(三)(四)(五)三行为一组(古代都读“上声”)。这三行在方言中的情况是：有的方言(三)(四)两行可以合群(即同是一个调)，而(三)字在听感上跟第一行字(四)两行跟(五)行不合群，这比如北京话(有好些方言和北京话相同)；有的方言(四)(五)两行可以合群，而(四)(五)两行跟(三)行不合群，这比如嵊县话。所以我们在教学时应当注意这三行中是哪一行跟哪一行可以合群。断定哪两行

① 就着调值都是上升的这一点来说，南京“阳平”跟北京“阳平”恰巧相同。

② 现在举出几个字备选：“中、张、高、山、阴”——“阴平声”；“红、王、桃、田、阳”——“阳平声”。

可以合群后，便让学的人把这两行合并抄成一行再反复地读，来跟另一行反复比较，把这两行的辨认巩固起来，再向下进行。

（六）（七）两行为一组（古代读“去声”），在北京话里它们合群成为一个调，并且跟（五）行也合群：即北京话（五）（六）（七）三行共为一个调（有好些方言也是这样）。（六）（七）两行在嵊县话里则是各自成为一个调。

从（三）到（七）五行，在北京话里分成两个声调，教的人可以对说北京话的人提醒：（三）（四）两行字在北京话里是“上声”，（五）（六）（七）三行在北京话里是“去声”，并且指出：任何字音，凡是你读来跟（三）（四）两行的“高、低、升、降”相同的，那就是“上声”字；凡是你读来跟（五）（六）（七）三行相同的，那就是“去声”字。到这里也可以选一两个“上声”或“去声”字让学的人辨认。如果学的人是说嵊县话的，那就要向他指出：这里从（三）到（七）共分四个调，（三）行是“阴上声”，（四）（五）两行是“阳上声”，（六）行是“阴去声”，（七）行是“阳去声”。也替他另选出几个“阴上声”“阳上声”“阴去声”“阳去声”字让他辨认。

（八）（九）（十）（十一）四行为一组（古代“入声”字）。在北京话里这四行字读来声调并不一致，有的读同“阴平”，如“屋”“出”；有的读同“阳平”，如“急”“读”；有的读同“上声”，如“笔”“尺”；有的读同“去声”，如“彻”“麦”——这四行字中某字读来跟哪一调类相同，这字便属于哪一调类。北京话没有“入声”这一个调类，古代自成一个“入声”调类的许多字，在北京话里，如果依照读起来的调值归类，它们都分属到别的调类里去了，所以我们说北京话没有“入声”。长江以北和西南各省的方言大多数没有“入声”；但也有有“入声”的，这比如南京话。南京读这四行字共成一个调类。

对嵊县话来说，这（八）（九）（十）（十一）四行字则分为两类，即（八）（九）为一类，是“阴入声”，（十）（十一）为一类，是“阳入声”。

(5)整理调类:学的人读上面的字表,教的人在一旁仔细听,仔细听的目的之一是帮助学的人整理调类。整理调类的方法,上面(1)到(4)所说的就是。照(1)到(4)所说的方法来整理,结果是,比如北京话,(一)是“阴平声”,(二)是“阳平声”,(三)(四)是“上声”,(五)(六)(七)是“去声”,共有四个声调(四种调值,四个调类);(八)到(十一)分属以上四个声调。如果是南京话,从(一)到(七)情况与北京话相同,但(八)到(十一)自成一个调类,即是南京话有“入声”。上文说过,“这个方言有几种调值,便决定这个方言有几个调类”,这里就是实例。比如北京话,它只有四个调值,再读不出第五种调值来,这便决定北京话只有四个调类。我们说嵊县话有八个调类,也是用同样的方法整理出来的。

在整理调类的时候,还有两点应当注意。一是要把整理出来的调类再互相比较,看看其中有没有彼此相同的,如有相同的就应当合并。比如昆明话的“入声”字并未分散,但“入声”字调值跟“阳平声”字调值相同,“入声”跟“阳平声”便应当合成一类。二是上举的字表中,可能有一二字算成特例,暂不统计在内。比如(三)行里的字,在高密话里,除“楚”字外都读“上声”,只有“楚”字特别,读“阳平声”。我们便应当把“楚”字算成特例,认识到古代“上声”字里有个“楚”字在高密话里读成“阳平声”就是了。

九、怎样转学别的方言的声调

知道自己所说的话的声调是怎样,便很容易领会到所谓声调的高、低、升、降是什么一回事,再加上知道各方言有各方言的声调,这便替学习别的方言的声调打下一个良好的基础。我们现在以学习北京话的声调做例来说明这点。

我们要学习北京话的声调,首先要学会北京话每一个声调的调值(即高、低、升、降)的读法。这最好能直接跟北京话说得地道的人学习。学习的方法是直接模仿。

在学会了北京话四个声调的"高平"、"高升"、"降升"、"全降"等调值的读法之后,比如问"水"字在北京话的声调是怎样读,我们一查字典:"水 shuǐ",知道它在北京话是读"上声",我们立刻就可以用北京话"降升调"的实际读法把它读出来。

上文曾提到学好自己方言里的声调对学习别的方言的声调有很大的帮助。现在来说明其所以然。原来方言里调类不一致的情况也是大致有条理可循的,掌握了这些条理,便可以增加学习的便利。

比如,说普通话的人,学北京话的声调,重要的是转变调值的问题,也就是在调类上很少有问题("入声"字先除外)。所谓调类上很少有问题指的是:比如"水"字的高、低、升、降,知道它在自己所说的方言里是"上声"字,因此他也就可以推定"水"字在北京话里也是读"上声",便不必再去查字典,而这种推定,很少不准。其馀各调类的字("入声"字除外)也同样可以推定。推定出来一个字在北京话里是什么调类之后,便可以用北京话的调值(因为他已经学过北京话某调类是读什么调值了)把这个字读出来。

说到这里,我们还可以把这个方法用得更直接些,那就是:比如学的人就是说高密话的,于是,凡是自己口里读"高平调"的字,就直接改读北京话的"降升调"。对于"水"字就可以这样办。这样练习久了,习惯成自然,他要说北京话,他就能够逐渐做到不假思索地把自己的"高平调"的字改读北京话的"降升调",根本用不着转一道弯:查字典这道弯固不必转,就是想一想自己的"高平调"是"上声",北京话的"上声"是"降升调"这道弯子也可以不必转。至于其馀各调类的字("入声"字除外)也可以这样办理。

如果学的人是说嵊县话的,他也可以利用上述的方法。举个例来说，比如，在他口里读"阴上声"的字，他可以把它们直接转读成北京话的"降升调"（"上声"）；在他口里读"阳上声"的字，第（四）行字应当转读成北京话的"降升调"，第（五）行字应当转读成北京话的"全降调"（"去声"）。至于第（四）行字是哪一些字，这当然需要下一番工夫去记忆，但也有个大致的规律帮助我们记忆。第（四）行字是在他口里读来是"阳上声"，而其声母是"m""n""i""w"的一些字，比如："m"马、免，"n"怒、暖，"l"老、领，"w"我、瓦（此外，还有读[v][z][dz][h]声母的一些"阳上字"）这一类"阳上声"字即是（四）行字，可以转读成北京话的"降升调"。

所以我们说，学好自己方言里的声调对学习别的方言的声调有很大的帮助。

（原文的注音字母改用《汉语拼音方案》标出。
原载《中国语文》1954 年第 9 期）

动观文字学

——纪念唐立庵师

动观文字学的对象——文字“形体”

“文字学”这三字词是一个由来已久的含胡笼统的学名。它的个性“形体”只是在“文字”、“音韵”、“训诂”相关的三个学名对称时才显现出来。我们常说“字形”、“字音”、“字义”，这三个学名里“字”字（也可算是语素）显然是表示可以统摄三者的“文字”。不含胡、不笼统的叫法还是“文字学音篇”、“文字学形义篇”、“汉字的结构”等等。我认为要正一正名。

正名之一是把“文字”还给许氏学。是在这一方面还，这里引用一下段玉裁的话：

> 凡文字，有义、有形、有音。《尔雅》以下，义书也。《声类》以下，音书也。《说文》，形书也。凡篆一字，先训其义，若“［元］始也”、“［天］颠也”是。次释其形，若“从某、某声”是。次释其音，若“某声”及“读若某”是。合三者以完一篆，故曰形书也。（“一”部“元”下注，又参《序》“分别部居，不相杂厕也”下注。）

我们这里取“合三者以完一篆”。就是说，交代清楚了一个字的义、形、音三者，才算是事功完毕。

许慎的书重点是为形而作的，段玉裁的“形书也”的断语一点不错。但它既是“合三者以完一篆”，那是阻止不了后人看它是兼包形音义的。比如说，唐颜师古就说“小学，谓文字之学也”（《汉书·杜邺传》注),许书就是文字的书,而“小学”又是兼包形、音、义的。

段玉裁说许书主形。章太炎先生说:“自许叔重创作《说文解字》,专以字形为主而音韵属焉。”有些人著书来论《说文解字》,重点谈了训诂。我们只能说大家都对。

因为“文字”这个专名的由来就含胡。

能不能把“文字学”一词里的“文字”改称意义较为显豁的“体制”、“形体”、“结构”、“部件”、“笔画”等等。必不得已就径用“字形”。确定了“形体学”做学名,即不致研究形体的同志如此之少。

希望不要把“文字”二字这样还。许慎说:“仓颉之初作书,盖依类象形,故谓之文;其后形声相益,即谓之字。文者,物象之本;字者,言孳乳而寖多也。”这是许慎正正经经说的错话(还可能是得之师传或博采而来),我们何必还跟着他。自来替这个错话做注子的,无不“敷衍”不了,窘态百出。这并不是注者笨,而是注者下定决心要替许氏弥缝。注者自己静心地想一想也会哑然失笑的。

我最觉遗憾的是有人把这些错话写进讲义里去。与此相同,还有那讨论什么是“音”、什么是“韵”,什么是“音韵”,自己都说不圆,何必耽误学生的时间。这样办真是好心好意地“以己之昏昏、使人昭昭”! 至于有人写专论以探讨命名的来踪去迹,当然可以。

至于借用“文字”二字来替后世的已经定了形的汉字作“独体”“合体”分类,那倒也无所不可。遇到“夫文,止戈为武”(《左传·宣公十二年》),我们照我们的说法,认“武”算是“字”,不是“文”。

我们没有理由为此深责楚庄王,何况,“字”作为“文字”范畴的用法,那时也还未产生。

楚庄王自然是不受“文”和“字”所谓“区别”的制约的,我们这些人,既见到甲骨文字,又见到那甲骨文字发现之后得以蒙受“另眼相看”的金文,而又学了相当时期的辩证唯物主义和历史唯物主义，自不必再蹈旧辙。

为“文字学”正一正名，订正一下“文”和“字”的所谓“区别”（这也是正名），区区以为并非“小事”。

李荣先生对音韵学上安于在“阴”、“阳”二字上转圈圈，深表遗憾，为什么要跟着古人陷在“又表声调、又表韵部”这种“含胡”里而不求自拔！

学术上的事，我们不能在正要求“壁垒森严”的时候“自乱阵容”。

动观文字学是以“动观”来研究文字的“形体”，目标在“形体”。

动观研究应取法于许，而必须取鉴于许

许氏在文字学上的功绩，昭昭在人心目，他实在应当受到我们的崇敬。他的

> 其建首也，立一为端。方以类聚，物以群分。同条牵属，共理相贯。杂而不越，据形系联。引而申之，以究万原。毕终于亥，知化穷冥。（许书《自序》）

在整理文字的理论上和方法上都是远远超过他的前人的，的确是功劳至巨。由于他的辛劳，我们得以对记录汉语的文字有一个整体的、明晰的认识。可以这样说，世无许慎，那我们很可能在对自己使用的文字的自觉上，还得经过一个相当时期的“漫漫长夜”。

时至今日，我们觉得许慎的对文字的整理的成绩，仍然是闪耀其光芒以烛照后世的。我们民族真难得有此“五经无双”的大师，真难得有此既是“五经无双”而又能“博问通人考之于逵”的大师，有了这样既渊博而又广搜博采的大师，夫而后，我们民族在文字方面的世世代代所累积的智慧，乃得有此一次综往古、昭来世的集大成。时至今日，我们仍然觉得许慎是我们语言文字之学的明星，仍然觉得许慎是我们民族的明星。

许慎的辛勤,显示了汉字的系统,显示了汉字的个性。许慎的辛勤,也建立了其后正确地认识汉字的方法,也限制了其后对汉字随意歪曲的纰缪。

我们觉得,我们应当这样来认识许慎的功绩。这样来认识,才庶几乎于许慎有当,才庶几乎于语言文字之学有当。

至于他的辛勤的副产品那可就多了。最明显的是古文字学方面、音韵学方面、训诂学方面等等,都从他的成绩里得到很大的裨益,治经、治史,当然从他那里有所取材。上引的他的《自序》,自许为编了一部"百科全书",这,我们完全可以同意,他并非过自夸耀。

对于许氏,我们应当崇敬,但不必陷于盲从。

后来居上,是历史发展的必然规律。我们生于今日,却让许氏慨叹于后无来者,那就是我们的错了。有人说,以许氏之渊博勤劳,倘得生乎今之世,其成就(姑且也说文字学上)大概也是"无双"的,最少也是第一流的。或者再赘一句,"非一般人所得钻仰"。我想,这样说也并非过分。那末,我们姑且用今日之许学来回顾一下创始之许学吧!

许慎到底是个古人,许慎到底是经学家的许慎,许慎到底是阴阳五行之说"未艾"之日的许慎。他生乎当时,就不能不打上当时的烙印。

说件小事吧。比如声训,许氏也是未能跟当时的习尚相违的。汉语以其语言的特色(这里应当是它的"语音"与"语义"相关联上的特色),启发了使用这个语言的人民,使他们熏陶出"声训"的习惯。这种"启发",又见之于使用这个语言的人民的巧于使用双声、叠韵终而应用了反切法注音(这是这个语言的音节构成的特色所给的);这种"启发"又见之于使用这个语言的人民巧于说文、解字(这是汉字构形的可分析性、可解释性,亦即构形的有理性所给的）。所以，声训，也跟双叠、说字（析字）一样地起源很早，这是其来有自的。声训法兴盛的结果，东汉之末遂有《释名》这种专著出现。许氏生值其时，使用声训自是当然之事。许氏使用声训有些是比较妥帖的，也有些是勉强的，有些则是不当的。比如：

1. 王　天下所归往也。董仲舒曰："古之造文者，三画而连其中谓之王。三者，天地人也，而参通之者王也。"孔子曰"一贯三为王"。（见"王"部）

2. 门　闻也。从二户，象形。（见"门"部）

3. 鬼　人所归为鬼，从儿，由象鬼头，鬼阴气，贼害，故从厶。（见"鬼"部）

4. 户　护也。半门曰户。（见"户"部）

我们知道，许氏作《说文解字》虽属字形之书，但他为了说出、解出一个字的构形的道理，不能不注明这个字的字义。他要做到：

明此字形为何能传达出此字义

明此字义为何得附丽于此字形

质言之，他必须讲清楚"形义相当"、"形义相符"，才算尽到他的责任。这也实在是许氏巨大功绩的一方面。用段玉裁的意见来说，许氏必须讲明字的构形的本义。因为只有字的构形的本义才能与字形相切贴。再把这个意见推进一下，许氏如果引用的字义不能与字形相切贴，那就转足以误事，在许氏则为失当。《说文解字》究竟不是训诂之书。这不是我们今日强加于许书的断语，而是许书的个性所决定的。这点，书的作者许氏是清晰地知道的。据此来看上举四个声训例，"王"字例是说之迂曲但还算是"据形说义，用义解形"的，虽然此字在今日还没弄清其形、义的所以然，但就许氏说许氏，还算是相当妥当的一例。至如"鬼"字例，"从儿"并没说清楚，"由象鬼头"更没道出个所以然。"门"字和"户"字例，就着生活实际说，"门"也未尝不可以用"护"来作注，"户"也未尝不可以用"闻"来作注。再从"门，闻也"说，那也未尝不可以注成

“门,问也”。《说文解字》并不是罗列训诂材料的书,许氏应提防自己陷于训诂。

古人有模仿圣经作书的,扬雄就曾这样。作为思想家的扬雄,模仿一下《易经》、《论语》来讲他的哲理,好像也还“犹可”。而作为文字学家的许慎,却也要放一些《易经》的味道在所著的文字学书里,还放散着一些阴阳五行的气味,我们实在摸不清为什么有此必要。这大概是时代使然,抑或者是故为神秘。当然,我们还得承认许氏还算不是一头栽到阴阳五行里的。又,许氏的“据形系联”虽是“始一终亥”硬套《易经》,但这个创始性的系联法在实际使用时还是非常叫人吃力的。老实说,谁也做不出一种合适的系联来安排妥帖这五百四十部。后人硬套《序卦》来申说许氏部次前后安排得合理,这种申说当然也是吃力不讨好的。其实,据形系联与《易经》原也是沾不上边的,我们不知许氏何苦,硬要攀附《易经》。据形系联是许氏巨大功绩之一,但,“立一为端”、“毕终于亥”却不是文字学上的好思想。把“一”字注成“惟初太极,道立于一,造分天地,化成万物”;把“亥”字注成“……十月微阳起接盛阴……亥而生子,复从一起”,这哪里是文字学。把“三”字注成“数名,天地人之道也”,亦复如是。段玉裁替许氏作注,在“三,数名”下,还特别引出他的大弟子陈奂的话“数者,易数也,三,兼阴阳之数言……”,我们说,陈奂的话是颇得许氏原意的。这也就是说,许氏的这种思想对他的后来者是起着不良的影响的。许氏这样地说文、这样地解字,跟当时谶纬说“粟”为“西米为粟,西者金所立,米者阳精,故西字合米为粟”(见《春秋说题辞》)有多大差异(我们也说过,许氏在这种气氛中还算是有以自拔的人)。幸好时代前进,“禄利之途”也不永远鼓励这一套,后来者到底也没有多少人顺着这条路子为许氏推波助澜,不然,文字学必是乌烟瘴气。

我的朋友曾说他很怀疑许书五百四十个部首这个数目字。很显然,“六九五十四”。易之数,阴变于六,阳变于九。我也认为,对许书部首数作这样的怀疑,完全是公平合理的。许书中有些部首的设立,是与其常态不相合的。凑成个“易之数”,这跟许氏的思想是完全相容的。

我们说许氏有功绩,并无必要替他遮掩局限;我们指出许氏的局限,这也完全不等同于抹杀许氏的成绩。

很显然,动观文字学应当取法于许慎,但也必须取鉴于许慎。

应从动观看汉字的体系
——动观文字学与甲骨文字体系

汉字是甲骨文字体系的文字。“甲骨文字体系”这个学名,不是我首创的,在目前也不是仅我一个人在使用它。“甲骨文字体系”作为文字学上的专名,它的科学含义是什么呢?我这里只想说出我个人的看法。

从商代甲骨文字而来,汉字经过了好多变化。它的变化历程,一般人常说的,我也认为还算得其要的是:

甲骨文→金文→篆文→隶书→楷书

个人浅见,历程中震荡性的变化是“隶变”。

可以举几个“字样”:《卜辞通纂》、《两周金文辞大系》、秦刻石、帛书、敦煌手写(包括此后各色楷体,从宋刻到今天的书刊)。请注意,我没举《甲骨文编》、《金文编》、《说文解字》等字书做字样,我举的是能够看到文字在使用中的,即文字在其动态中的情况的字样,而不是举的文字关在《说文解字》之类的字书中的,即文字在其静态中的情况的字样。动态、静态的情况很少是完全相同的,而往往它们是大有差别的。

上面我提到时间和场合。

甲骨文字体系,这是个含胡笼统的叫名。可以说,它说了等于没说。它没从“表意体系文字”“表音体系文字”等科学上的分类去谈问题。等于答“人就是人”,既没有说什么“灵长类”也没涉及什么“蒙古种”、“欧罗巴种”等等科学分类。因为它是“含胡笼统”的。

当然它也有些排他性,甲骨文字体系总不会含胡笼统到可以包括“埃及文字”、“巴比伦文字”、“拉丁文字”等等上去。

我说出我自己所体会的“甲骨文字体系”叫名的意义。它(一)包括《卜辞通纂》的文字直到目前书刊的文字,它当然包括简化字。(二)它是着重从“动态”来命名的。

有的朋友用的叫名是“形声文字体系”。说一说个人对这一叫名的观感,很可能无当于命名者之用心。我说我不满意这个叫名。但是从另一角度说,我对这一叫名很为欣赏。“形声文字体系”似乎是过多地乃至太多地从“静态”着眼了,我的不满原因在此。可是这个名真的抓中了汉字的老根,还叫他人认为“无懈可击”,这也是个含胡笼统的叫名,我欣赏的原因在此。这个叫名比“甲骨文字体系”有勇气,它敢于揭露一些汉字的个性。我从动态着眼不满意它,其程度同于我从几乎“什么都没表示”着眼不满意“甲骨文字体系”。个人觉得,在讨论汉字的系属上,谁开口叫名谁就会招致不满,像上面所举的两个叫名就是。

郭老沫若先生,曾称汉字为“音标”。郭老的文章发表在1957年《光明日报》上,今转述大意如下,郭老认为:

“汉字在几千年的发展中基本上是保守着所谓‘象形文字’的体制的”,但在今天“汉字差不多已经成为纯粹的音标,就是表音的符号”——这可见郭老对汉字的“重形”、“表意”所谓“从字的本身可以看出字义”的优点早不相信,只承认它是“音标”。郭老又说:“这种音标的符号,数目未免太多了”——这可见郭老是致叹于表音节的“专字专用”的音标符号用得太多。于此,我们如果说,郭老的意思是认为汉字每个形体只是个“音标”,我们是得到郭老原意的。

个人很赞成郭老的意思。为郭老的意思添两个例子是容易的。比如,“红”,“丝”旁对识字教学无用,读音又不读“工”;“治”,同样。还可以说,这些“形”、“声”符号倒有引诱人出错之用。

郭老所用的“音标”的叫名,倒可以斟酌加上一个限制语,“专字专用的音标”,或,也可以叫“正字音标”。斗胆试拟一个全名,那就是“正字音标文字体系”。

郭老是着重从“动态”看的。依区区看来,郭老大概不以今日还算汉字是“形声文字体系”为然的。

有些朋友算汉字为“表音文字”。初一看殊使人惊异。仔细拜读,却也很言之成理、持之有故。朋友们认为汉字在甲骨时代已是“假借”很多,其后假借风行。假借的定义也就是同音通借,照此,当然可以算为表音文字。“难”本鸟名(据说),假借为“难易”之“难”,谁还管它“隹(鸟)”形。这里只用其音而已。

初看为之惊异,是因为我固执在一般所用的“表音”一名的所谓的科学定义里。仔细读完,我对这一说也不免欣赏,我们何必陷在人家给的定义里呢! 个人认为,这一看法似乎跟郭老的看法很靠近。

有位朋友说汉字是“形位”文字。我们没有在一起正式谈论过,是另一位朋友转述给我的。算“形位”所根据的理由,照我听来的,大致跟上举的“音标”和“表音文字”二说所根据的相同或相近。“形位”的“位”的用法,也同于“音位”的“位”。对这一说,我很为欣赏。这一说是着眼动态来谈问题的,这是很可取的。假如真要我说一句话,我愿意说,汉字是一种特别的形位文字,是其他文字很难与之相比的形位文字。

以上诸说都是不囿于老套,自作研究、自出心裁提出来的。这是治学的好现象。这里如果要我赘一句,从“动态”看,“形声体系”不大好落实。

应当用“动观”来研究汉字体系问题。甲、金、篆、隶、楷,各个段落间是不是有体系的差异呢?我们也应当从“动观”出发决定一下用什么作为标准来辨认汉字发展中各段落的体系。

动观的研究及略例

许慎最大的缺点,在于他对他所掌握的文字的材料,作“静观”的处理。因之,他能给出的最高成绩也就只能是今日这样的一部《说文解字》。

许氏生在他那个时代,我们不能要求他能够主动地、自觉地用史观来看问题,用发展观来看问题,亦即用这里所谓的“动观”来看问题。比如,旧时代,谁没读过达尔文的书,谁就会一口咬定“人是上帝所造”。这也是无足为怪的,读过的也还会不相信呢!许氏主观上就没想过“动”。“仓颉造字”这个说法,在他看来是天经地义没有一点可怀疑之处的,是没有一点可非议之处的。他的《说文解字》里也就只有那么一点点“动”的痕迹,也不过是说些“上古结绳而治,后世圣人易之以书契”(《易·系辞下》)和一些“仓颉之初作书,盖依类象形,故谓之文,其后形声相益,即谓之字”等等之类的前有所承的话。这是时代所限,只能做做“静观”,无可奈何!

许慎主观上没想过“动”,而在客观上,这里特别指材料上,刺激他去“动”的因素亦复少得可怜。推想他虽然勤于搜讨而能见到的“篆文”以上的诸形体怕也不多。甲骨文字当然他无缘一面,而“郡国亦往往于山川得鼎彝,其铭即前代之古文,皆自相似”之类的机会怕也是少之又少。他没有材料作古今对比。他被限制着“动”不起来。这是材料所限,只能做做“静观”,无可奈何。

时代如此,材料如此,于是,他大有能力很出色地完成的任务,便不得不留赠后人。许《自序》的"庶有达者,董而理之"一番话,在我们生于时代、材料都很合适的今之世的后来者读来,应当认为此乃许氏之遗志,而不应当认为此不过一般的套语。

区区之意,苟欲推动文字之学向前寸进,就必须"动"。我们有主观想去"动"的条件,而客观的可供我们做"动观"的条件也已相当可观了。可以说,我们有足够的条件摆脱那许氏因局限而不由自主地留下的"静观"的极其不良的影响。于此,个人就提出"动观"来为诸前辈、诸同道"摇旗呐喊",当然,这是我认为推动文字学前进,"动观"实是主要的途径之一的一种呼吁。大家如果多做做"动观"的事,我愿意当一名小卒。

我们应当把"古文字学"的业务范围划清一下。这也是为了避免分散精力。我曾说过这样一番话:"甲骨学、金石学、古史学等学科与古文字学并不是一回事,这是人所共知的。…… 考释古文字、联系古文字来研究古代社会等等,对古文字学是非常重要的,他们之间有非常密切的相辅相成的关系,但作为'学',古文字学自有古文字学的本质特征,不能以偏代全,更不能以彼代此,单纯考释古文字,或者联系古文字来研究古代社会,都不能算作真正的古文字学。"(见《中国语文》1982 年第 2 期《〈古文字学导论〉读后》)这,查一查这三五年来的"古文字学类"一栏所收的书、文的目录就可以知道了,我言不虚设,其中有多少书、文是以讨论文字形体为重点的呢?我推想是少得可怜!有些前辈、同道(他们已被重视为"古文字学家")是顾不及搞,有的前辈、同道则是没意识到。这里,"古文字学"业务范围不清,也应当负相当大的一份责任!目标明确了,我们的奔头也就有准了。这些前辈、同道苟能稍一留意于形体,其必为文字学界放一异彩,可不待言。

文字形体的动观研究,我们真的有不少事情要做。姑用"六书”开头来提几点。

我们不再说“仓颉造字”而说“群众造字”了。群众造字,说法很正确,但还不是解说的终极。若问:为什么群众不造出埃及式的文字,为什么群众不造出巴比伦式的文字?再问,群众的智慧为什么如此地暗与“六书”相合,服务员同志并没听过文字学课,比如“芽(菜)、艽(韭)、氿(酒)、仐(食)”等字就造得这样好?这,我曾在《汉字三论》(齐鲁书社 1981 年版,最近将再版。以下简称《三论》)第[6]小节里试图解答这个问题,认为是“人民群众使用了文字,文字教育了人民群众”,群众的智慧是文字教育出来的。

在文字形体的研究上,如果缺乏动观,我们就可能有些事“视而不见”。比如,我们一方面说,文字来源于图画,而一方面又说,六书次第是“象形→指事→会意 ⇉形声”。就着为“象形、指事、会意”安排次第来说,我们是严重地在自相矛盾。我曾请教过我校考古、古史学者,承告以人类的像样的图画,被发现的,不迟于四万年前。一般地说,图画早于文字好多好多年。比如,三万年。这,我们要问了,难道使用汉字的人的祖先,就只会画那个“独体为文”!本师唐先生举个“射”字可以从“人射鹿”的图画中把“手拉弓”这一部分分析出来,这给了我极大的启发(见唐先生《中国文字学》1979 年 9 月上海古籍出版社出版,页 90—91)。那末我们接着又问了,情况既然如此,我们替象形、指事、会意“排座次”,不觉得事属危险吗?

接着会意来说,友人告诉我,“象形式”的会意要比“成语式”的会意早些,或者说“形象会意”比“推理会意”早些。个人认为很有意思。例如,“涉”字,甲骨文有二体。一是两止(足)跨水,二是从水旁加步。二者孰先孰后。一是拘执于图形,所谓象涉水形,二是“步水为涉”(人言为信、止戈为武以及不正为歪、巧言为辩等等成语式),超脱了,不依赖图形了。如果“象形式”先于“成语式”,那末,文字自身也在自我表现断代,这也不是可以作为鉴定相对年代之一助吗！

最怕的是我们没有“动观”，视“两止跨水”与“步水”两个字形之差而不见。

还接着会意来说，“一大为天”不是许慎造的，许氏是前有所承的。“止戈为武”之说记录于左氏，则“一大为天”之说必不至于太晚，按今日所见的资料来推“天”字的构形，原来是“大(人)形而特大其头”，甲骨文中所表现的，显然是为书写之便，改头之“点”圆形为“一”横线，“元”字的头的演变，亦复如是(参《三论》第[33]段)。“天”字会教育那些使用它的人民的，它的变体可被解为(实在已经被解为)“一大为天”，“止戈为武”(解“武”为“止戈”，也是个误解)。这样的字被见多了、见惯了，它不熏陶它的使用者以“会意法”吗？

最怕的是我们不用动观，视“人形而特大其头”与“从一大”之差而不见！如见了，我们就应当计算一下它会给使用它的人民以什么影响，而这些影响又回过头来影响这个文字体系，丰富它，推动它前进。

还接着会意来说。“射”(作为类型)，“天”(作为类型)是“单体为文”呢，是“合体为字”呢。又，应当提醒注意的，许慎爱作分析(也可以说据形系联法在逼着他多作分析，以便系联)。比如，“鬼头”的“甶”就是许氏分析出来的，“禹”足的“内”也是许氏分析出来的，请讲“文”、“字”之别的同道注意。

讲到这里，“上圣制文”、“后王造字”之说你该不一定去相信它了吧。相信他就会误事。谁也不敢凭“文”与“字”的差别来订定年代的前后。

后　语

以上所谈，已可见甲骨文字体系形成的种相之一斑。我没谈形声法的形成，因为在《中国文字学》和《古文字学导论》中唐先生已经谈得很好了，他启发我们认识到：形声法之出现，既非恩自上帝、亦非慧出圣人，乃是使用甲骨文字的人民因势利导而成。由此，亦可窥见我们祖先创此甲骨文字体系之智慧与辛劳，其来也实非容易，岂可以用"群众造字"，用"合乎六书"，一笔带过。正应当用"动观"来彰明其灿烂，汲取其精华。

以"动观"治古文字的形体之变，正当其时。以"动观"治隶而下的文字的形体之变，则更要努力，深有望于诸前辈、诸同道。

又，应当声明的，纯"静观"是无法研究"学"的，既已是"学"就含有"动"，所以(一)我没有指摘谁是"静观文字学"的意思，因为它不存在；(二)"动观"二字，毋宁看做是为强调而有，可能很短期间这动观二字就应取消，因为凡是文字学必然是动观的。

焕先养疴泰山，得优游岁月，值唐师逝世三周年，应为文谨述我所得之教诲作为纪念，以公之同道。幸得友人朱广祁、刘晓东、姜宝昌、于志培、张标、李恩江、盛玉麒、武传涛诸同志之助：提供材料，切磋斟酌，尤可高兴的，则"启予"之功实多，于是此短文乃克有成，亦当于此谨致谢意。

（原载《文史哲》1983 年第 2 期）

文字学的破与立

——纪念唐立庵师

任何学术,都是在破与立的反复进退中前进的,就整个学术界说是如此,就每一个人说也是如此。"解放思想",谈何容易!无前人研究的基础以望继长增高,自属空言;受前人成就的束缚而求幡然改辙,实劳冥想。"昔之哺育我者,今乃桎梏我",旬月踌躇之境界,人人冷暖自知,焕以驽骀,所感尤切。今以"文字学的破与立"为题,其所谓破,乃破一己往日已溺于许氏"静观"之惰性之深;其所谓立,乃立一己今日善从时贤"动观"之正言之切。究之也无非是自述于文字之学习和研究的艰辛,以求助于师友同道,祈大方进而教之云尔。至若隶变而下,本师唐立庵先生亦有所论列,倘有机缘,当敬为阐发。

壹、文字发展之势启发人民群众推进文字

[1.1.1]汉字是"有理性"的文字,即一般所谓合乎"六书"的文字,乃至我们可以说,没有有理性,就没有汉字(请参拙著《汉字三论》[10]以下,页4以下,简称为《三论》。齐鲁书社1981年版)。

[1.2.1]汉字的有理性表现在它的构形上,其根源在于图画,发展到了至极,就有了所谓形声字。

[1.2.2]从造字这个角度说,形声字是汉字中最有理性的一个族类。它之所以能够逐渐地开疆拓土以至于一统,不是没有理由

的。可以说,形声字以其特殊的有理性为其人民群众所赏识,于是在它以前的象形字、象意字也以各种原因、条件,逐渐向它靠拢,或改了字形的书写(如改向二分法),或改了自身的构字原理。这种种向形声字靠拢的趋势前进不已,于是汉字结构的二分(或曰二合)法亦得以确立。有些学人说,形声字能与汉语的语音特性相适合;也有人说,形声字能跟上社会发展亦即语言发展的需要;也有人说,形声字能生产力强,等等。鄙见以为,这些,都是形声字的特殊有理性之所在。

[1.2.3]时至今日,总的看来,乃至可以说,没有形声字就没有汉字。这是学术界所共知的。

或者,我们愿意称汉字为形声体系文字,或者,我们愿意给汉字以表意、表音文字的称号,其着力处之重要点即在于此。

乃至可以说,或者,我们愿意"方块汉字万岁",其着眼处之重要点亦在于此!

[1.2.4]一位朋友告诉我,一部汉字发展史,正是一部汉字形声字萌芽、成形、壮大史。事实正是如此,这种说法丝毫没有大言欺人之意。

[1.3.1]我们没有可能要求语言发展史中有突变的事例,同样,我们也没有可能要求记录语言的工具文字之发展史中有突变的事例。形声字绝不能忽焉自天而降。如甲骨文字材料之所示,形声字的降生是"难"的,并按情理说,形声字的降生也是惊人的(不过"惊人"被"渐变"掩盖了罢了)。

[1.3.2]回顾以往,浅见以为,形声字之萌芽、成形、壮大,乃是"势"之力量,是"势之所必至"!

[1.4.1]浅见以为:

人民群众使用了文字,文字教育了人民群众(请参《三论》段[6]以下,页2以下)。

文字有文字自己的发展规律,人民群众接受文字的教育,又因势利导以推动文字向前发展。

人的思维也在不断地发展着。文字的每一新的发展,都给人民群众以新的刺激,也都得到了人民群众的观察、分析,久而久之也都得到了抽象、概括,人民群众接受了文字所新给的启发、教育,继续因势利导以推动文字向前发展。

[1.4.2]我曾谈到文字发展规律,其中重要的一项是要求“明”、“快”、“简”,我曾谈到“元”、“天”等字的图形是“人形而特大其头”,并说,其头之由圆点而变成横线是受的甲文书写工具的制约,刀刻起来,划线比剜点要快些(并参《三论》段[31]以下,页11以下)。

“元”、“天”形变于文字自身发展史上破“有理性”而前进方面之重要性,鄙已于《汉字三论》中道及,今请论文字的变形所给予人民群众的教育。

[1.4.3]“元”、“天”之原形既变,自不能保持其原来的构形的“有理性”,而汉字的构形的有理性又深入人心,于是,后之据“元”、“天”之变形来找寻其构形的有理性亦即“合乎六书性”者,自不乏人,此亦自属当然,不得谓为“好事”。然其所作的种种解说,自甲、金文衡之,不啻种种“玄”解,说“元”为从一兀者有之,从一兀声者有之,从二(上)从人会意者有之……。说“天”作“大”上“方形”为象形者有之,作“人”上“二(上)”为指事者有之,作“大”上“一”为从一大会意者亦有之……。凡此种种,有识之士,或不禁哑然。然于此应当郑重说明者,这种种所谓“玄”,既堪称为今日文字学者之辛勤辨析冥思苦索而后得的“真知灼见”,且恰恰也得誉为先民反复使用文字实践中势所必然地所能抽象概括而出之“神思妙谛”。形变之事实,既是无情的铁的客观存在,这个无情的铁的客观存在势不会不放射其耀眼的光芒以震惊其并非麻木不

仁的使用着它的人民群众。

唐先生于此亦尝论及,唐先生所说的实给吾人以斯学上的“别有会心”。兹谨述如下:

[1.4.4]唐先生曾说到“战国末年,就当时所见错误的字形而作的杜撰的解释,渐渐地多起来,如‘自营为私,背私为公’,‘一贯三为王’,‘推十合一为士’,以至于‘人藏禾中为秃’等,从古文字学来看,没有一条是对的”,接着就指出:“理论有时也会影响到事实”,这是唐先生见解的精到处。

[1.4.5]“理论有时也会影响到事实”,学人之理解如此,而人民群众之实际行动亦与学人之所理解者恰恰暗合。或曰,人民群众之智慧实开学人之所得理解者之先河。此盖不为过!

[1.4.6]所以我曾说:

> 最怕的是我们不用“动观”来研究文字,视“天”字之“人形而特大其头”与“从一大”之差而不见。如见了,我们就应计算一下它会给使用它的人民以什么影响,而这些影响又回过头来影响这个文字体系,丰富它,推动它前进。(拙著《动观文字学》,刊《文史哲》1983 年第 2 期,55 页)

所以我又认为:

> 汉字发展中的讹变了的形式,又给使用文字的人民群众以教育、以启发,从而又为文字的发展前进开辟了新的道路。“一大为天”和“止戈为武”成了人民群众的主观认识,“不正为歪”就势不可已地被挤了出来。

当然,这里所说的讹变包括了字形本身的讹变和人民群众对字形认识的讹变,这自可想象而得。

[1.4.7]于此,我在本文发端所说:回顾往史,浅见以为,形声字之萌芽、成形、壮大,乃“势”也。其所谓“势”,祈请从唐先生之所论中去体会。其所谓势,即文字教育了人民群众,人民群众复推动文字循其发展规律而前进不已之势。

于此亦可见鄙之所论,非是区区之专辄。

[1.4.8]鄙之所谓"势"、其正解正是如此。依此文字发展之势以逆推之,则甲骨文字之根源乃在于图画。若然,则势理俱顺。而若谓其导源于"指事系统",则于其发展脉络,似乎难为索解。

[1.4.9]于此,吾人似可不致惊讶于文字发展史上的书写工具之微,竟于文字演变上作出的影响至于若是之深远巨大。

[1.4.10]于此,区区愿反复重申"动观文字学"之当得重视。

贰、形声字的产生是"寤"而非"达"

[2.1.1]形声法的出现,并非恩自天帝,亦非慧出圣人。文献可徵,形声法的降生到汉字里来,实乃"庄公寤生"(《左传·隐公元年》。"寤"兼"难"、"惊"二义),决非"先生如达"(《诗·大雅·生民》)。形声字之被人民群众于其使用实践中认为是形声字因而悟出一个所谓形声法,虽可曰势之所必至,但决非一蹴而可几。

[2.1.2]我们必须注意,是文字在其发展进程中形成了"六书"并以之教育了人民群众,而绝不可能是,先有那所谓"六书"而后人民群众(抑或曰有所谓"圣哲"者)依之以造字。

对一切所谓造字法,对形声法,均当作如是观。

[2.1.3]于此,我们有不少"后哲"乃不知不觉地被那些"先哲"特别是那位既是"五经无双"而又"博问通人"辛勤一生的许慎所作出的显赫成绩之所误,陷于其中而难于自拔。鄙就是一例。

于此,我们不得不泰然地对待那些"补许"、"匡许"而"归宗于许"。何以故?此盖一切学术发展旅程之所不得免。

所可致叹的是:"门户之见"之竟使我们自拔之戛戛乎其难!

我们实在免不了再三致叹于:"解放思想",谈何容易!

[2.2.1]文字导源于图画。但这一论断并不一定太为全体学

人所心服,那末,我说话就谨慎一点,我愿意说:“汉字甲骨文字体系导源于图画”。

我笃信如此!

我根据什么?根据“势”。我愿意仍然维持我在本文[1.4.8]中所说的浅见,敬祈大方批评、指正!

我如果错了,我当敬以大师郭老为模楷;我当服唐先生的教诲:“明是非”、“求真理”(《导论》1934年自序,页12),以五十改四十九之非为法!但我这里愿意再重申一句,我说的是“甲骨文字体系”!

[2.2.2]谈到造字之法,我愿意谨从众议,亦姑且用象形、指事、会意、形声、转注、假借诸目。

转注、假借,到底算个什么法,这并不是本文重点之所在,我偶尔只是应用他人之智慧,稍稍涉及。

[2.2.3]浅见以为,生乎今之世,甲、金文字,灿然在目。以言造字之法,既无须以许氏为宗主,亦不劳以许氏为邻敌。许氏已竭尽其辛劳,探得骊珠以去,后贤株守,又欲何为!于文字上的一切,均当作如是观。

[2.3.1]甲骨文字既导源于图画,一般朋友认为,象形法之为绘图式的造字法,即可“应毋庸议”,而且,“座次”也自然排在“第一”。如此,我就不再饶舌。

[2.3.2]会意这一法呢?区区之意,它跟象形法一样,也是直接来自绘图式。谁愿意有“排座次”的兴致,我谨建议让会意与象形二法平起平坐。

[2.3.3]图画早于文字。于今我们还能见到后进民族他们尚无文字但确确实实地已有了图画。这,我想,没有什么学人要我举证。

[2.3.4]一些朋友讲文字发展史的时候,少不了引一些用绘图法来表达思想、意愿的图片。讲爱情的图片,有;向国会上书的图

片,也有。如此等等。我们能狠一狠心说,这些图片,其中,独有象形,而就地地道道地并无半丝半点的"会意",或者,连堪称半丝半点的会意征兆的影响都没有!

我想,谁也不能下这样的狠心!因为,有事实在!

其实,这种图片,从其整体说,是会意图;而就其中之某一小局部说,就可以演为(或采取为)会意字。

[2.3.5]是不是我们甲骨文字体系使用者,我们可敬的先民就是笨,笨到进入文字时期之初始,一下子就跌入了只抱着单体图片来做个文字的那种"智慧"里去,把那些堪称"会意"之法的图片,视而无睹,忘了个一干二净!

到底是先民笨了,还是我们的想法有点点"太不聪明"。

[2.3.6]能不能让"象形"与"会意"平起平坐呢?

至于有所谓"一大为天"之法,亦称会意,上面已经谈过,其中曲折,不必多赘!

[2.3.7]唐先生说得好,古文字里只有象意、没有会意(《中国文字学》页71)。

唐先生又说:"……但除了实物的名称可迳用图形来代表外,一切抽象的语言就只好剌取图画的片断给它们以新的意义,这就是象意字"(《古文字学导论》页105)。"剌取图画的片断给它们以新的意义",语切事实,应当给予充分的注意。

[2.4.1]六法之中还有所谓"指事"者亦占一座。目前,我于此,愿意谨遵唐说。至于那所谓"处事"、"象事"之论难,就姑且不谈了。

[2.4.2]唐先生于《古文字学导论》"丁、上古文字之构成"节中说:

> 学者们常以为指事在象形前,是在上古突然产生的纯文字,我在上面已说过,文字是由图画逐渐变成的、上古文字只是从形符发展成意符,

决不会先有意符,尤其不会先有形意俱备的文字,而后来分做纯形符或纯意符。所以指事这个名目,只是前人因一部分文字无法解释而立的。其实这种文字,大都是象形或象意,在文字史上,根本就没有发生过指事文字。这种说法,当然要招致守旧的先生们的哗议,但这是事实。(见该书页86—87;又参页394、页403—404;又参《中国文字学》页70—71。)

这里,我愿意跟着唐先生“离经叛道”一下。倘有机缘,或当敬加阐述。

[2.4.3]“假借”如果算个法,我曾说过:

“汉字作为甲骨文字体系的文字,当其记录语言开始之日,即其假借之法产生之时。”(《三论》段106、页26)可以不可以为假借法也排个座次呢?

[2.5.1]形声法是甲骨文字体系里了不起的一法,前面我已表示过我对先民智慧敬佩之忱。但是这个法是怎样降到人间的,怎样健全其制立定了阵脚的,还有些问题不太好了解到达于“释然于怀”的程度。浅见所及,觉得较为困难的是形声字的形旁方面的问题。蓄疑多年“豁然”有待。段君既分“支”、“脂”、“之”为三,亟盼有人能道其所以,鄙今之所怀,亦很和他相似。段之所怀,大师戴震之妙解已刊在段氏《六书音韵表》卷首。段氏当可无憾。戴君所说,予今日读之犹惊为神妙。世不乏戴君其人,乞有以开我固陋!

[2.6.1]就“造字法”而言,由此法而转移演进为彼法,有其内部的原因,也有其外部的原因。而其原因之种相繁多,不是三言两语可尽,此亦自在意料之中。

[2.6.2]象形法、象意法为什么必然被形声法所代替,详观诸同道之所论,可以一言蔽之曰:象形、象意以其本身方法之局限,不再能满足社会发展之要求——亦即不再能满足语言发展之要求。于是孕育于文字体系中的形声法,遂逐渐得到人民群众的重视。

总的说来,就是如此。

[2.6.3.1]若根据“人民群众使用了文字,文字教育了人民群众”以论,则我们自然要问,人民群众是从甲骨文字何处得到形声法的启发教育的。

就我之所尝闻见,论之者亦不能如出一辙。

我极钦服唐先生意见,尤高兴唐先生所说的:

> 在象意文字极盛的时候,渐渐发生了有一定读音的倾向。我曾研究过这种规律,大盖可归纳为两类(原注:象意字不变为形声字的部分,不适用此项规律)。
>
> (一)从名词变作动词的部分,每一个字有主动的和受动的两方面,以主动的为形,受动的为声。

焕谨案:于此唐先生举的例字有:问、啓、咡,等字,以口为形。

> (二)在主语上加以诠释或补充而成的文字,每一个字里有主语和附加的两方面,则以主语为声。

焕谨案:唐先生所谓主语,即今常说的主体。于此唐先生举的例字有:渔等字里的“水”形,指明在水里;字、富等字里的“宀”形,指明在屋里。“水”“宀”等附加,是形。其详请参唐书《古文字学导论》“二、庚、辛”(页110—124)。

[2.6.3.2]甲骨文字里这类字用得久了,人民群众在长期使用实践中让上举第(一)项的“主动”概念和第(二)项的“附加”概念逐渐在思想中转移为“形符”概念,第(一)项的“受动”概念和第(二)项的“主语”概念逐渐在思想中转移为“声符”概念。这种转移是势所必至的,是自然而然的,但也不是一蹴而几的。

这些,再与从别的路子来的“形声”倾向相汇合,涓涓细流之微,就成了滔滔大川之势。

[2.6.4]友人李恩江同志复就①象意含声(如甲文“至”的含孕“矢”声);②形符自足(如“凤”的象“凤”形又加“凡”声);③区

别假借（如“隹”的加“口”），④分化义项（如“正、征”的分化）；⑤形义拼合（常见）五项以论形声字并以此约略标著形声字发展之程序（②③④之层次尚待研讨），认为许君所云“以事为名，取譬相成”，只道着了形声字的第⑤项罢了。

李恩江同志之所云云，重在阐明形声法孕于象意，逐渐蔚为大观，此余所深为欣赏者。我认为恩江同志颇得唐先生动观之深意。其法之高于手捧 9353 字仅作静态分析之法，自属意料中事。于此，余不得不三致叹于时代之局限、三致叹于“解放思想”之亦有待于时会！

[2.7.1]上所论列，至为粗略。然“动观文字学”之重要点，似可因师友之所论，明明在于纸上。形声法降生之为“瘖（难）”而非“达”，也就不待赘说了。

[2.7.2]我又认为“瘖”兼“惊”意，其说何在呢？[甲]是“形声”始而震荡了象形、象意的世界，[乙]是“形声”终于造成了甲骨文字体系的大一统。

我愿意把我曾对隶变所作的颂扬的话移两句到这里来解释一下“瘖”之“惊”义，也用来颂扬形声之法。我说：

> 晴空霹雳，来了个“隶变”。这是汉字演变史上伟大的一变。它把汉字拉到文字的正位上，它对绘图法的构形大大地割爱了一下……
>
> 这里说晴空霹雳，是在震动之大上修辞，强调它的划时代性，而不是在震动来得突然上修辞……（参《三论》段[39]以下，页 13）。

对形声法之来，也当作如是观。

叁、形符

[3.1.1]形符的降生是势之所必至，亦即是“自然而然”的。形符也是在绘画法整体之中降生的。亦即，它降生时并没有挂上

个形符的招牌,以形符的姿态出现。形符之被人民群众意识它是可以算作造字构形中的一个形符,则是要经历相当长的时日的,也就是说,要经历一个相当长的使用实践中接受文字启发教育之过程的。因而可以说,形符的降生是难的。

形符的形成,当然是跟社会的发展密切地相关联,跟人的思维发展密切地相关联的。当然,我这里所说的思维发展,特别指其中用字、造字方面的思维发展,这是自在大家意料之中的。

[3.2.1]假如我们有个甲文“隻(獲)”字,有个甲文“及”字,有个甲文“取”字,于是,则不得不有个作为形符身份之“又”旁出现。亦即,你就不得不、并且也是自然而然地抽象出这些字是“以‘又’为形”。

上所论列的几类,自不足以尽形符产生之种相,但也由此可见,形符原是整体字里的一个原未分离然而可以分离的部分,当使用文字的人民群众,一旦体认到(被启发到)这一部分原来是可以分离的,于是,形符就降生了,就在人民群众的意识中取得了独立的形符的身分了。

大概在六十年代初期,我曾说过这样的话,谈的是字的偏旁的定音定义:

> 比如“㐫”,用上这个构形成分的在现行汉字里如“恼、脑”。“恼”跟“脑”放在一起相比照,各有一个义符(形符)“竖心旁”、“肉月旁”,而有一个相同的“㐫”符,两字又恰巧同读 nǎo 音,这个学习实践中的比照,很容易启发我们认“㐫”是声符。既然如此,那我们就可以从这里得出“㐫”的读音是 nǎo(收在《三论》段[240]、页72)

这里应当说明的,在六十年代初期,作为现行汉字,“㐫”符还是无音无义的一个无名氏,而到了七十年代,我们就考虑了以“㐫”代“脑”。何以能作这样考虑,因为使用文字的人民群众,已经作了这样的认识了。文字就是这样启发、教育使用它的人民群众的。我之所谓的“势”,亦可以从这方面去体会。

[3.2.2]可以说,形符之产生,“亦势也”!说有个什么圣人也者,初民也者,凭空想出一个具有独立身分的形符,而后用它来造字,不独区区不以为然,我的读者也自然会不以为然的。

我们可以断然说,“形符乃因势利导而出”。

我们由此亦可以推见:甲骨文字体系导源于图画!

[3.3.1]我还可以谈一个我至今还只能一知半解的例子。例字是“凤”字,“鸡”字。为什么“凤”的繁体字会演变为既画了凤鸟的形,又加上个凤鸟的名即加上“凡”声符?为什么“鸡”的繁体字会演变到既画了鸡的形,又加上个鸡的名即加上个“奚”声符?把这两个事例放在一起来讨论其所以然,就很不容易解答得令人满意。

[3.3.2]我们只解释一个方面试试,就是,人的思维之在文字使用、制造方面进步了之后,就不画凤的照片了,就不画鸡的照片了,只写成从“鸟”形的“凤”,从“鸟”或“隹”形的“鸡”,即,人们敢于拿“鸟”(隹)旁来代图片,去配声符造成文字。人们敢于自信,写成“鳳”,写成“鷄”(雞),不借用图片,这种字就很能够出而合辙,就很能够约定而俗成的。到此,我的读者自能想象到,人民群众对一个形声字里“形、声”的相辅相成这方面的作用是会逐渐有所认识的,也会从这里逐渐得到启发的。

形声字渐渐多了,渐渐使用习惯了,就提供了进一步抽象概括之可能,于是人们敢于在形声法大道上跨大步。

[3.3.3]形声字形符的产生是困难的,于今,我们没有可能设想我们先民中就是有一位文字工程师,这位工程师竟能灵机一动,为我们设计了一个形声造字法来造字,其中设计好了各种形符来代表各种义类,也就是所谓“以事为名”;再配上个“取譬相成”,方案就在思考中定了下来。或者,之后,又有一批学人对这个设计方案加以鉴定,认为合格,然后拿去投入生产。于是形声字就随机而

出，就生生不已。

我是不敢作“有圣哲工程师创为形符”故事的这种设想的。古代当然有人敢作这种设想，比如那些主张“仓颉之初作书也……”的诸学者。现在作这种设想的该不多了。但仍然会有些朋友，对“形符”还迷迷糊糊，很可能不大考虑到它的“降生”之匪易。

[3.4.1]唐先生说：

> 我们要是把形声字归纳一下，就可以知道除了一部分原始形声字外，纯粹形声字的形母，可以指示我们古代社会的进化。因为畜牧事业的发达，所以牛羊马犬豕等部的文字特别多。因为农业的发达，所以有草木禾耒等部。因为由石器时代变成铜器时代，所以有玉石金等部。因为思想进步，所以有言心等部。我们假如去探讨每一部的内容，恰等于近代的一本专门辞典。（《古文字学导论》122—123页）

唐先生所说的，我们必须从“动观”上去注意。我们必须注意到：研究文字的产生和发展，固必须在文字发展规律指导之下进行，也必须密切结合社会发展史来进行。

从这个意义说，我们也没有可能设想有位圣哲工程师一旦为我们设计了一整套“万物备于是矣”的形符。

[3.5.1]由此，我们不禁想起《名原》的作者孙诒让的话，他曾谈到器物的制作取材不同，则其字所以之偏旁亦因而有异。

[3.5.2]汉字的历史悠久，我们在讨论形符时，不能不计其中有一些“因时而异”的因素，所谓“因时而异”的因素，提高一下说，也是因使用文字的人的主观认识不同，亦即“社会主观认识”不同因素。

[3.5.3]汉语的方域甚广。许慎所说的“文字异形”，我们在讨论形符时，也不能不予以特别注意。

[3.5.4]时的不同，地的不同，主观认识的不同，守旧、从新的习尚不同，凡此种种，都替我们形符的史的研究造成不小的困难。

那自然也就会替我们形符的分类研究、形符的作用的研究、形符的断代的研究、形符的谱系的研究等等方面,造成困难。

[3.5.5]由此,我们必须注意,我们对汉字的形符的作用的历史发展的研讨,必须慎重将事。

[3.5.6]说形符能标出一个汉字的义类,那末,我们应当问一问:是怎样"标",是怎样一个程度的"标",是在什么认识之下"标"? 这些,我们在讨论时,也必须用"动观"的精神,严正地对待的。

[3.5.7]要而言之,我们深感形符的研究之不易。要而言之,形符的研究之不易,亦恰恰足以反映形符产生之不易!

[3.6.1]段玉裁氏实为许氏功臣,实亦为文字学的功臣,其卓然为文字学大家,世所共誉。但他对于说文之功业,则做许氏的诤友、功臣处多,做文字学独创之士处少。从这个意义说,竟至可以说不能高出王氏筠。其于许说微义,其于文字精蕴,亦固多所发明,然于今日平心以观之,段氏之研究则亦许氏"静观"之继续而已。当然,此自非段氏之不智,时势囿人,也实在是时代局限之无可奈何者!

[3.6.2]今请看一看段氏玉裁对许慎玉部列字次第之赞扬。他说:

> 自某以下,皆玉名也,某者,用玉之等级也……

"某"是我们用来代玉部里从玉的字的。为了醒目,我们把段氏的话"公式化":

(1)某—玉名　　(2)某—用玉之等级
(3)某—玉光　　(4)某—记玉之美与恶
(5)某—言玉之成瑞器者　　(6)某—以玉为饰
(7)某—言玉色　　(8)某—言治玉
(9)某—言爱玉　　(10)某—玉声

(11)某—石之次玉者　　(12)某—石之似玉者
(13)某—石之美者　　(14)某—珠类
(15)某—送死玉　　(16)某—异类同玉色者
(17)某—谓能用玉之巫

而后,段氏郑重地说:“通乎说文之条理次第,斯可以治小学。”

段氏申言许氏之列字有次序,是说得正确的,也深得许氏之意。并且,此,还可以用来校正抄本刊本的列字次第之错乱,以及防止将来刊行之错误,这也是有功的。但是,这仅仅是“静观”的。首先,段氏并没有从文字学角度讨论产生这些字类的所以然;再则,也没有从文字学角度讨论产生这些字出现之先后,至于对这玉部里所有的字跟非玉部里所有的字之有关联性的,则更未能给予注意,是则段氏所谓“通乎说文之条理次第,斯可以治小学”者,斯亦可以治段氏之所能及之“小学”而已。这种所谓“小学”,是只见“类”不见“史”的,给人的印象是“静”,给人的认识是:平面地排好了“次第”,就可以算做“可以治小学”。

我这里不得不赘一句。我上面对段氏“深得许氏之意”的赞词,也不过是大体言之是这样。万一许氏当时以(3)、(7)、(10)为次,我看段氏亦必从而赞扬其条理次序,也亦必从而认为通乎此“斯可以治小学”的。实在说,为同部内的字或字类排座次,原来也不是件容易事,许氏也不过是静的排法之一种,段氏又何必说通此“斯可以治小学”,真叫人感到他未免说得“神乎其神”,但同时也真叫人感到他又未免把小学说得太“不过尔尔”了!

[3.6.3]《说文解字》一书,凡部首共有540。有些部首是勉强的,此人之所共知(还可以请参看《导论》的论“一”部之不成其为部之类,页122。又拙文《动观文字学》,《文史哲》1983年第二期,页51)。凡此之类,段氏或则往往不能觉察,或则往往为之弥缝,于是恍惚形成了一个部首是初文、初文形符乃圣人之所

造的影响。

[3.6.4]但是,今天我们来谈形符问题,都不必对前人的认识多所品论,我们今日之精力,似乎应当多多放在“形符史”上,亦即多多放在“动观”上。因为,世无仓颉,则形符自非一次产生、一次成熟。我们觉得,这是我们应当注意的一件大事。

[3.7.1]研究形符不是没有困难的,一个最主要的困难是甲、金字数少,而再一个主要的困难是我们现在能认得准的甲、金字既太少,又,能认得准而又能对其构形的“有理性”说得清道得明的,那就为数尤其寥寥的了。这很替我们研究形符史造成困难。因之,甲、金文里所谓一个部往往只是很少的几个属员(目前通行按《说文解字》的成规排列)。即使我们从其他的部“钩玄索隐”,其所得亦属无几。所以,我这里也只能提几个问题向同道请教。

[3.7.2]讲形声字的朋友,指陈形声的优点,说形声字有形符以标义类,有声符以标读音。这,我也跟大家一样。但,就着形符说,这并不能解答上面[3.5.6]里所提出的一些问题。

今日总的看来,所谓形声字的形符的作用,的的确确是一件“马虎事”。这不单是因为作之非一时、非一地、非一人,而且也因为形符之降生也是为“势”所逼,即所谓“身不由己”。这一点是我们研究形符时不能不注意的!

[3.7.3]打个比方说吧,以“叹”(歎、嘆)、欢(歡)为例,“叹”之为“叹”,“欢”之为“欢”,就不能不接受现代汉字简化的“势”之制约了。

我要请求同志们注意的,这里所举的例不过用来说明我的所谓“势”,当然,它也可算“势”之一例。谁如果想用它来说明文字是个“系统”,文字是“历史地”形成的,它当然也可以充作例子之一。

[3.8.1]我想用人字旁作个例子来谈一下形符降生的种相之

一,当然,我是想用它来呼吁我的同道们留心一下我之所谓“动观文字学”的。

[3.8.2]在甲骨文里,我们注意到人旁字有“偁”、“保”等。曾闻之唐先生:这些字早期乃是全具人形的。比如“儋”字原作冘(比照“耽”“眈”,乃象儋之形),其后才有“儋”字。

我们应当注意到,从后世用挑手旁的某些字来看,早期则是用人字旁的。今之所谓“抱”,是从原来的“保”字“人抱子”的图形来的。

早期有些字是用人的全体来表示我们今日用挑手旁来表示的“动作”的,文字中就没可奈何地采用了人字旁了。“冘→儋→擔→担”,无论从字之形符、字之音符,都足以说明这个情况。

[3.8.3]古人又把人字旁派作另一个重要的用场,比如:

乍:作	为:伪	义:仪
贾:价	直:值	

上举的例子,有些是为了所谓“破读”而加人字旁的,有些是为了“分化”而加人字旁的。当然,说“分化”是个笼统的说法,破读加人字旁,总的说来也是一种“分化”。然而,由此亦可见,我们说形符标义类,错当然是没有错,不过从“动观”一追究,概而言之地说标义,又是不免看问题有些简单化了。

[3.8.4]那末,形符有没有层次可说呢?当然有。读唐先生的书的自然会想到这点。这很有待于我们用“动观”的心意。

后　记

许君《说文解字》,焕先读之颇经年月,但很难说读得“通”了。唐先生书,焕先亦尝反复学习,也很难说学得“好”了。不过许、唐二氏之书精神之大不相同处,焕先实深有体会。一者,自觉陷于许氏之“静观”太深，深到认为可以躲在许氏的功劳簿上吃吃他的老本便可以无愧于学术了。二者，自己深悔去“善读师书”太远，真有点泰山崩于前而色不变，对老师之“动观”竟心无所动。总之，也还得怪罪自己不善于读书，所以产生了重而又重的惰性，几于积累难返。现在于“去日苦多”之际，重温师教，三致叹于唐先生的一些主张（我斗胆誉为“动观”），似未引起并世学人之重视，发扬光大，更所未遑。那末，我这个做学生的就应当负起“不肖”之过了！这次养疴泰山，受开封现代汉语讲习班之委托讲“文字”一目，于是由自责而自奋：试破一破一己所受于许氏之惰性，也试立一立一己所受于唐先生之教言，然而浅陋自知，责重难任，折鼎覆餗亦势所不免，敬乞大方严正指教。至许氏之书，光芒自在，哺育世人之功，自不能掩。后浪推前浪，今亦破己溺之所不得不尔者而已。泰山景物宜人，而蒐讨多有不便，幸得诸友人之扶持，始克成篇。今（1983）年初得悉朱星老先生之噩耗，1981 年夏青岛晤聚相与辩章文字之乐，宛然在目，今失一锺期，痛何可言。幸当文章盛世，盖多相知定吾文者，乞不以不屑教处之！

（原载《语文研究》1983 年第 1 期）

汉字的语言性质

[1]文字是语言的辅助工具。汉字是怎样记录汉语的，汉字同汉语之间有什么相互影响之处，一些学人一直在注意这类问题，我这里只就其一、二题谈点个人看法，向大家请教。一是关于汉字是不是表音体系的文字；二是关于汉字通用于汉语各个方言；三是关于汉语与汉字二者间的相互影响。

一

[2]汉字是不是表音体系的文字？讨论这个问题时这里涉想所及在：(1)汉字是表音体系文字；(2)汉字是表意体系文字；(3)汉字是表意表音体系文字。我们涉想所及不牵扯到所谓图画文字、象形文字。

[3]讨论这类问题，顶好一开端就能抬出个大家所能共认的严格的、科学的"界说"、"定义"，比如，怎样才算是表音体系文字，作为表音文字要符合哪些表音条件等等，这样，我们的讨论就可以进行得顺利些。

[4]但我们没法在一开始就抬出个大家所能共认的严格的、科学的"界说"、"定义"，我在申述我的浅见时也只能是用提问法，比如，我在说明一种情况之后，提问，这样，能不能算作表音体系文字呢？我的意思是，大家公认为"是"，就算作"是"，大家公认为"不是"，就算作"不是"。"界说"、"定义"由大家来下。

[5]文字作为"文字"，它就是"可读的"，从语言角度看，这样

的文字已经是替语言的词的语音作记录来记录语言了。比如,甲骨文字的

癸卯卜

它是“可读的”,“癸”有音可读,“卯”有音可读,“癸卯”有音可读;“卜”也有音可读(这里我们用不到讨论它在语法的语序上的可读)。

[6]从文字的“可读”这一性质来说,我们可以这样认为;每一个字,即每一个形体,都是用来记录语言的音的。这样的“记音”,也可以“表音”,叫“标音”。这比如“大”表 da 音,“人”表 ren 音,“国”表 guo 音,等等。

[7]能不能根据“字总是要表个音”这一汉字实际使用中的情况来肯定汉字是表音体系文字呢?浅见认为不可以。一直到现在,也还没有谁就贸贸然地仅仅根据这一情况肯定过汉字是表音体系文字。因为,凡是文字必表个音,那末,这样的分类等于没分类。

[8]有些朋友从汉字实际使用中的“假借”情况来看汉字应当属于哪个体系,认为汉字是表音体系文字,乃至认为殷商时代甲骨文字已是假借比重很大,就应当算作表音体系文字。

[9]作为甲骨文字体系的汉字,它要记录汉语,就不能不依靠“假借”。正如有些朋友所指出的,在甲骨文里,“方国名、地名、人名”等等专名是假借字,一些“虚词”、“否定词”等等是假借字,几乎“无所不在”的“干支”字是假借字。这是事实。我在厦门学术会议上曾与古文字学家洪笃仁先生论及这一点,共以为甲骨文字的汉字有“假借”,是“势”也。

[10]汉字一直在发展着、进步着,它脱离着“图画”,它精简了“形体”,但从体系说,当前的通行汉字,包括我们的简化字,仍然是甲骨文字体系里的文字。它在记录汉语时,当然一直不能不依靠假借。

［11］尊崇许慎、珍爱汉字的清代人段君玉裁深深致叹于汉代用字的“假借繁多”（见《说文解字序》注）；不受成说拘囿、思路活跃的宋代学人郑氏樵也对汉字使用中的假借的种相作了较细的列举（见《六书略》）；邵冠勇同志也就着近年出土的《武威汉代医简》和明刻《清平山堂话本》等较为可靠的文献，指出汉代以来汉字使用中的假借实况（见《文史哲》1978 年第 3 号）。我也曾对汉字实施中的假借情况作过一些观察，写成拙文《论假借》（参加中国语言学会武汉会议论文，征求意见稿），认为汉字记录语言，实在离不开假借。

［12］凡此，使我深深体会到，甲骨文字体系的汉字，直到当前，一直依靠着假借来记录汉语，汉语向前发展，假借也在发展。我们乃至可以这样说：假借是与汉字相始终的，再说得明确一些，那就是：没有假借就没有由汉字记录成的书面语言。我在《论假借》中说：古人总结汉字，以“假借”为“六书”中的一书，这充分表现出古人尊重实践的智慧。

［13］我毋庸在这里多举假借例证，一则，大家可以承认汉字实际使用中的“假借繁多”，二则，用假借来论证汉字是表音体系文字的朋友，他们也已掌握了大量的证据，他们会列举更好的理由来论证没有假借就没有由汉字记录成的书面语言。

［14］假借字多了，是不是这个文字体系就是表音文字体系呢？这我们就有必要看一下“假借”的界说、定义，看一下“表音文字体系”的界说、定义了。我曾说过，界说、定义希望大家来下。我这里只提出浅见：假借字多的文字体系似乎跟表音文字体系二者之间还是有不小的距离的，区区认为，这二者还不好混同起来。这是值得拿出来共同商讨一番的问题。

［15］什么算是假借呢？我在这里不必为它下什么界说、定义，我只想举个例子，由大家评论。

比如“难”字，据说本义是“难鸟”之“难”，而假借为“难易”之“难”。“难鸟”、“难易”二“难”之间有个重要关联，是：二“难”同音。同音这是假借的重要条件之一。假借需要有这个“同音”做重要条件，这是大家所能承认的。

[16]应当注意的是，在而今，我们还没有见到“难”字可以假借做“男人”之“男”，“南方”之“南”，“楠木”之“楠”。这反映了一个重要事实，是：“难(易)”虽从“难鸟”以同音为条件借来，但“难(易)”借来了之后，就不再以同音为条件“外”假(不再“外”假，当然是相对的，我们通常就说它不再“外”假了)。比如，我们绝不敢用“难人的问题提出来了”来表“男人的问题提出来了”。虽然“难”字原本是个假借字，虽然“难”、“男”二字同音。

[17]这个重要的事实是，汉字的“假借字”，是“一假就定”的，是“一假就不再‘外’假”的。

[18]对这些重要事实举例证明是不难的。把“男人”写成“难人”算是写别字，考卷上要扣分，写别字的学生也被扣得心服口服，绝不敢用“我这是假借”为理由向上级控告。有个学生把“程度”写成“成度”算错。“程”“成”二字，当前是同音的，但“成”字不能假作“程”。这位同学其实并没想到“同音通假”，他倒是从“有成绩”才“有程度”上想来的，那也就是说，他写别字，不独误打误撞地有“同音通假”的理由，还有学生自己认为的“意义上有联系”的理由，可是老师就是说“成”字是别字。

[19]你能说出“必须”跟“必需”的区别吗？该写“必须”，你写成“必需”，就算你“错”，虽然“须”跟“需”目前“同音”，“同音”也不能作为理由，“错”就是“不对”！我们现在看作文卷子，要花好多时间在“纠正错别字”上，其中包括花在纠正“音同”的别字上。我们即景地举个例子，你敢把“作文卷子”写做“做文卷子”吗？我不敢。虽然在当今“作”、“做”二字同音(且不说它俩“意

义”上的“极亲密”和“血缘”关系)。

[20]可惜我的母语不是用的表音体系文字,又可惜替世界文字分类别、分阶段的学者但言其概要未暇致详,因此,在讨论汉字是不是表音文字的“尖锐”之际,我不敢贸然表态,我应当不为苟同、不为苟异,我觉得应当认真考虑一下汉字的“一假就定”的事实,认真考虑一下汉字在而今还要纠正那些“音同字不同”的别字的事实,把这些事实跟所谓表音体系的文字比较比较,夫而后再下结论,说:汉字不是表音体系的文字。

那末,我的意见呢?我不敢用“假借”做理由来肯定现行汉字是表音体系文字。

[21]为了行文方便,我们接着讨论所谓“表意·表音”体系文字。

“表音”有表音的界说、定义,“表意”有表意的界说、定义,“表音”的界说、定义是不是到了“表意·表音”这个术语里就会有某种改变呢?

[22]如果“表意·表音”的意义是指:“日”字,其形,表意;其音,表音,正因为如此,我们说:汉字是“表意·表音”文字。但,这等于没说出什么理由。第[7]节我们已经说明:“字总是要表个音”的。

[23]如果说,汉字在使用中多“假借”,所以算汉字是表意·表音文字体系,这一点,我们在上面已经谈过了:“假借”跟“表音”之间是有距离的。

[24]如果说,汉字形声字多,形声字是形旁表义(意)、声旁表音的文字,所以算汉字是表意·表音体系的文字,这,我们就应当看一看形声字是怎样“表音”的。

[25]下面我们用不多的例子来代表汉字形声字使用实际中的一般情况,我们不用那些“不谐声的谐声”的例子。

(1)同　桐　铜　侗　(读音都是 tóng)

(2)童　僮　　　　　(读音都是 tóng)

(3)亿　忆　　　　　(读音都是 yì)

(4)议　译　　　　　(读音都是 yì)

这里应当注意的是:

[26](1)上列(1)(2)(3)三列的形声字,各列的"同声符又同音"的字都是绝不能互相假借,亦即绝不能随意通用的;第(4)列的"同形符又同音"的形声字也是绝不互相假借,亦即绝不能随意通用的。那也就是说,上列的"形声字"都是"约定俗成"下"专字专用"的"专字",谁随意地同音通用谁就算出错,谁就是写别字。

[27](2)上列各"形声字"的"声符",都是"对内(本字内)"不"对外"的。比如"同"声符可以注"铜"音,"同"声符的"音"的作用到此为止,谁也没涉想过因为"铜"是用"同"做声符的字,"铜"字就可以通用作"同","同"就可以通用作"铜"了。可见,"同"声符对内注音有效,对外表音无效。"约定俗成"就是无效,谁认为有效谁出错。

[28]汉字形声字的一般情况是:

同≠桐≠铜≠侗

侗≠僮

这能算"表音"文字吗?是不是在"表意・表音"的术语里"表音"的界说、定义可以作某些修订呢?

[29]我们一直承认假借的进步性,一直承认形声的进步性,因为它们到底是向表音靠拢。但"表音"一词自有其界说、定义。比如,我们常说,今天的汉字还有待于进行改革使它成为表音体系文字,意思暗含"今日的汉字的性质"跟"表音"在界说、定义上还存在着距离。

[30]汉字在其原始构形的时候,每个字都是合乎"六书"的,

每个字都是有理性的。乃至我们可以说,没有理性就没有汉字。但由于语言的发展,由于社会的变迁等等的时移世移,汉字的有理性多数是湮没不彰难于确指了。隶变而后的汉字,许慎慨叹它是"古文由此绝矣"。许慎的看法是对的。许慎所说的"绝",我们应该从两方面来认识,一是绝了图像意味,这比如"日"作方形,"月"字像门帘形;二是乱了"标号","亩"字用"田"作标号,"果"、"胃"、"畏"、"雷"等字里的"田"标号来路迥乎各异,可以混用一个"田"标号。"绝",再加上使用实际的"假借",比如义为"下基、足止"(依《说文解字》)之"止"可以假借作"停止"之"止",("停止"义跟"下基、足止"义二者联系很疏),可谓绝得很厉害了。

[31]郭老沫若先生曾对现行汉字说过一番话(见《为中国文字的根本改革铺平道路——在全国文字改革会议上的讲话》,《光明日报》1955 年 10 月 25 日第 3 版),今转述大意。郭老说"汉字在几千年的发展中基本上是保存着所谓'象形文字'的体制的",但在今天,"汉字差不多已经成为纯粹的音标,就是表音的符号"——这可见郭老也对汉字的"重形"、"表意"所谓"从字的本身可以看出字义"的优点早不相信,只承认它是"音标",即局限性很大的"专字专用"的"音标"。郭老又说,"这种音标的符号,数目未免太多了"——这可见郭老是致叹于表音节的"专字专用"的音标符号用得太多。于此,我们如果说,郭老的意思是认为汉字每个形体只是个"音标",我们是得到郭老原意的。

[32]比如"大"这个形体是个音标,表"大小"之 dà 音;"打"这个形体是个音标,表"打麦"之 dǎ 的音。又如,"工"这个形体是个音标表"工人"之 gōng 的音;"公"这个形体是个音标,表"公众"之 gōng 音,如此等等。"大 dà"与"打 dǎ"是不能互相通用的"音标","工 gōng"与"公 gōng"是不能互相通用的音标。

[33]这是郭老的"音标"、"表音的符号"的含义。郭老的认识

是符合实际的。我们同意郭老的当前汉字(或隶变而后的文字)是日益音标化。当然我们也并不排斥识字教学上利用形符、声符,但正如上面所说,声符也是"对内"的。既然汉字是专用的音标,所以郭老叹其"太多"。音标太多,那自然跟"表音体系"有别。

[34]汉字从其形体来说,说它是"词"(或词素)的标记似乎好一些。词必有音,因为汉字就成为标词而表音的标记。

[35]汉字是词(或词素)的标记,因为它与"专词(或词素)专用"一致,这就成为"专字专用"的标记。

[36]可以这样认为,从音标来说,三千多个个体音标是嫌多了,可说嫌太多了,这造成"识字教学"上的困难;而从标词来说,三千多个个体音标又是嫌少了,可说嫌太少了。我们知道汉语的词汇是极其丰富的。汉字首先是用组字(两个字或两个以上)来标词;再,汉字还有假借法,比如"甲"可以用为"甲等"的"甲",也可以用为"铁甲"的"甲"(但它还不能借用做"假"说成"甲如"、"甲装"。此意我们前面已经说过。人们听到"同音代替"就很紧张,也是如此)。可以认为,汉字是用"组合二(以上)个体"和用"假借"来满足标词的需要的。

[37]汉字作为标词的标记,它的性质应当跟"七"相同,而跟 qī 是不相同的。"七"是"专"的,而 qī 是普遍标音的。此意在前面已经说过。

二

[38]上面说到汉字是标音的,所以可以叫做"音标",这是正确的。上面又说到,汉字是通过标专词来标音的,这,事实是如此,我想可以得到大家承认的。

[39]有些朋友对汉字的"标音"有些误解,一是误解它等同于

"表音体系文字"的"标音",这在上面已经谈了些;一是误解它真在"标音",认为汉字真正在"笼罩性"地标音。

[40]认为汉字是在笼罩性地标音的朋友,大概是联系汉字在方言里的读音来看汉字标音的。比如"七",有些方言读 qī,比如北京,有些方言读 ci,比如南京,就大多数方言说,读来读去跑不了这个范围,声母不是 q,就是 c,或是跟 q、c 音相近;韵母即使不是 i 也跟 i 音相近。

据此,有些朋友就推论到,汉字音标是笼罩性的标音。这些朋友会问我们:

为什么没有一个方言把"七"读成 kɑ 的,这不是"七"字在笼罩性地标着音!就正是它的"标音",在限制着各方言不能把"七"读到 q、c 或跟 q、c 相近的声母以外去,在限制着各方言不能把"七"读到 i 或跟 i 相近的韵母以外去!

但,这个推论的根据有问题。

[41]"七"字经过了一番书体的变迁,字形成了当前的形象,若问,为什么这"一横、一竖横折钩"的字形恰好表达"数目"的"七",这,"识字教学"管不到,大文字学家也人各一词,说不真切。所以我们同意郭老说的,当前汉字(乃至隶变以来的汉字)已不是所谓"从字的本身可以看出字义"的汉字。绝大多数的汉字都是如此。"七",它只是历史地约定俗成的一个表"数目""七"的专词标记(当然,这并不排斥它有可能被假借去表其他专词)。

[42]数目词"七"在语言中有个读音,这样,汉字"七"也就因而有读音,因而"七"字的字形就标了"七"词的词音。"七"的标音是如此,并没有什么笼罩性可说,这可以用阿拉伯数字"7"来打比方。

[43]"7"在今日是个世界性的数字,几乎各种语言都在用它,它在各种语言中取得标各相关语言中的这个"词"的"音"。比如英语读 seven,日语读ナナツ,汉语读 qī。我们不好说"7"在标了什

么笼罩性的音。假如汉字数目字一旦为全人类各语言所通用,那“七”也会跟“7”一样得到各种语言的读法,它也并不存在笼罩性的标音。“七”也和“7”一样,没有这种笼罩性的神通!

[44]汉字就是这样性质的“词”的标记。“词”有“音”,这个标记也就有了“音”,标记就成了“音标”。

[45]“七”这个“词”的标记,落到汉语里读 qī,落到英语里读 seven,落到日语里读ナナツ。

[46]“七”这个词的标记,落到北京话里读 qī,南京话里读 cī。

[47]到此可以看出,汉语各方言也是跟各种语言一样,是各用其自己的方言里的词的音来读“七”这个标记的。

[48]历史地约定俗成“七”字是各方言里数词“七”的标记,各方言就各用各自的“七”词的读音对着“七”字进行教学,于是,“七”字形就取得了或是 qī、或是 cī 之类的读音,也就是说,“七”的字形在它还没有进入任何方言(包括普通话)中跟表“七”数的词相综合时,它丝毫不表什么音。

多说两句供大家比较:“七”字形跟 da 字形不同。在你学过了拼音法则之后,da 字形绝不准许你把它读成 to,到方言里它要求表示读 da 的词,它不能表示读 to 的词。

[49]绝不可以忽视汉语各个方言间的弟兄姐妹关系。既是弟兄姐妹,“长相”就不会差得太远。表“七”数的词祖先的读法转为儿孙的读法,弟兄姐妹之间自然是好像围绕着一个声母或韵母的读音在团团转,要求“七”的祖先读法比如“tshiet”之类,生下一个后代叫 ka 那自然很难。是汉语方言的弟兄姐妹关系在“笼罩着”数词“七”的词的读音,跟作为音标的“七”字的字形毫不相涉。

三

[50]有些学人说,汉语是单音节语,没有形态变化,因而不刺

激汉字发展成为拼音制文字。换句话说,汉字是适合于汉语性格的。这就是说,汉语本身的性质影响到汉字的发展。也有些学人说,汉语方言众多,用了拼音制(不管哪一种形式)会影响方言人读书面语。这是说,使用汉语的社会情况影响到汉字的发展。当然,这些说法并不是毫无所见的闲话。我们还没有坚强的证据全盘否定它,也还没有坚强的证据全盘肯定它。这里应当说的是,单音节语也并不妨碍采用拼音制文字,正如大家都知道的,汉语里双音节词是越来越占优势的。再则,谁也不能保证采用拼音文字的语言自古就没有方言存在;并且,就着现在自觉地推广普通话来说,采用拼音制大大有助于学习普通话,有助于促进方言的集中统一。

[51]有些朋友说,汉字对于“丰富”汉语的词汇,倒有某种作用。有一些词,只能叫作书面语里的词,可能时过境迁,它自生自灭了;可能它的存在只以书面语为地盘,从这个书面语扩散到另一个书面语;大概很难有几个是幸运的普遍流行起来的。还说,“激情”一词就是靠着汉字的助产而降世的,它很幸运,词典把它老老实实收进去了。我对这番议论颇有同感!

[52]记得我读翻译的经典著作时,会到了“债负”一词,“债负”! 为什么? 翻译的人是煞费苦心了的,大概“负债”一词倒用了一下,名词的味就加重了。1980 年 8 月上旬,从其时的报纸上读到一首诗,诗中出现了“秣厉”。是“磨砺”吗? 一想,大概是“秣马厉兵”之节缩。这真是“险着”,如果是用的拼音文字,这就真够人一想。其时又读了“凌厉”一词,说的是公安人员逮捕坏人手法凌厉,听起来像“伶俐”(只“俐”字读轻声)。当然“凌厉”比“伶俐”够分量;可也真够人一想。浅见以为,这些词大模大样地立足于书面语,是靠汉字有个“专词专用”的性质。这类“险”词恐怕有些站不牢靠。

[53]令人不禁感慨的是,现代的汉语书面语居然“冶古今于

一炉”,文白夹杂!林汉达先生的“故事新编”之类的著作,非常口语化,你读,我听,就懂,地道地为现代人服务,忠于汉字改革的朋友对此非常高兴,将来转译为表音文字的书面语就便当得多。最近有些杂志上也登了些“故事新编”之类的短篇,我赶快拜读。不然!有两篇是文白夹杂的。这,我就禁不住有意见了:如果真的是为古人服务,那就不必“新编”。

[54]“险”词,文白夹杂的现代的汉语书面语,是谁的过错呢?有人说,方块汉字是“专词专用”的,只要汉字存在一天,这种现象就清除不干净。我认为,事实也正是这样。但,过错不在方块汉字。过错在于我们写作的人无形中过分地倚赖汉字的“专词专用”,好在人家会“看”得懂!

[55]在目前还使用着方块汉字的时候,我们应当尊重它。帮它一下忙,让它为“四化”建设服务得更好。尽量发挥它的长处,尽量不要利用它的弱点来成就自己的错误,尽量以它为工具为现代的语言的纯洁和健康而努力。

[56]浅见虽然在心里酝酿多时,提出来向大家汇报,这还是第一次。很不成熟,真的是“抛砖引玉”,请大家帮助。

(原载《山东大学文科论文集刊》1981 年第 1 期)

汉字字形的性质

［1］现代汉字，从笔形到字形，在结体组形上融合了草、行、隶、楷的优点；但在融合的过程中，也不免带进了一些缺点，一些分歧。

［2］汉字发展中的融合，总的说来是为了求快。快，是文字发展的总趋势之一。文字求明也是为的求快，文字求简也是为的求快！

［3］二十世纪八十年代的时代特点，迫使我们讲求速度。汉字也必须适应这个讲求速度的时代，也必须进一步求快！

［4］语文工作者适应时代的要求，及时地提出汉字的“四定”——定字量，定字形，定字音，定字序。这是值得欢呼的。语文工作者都热情地注视着“四定”，都愿为“四定”多做工作。为“四定”就是为速度，为“四化”。

［5］搞好了“四定”工作，一定能够发扬汉字的优点，使它轻装前进，高度发挥它的作用。

［6］倡导汉字“四定”的同志认为，近几十年，特别是中华人民共和国成立以来，“现代汉字”逐步走向定型化，要求规范化。用普通话写作，汉字还是目前的主要文字工具。对于这个主要工具应当制订出标准的规格，这就是“标准现代汉字表”。它包括四个方面：(1)字量，就是书写现代汉语所用的汉字的总量，也就是总字数；(2)字形，就是现代通用的印刷字形，包括简化字；(3)字音，就是以北京音为标准的普通话读音；(4)字序，主要指查字法，也跟汉字编码有关。

[7]倡议“四定”的同志明确指出,“四定”是为了实现语文现代化。在印刷、教学、通讯、管理、情报检索和文字机器的各个领域,都要求使现代汉字做到定量、定形、定音、定序。比如:电子计算机和自动照排机应当存贮多少汉字,现代化文字传输及情报网络应当处理多少个汉字……各行各业都期待得到一个科学的、精确的、标准的答案。

[8]“四定”工作是一项关涉方面很广的工作,特别是它关涉到机械应用上的速度。这自然是一项艰巨繁重的工作,必须严肃认真地对待,以求做到真正的“定”。正如倡议的同志所指出的,制订标准现代汉字表,就是对现代汉语书面语用字进行全面的、系统的、科学的整理。它为今后我国印刷出版、教育、汉字机械化以及计算机的汉字信息处理提供用字的规范。由此可见,对待这项工作绝不能掉以轻心!

[9]下面写出我对汉字“定形”的一些意见。我是一个语文教学工作者,不免会过多地从教育角度看问题,比如我会过分地强调“定形”必须时时考虑接受正字法方面来的制约,绝不能定出个“诱人出错”的字形,等等。我会不自觉地斤斤计较于“毫厘、黍累”,但这也请同志们不要忽视!

一

[10]汉字定形关涉到笔画数、笔形、笔顺、部件、字。至于组字成词的定形,如“大炮”、“交代”之类,将在词的定形(“定型化”)里去叙述。

[11]笔画数和笔形相关。现在通行的对笔形所作的高度概括,认为笔形有五种,即:点(丶)横(一)竖(丨)撇(丿)折(㇆)。构成汉字的最小单位就是这五种笔形,也就是,分析任何一个汉字,

分析到最后,所得到的就是这五种笔形。

[12]一个汉字由一至若干笔画组成,这“一”、“若干”就是笔画数。比如,“汉”字是五画,“船”字是十一画,“韵”字是十三画,如此等等。

[13]简化汉字,要求精简笔画数,希望做到让常用字一个字不超过十画。比如“稳”字的繁体是十九画,简体有十四画,如果采用“禾”旁“文”做简体,那就只有九画了。

[14]由繁到简,笔画少了,写起来就快了。快,符合文字发展的要求。

[15]笔画少了,一个字看起来眉目清楚了,这有利于识字教学。

笔画少了,初学的人写起来也容易正确,这有利于正字法。

笔画少了,写起来容易布局,也不会写出格子了,这有利于书法教学。

[16]笔画少了,相应地字的组成方式也就简单起来,初学的人容易记了;还有个更重要的意义是,这大大有利于汉字机械应用和计算机的汉字信息处理。这,我们把“稳”的繁体和更简的“稳”比较一下,就清楚了。

[17]可见,汉字定形应当接受简的制约,原则上从简定形,即笔画数从少不从多。

[18]定形工作要精简笔画,也要明定笔画数。

明定笔画数很重要,有好多场合要用到笔画数。

编字典、词典要用到笔画数,编索引之类也要用到笔画数,编号,排列人名单也要用到笔画数,等等。

[19]曾经有过笔画数“游移”的现象。比如“以”字,有些字典列入四画,有些字典列入五画。笔画数游移,影响到汉字的“字有定序”,影响检字查阅的速度。明定笔画数是件重要的工作,也是汉字定形分内的工作。

［20］定笔画数大致有个准则:要向手写体靠拢,要从简。这比如定“以”字为四画之类。应当强调,向手写体靠拢是极为重要的。

［21］定笔画数自然连同着要定笔形、定组成方式以及定笔顺。《新华字典》等辞书所附《新旧字形对照表》即可显现这几者之间的关联。

［22］草体字多是一气呵成,看起来是一笔头。比如“书”“为”的草体。如果好多字是一笔头,排列起来就很难按笔画定次序,这于编排不利。简化采用草体,一定要让它楷化,这是为的:(1)让草体能“入群”。草楷二体夹杂着写,不成款式。(2)也让草体取得个明确的笔画数。比如“书”“为”都是四画。简化采用草体楷化法,既有手写体之自然,又有楷体之整齐,可谓“二美备”。

［23］应用草书楷化来简化汉字,必须接受笔形数的制约。

对初学汉字的人来说,我们现有的笔形是嫌多了,绝不是嫌少。“专”字的草体楷化是减少了笔数了,但增添了新笔形,笔形里多出了个竖折撇(“专”字的第三笔)这个教训,不应当忽视。是不是可以立一个“利不百(百,指使用频率大)绝不增添一个新笔形”的原则！区区之意,认为应当这样办。

据报导,美国对汉字的机器翻译是采用“笔画(笔形)字母”编码法的。将汉字分解为21种不同的笔画(形),每一种对应一个字母。我们增添一个新笔形会不会替人家增添一个新字母呢?字母数是有定的啊！如果字母超编,那就得花上两个字母来对付一个笔形,像我们用z加上h那样来表一个“ㄓ”。这当然是要影响到速度的。我没同机器翻译打过交道,但,事实理当如此。呼吁简化工作和定形工作注意到这点,不要认为这是“杞人忧天”而一笑了之!

［24］我是一个语文教学工作者,我有责任强调一下我的呼吁:控制笔形数!

二

［25］丶一丨丿㇆这五种笔形大致可以做为现行汉字的笔形的代表，这是从汉字编排、检查的角度来概括现行汉字所得的结果。这是高度的概括、归类。

概括笔形可以有种种不同的角度，即使从编排、检查角度看，也还可以有种种不同的概括。四角号码查字法对现行汉字笔形所作的较宽的概括，可做我们认识笔形的参考。这里把它举例性地条理一下：

丶（点）	宝（起笔）	社（起笔）
	军（起笔）	外（末笔）
	去（末笔）	亦（末两笔）
	前（第一笔）	瓜（末笔）
一（横）	天（起笔）	土（末笔）
	活（第三笔）	培（第三笔）
	……	
丨（竖）	旧（起笔）	……
丿（撇）	千（起笔）	顺（起笔）
	乂（起笔）	……
㇆（折）	刀（起笔）	写（第二笔）
	表（第六笔）	亡（末笔）
	组（第一、二、五笔）	

［26］“现行汉字由丶一丨丿㇆等组成”。我们这样说是可以的，不过这样说委屈了汉字一些。

不能把汉字字形看成丶一丨丿㇆等的机械组合。汉字字形是丶一丨丿㇆等的艺术组合。“书圣”的“圣”，“神品”的“神”，都可以帮助我们体会汉字字形组成的艺术性。

从艺术角度来谈丶一丨丿乛,就很难说这样简单的概括是完善的了。讲艺术,那就要从篇章的整体看字,从字的整体看笔形。这在我们认识已有的笔形的时候应当如此,在设计订定未来的笔形的时候,即做定形工作的时候,更应当如此。

[27]定形工作必须从丶一丨丿乛等笔形的"动态"来考虑。

在定形时要多多考虑"挥洒自如"、"运笔如飞"、"龙飞凤舞"等等"考语"的神味,庶几可以做到"定,则定矣",也就是,合乎书写自然地定了,群众的手头就可以真正地、自然而然地定了下来。

我们如果搞出个诱人出错的"正"字法,让小朋友常常吃苦,让大朋友、老朋友往往踌躇,这又何必!

定形必须一心不二地、劳神苦思地考虑如何得"形"之"正",绝不可诱人出"错"!

[28]试举一例,看一看"木"部件之形。

东　草书楷化来的,其下部似"小"字之形。

茶　下部也似"小"形。

试把"茶"同"菜"比一比。再把"茶"同"裹"、"奏"等比一比,我们可以说,"茶"下部"木"的末尾是从"书法"上"避形复"来的,因为重两个捺不太好看。可是那个竖钩的"钩"是从什么地方来的呢?

[29]既然要求所定之形从此纳入规范,那末,在定形之时就必须预计到"可行",要做到"得"群众之"心","应"群众之"手",切忌忽视群众手头笔势之自然。

[30]"小"字字形我们定的是左为一小撇,这是继承传统也是符合楷体"匀称"的要求的,这是"标准"字体。而竟然有一本指导小学写字教学的教材,正儿八经地把"小"字的左边做带钩的点来教。这倒也是合乎"笔势"的要求,但恰恰不合乎"定"下的标准!

或而撇，或而带钩的点，如果撇和带钩的点都算正，这还要我们搞定形工作做什么呢！

我不禁要再一次呼吁：简化形体要有个统筹计划，不能无规律地、无法则地或而出现末笔为捺的“木”，或而出现末笔为点的“木”。

我再一次呼吁：简化工作绝不能离开宣传。指导别人进行教学的指导性教材，都心中无“定”，这是为什么？这，是谁之过？

三

[31]要从书写之自然、书写之艺术来认识汉字的结体组形。讨论笔顺时也应当这样。

[32]汉字的书写，其上一笔就预先为下一笔作势，一直到一个字的书写完成，一直到一行一篇的书写完成。这种“一气呵成”的“运笔”之势，叫做“笔势”。

[33]写一个字，其“势”的运动是自上而下、自左而右。就着历来汉字书写的直行行款而言，一个字书写完成，就接着运笔写下一个字。

[34]笔势与笔序密切相关。笔序是指书写一个字时一笔接一笔地笔画在纸上出现的次序。笔顺就包括笔势与笔序。

[35]前面说过，笔形、笔顺时密切相关的。从“牛”和“物”里可以体会到这种相关性。为了直行接下，“牛”的末笔是势向下行的“丨”。把势向下行的丨订为末笔，显然是为了下接下面一个字的书写。到了书写“物”字，“牛”旁的末笔不是竖而是横挑，这显然是让横挑保持由左向右的笔势，右行接上偏旁“勿”的书写。

一看而知，竖和横挑的笔序更动，横和横挑笔形的变化，都是受了笔势的影响的。

[36]必须注意的是，“牛”字的笔序所依从的是传统的直行行

款的笔势，但我们当前法定的行款是横行行款啊！我看到一份同学的答卷，是快速度写出来的，像“改革”之“革”这类末两笔是横竖的字，他的“自作主张”的笔序却是竖横（有时竖尾带个钩，有时钩又连上末笔一横结成一个小圈）。我们对横行行款真是“日用而不知”、“习焉而不察”，倒是年轻的朋友敏感，顺了“横行行款”的大势，为我们打了先锋。

我们在定笔序时，横行行款之势，在全盘筹划中占多少分量呢？我们必须掂掇掂掇！

[37]怎样认识汉字的结构组形，比较一下“亚”繁体和简体，可以得到很好的启发。繁体的别扭处在于笔势不顺。定字形时，诸如此类的不顺，必须革除掉，简体“亚”字的笔势就很顺了。

汉字的结体组形是很讲求匀称的。写“亚”字，其笔序是，写横之后接着写中间两竖，而后写左点、右点。先写两竖是为的先写出基准。基准定了再写点，结体组形的匀称就有把握。我们应当注意的是“亚”字腹部的笔序并不是机械地自左而右的。

再则，“亚”的腹部的两点是内向的。这是汉字结体组形上讲求凝聚美的结果。汉字构形讲求布局的艺术性，这是在为汉字定形时所应当注意的。

[38]我们为汉字定形，要自然，也要艺术。自然、艺术，合乎文字职能的要求，也合乎汉字结体组形的优良传统。

[39]闹别扭的字如“凹”“鼎”之类，大概还不免有一些。再如“义”字，其中的“点”，照现行字体的点势是向下行的。就是这个点，无论做起笔或做末笔，它的形、势都很别扭。“义”字的笔势、笔形、笔序三者之间，是相拗而不相顺的，我们只要把“义”写得快一点，就可以察觉到这些。

[40]笔序不能抵触笔势，笔势不能违拗横行行款，笔形、笔势、笔序应当相协调，这应当作为汉字定形的法则之一。

四

[41]没有人会把汉字分解成笔画来进行识字教学。那样办太零碎,不好教,也不好记。我们通常说“口天吴”、“立早章”,这就好教好记。

这里的“口、天、立、早”等都是构成汉字的部件。

[42]识字教学常用部件做单位,这迫使我们重视部件。汉字的机械化应用也要用部件做单位,这也迫使我们重视部件,我们应当重视部件的研究。

[43]笔画(包括笔画数)、笔形、笔顺(包括笔势和笔序)等在构成部件时,他们都进入动态存在了。部件在构成字时,它也进入了动态存在。

[44]部件的静态往往跟它的动态构成异体。如果认“木”形为本体,那末,“茶”所从的“木”就是变体,本体与变体构成异体。

[45]定部件的变体,一定要反复斟酌,首先要做到不同群众闹别扭,然后再多多考虑来自各个方面的制约。

[46]静态的“木”,照这样写是“正”的,是规范的,但我们不可忽视结体组形时的各种形体,各种形态的“木”。

[47]一两个变体存在,这实际上是避免不了的。应当让变体的书写有个理路可说;何时用得着变体也有个理路可说。在什么结构方式里该写什么样的“木”,不能毫无道理可说,不能让它纯出偶然,误打误撞。定形时如果承认这类误打误撞存在,那末,在使用时就不免提笔踌躇了。我们的汉字定形工作务必要考虑到这一点。

[48]从教学、记认角度看部件,我们需要有变体。比如,不同部位不同形体的“木”,或本、或变,总之是“木”,这于教学、记认有利。

[49]从机械化应用角度说,每一个变体是不是应当独立门户。比如,“止”、“水”、“金”、“羊”、“女”和它们的变体等。如果正体与变体不独立门户,那就要设计个能概括变体的机械。

[50]从规范化要求,笔形的分歧不是件小事。

从汉字机械化应用的角度说,笔形的分歧也不是件小事。

[51]现行通用的汉字是已经存在着的,现在要动一动它的字形,改旧的“定”,做新的“定”,这是要付出相当的代价的。铅字模当然要改做,汉字打字机要重新调整,一切与字形相关的编排都得挪动挪动次序。这一来,精力、时间、金钱,都要花去不少。这是任何人都想得到的。我们定字形也要考虑到来自这些方面的制约。

[52]定字形的工作当然也不能就此停止。为了使规范成其为规范,为了教学、使用,为了汉字机械化应用,定字形的工作还是必要的,这里只是强调必须郑重其事。

(原载《语文研究》1981 年第 2 期)

对现行汉字性质的再认识

壹、现行汉字不能叫形声体系的文字

(一)文字是工具

我们是谈当前的"现行汉字",谈甲骨文到篆书时代的汉字是谈古。这一点务请注意。

文字是交际语言的辅助工具,文字的可珍可贵的本质正是它的工具作用,而绝不能是其他。这一点也务请注意。

文字既是交际语言的辅助工具,它必得是便于掌握的,便于应用的。我想,谁对这点也不会反对。

那么,我这里以"工具的便于掌握、便于应用"做出发点,以"现行汉字"为对象来谈汉字的性质,应当是可允许的。这最少可以近于现行汉字之"实",最少可以得"实"之一面。

个人认为,现行汉字已不能再叫做形声体系文字。"形声"是从构字原始来看的,而"形声"称名很能导引人认为汉字易学易用,但汉字的学、用的实际情况并不如此。

"应用"在"掌握"之后,本文就重在谈"便于掌握"。谈"便于掌握",那对象是幼儿、是文盲,亦即谈幼儿识字教学和成人扫盲教学。这就要求这种工具在掌握上称"便"。浅见以为,从教学掌握看,现行汉字是"不便"。

我们必须注意:识字教学一开始是教几个汉字,然后十几个,上百，上千。这点务请胸罗近万字的朋友注意，尤其请那些上通“甲、金、篆，下及隶、楷、今”的专家注意。

我检查一下现用的《五年制小学课本〈语文〉》的“生字表”所表示的每册给出的生字数，是：

第一册	282字	四	484
二	414	五	381
三	480	六	300
共计			2341

（我手边只有六册）。上举第一、二两册共696字，即，约700字。饭是一口一口吃的，我们千万不要用“胸罗近万字”的尺度来看问题。我们先谈1000字。

（二）形声

我对1000“最常用字”（根据1952年教育部颁《常用字表》中“常用字”）作了仔细地观察统计。从汉字最大优点“形声”来说，在1000字中，算做有效的形声字约130个，平均1个声符可以帮助认1.5字。像“包：饱抱”、“大：达”，“饱抱”、“达”都算形声字。至如：

甲：“江、河”当然不算，“江、河”现今已经不读“工、可”。我首先请喜欢讲“文字学”的朋友郑重地注意这一点，请读到“以事为名、取譬相成”和“从水，工声”、“从水，可声”时认真地想一想。

乙：“担但”不算，因为学到3500字的程度才学到“旦”。“温”不算，学到7000字也学不着“昷”。附带回报一下：上举课本第一册无“旦”，第二册无“旦”而有“胆”，第三册无“旦”而有“担”（我汇报到第三册，也已超过1000字了）。

丙：也应当列为重要的一项。有些朋友谈教学上可以应用“形声”，举例喜欢举“青”字，1000常用字里有“清情晴请/精”。但请同志们注意："青"声符所谐有效字既然是6(包括"青"自己)，不问可知，前面所说的"1个声符可以帮助认1.5字"，在出现认了"1个声符所谐有效字数为2以上"的现象之日，那么，就必然出现"大多数字是认1个声符只是认识这个字的本身"的现象了(比如1000字中，"更"、"豆"各只帮助你认识它自己)。几乎可以说，在1000字中没有"形声"。

丁：也应当列为重要的一项。有人会说，"豆"不是可以帮助你日后认识"逗"字吗？但，那毕竟是日后的事。

戊：也应算做更重要的一项。请注意："台"在当场，即1000字中，就不能帮助你认识"治、始"，后日读"笞"做"台"音也算错。"台：治始笞"一定会给学字的人一个"形声不声"的印象，这个印象将给学字的人心理上一种什么样的影响，这一层务请有"六书癖"的朋友考虑一下，在讨论现行汉字的"形声"时加进这一项。"识字识半边"的讥诮，是形声字之意外的但也是必然的(因为事物总是在发展变化着的)悲剧。奇怪的是，今日有些朋友读到许慎的"江、河是也"时，仍然心安理得而不以"形声"为怪。

形声字形符本来是用它标义类的，但在今天，可以说它的主要功用是做"区别"的标志，而不是做"义类"的标志了。

义类的标志为什么会落到只是区别的标志，原因当然很多。一般来看，1. 形符标义类嫌笼统。比如"玉"旁，各种玉用玉旁，这不笼统。石之似玉者也可以用玉旁，这就失之笼统了。2. 因为笼统，形符的排他性不强，容许存在主观性。比如，"糯"又可以用"禾"旁，"暖"又可以用"火"旁，"砖"又可以用"土"旁、"瓦"旁。《说文解字》里的"重文"也有不少只是"形符"不同的。3. 客观事物和主观认识的变化引起形符的标义不明确，后人乃至改换形符。比如，"炮火"之"炮"原来是"石"旁，"急躁"的"躁"往往错写成"火"旁。4. 字音、字义的发展变化，形旁跟不上，比如，"糅合"、

“糅和”、“揉和”三者各有人写，“顽意”、“顽艺”、“玩意”、“玩艺”四种写法都可碰到。5. 再有，用字可以假借。“假借”在用字方面贡献很大，但在汉字的构形理性上破坏力不少，而我们又是离开“假借”不能用汉字记录书面语言的。关于“假借”我已有文章说过了，本文就不多谈了，举一句话：“明天，他有活，没闲工夫”，这九个字大概都可以算“假借”。既然假借字很多，形旁必然会不管用，那也必然会培养人不注意形旁了。

以上所说，不独常用字 1000 字中形声字的形符、声符的情况是如此，在当前“现行汉字”6000 到 8000 中也是如此。

(三)会意

我对汉字形声性质做观察、统计，目的是在研究汉字教学，这里也附带说一下“会意”，因为它在教学上也有作用。一般讨论“汉字是什么系文字”，其实也都不排除“会意”，只是略而不提罢了。1000 字中，会意字为数是很少的，近 40 个，如“手”放在“目”上是“看”，“日”“月”是“明”，用“一”(代表一种东西)盖“火”是“灭”(灭火)等。至如：

子：“一大为天”、“音十为章”，“天”、“章”都不算，初学的人听不懂。

丑：“爪木为采”、“隹(鸟)木为集”，“采”、“集”都不算，学到 3500 程度才学到“爪”，学到 7000 才学“隹”，刚一学怎能知道“爪”、“隹”。

我觉得，我们在讨论“会意”的优点时，也应当考虑到哪些会意字在教学上可以向学的人“言之有效”！

贰、专字专用正字音标文字

我个人认为现行汉字是“专字专用正字音标文字”，这是我反复考虑后的命名。所谓"专字专用",比如"必需:必须"两个同读"虚平声"的字,各有专用,互换算错。又比如"程度:成度"学生常会选用"成",他认为"有成绩"才会"有程度"。他的联想不无道理,但用"成"算错。"长年累月:常年累月:成年累月",三种写法很难说哪种写法为"正"(《现代汉语词典》,1973 年版,"长"、"成"下都有)。这些"专字专用",都应当依"正",什么是"正","约定俗成"为"正"。对以上这些字,我们很难对学生讲明"需须、程成、长常"在"形音义统一体"方面的所以然让他们不再出错,而实际上,订定一个字怎样用才算是"正",也确实不同你讲"六书",而是同你讲"约定俗成"。讲"约定俗成"为"正",倒是很合乎语言学理论的。

有人叫汉字为"词素文字",我很以为"所见略同"。不过我暂用我的"专字专用正字音标文字",简单些,可以称为"正字音标文字"。

我个人认为,叫"词素文字",重点似乎是从"汉字一个字记录语言的哪一级单位"出发来认识汉字的性质;叫"专字专用正字音标文字",重点是从"该用哪一个汉字来记录语言的某一级单位"出发来认识汉字的性质。个人认为,后一个叫名似乎可以道出"汉字的一个字一个字在教学、应用中的死记硬背性"。

"音标"二字是郭老沫若先生对现行汉字的看法。郭老认为,现行汉字是一个一个的音标,我承用了郭老的意思。

《光明日报》1955 年 10 月 25 日第 3 版发表了郭老的文章,题为《为中国文字的根本改革铺平道路——在全国文字改革会议上的讲话》。郭老说:

> 汉字在几千年的发展中基本上是保守着所谓"象形文字"的体制的,但在实际上是走着音标化的道路。特别在今天语汇的组成起了很大的变化,很少用一个字来表示一个事物了。因此,汉字差不多已经成为了纯粹的音标,就是表音的符号。但我们所使用的这种表音的符号、数目却未免太多了。就拿教育部所公布的常用字来说,已经有两千个,那当

然还是不够用的。……字数太多……在初学文化的儿童或成年人，却实在是一道很不容易突破的难关。

这里应当说明一下，郭老曾说“由殷代甲骨文变化到两周的金文，由两周的金文变化到秦汉的隶书，由秦汉的隶书变化到魏晋以后的楷书，各种字体在形、音、义三方面，有的在逐渐发生着愈来愈大的距离”。可见郭老说的是一个汉字的作用，就是一个音标的作用，郭老已经对汉字的“重形”、“表意”和“从字的本身可以看出字义”所谓优点不敢相信了，只承认它是音标。我们上面曾说道：“需”、“须”同音而不能互代，所以我称汉字是“专字专用正字音标”。

浅见以为，这就是我们所谓“形、音、义统一体”的现行汉字的真实性质。

末了，我应当郑重说一句。我无意说汉字已一无是处，也无意说形声字已一无是处。我的意思是在说，应知“难”而不讳“难”。知“难”，就会多做“解难”的实事。

我还应当郑重说一句。我衷心拥护中央规定了的新时期语言文字工作的方针和当前的主要任务，衷心拥护“在今后相当长的时期，汉字作为国家的法定文字还要继续发挥它的作用”，“进一步推行《汉语拼音方案》”。胡乔木同志在全国语言文字工作会议闭幕式上的讲话，提醒我们加强研究工作、实验工作和在人民群众里进行更多的宣传、推广、实践工作。这番话给我们语文工作者很大的鼓舞。我们要做的实事太多了，无论对文字持哪种观点的人在“多做实事”上都是大有用武之地的，自然非常奋发。

（原载《汉字问题学术讨论会论文集》，语文出版社，1988 年）

汉字是怎样才能适合各地方言的

——兼论张锐光同志《方块字的表音方法》

汉语方言很多,方言间语音,有时差别很大;但这许多方言却可以共用一套汉字,而每一个方言跟汉字都没有相抵触的地方。如果要这许多方言来共用一个方案的新文字就不能这样了,就会有很多方言跟新文字多多少少有相抵触的地方了。这是什么缘故呢?是不是可以把汉字之所以能够适合于各地方言的缘故指明出来,也让新文字来学习学习呢?

一、用代数里的X打比方

是怎样,汉字才能适合于各地方言的呢?

是这样:汉字比如是代数里的未知数X。X在甲方程式里可以等于五,在乙方程式里可以等于六,在丙方程式里可以等于七;许多方程式都可以共用一个X,虽然各方程式里的X得数各个不同。同样,汉字也有像X一样的功能。以“我”字为例,“我”字它在北京话里读wo,在上海话里读ngu,在广州话里读o;许多方言都可以共用一个汉字“我”,虽然各方言里的“我”字读音各个不同。

是这样,汉字才能适合于各个语音不同的方言。跟各方言的语音没有抵触的地方,而被各语音不同的方言所共用的。我们可以把这样的汉字叫做“X式的汉字”。

当然,做这个比方时我们先已有个假设,即假设“我”字已经是各方言人所已认识的字;认识“我”字的“字形”、“字义”(这两项是不因方言而异的)跟“字音”(虽然这个音是随各方言而异的)。如果没有这个假设,我们就无从做上面的比方。

二、X 式的汉字不表示任何音值

正如代数学中的处理 X:在 X 尚未进入各方程式时,它不表示一个任何数;同样,在我们用 X 来比方汉字的时候,我们对汉字已经作了如此的认识,即:在汉字尚未进入各方言时,它不表示一个任何音值(比如 wo,ngu,o 等都是音值)。

假如我们认为 X 事先已经在数上(一个任何数)有所表示,它便不能进入适用它所表示的数以外的一切方程式;假如我们认为“我”字事先已经在音值上(一个任何音值)有所表示,它便不能进入适用它所表示的音值以外的一切方言。

这里,我们再用一个比方来说明。

新文字里也用上数字“7”,现在我们且把“7”看成普通文字来谈话。“7”字,它能够跟任何一个汉语方言不相抵触——北京人见它读 ki,广州人见它读 cat;北京、广州方言都可以共用一个文字“7”。不但此也,“7”字,它还“放之四海而皆准”地跟它足迹所到的任何一种语言不相抵触——贡山傈人见它读 snit;英国人见它读 seven;傈语、英语都可以共用一个文字“7”。亦即无论中外任何语言,即使是差别到毫不相干的语言,都可以共用一个文字“7”而不觉得“7”字跟它的语音相抵触。

正如“7”字之所以能够如此,所以汉字——比如“我”字在汉语任何一个方言中也能够如此。这因为它们在事先并不表示一个任何音值。如果“7”字事先已经表示了一个任何音值,它便不能这样。它如果已经表示了是 ki,那只有某些读“7”为 ki 的汉语方言能够用它做文字而不会发生抵触;“7”字是清清楚楚丢了它的读音(即不表示任何音值)向各语言里去的,这是我们容易看得出的;这是说明X式的汉字不表音值的很显明的比方。我们不能够说像上述的"7"字还是在那里表示着什么音值(任何一个音值),相同,X式的汉字——比如"我"字也不表示任何音值。

三、X式的汉字是不是音符

有人问:汉字,当我们已经把它认为有着像X一样的功能可以适合于各方言的时候,我们说它是(不表示任何音值)的;那么,我们可不可以说它还是一个"音"符呢?如果像上面所说;它应当已经不是一个"音"符哪!

答:我们应当弄清楚这层道理:汉字——比如"我"字,在它尚未进入一个方言的时候,我们只能说它在读音方面是毫无表示(对于一个个的音值来说);我们只能说它在读音方面只表示了它应当有一个读音(就一个汉字总有一个读音来说);所以,就着wo、ngu、o等是"音"符来说,X式的汉字——比如"我"字不是音符:而就着一个汉字总有一个读音来说,这里,X式的汉字也可以被我们叫做音符。所以,有人用X来比方汉字,叫汉字做"代数式的音符"是叫得过去的;但要注意的是:这是就着一个汉字总有一个读音来说,这个叫法才是叫得过去的;这等于就着"7"字总有一个读音来说。这里,"7"字也可以被我们叫做"代数式的音符"。这也正如X的在数上毫无表示(对于一个个的数来说),我们只能说它只表示了它应当有一个数(比如我们演算题时,我们绝对不会想到X等于"鱼");但就因为它的表示了它应当有一个数,我们便也可以叫X是一个数符。X式的汉字之所以可以被我们叫做音符,也不过如此。

四、X式的汉字是不是义符

但有人说:“7”字终是“7”,汇集人类所有“7”字的读音,它总有一个限制;同样,“我”字终是“我”,汇集汉字所有“我”字的读音,它也总有一个限制。“我”字所有读音的范围;总跟另一个字——比如“你”字所有读音的范围不同;因之,“我”字所表示的读音总是有一个范围的。我们如果称这个范围叫做“组”,这个“组”就应当是“音组”。这也就是说:“我”这个字是在那里表示着它的音组的;不然,它的读音便会漫无限制。因此,我们就有理由说:“我”字,同样还有“7”字,还是音符,不过它所表示的音的范围大一些,它表示音组!

答:但这里要注意:像这样的一个范围是的的确确的一个因“义类”而有的范围,而的的确确的不是汉字在那里直接表示着一个音的范围。比如“我”字,“意思”(义)是第一人身的“我”;是这个“意思”,它领有了汉语各方言所有“我”的读音而成为一个范围;是这个“意思”,它限制了汉语各方言不能给出不符合于它(意思)的读音。所以,“我”字,它之所以能够适合于汉语各方言,正好不是因为在那里表示着什么音组;而准确地说:正好是因为它不在那里表示着什么音组,正好是因为它只在那里表示它的“第一人身”的“意思”。再就汉字总有一个读音来说,“我”字,因为它的“第一人身”的“意思”,它便要求汉语各方言给它一个符合于它一个符合于“第一人身”的“意思”的读音,而且只是一个符合于“第一人身”的“意思”的读音;因之读音便有了一个范围,我们应当这样说:这个范围不是“我”字所表示的音组所给的(“我”字根本不表示什么音组),而是“我”字所表示的义类所给的。这才正确。“7”字的读音的总有一个范围,道理也是同样的。“7”字是清清楚楚地只带着(并且必须带着)它的义向各语言里去的,这是我们容易看得出的;这也是说明 X 式的汉字不表音只表义(而且必须表义)的很显明的比方。

所以,我们肯定地说:在我们已经认为汉字有着像 X 一样的功能可以适合于各方言的时候,汉字是义符,并不是表示音组的音符。

并且,汉字——比如"我"字在进入某方言(比如北京话)之后,它取得了一个实际的读音了(比如 wo 音),这时我们倒可以把它看做是表示实际读音的音符(这时它便丧失了再做"X 式的音符"的资格),但它却也并不表示什么音组。

五、X 式的汉字是不是表示一个"单音节"音

有人还要问:就汉语各方言来说,X 式的汉字——此如"我"字,它不表示一个单音节音是表示什么,你见到过有人读它做"多音节"的吗?既然是它能表示它是单音节音,那我们还应当承认它是音符,也不过它所表示的音比 wo、ngu 或 o 笼统一点而已。

答:我们应当这样说:X 式的汉字的的确确是只在那里表示着它应当有一个单音节音,而却不是在那里表示一个单音节音。

上面已经说过:就汉字总有一个读音来说;一个汉字总表示它应当有个读音;既然是如此,再就汉语性质来说,它的一个单字的读音,正好是个单音节,而且只能是个单音节;所以,我们可以说:X 式的汉字——比如"我"字是在那里表示着它应当有一个单音节音。

并且,由此我们还可以来一个进一步的推论。因为汉语的单音节音逃不了是个由音类(包括声母和韵母)和调类(声调的类别)所组成的,所以,我们还可以进一步说,X 式的汉字是在那里清清楚楚地表示着它应当有一个由音类和调类所组成的单音节音。

但是我们要弄清楚： X 式的汉字,它并不在那里表示着一个单音节音。

再用“7”字来做比方。由上文我们知道,X 式的“7”字也可以被我们叫做“代数式的音符”、因为它总表示了它应当有个读音,但“7”字也只是表示了它应当有个读音而已,而并不是已在那里表示着一个什么音。请问“7”字是在哪里表示单音节音呢,高调、低调呢？还是多音节音呢,是那一个音节重读呢轻读呢？我们如果说 X 式的汉字是在那里表示着一个由音类和调类所组成的单音节音,我们是不是也要说,X 式的“7”字,它既是在那里表示着一个由音类和调类所组成的单音节音,而同时,它又是在那里表示着一个由音类和轻重所组成的多音节音呢？这行不行？是“单”不能同时又是“多”,这不行。

实则,X 式的“7”字在音上毫无表示;同样,X 式的汉字也在音上毫无表示。所以我们说:X 式的汉字不表示一个单音节音;而因为它是对照汉语的,汉语的性质规定它能够表示它应当有一个单音节音而已。

六、汉语方言是弟兄

有人可以提出这样的疑问:汉字——我们也可以用“他”字做例,当它有像 X 的功能的时候,上面已经说过“它在音上是毫无表示”;那么为什么汉语各方言里“他”字的读音总离不开是 t 声母开头而不读别的声母开头呢？同一个汉字的在各方言里的读音总会有一点相同的例子很多,“他”字就是一例。现在我们就以“他”字为例,在它是 X 式的汉字的时候,汉语各方言只能给它 t 声母的读音,不能给它别的声母的,那“他”字还不是有着表音的效用吗？既然“他”字还有表音效用,那我们就应当认为 X 式的汉字——比如“他”字,仍是一个有名有实的音符!

答:这是因为汉语各方言原来都是弟兄。正如一家几位弟兄们之所以在面貌上都或多或少的相像,汉语各方言也在每一个汉字的读音上都或多或少的相像。相像得很的,甚至达到相同的程度;相像得少的也还在声母上(像上举的“他”字即是一例)或韵母上泄露它们原来都是弟兄的痕迹。是这样的“关系”——汉语各方言都是弟兄,决定了任何一个字音在各方言中的读法都或多或少的相像,并不是(而且也不用)X 式汉字的表音来替它们决定。X 式的汉字在音上是毫无表示。

再看 X 式的“7”字,它在英语,德语中的读音是 seven、sieben,它们都相当地相像;这是由于英、德语言原来是弟兄的关系决定的;而不是由于 X 式的“7”这个字的表音功效决定的。X 式的“7”字如果确有表音的功效,它就一定会要求任何语言也给它一个与英、德语言那样相像的读音了(如果它所表示的音是 seven 之类)。而 X 式的“7”字并不这样,这因为它不表音,我们不能因为 seven sieben 等音的相像而认为 X 式的“7”字已经在那儿表音;同样,我们也不能因为汉字——比如“他”字在汉语各方言中读音的相像而认为 X 式的汉字已经在那儿表音。

七、错认了 X 式的汉字的表音方法

把上面所说的整理一下:

一、在我们认为汉字有着像 X 的功能适合于汉语各方言而可以做各方言共同的文字的时候,我们已经认为汉字不表示任何音值,它不是音符,只是(并且必须是)义符。

并且,一个 X 式的汉字所领有的在各方言中的读音之所以有个范围,是由于“意思”(义类),是义类所给的范围。

二、但因为既然是一个字,它总得有个读音;又因为汉语里的字音逃不了是单音节音;又因为汉语单音节音逃不了是由音类和调类所组成;因之,X 式的汉字可以算做是个音符,并且可以算做是个由音类和调类所组成的单音节音的音符。

并且,一个 X 式的汉字的读音之所以不会读到“由音类和调类所组成的单音节音”以外的音上面去而有个范围。是由于汉语性质,是汉语性质所给的范围。并且,一个 X 式的汉字——比如“他”字在各方言中的读音之所以不会读到“t 声母”以外的音上面去而有个范围,是由于各方言原来都是弟兄,是各方言的弟兄关系决定读音一定会有或多或少的相像所给的范围。

上面的两点,道理都很清楚。

由此可知:X 式的汉字——比如“我”字在各方言中不会读成 ni(你),这是由于“我”字的义类在那里起着义类的“排他作用”,并不是由于“我”字已是“音”符,已经表示着什么音,在那里起着音符的“排他作用”(比如:是 t 音符便一定会排斥被读为 k 音,是 wo 音符便一定会排斥被读为 ngu 音)。

由此可知:X 式的汉字——比如“我”字在汉语各方言中不会读成多音节,不会关涉到轻重音;这是由于汉语字音的“限定是由音类和调类所组成的单音节音”的性质在那里起着汉语性质的“排他作用”,并不是由于“我”字已是音符,已经表示着什么音,在那里起着音符的“排他作用”(比如:是 cat 音符便一定会排斥被读为 seven 音)。并且,X 式的汉字——比如“他”字在汉语各方言中不会不读 t 声母开头;这是由于汉语各方言的弟兄关系所决定的“或多或少的相像”所范围的;而并不是由于“他”字已是音符,已经表示着什么音,在那里起着音符的“排他作用”所范围的。

总之,X 式的汉字只表义,不表音。

由此,我们可以清楚地看出,像张锐光同志的对于方块字(即

汉字)的“表音方法”的认识,是错误的。(在下引文中的错误的地方,我打上着重号。)张同志说:

> “现在我国方言还很复杂,而方言人口众多,每省每县间的语音多不相同。所以音类的范围要特别扩大,扩大到把方块字这样笼统的文字符号来记录一个音节。
>
> 比方‘我’这个字在北京话中读作‘五哦’(wo),而上海话读作‘嗯五’(ngu),在广州话读作‘哦’(o)。所以这个‘我’字的表音作用,好像代数式中的未知数,在甲公式中可以当五,在乙公式中可以当六,在丙公式中又可以当七,能够自由活用,可以叫做‘代数式的音符’。就是因为中国方块字的表音方法,是把音类(包括声母和韵母)和调类(声调的类别)组成的音节笼统的混成一个方块字的形式,没有把绝对的音值(即音的实值)和调值(即声调的实值)细密的刻画在文字上,所以各方言区有自由活用这个方块字的好处,而按照音韵系统对转的法则(即所有同音字都按照一定的音韵规律转读为另一音,纵有例外,也很少),表现各自的方言,适合我国方言复杂而方言人口众多的条件。所以中国文字可以说是中国人民几千年来摸索到适应于中国语言社会的一种民族纪音法。而拼音文字就不能有这种涵盖我国方言的功效,要把方言差别显现出来而导向分裂。”(《从唯物辩证法来看中国文字跟语言的关系》,见《祖国语文》第四期。一九五一年八月二十九日《大公报》)

张同志所说的汉字有像 X 样的功能是对的;但是汉字之所以有这样的功能,是“就是因为”像张同志所说的那样的“表音方法”的一番话(直到“表现各自的方言”为止)吗?

不是的!不是因为它的“表音方法”,而是因为它在音上毫无表示,无论是“笼统的混成”也好,无论是“细密的刻画”也好;总之,是因为它不表音,只表义!

把原本由于“义类”、“汉语性质”及“方言的弟兄关系”所决定的,认做是由于“笼统的混成”的表音形式所决定的,这大概是张同志之所以错误的根由。

因之,张同志原文“就是因为中国方块字”的“因为”的上、下文是不能衔接的。如果"就是因为"的下文是"不表音,只表义",上下文便能一贯。

八、论《笼统地混成》

再举一个例子,说明"笼统的混成"的说法是说不过去的。假如仿照张同志的话,我说:

> "7"字之所以能够被人类各种不同的语言用做共同的文字而可以叫做"代数式的音符",就是因为"7"这个字的表音方法,是把音类(包括辅音、元音及其一切拼法)和调类(包括高低轻重)组成的音(包括单音节、多音节)笼统地混成一个"7"字的形式,没有把绝对的音值和调值细密地刻画在文字上,所以各种语言有自由活用这个"7"字的好处,而按照音韵系统对转的法则,表现各自的语言。

行不行?

不行!一则不是由于"笼统地混成"的表音方法,一则这样一个把人类所可能的读音方式都包括了的"笼统的混成"非任何一个表音方法所能做到。显然地,我们只有让义类去"笼统的混成"。

再提出一个事例,以说明"笼统的混成"顶好是由义类去负责。现在相当流行的方块式字有"閅"、"阪"、"圕"、"[illegible]"等字,等于"问题"、"阶级"、"图书馆"、"共产党",它们对于汉语各方言都是有像X样的功能的。这是事实。其中,前两个是双音节音。后两个是三音节音,也是事实。它们之所以有像X样的功能,是不是由于义类在那里"笼统的混成"呢?是的。

由此可知,"义类"可以自由地去"笼统地混成","笼统的混成"了单音节、多音节再加上声调如上举的"我"、"阪 "、"圕"也好,"笼统地混成"了人类所可能的读音方式如上举的"7"字也好。

张同志的"笼统地混成"的说法,将导引热心"汉字改革"的同志们走向穷途。(它也替像中国语文概论这一类课程的教学添上麻烦;但因它而引起了讨论,因讨论而能对汉字与汉语的关系得到深入一层的认识:这倒是应该感谢的)。信了这个说法,我们就会用力于去追求一个“把音类和调类组成的音节笼统地混成一个方块字的形式”的表音方法来制定文字;但天下就没有这样的一个“笼统的混成”表音方法的路子可走(实则那样的“形式”已由“义类”跟“汉语性质”天然的“笼统地的混成”得很好,不劳我们去插手多事);就算我们竭尽心力造出一个“金”做左旁,“徒”做右旁上,“红”做右旁下的方块式字,用来代“铜”;造出一个“米”做左旁,“徒”做右旁上,“郎”做右旁下的方块式字,用来代“糖”,它们到都能适合汉语各方言,并且是用表音方法造成的;但可惜它们的造成却并不是“笼统地混成”,这岂不令人烦恼!(又:张同志以为古人是在有计划的“笼统地混成”,这个说法也是大有问题的。)

九、论“按照音韵系统对转的法则”

于此若有人说:张同志没有错,还是你弄错了张同志的意思。请问:汉字之所以在现在还能够取得“X 式”的资格,那不是“就是因为中国方块字的表音方法,是把音类和调类组成的音节笼统地混成一个方块字的形式,没有把绝对的音值和调值细密地刻画在文字上”吗?如果原来的汉字是:“我”字是 ngu,“七”字是 cat,那就不能像现在汉字这样的取得“X 式”的资格了!

答:是的,对的!但,你所说的“之所以”、“就是因为”跟“如果”的一番话虽然是对的,而误会张同志的意思的却还不是我,请再看紧接着的下文“所以各方言区有自由活用这个方块字的好处,而按照音韵系统对转的法则,表现各自的方言”里的“所以”跟“按照音韵系统”。这里不用多说,把文章顺一顺就可以看出。如果原文的意思是：

> 因为方块字表音方法是笼统地混成；所以可以取得“X 式”的资格而对各方言不表音只表义；……

那么，各方言对于这个不表音的方块字，还有什么“音韵系统对转的法则”可以“按照”呢！所以，原文的意思仍旧是：

> 因为方块字表音的方法“笼统地混成”，所以才能够被各方言在音上“按照”；因为方块字的能够被各方言在音上“按照”，所以方块字才能够取得“X 式”的资格。

原文的意思显然是如此。

既然原文的意思显然是如此，我们可以接着上节来谈“按照音韵系统对转的法则”。

上引的张同志原文“所以各方言区”的“所以”的上、下文也是不能衔接的。一则，事实显然，在各方言人读“我”字的时候，谁会去“按照音韵系统对转的法则，表现各自的方言”？谁也未曾去“按照”过（“我”字在音上毫无表示，无可“按照”；不知道“法则”的人，也无能“按照”），只是“按照”义来读音而已。一则，事实显然，所以能“按照”，也并不因为“说有把绝对的音值细密的刻画”。前一个“事实显然”不用我多说，现在替后一个“事实显然”举个例子。

英文是拼音文字，英语也是有方言的，英文的 where、what、when、why 各字里的 wh 以及 father、foot、fill、five 各字里的 f，在表音方法上不可谓之“细密的刻画”，而 wh 在某些方言里可以读[w]，在某些方言里可以读[ɥ]；f 在某些方言里可以读[f]，在某些方言里可以读[v]；文字却还可以同用一个。

很显然地，像上举的并不是“没有把绝对的音值细密的刻画在文字上”的拼音文字；而却也能“按照音韵系统对转的法则，表现各自的方言”(假如读字的人有能力去“按照”的话),事实如此,那原文的“因为”、“所以”则衔接不上。因之,我们可以说:能“按照”并不一定要“笼统地混成”。

再:原文所说的“即所有的同音字都按照一定的音韵规律转读为另一音;纵有例外,也很少”是什么一回事呢?它是替“我”这一个字在各方言汉里的读 wo、ngu、o 等音作解释吗?“我”这一个字是一个什么“同音字”呢?

原来如此:比如,“立”、“笠”、“粒”三字在广州话里是同音字,都读[lap],在临川话里也还是同音,但读的是[tip](都不读 l 开头),在北京话里还是同音,但读的是[li]——这就是所谓“所有的同音字都按照一定的音韵规律读为另一音”。而在厦门话里,“立”、“粒”读[lip],“笠”“粒”读[liap](“粒”字两读),“立”、“粒”本是同音字,现在转变为不同音了——这便是所谓“纵有例外,也很少”。但这跟“我”这一个字的在各方言里的读 wo、ngu、o 等音有什么关涉呢?再者,这跟表音方法的“笼统”(如汉字)或“细密”(如英文)有什么关涉呢?并且,“所有的同音字都按照一定的音韵规律转读为另一音”这一句话,不也是在说明拼音文字(比如上举的 lap 我们可以订它代表“立”“笠”“粒”音)是能够让各方言“按照音韵系统对转的法则,表现各自的方言”吗?(比如:说明像“lap 音中 a 一律变 i;p 尾一律失去”这个法则,让北京方言去“按照”。)

十、结语

假如张同志提出这样的意见,说:方块字有涵盖方言差别的优点,这个优点要注意保持;现在的新文字要注意学习学习方块字的优点,向着做各方言的“共同文字”上去努力;再提醒我们去注意怎样做到既有涵盖的优点（这是重要的，是新文字所要特别注意的），而又便于大众实用（这也是重要的，是方块字所要特别注意的）——无论是方块字，是新文字，那我们——赞成方块字的以及赞成新文字的都是乐于听从的。

张同志文章开头一段引有"比方，俄语有几种方言，可是没有各种方言的特殊表音方案"这样的话，俄文是拼音文字的，他是怎么样涵盖方言差别的呢？不是很值得我们学习学习的吗？似乎张同志应当向赞成新文字的同志们提醒这点。

如果不以照顾实用为主，制定一套可以使各方言"按照音韵系统对转的法则，表现各自的方言"的拼音文字，原不是顶难的；如果不以照顾实用为主，汉字却未始不可以原封不动的；"涵盖"之与"实用"，孰重孰轻，谁主谁从，自然希望多多有人来讨论；但不是理由的理由，是反而要把事情越说越糊涂的！

（原载《文史哲》1951 年第 5 期）

谈汉字的“见形知义”

前 言

有些朋友认为，现行的汉字有个很特别的优点，是“见形知义”，并且又用这个很特别的优点作根据，推论到汉字改革方面，认为“见形知义”的汉字在好多方面优于拼音文字，于是就不必采用拼音文字。

“汉字有‘见形知义’的优点”这个见解在好些朋友的头脑里还是存在着的，尽管程度有所不同，因之，我这里谈的话就并非专指，只是个泛而言之。

一、形为图形，义为本义

“见形知义”这句话的含义是什么，即，形，所指是什么；义，所指是什么；见、知，所指是什么？答案可能是仁者见仁，智者见智。

先举一个字例。“[illegible]”写得来是逼真的一条鱼的样子，其意思就是“鱼”。这里我们可以这样理解：形，指的“图形”，义，指的“本义”，假如是这样的一种文字，那，只要一个社会有这么个动物，社会的人对这个动物原先有些认识，于是他就大有可能有本领用他本族语言对“图形”“本义”来个“见、知”，甚至还无须师传。比如，我们的小孩能“见、知”它是“鱼”，读它 yu。并且还可以推到，我们的祖先能“见、知”它，读它 nga 或 ngu，等等；当今的各方言区人能

“见、知”它，读它ṇg 或 yi，等等；我们的子孙能“见、知”它，读它为某或某，等等，不仅如此，外国人也能“见、知”它，读它 fish（英）、рыба（俄）、きかな（日），等等。

这个字例所表述出来的“见形知义”倒是货真价实的，虽然从文字的角度来看，即从记录语言的书面工具的角度来看，这个“见形知义”的局限性还是很大的，这只是理想的而实在是空想的“见形知义”。作为记录语言的书面工具的文字，不用说埃及文、玛雅文，连我们自己祖先的甲骨文，我们的古文字学专家们也不敢自诩为有本领“见形知义”，虽然它们的“图形”的意味十足，如大家所知，甲骨文专家绞尽脑汁，反复推敲，敢自信于“形”于“义”得到真知确解的字，仍属寥寥。

使用现行汉字而高谈汉字有它最可宝贵、最可珍惜的特殊优点“见形知义”的朋友们，是不是就是指的上述的“鱼”字例的“见形知义”呢？

他们不会认为自己的见解是“鱼”字例的，因为“鱼”字例是太图形了，亦即太近乎原始了，而现行的汉字跟它距离太大了，不见图形的影子了，但可惜的是，很有些朋友在运用“见形知义”来推理时，在运用“见形知义”来讨论汉字改革问题时，他们的思路正是受“鱼”字例的见解的支配的，或者是，没有跳出“鱼”字例的圈子的。我希望这些朋友能从思想中明确地同这种“鱼”字例“见形知义”的认识断绝关系，不要为“不象形的象形”所误，而对现行汉字的估价失真。

二、形为篆文，义为本义

当前的“见形知义”说，也不是没有历史渊源的。《说文解字》的作者大文字学家东汉许慎，根据他前辈和他本人对篆文以上汉字的观察，论述汉字的所谓造字之法，就说过一番类乎“见形知义”的话，他的“六书”解释中的“视而可识，察而见意”（指事：上、下），“画成其物，随体诘诎”（象形：日、月），“比类合谊，以见指㧑”（会意：武、信），“以事为名……”（形声：江、河的水旁），等话都是。这些话严重地影响了后世的文字学家，直到当代的学者，他们谈到汉字的优点时，都乐于称道许慎这些话，为此，我们不得不对许慎的话作一番“知人论世”的疏通解说，看一看许氏说话的真意。

我们知道，即使是甲骨文字，它已远不是文字的原始，图画意味已不太浓，篆文笔调更趋于整齐划一，图画意味更淡了。不过篆文跟图画之间，仍然藕断丝连，在笔画上、字体上仍然存在着比较可以捉摸的对应关系，也就是说，人们从篆文之形还可以比较容易地推想出它所表达的客观事物之形亦即摹写事物之原始文字之形而知其义，所以许慎才会说出一番类乎“见形知义”的话。今日看来，许君的话还算是平实的，他并没有夸大其词。我们可以体会到，许君的意思：形，指的是带有残遗图画意味的篆文图形，而义呢，则是指的该图形所反映的事物的本义。原来，许慎作《说文解字》的主观愿望：一个字的说解要求做到都用本义，这样做，他才能够阐明一个字为何“此形有此义”，“此义成此形”，这是许慎当时说这类话的实际。

其实，如大家所知，面对篆文的许慎，即使是“见（图）形知（本）义”他还是不容易做到的，所以许慎作说解，一方面既要“博采通人，至于小大”，一方面还得“其于所不知，盖阙如也”，所以，我们应当作这样的认识，许君说的类乎“见形知义”的一番话，也只是依据传统的见解，说的是造字时有此主观意图，因而成此造字法则，而不是意在“评价每个篆文，以为都可见形知义”。试想，许慎替九千多个字作了说解，字字郑重，他岂能不受自己“见、知不了”的甘苦教训，而贸然不顾事实，妄下赞语。篆文在“五经无双”

的文字学家许慎面前,已有好多难乎"见形知义"了,那末,隶变之后的汉字,"见、知"之难就不用赘说,我希望受许慎这番话影响的朋友,也应当弄清一下许君说话的真意,在评价今日汉字时,便于掌握分寸。

三、形为标号,义为本义

汉字终于由"图形"演变成"记号","形"就起了很大的变化,给"见、知"造成了极大的困难。

我曾谈过"汉字的构形有理性",也可以说是"汉字的'见形知义'性",我还大胆断言:没有构形有理性就没有汉字。但是,汉字既作为记录语言的书面工具,它就不得不受文字发展规律之制约,它要破图形前进,亦即破有理性之根据、破见形知义之根据的图形前进。从甲骨文直到现在的汉字(包括简化字),其发展的轨迹明显地反映出它是确实遵循文字的发展规律前进的。文字发展的规律,重要的大概有两点,是快,是明。总的趋势是"简以求快,而不伤其明(当然是约定俗成之明)",其间也有些"繁以求明,明以成其快"。明以成其快的早期的如"北"字之分化为"北""背","背"加了"肉";后来的如"然"字的分化为"然""燃","燃"字又加了个"火"旁。

简以求快而不伤其明,要项大概有二,一是减少笔画以节省运笔次数,二是改变笔势以增进运笔速度,这两项都要求破字的原本图形,这只要用甲骨文字同六国文字比、同篆文比,用篆文同隶书比,就可以看得很明白,文字学大家唐立庵先生说得好:"隶书……在形体方面起了剧烈的变动,大多数的文字都因破体错画成为一堆记号",一些象形的遗痕也没有了(参见《古文字学导论》,页312,齐鲁书社1981年版),我一向不认为汉字破图形是退化。这,一语可以破的:难道我们要退到荒古去用图形做记录语言的工具?!

这里我还得郑重说明的是,隶变不但破了图形,而且又乱了“标号”(参看《语文现代化》1980 年第 4 期《汉字的构形、发展和汉字的千字教学》),唐先生所说的“记号”,我曾称之为“标号”。为什么叫标号? 标号跟图形不同,比如现行的“日、月、水、火”都是“不象形的象形”,都是标号。讲个例子:“、”是标号,旧社会法官在犯人名字上来了一个“、”,犯人就得绑赴法场,而在科举试卷卷面上阅卷房官来上一个“、”,这份卷子就属可取,大致说来,作为图形,它总得跟它所表的事物,有些或有某种形象上的联系,否则不得冒“图形”之名,而标号呢,则是跟它所表事物之间的联系有相当的任意性,其间的联系可以各随其俗而定,可以各随其用而定。再举个例子。在推行“速成识字法”时,我用有图的“注音字母表”教一位老大娘,“ㄗ”下的图是“子弹”,教:“ㄗ”读子弹的“子”,到复习时,老大娘念“ㄗ”为“dan”。这因为“ㄗ”跟其“音”原本没有什么联系,“ㄗ”只是标号而已,要建立联系,那就要多动动脑筋,多下些苦功夫,死记!

汉字已成了“标号”,这已使我们“见形知义”极感困难,隶书又乱了标号,困难就又加上好多,跟篆文就每每对应不上。这类乱了标号的例字,随在多有,不用赘举。汉字在其发展中,免不了破图形前进,以符合其记录语言的职责,“破体错画”在所不免,甲骨文已不免此,隶书而后仍顺着这条规律前进,于是有“走”字之类的字出现,据姜宝昌同志称《居延汉简》169 和《淮源庙碑》“走”上之“夭”也就作“土”,“夭”者,原形是象的“人跑动侧首甩臂”,跟“走”的古义“疾趣”是相合的,跟“土”有什么相干,而竟隶化成了“土”! 我们的祖先从“破”中锻炼出来“看记号识字而不一定看图识字”的本领,是破了的文字教育了使用这种文字的人民群众,使他们继续去破,也可以说,是文字发展规律在操纵着人民群众去继续地破。

我是承认汉字"标号"在识字教学上有可利用之处而应当尽量利用之的。先打个比方,比如,"m"字母可以商定它做"木"事物的标号,于是 myang、mtong、mliu 我们可以推定是杨、桐、柳,可见"m",同样"木",对教学帮助记认上总有些好处。但应注意:(1)这不能算在汉字"形"的优点的账上,"木"已经很不象形了,其以"标号"来帮助记认,作用实同"m";(2)汉字"标号"在教学运用上仍然有它的局限性,也不可以一厢情愿地把它夸得过分。有的同志说:"汉字形声字占 80%,其形和字义每相关联,极有利于'见形知义'。比如,'相'字,加'水'为'湘'指江河,加厂为'厢'指房舍,加'心'为'想',指思想,加'竹'为'箱'指用具,加'丝'为'缃',指颜色,这比拼音文字毫无道理的死记硬背要易于记认得多。"这话看来言之成理,但要请教:(甲)教学的对象是否是幼儿、文盲。(乙)"厂"是"工厂"吗?加"相"成"厢"行,"厅""厨""库"也行,而如果遇到"厘""厚""原"等字呢?怎样对幼儿、文盲做交代!(丙)还说"相"加"丝"指颜色,这就更一厢情愿了,请问要学这个字的是幼儿、文盲吗?请问幼儿、文盲能听得下你介绍古代纺织、工艺吗?请问你在介绍"给""级""终"时又怎么说呢?我们讨论的应当是便于幼儿、文盲的记认啊!再说一遍,汉字"标号"在记认上是有其作用的,但又应当不要忘记它的局限性,而不要作不适当的夸大!

四、形为标号,义兼本、假

汉字还受到来自另一个方向的一个巨大的"破",这就是"假借"。许慎是知道有假借的。"令""长"是假借(此即所谓"引申"),"朋""来"也是假借(此即所谓"本无其字,依声托事"),这都是许君《说文解字》里明文记载着的。许慎既然知道字有假借义，因而我们可以断言他所说的类似“见形知义”的一番话里的“义”确实指的是“本义”，也就是说，许君没有那么个胆量说见形而可以知假借义。许君说话平实处即在于此。

我曾说过，甲骨文字，它如果想较好地记录语言，它就没办法离开假借。试看常见的卜辞：

“今日其雨” “不雨” “允雨”

请问这些话里哪些字能离开假借，“日”指的圆太阳吗，“其”指的“箕”吗？在这里我们能按其本义来个“见、知”吗？甲骨文字体系的汉字，从甲骨文到现行汉字，它的记录语言一直就没有离开过假借，汉字是与假借相始终的。

见形不能知假借义，这是一清二楚的事实，而偏巧汉字用字又多假借，真教人无可奈何！可以说，我们日常就是凭假借来阅读书报文件的，我们也学会了用假借写话，不过我们并不自觉如此，习以为常了。

根据实际情况看，现在是“正字”世界。正字有的来自本字，有的来自假借字，还有来自其他方面的（这比如“着”“沉”之类）。凭什么资格算做“正”？约定俗成就算做“正”。跟“正字”相对的是“错（别）字”，违犯约定俗成就算做“错”，应当着重指出的，有的正字不是来自本字而用了它的本字倒算做错字的。比如，我说“（保）右”，说“（辅）左”，说“彊（权）”，如果用当今汉字正字法来衡量，那，上面例子里，标号“右、左、彊”，都不是正字（注意：它们倒是本字），都算做错（别）字。附带说一句，标号“保、辅”也都不是用的本义。段玉裁作《说文解字》注，常常指出“某字行而本字废矣”，也足作为“现在汉字是正字世界”之一证。

当然，我不是说幼儿、文盲要学的一两千个标号中就没有一些是以本标号、本义做正字的，但实在不多。一部小型中等文化字典每一个字头下就不止一个义项,那末,你“见形(标号)”能“知”哪一个义项是本义,并且,难道只知道一项本义就够用了吗?

赘　言

上面说到:一、(先民的)见图形知本义;二、(许慎的)见篆文(还勉强能联系上图形)知本义;三、(隶变后的)见标号(实已无图形)知本义;四、(某些朋友认为的)见标号知本义再加上知假借义。我姑且把“见形知义”粗粗分作这四类。

一般人说方块汉字优点,大概指一、二、三类“见形知义”,但思路特别,特别之处在于“混而言之”:(一)是把“标号”跟“图形”相混,比如,认“目”标号就是“[illegible]”图形,忘记了“标号”是要死记的;(二)是其所谓“义”,“混本与假”而不自觉,“目的”“题目”“价目”等“目”标号他就忘掉不管了。第四类太特别了,太特别之处在于它的认识表现为“不是重在从口头语言(古或今)去阅读书面语言(古或今),而是重在从文字(或称字形)去阅读书面语言”的!这里我首先不得不提出个问题:“见形知义这句话的含义是什么?”我是泛而言之粗分四类,不知持有这种观点的同志的意向是哪一类,我所见甚浅,可能四类都未能中的,倘有机缘,我谨当再向大家请教。

(原载《文字改革》1983年第3期,又载《科学地评价汉字》,尹斌庸、苏培成编,华语教学出版社,1994年)

谈新形声字

一、什么是新形声字

什么是新形声字？是半边形符半边音符的形声字，比如“月”字新形声字写成“Ðㄩㄝ”之类。新形声字的形符那半边，有的人设计让它跟实物的形状相接近，比如刚才举的“月”字的形符；也有人只让它作为事物的一种“密电码”，并不真的去摹写事物的形状，比如“兵”字新形声字是piwnhcp，其中h指人，但h跟人的形状无关，cp指兵器，但cp跟兵器的形状无关。当然也可能有人免不了把这两种设计都用上。因此，我们千万不要以为形符都真的替我们摹写事物的形状，抱着形符都真的替我们摹写事物的形状的那种热望来欢迎形符，那就会失望了。新形声字音符那半边也有多种设计，但都用的是拼音办法。比如刚才举的两个例子，ㄩㄝ是“月”的拼音，piwn是“兵”字的拼音。所以这种新形声字又可以叫做“拼音形声字”。我们叫它做新形声字是因为它的构造原理“半形半声（音）”跟老形声字（就是现在还在用着的汉字中的形声字）根本相同；加上个“新”字是因为它在时代上是后起的、新的，当然也因为它在处理形符音符的设计上比起老形声字来是新的。

新形声字也有一种拼音那半边是“词儿连写”的，比如“阶级”，写做“ßgiegi”①。

---

① 关于新形声字的各种方案，请参看《中国语文》1953年11月号《各地寄来拼音方案整理报告》（以下简称《整理报告》）。

二、新形声字比老形声字有哪些改进

老形声字叫人很头痛,它真是老了,这是人所周知的,用不着我再来饶舌。新形声字是新的,它当然很可能用起来很便利,叫人感到轻松愉快。但它有些地方叫人不放心,主要的是它的构造原理跟老形声字的构造原理根本一样,这就叫人怀疑到它是不是也会老起来,也老到叫人很头痛。为此,我们应当看一看新形声字比老形声字到底改进了哪些,也就是看一看新形声字是怎样的新!

就着音符那半边说,新形声字能够明确地代表现代语音了。像老形声字的那种注上"也"的音符而念ㄔ音(池)的现象,新形声字当然不容许它出现;像老形声字的那种注上"多"的音符而又可以念ㄔ音,又可以念ㄉㄧㄝ音,又可以念ㄧ音(侈、爹、移)的现象,新形声字当然也不容许它出现;像老形声字那种同一种读音而用上两种音符的"糖、镗","線、线(并且同表一意)"的现象,新形声字当然也不容许它出现。总之,新形声字很可能做到一种音符只代表一种读音,而同一种读音也只用一种音符去代表。

就着形符那半边说,根据新形声字的设计来看,大概也比老形声字进步了。新形声字当然不容许有"燃"字这种现象出现("然"字下面已经是"火"符,"燃"字又来一道"火"符);当然不容许有"忘、忙"这种现象出现(居然用形符的位置来做字义的分别。也有形符位置不同还是一个字的,如"群、羣");当然不容许有"瓠、匏"、"鳳、凰"这种现象出现(形符居然用上字义同类的别的字的音符);当然不容许有"塼、磚"这种现象出现(同是一个字但可以有不同的形符);当然不容许有"鞋、韈"这种现象出现(同是一个意(义)类,但可以不同形符):当然也不容许有

“繁、难”、“苦、恼”、“急、躁”这种现象出现（这六个字在这里意类相同，最少每一对的意类相同，但所用的形符是“糸、隹、艸、心、足”）。总之，新形声字很可能做到，主要的，一种形符只代表一种意类，而同一种意类也只用一种形符去代表。至于形符的数目可以从旧来的四五百或二三百减少到二百以下，当然也是新形声字可能做到的改进。

其他如新形声字也可能做到眉目清楚（就是不容许有老形声字的那种形符跟音符可以上下、左右，内外的颠倒位置像“警、證”之类，或者遮遮掩掩像“齋、杏”之类的现象出现）以及笔画简单等等，这些也都可以计算在改进之内。

谈到这里，我们可以很明显地看出，新形声字所可能改进的只是技术上的，对于老形声字的构造原理“半形半声”，却仍旧遵用，也就是新形声字跟老形声字走的根本是一条路线。

三、新形声字和拼音文字

有人认为新形声字跟老形声字根本上走一条路线（“半形半声”）正是新形声字比拼音文字优越的地方。一般也很容易这样想：新形声字拼音那半边拼出字音，这就已经抵得过拼音文字，再加上形符那半边标出字的意类，这就超过了拼音文字，这个超过就是优越。汉字不是同音字多吗，同音字多了，单从拼音着眼就不能解决问题，须得再加上个形符。所谓同音字是音同意不同，现在再加上个形符来标出字的意类，也就是把“意不同”用不同的形符标出来，这样同音字多的问题就解决了。比如“被、背”同音，单拼出ㄅㄟ音来，不知道是“被”还是“背”，现在再加上形符写成“衤ㄅㄟ、月ㄅㄟ”，这就可以指出同音不同意，各是各字了。作这样想法的人，当然欢迎新形声字来代替老汉字了。

但也有人这样想：拼音就足够表达意思。[①] 如果认为拼音只是拼出字音，管不了表达意思，那是误会。事实俱在，我们平常说话说出口的就只是声音，并没有替这声音装上什么形符，彼此也都能了解。这就足够说明拼出话音就能表达意思。再说，世界上绝大多数文字，也并没有形符，足见形符并不是文字的必需品。根据现有的汉语拼音文字（比如拉丁化新文字）所取得的成就，它已经用“拼写口语、词儿连写、必要时加调号或把若干同音词用不同的拼写方法加以区别”等等简易可行的办法，解决了不少汉字同音字多以及汉语中同音词的困难，它已经用这些简易可行的办法取得了相当高度的准确性，当然我们还应当研究出一些办法来使它的准确性更进一步，可是犯不上整套地加上形符，自找累赘，替书写、印刷、打字、打电报等等添麻烦。

这里我应当加个说明。老汉字里的同音字实在太多，但用上了上面所说的“拼写口语、词儿连写”等办法之后，同音字就大大减少，同音词像“保卫、包围”，“指使、指示”之类实在不多。像这类为数不多的同音现象，在必要时可以加上调号（用符号或用字母）或作不同的拼写等简易的方法来解决。拼音文字实在已经取得相当高的准确性了。

可是还有人不放心，说，以拼音文字的精密为基础，再加上新形声字的形符（那就造成新形声字），岂不教文字更加精密。如果这样一说，好像教原来不同意新形声字的也可以移动脚步向它看齐——道理好像很浅显，比如，替“桃树”、“鲤鱼”的拼音加个形符（“木”、“鱼”），加一下也“无碍”；替“保卫”、“包围”的拼音加个形符（比如“手”、“口”），加一下就“有功”。

但还可以有人这样说，问题并不这样简单。形符本身有问题。

---

① 曹伯韩先生曾着重指出老汉字的音符的表意作用。请参看《意符辨正》，《中国语文》1954 年 7 月号。

形符在文字史上有它的历史，比如埃及文字就曾经带过“形符”，后来不用了。后来不用可能有多种原因，但总起来不外是用上这个形符半边儿反而捣乱，和不用这个形符半边儿也无碍于文字的表达意思。我们汉字里的老形声字到现在还用着，大家都很知道它，它是替我们提供像“繁难、错误”等这类形声字，形符是去题（意）万里，时时替我们添上繁难以及犯错误的条件。以汉字里的老形声字为例，形符就会捣乱。形符本身既有问题，如何加得！

但又有人会这样说，怎么可以拿老形声字跟新形声字相比呢？老形声字形符的历史是一部“自流”史，一开始就没有经过科学地有计划地去设计，自流是当然的；而新形声字的形符一开始就是科学的有计划的，既然一开始就是科学的有计划的，新形声字就不会像老形声字那样自流——新形声字的形符本身没有问题。

根据上面所说，问题便集中到形符本身有没有问题上来。如果形符本身没有问题，我们就不妨倾向于“加一下无碍”的看法，就加！如果形符本身有问题，我们就应当注意到“加了会捣乱”，不加！

下面我们谈新形声字就着谈形符。

四、新形声字根本困难之一

新形声字根本困难之一是事物太纷繁，形符（意符）担负不起来替万事万物标意的责任。

从制造形符的角度来替万事万物分个“意类”，这件事已不容易；替分出来的“意类”一个个都给上一个恰好能代表他的形符来代表它，这件事也有很多困难；再把这个形符用到表达丰富多彩的语言记录文字上去，要它能恰好地表示出它所代表的意类而不致叫人家犹豫、叫人家误会，这件事就难上加难。前人江谦曾经说过："文字之用，主音者简易，主形者繁难，形摄万有，造字数万，犹有未尽之形；音出口舌，造母数十，已尽发音之蕴"。① 这番话已经说出：制造文字追求形符是困难的，而且形符也是追求不尽的。

应当注意：我们所要标出来的意类不只是"天、地、山、水、草、木、虫、鱼"等等，还有不少是我们很难替它作适当的分类的。斯大林说："语言是与人的生产行为直接联系着，也像它与人的工作的一切范围中的其它一切行为直接联系着一样。因此语言的词汇对于各种变化是最敏感的，它几乎处在经常变动中"。② 文字所代表的词汇，性质是如此的多样，如此地敏感，那我们就不能把文字的意类设想为很简单。一般人在谈到形符的时候，往往被"天、地、山、水、草、木、虫、鱼"等等把注意力吸引住了，因为恍恍惚惚地认为分个意类不是什么难事，那么我们再看一下斯大林指示给我们的另一段话："大家知道，语言中所有的词构成为所谓语言的词汇。语言的词汇中的主要东西就是基本词汇，其中包括所有的根词，成为基本词汇的核心。基本词汇是比语言的词汇窄小得多的，可是它的生命却长久得多，它在千百年的长时期中生存着并给语言构成新词的基础。词汇反映语言发展的状态，词汇越丰富、越纷繁，那末语言也就越丰富、越发展"。③ 假如我们替文字设计形符时竟然忘记了我们汉语是世界上最发达的语言之一，竟然疏忽了那些极丰富极纷繁的词汇，而把设计形符的基础着重放在那些窄小得多而生命长久得多的词汇上，我们做不通，是可以保险的。看看实例。像"有、无、是、非、好、坏、多、少、快、慢、轻、重、不、又、更、再、虽然、然而、并且、何必"等是很难加形符的④；像"理想、目的、标

① 引自倪海曙先生编《中国拼音文字运动史简编》，53 页。

② 《马克思主义与语言学问题》，人民出版社，1953 年，22 页。

③ 同上引《马克思主义与语言学问题》，21 页。

④ 这是丁西林先生举的例子。引自《中国语文》1952 年 9 月号，19 页。

准、原则、崇高、压迫、专政、繁荣、幸福、过渡、任务、逐步、必要、胜利、放映、广大、共同”等也很难加形符的。我们勉强加一加看看吧，找那些我们好手动去加的一些试一试。比如，“嘴唇”，你加成“ㄇㄗㄨㄟㄔㄨㄣ”，加“口”符，但也可以加“月”符（比较“唇、脣”）；“咀嚼”，你可以加“口”符，他可以加“齿”符（比较“咬”、“齩”）；“捆紮”，你可以加“手”符，他可以加“糸”符（本例旧形声已反映如此）；“招呼”，你可以加“口”符，他可以加“手”符；“碗盏”，你可以加“石”符（表磁器），他可以加“皿”符（表器皿）。我们不是对方块字里这些字有些奇怪吗，比如“爱好”的意类相同，“愛”是“心”符，“好”却关涉到“女”；“悲哀”的意类相同，“悲”是“心”符，“哀”是“口”符；“哭泣”的意类相同，“哭”关涉到“口”，“泣”字却从“泪”字着眼给形符。这类情形举之不尽。我们应当平心说，设计加形符的人是极其认真、极费考虑的；但我们不得不承认，如加后的结果所反映，这种加是个“随意”的。就着单个字来看，每个字的形符都给得颇有道理；但可惜的是，如果就着某一类的字来看，就觉得形符给得很“随意”。比如“锹、锄、犁、耙、梿、枷”都是农具，“锹、锄、梿、枷”从“用什么东西制成的”着眼，而“犁”却从“牛“着眼，“耙”却从耕具“耒”着眼。有人设计“炸弹”是“火”符①，那“电灯”、“火车”、“火把”、“炉子”等该也是“火”符，这些根本不是一类的东西，却同了“火”符。我们如果提议各个新形声字方案把自己的形符检查一下，检查结果，大概都会“哑然失笑”。事物的特色不止一个，而事物又是如此之丰富、纷繁，谁想替他们设计形符，谁就会碰壁！

加的结果既然是随意的，却要求别人能从这种“随意”中得到一个准确的认识，那是事理上说不通的。所以说，形符负担不起来

① 引自《整理报告》。

这个标意的责任。

加的结果既然是随意的，那形符在方案里(尚未拿出方案来用)就已经混乱起来，大概我们不能光讥诮老形声字那种"繁难、错误、苦恼、急躁"之类的杂乱了。

新形声字的科学的、有计划的设计，其结果是如此：在方案中已经老起来了！它能够逃避掉老汉字的覆辙吗！

五、新形声字根本困难之二

新形声字的根本困难之二是什么呢？我们谈下去再说。

根据《中国语文》1953 年 11 月号中国文字改革研究会秘书处的《各地寄来拼音方案整理报告》，新形声字方案已经有人提出来了。既然方案已经有人提出来了，我们姑且把上一节中所提的"根本困难之一"放下(当然不是说那个"根本困难之一"在已经提出来的方案中没出现)，拿新形声字已经一个个造好了做出发点来谈。要交代一下，在这一节谈话中，要涉及多种新形声字方案，并不专指哪一个方案而言，但总的对象还是新形声字。先来几个问答。

(一)"新形声字的形符是不是肯定要标意(无论是标得准确或是标得叫人犹豫)？"答案是很肯定的："形符肯定要标意！不这样它没资格叫形符！"

(二)"新形声字形符的标意作用是不是有一股对'意'起'限制作用'的力量？"答案也是肯定的："有！假如没有，那'衤ㄅㄟ'还可以了解为'背'，"月ㄅㄟ'还可以了解为'被'。肯定有！"

(三)再提出一个问题，看来很幼稚，但也得提一提："新形声字制好了是收藏在方案中的呢，还是拿出来作为文字用？"答案自然是很肯定的："当然要拿出来作为文字用！"

我们的谈话就拿上面几个肯定的答案为依据。先用一段看来好像是闲谈来开头。

我们有可能设计出这样一套新形声字，让形来定调，比如，ㄨ音有四个声调，我们选用读阴平声调的“乌鸦”的“乌”来代表一切读ㄨ的阴平声字音。比如“乌ㄨ”，形符是“乌”，其馀阳平声用“木”形ㄨ音（“梧桐”的“梧”），上声用“日”形ㄨ音（“上午、下午”的“午”），去声用“雨”形ㄨ音（“云雾”的“雾”）。这套新形声字用起来是，比如“乌鸦”的“乌”可以写成“乌ㄨ”，“污辱”的“污”也可以写成“乌ㄨ”；若是“任务”的“务”，是去声，就用“雨”符ㄨ音那个字。

但我们要注意，用上这个办法，那所谓形符已经不是形符，它只好叫调符（或调号），就着已经是调符来说，那已经是音的问题，可以归到拼音文字的范围里去了。我想，我说这样的形符已经只能算调符，主张新形声字的同志一定也不会反对。

但主张新形声字的同志看了上面一段闲话要觉得奇怪，于是说：新形声字的形符肯定不是标调的，而是标意的。在一个新形声字中，形符定意，音符定音，形音相合就肯定了这个字的“音意”整体。当然，主张新形声字的同志是要作这样的主张的；如其不作这样的主张，让形符放弃标意，那就根本不用提出形符了。现在且看看这样的主张。

比如有一句话，用新形声字写成这样：“亻ㄨㄛ　亻ㄇㄣ　上ㄕㄤ　日ㄨ　扌ㄆㄧ　言ㄆㄧㄥ　走ㄍㄨㄛ　亻ㄊㄚ。”一共八个字，形符用的是老汉字的，一看就懂。但要注意形符不是标调的，肯定标意！你说这八个字是一句什么话？答：琢磨不透。琢磨不透的原因之一是，有了形符固然帮助我琢磨，但有了形符也就限制了我琢磨的范围，因之琢磨不透。假如我碰上了，那还是我在口里琢磨这句话的读音琢磨出来的。当然主张新形声字的同志也可以主张词儿连写,这句话可以一二两字连写,三四两字连写,五六两字分写。连写当然对琢磨有帮助,但问题还跟分写同其性质,就是,假如我碰上了,还是我在口里琢磨这句话的读音琢磨出来的,其根本道理在于:我的有声语言里有这个有声的词,因之我可以根据我的语言里有声词汇来琢磨(大家敢认"火ㄓㄚㄉㄢ"是"炸弹",其道理也在此。实在说来,它若是给成"兵"符,大家也敢认它是"炸弹"),因之敢于断定这句是"我们上午批评过他"。如果先着眼在形符,我倒先被形符限制住了,比如,我就不敢认"扌ㄆㄧ言ㄆㄧㄥ"是个什么了,又是"手",又是"言"的,谁看见过这样"批评"过人来!一直到我琢磨出来以后,再看一看形符,不免也要点点头说,是有些道理(当然新形声字是要讲一讲那种关在字书里颇像头头是道的"造字学"的),比如"批"是动"手"批改,"评"是用"言"来评论之类。就着单字来说,我们如果说形符半边在标意上一点作用也没有,那我们说话太勉强,比如我们不会怀疑"言ㄆㄧㄥ"是"花瓶"的"瓶"。但应当提出这一点,如果要人承认在这句话里,"批"的形符还是标"意"的,那可叫人难于接受,叫人糊涂。于是我们可以得出这样结论:这样办的新形声字,一到从方案中拿出来用,无论分写或连写,形符大多不能标"意",不能限制"意",上举的"批评"的"批"就是例子。我们写"批评"的"批"该用"言"符,不该用"手"符吧,写"批改"的"批"该用"手"符,不该用"言"符吧。如果说"批评"的"批"可以写成"扌ㄆㄧ",试问这跟上文所说的"污辱"的"污"写成"乌ㄨ"之类有什么区别。这也跟上面第一二两个肯定的答案是相违背的!我们在方案中煞费苦心地考虑怎样给出一个恰当的形符为的是什么呢?难道新形声字的形符只是关在方案中才肯定有效,一放出来使用就可以无效了吗?如果是这样,那就违背了上面所说的第三个肯定答案。

形符在方案中肯定有效,放出来使用就可以无效,这是事势如此。老形声字没逃过这一难,新形声字也逃不过这一难。老形声字也只是在字书中(比如《说文解字》)把单个字讲得“头头是道”。清代段玉裁有几句话说得很中肯。他说:“凡说字必用其本义,凡说经必因文(上下文)求义,则于字或取本义,或取引伸假借,有不可得而必者矣……经传有假借,字书无假借”①。段氏是极佩服《说文解字》的,他花了一生的精力去研究它,但也只能给出这样的考语:“老汉字只是在方案中(字书)单个字头头是道,用到书籍里却不保险,要丢掉这个头头是道去看上下文,才会不出乱子。”所以清代研究文字和古书的学者,几乎都一致地说出这样的话:“丢掉字形,着重字音”。而我现在还要设计形符来标意,这真值得慎重考虑!

到这里我们可从实例中看出新形声字的根本困难之二是什么,它是:造字用形符限定“意”,而用字却时时在突破形符。

什么道理呢?只能简单的举个例子。在实际语言中,把液体的油叫“油”(“水”符用得上);用油来油东西的这个动作也叫“油”(该要改用“手”符吧);油性是滑的,一个人油滑也叫“油”(“油滑”两个字都得改用“心”符吧)。原来字的意思是会改变的,这个“改变”是跟形符的“限制”相矛盾的,而且也绝非形符所能限制得了的。

有人说,这个问题还可以这样解决,新形声字方案预先估计到这点,比如,预先就替“油”设计三个形符,并且可以追着改。但应当注意,“新形声字根本困难之一”要在这里出现了。我们须得温习一下“形摄万有,造字数万,犹有未尽之形”,还得温习一下“语言的词汇对于各种变化是最敏感的,它几乎处在经常变动中”,“词汇越丰富、越纷繁,那末语言也就越丰富,越发展”。对于像我

---

① 《说文解字》九篇上,“鬈”字段注。

们汉语这样极丰富、极发达的语言,我们得估计一下要用上好多形符(亦即要造出好多新形声字来),才可以做到“没有未尽之形”。

假如退一步,都能一个一个字给出形符来,试想一想我们的常用字会要达到好多,恐怕至少以万计!

有人说,新形声字常用字可以不要好多,只要掌握不多的常用字,识字问题就大体解决了。这点也有可能,但条件是要修改一下第一二两个肯定。不然,常用字少不下来。

假如我们从宽处理,说:新形声字以形符标意为原则,但可以在不致发生误会的条件下容许一些通假(通假即是形符不标意)。

这个办法很近乎人情。

但要注意,方案既然是可以这样的从宽处理,那遵行方案的人也会被方案在不知不觉中养成从宽处理的习惯,于是遵行方案的认在不知不觉中同时走两条实在相反但又都合乎“从宽处理”的路线。

一是形符的有无。这是遵行“可以在不致发生误会的条件下容许一些通假”。但事情很奇怪,在文字实际使用中,如果它能够代表音,那可以不致发生误会的地方并不少(不然拼音文字就成为不可能),于是遵行方案的人便不去注意形符,让形符成废物——有若无。在读书的时候是如此,在写字的时候也是如此。倪海曙先生说:“我们平时阅读,借重的是上下文,联系的是语言;字的偏旁怎样,恐怕是很少注意到的,至少是‘习焉而不察’的。也因为这个缘故,我们看到‘政治’两字,绝不会从‘攵’和‘水’的偏旁上去想意思”。① 用我们刚才的例子来说,即是谁也没追究“批评”到底是动“手”还是动“言”!——这是说读书的时候。大家都知道简笔字中有不少不管形符的,如“历史”的“历”,“圣贤”的“圣”之

① 《语文知识》第7本,2—3页。

类——这是说写字的时候。

二是考虑形符。这是遵行“新形声字肯定以形符标意为原则”。一千多年前陆德明在《经典释文序录》中说过，一般“俗人”喜欢替通假的字加偏旁，比如“俗人”认为“飞禽即须安‘鸟’，水族便应着‘鱼’，虫属要作‘虫’旁，草类皆从两‘屮’”，举个例，比如“夫容”应当写成“芙蓉”。其实这个“俗”风气并不是从千多年前才开始，可以说汉字一达到“形声”阶段，形声字就已经走上刚才所说的“从宽处理”的路子，一方面“容许通假”一方面“考究形符”。直到现在，这个风气仍旧盛行：添加形符，比如“包子”添成“饱子”；并且改换形符，比如“步枪”改成“步鎗”，总之，是想遵行“以形符标意为原则”。应当交代一下，如果不是木板和铅字在旁边起控制作用，我们便会看到汉字现在的重复杂乱是要吓坏人的，饶是这样，“模糊”的“糢”也会钻进铅字里去，“大砲”作“炮”，也会跑到报纸上来。

试问，对照“饺子”，写“饱子”合理（原则）吧；对照实物，写“步鎗”合理吧！如果我们还记得“以形符标意为原则”，我们应当承认它合理！

这该可以看出，“从宽处理”以后新形声字会不会走上老形声字的覆辙！

如果我们认为老形声字现在的重复杂乱，其过只在于“没有经过科学地、有计划地设计”，那是我们想得太简单了。同样，如果我们认为新形声字经过所谓科学地、有计划地设计，就不会蹈老形声字的覆辙，那也是我们想得太简单了。

六、“会意法”的形符

新形声字还有一些别的方法。

形符用“会意法”。这样办好像有下面两个优点。这可以用本文开头一节所介绍的“兵”字写成 piwnhcp 为例,这字形符里面有“人”(h),有“兵器”(cp),[1]单标“人”符,嫌笼统,工、农、医等都是“人”。现在“人”符又加“兵器”符,会一下意,“人与兵器”,那一定是“兵”——第一个优点是标意可以进一步准确。再则,这种“会意法”类似说话,老形声字有所谓“人言为信”、“止戈为武”,能把单形符不能标出的意标出来,现在既可以几个形符在一起会意,应当更能标出复杂的意类——第二个优点是把“犹有未尽之形”的困难大大减少。

但应当指出这种会意法的形符跟单形符一样,结果还免不了是个随意的。“会意法”本身就是个随意的事儿。你说“水中之鸟”是“鸭”[2],我说“家中之鸟”才是的;你说“人与武器”是“兵”,但“人与武器”在一起未始不可以是“伐”(斫人),也未始不可以是“戍”(比如带枪站岗)。我们实在是先着重丨丫音,想到“水中之鸟”叫“丨丫”的再没别的(现代汉语的有声语言中再没什么别的“水中之鸟”叫丨丫),就只有个“鸭”;先着重 piwn 音,想到“人与武器”无非是“兵”,如果单看“水中之鸟”、“人与武器”,那真是“准确”得随意而笼统,很可能形符挤得越多,所要标的“意”越模糊。

再应当指出的是,这种会意法的形符比起单形符来,它的限制作用也是更进一步的。我们按照一个字的比较常用的意思来替这个字制出一个“会意法”的形符,这无异把这个字钉死在它的比较常用的意思上。根据上面第一、二两个肯定答案,这个字就应当不准用在另外一个意思上去。比如我们用“动物·身体·最前部”会意成“头”形符(相当准),但遇到“树头”怎么办?“树·动物·

① cp 本身也是会意,c 是金属,p 是竹竿。

② 引自《整理报告》。

身体·最前部”是怎么回事？于是改成“身体·最前部”（马虎点），但遇到“山头”怎么办？于是改成“最前（或上）部”（再马虎点）。这可以看出形符越复杂，限制力越大，那在实用中越要容许“从宽处理”。“从宽处理”的结果，上面已经谈过了。

再应当指出的是，我们退一步，上面指出的两种困难算它没有，我们就用这种“会意法”的形符，但我们还会碰到一个大问题。用这种“会意法”的那个方案，不仅是在那里制文字，并且简直是在那里编字典。到实用的时候是怎样呢？写一个词来看看，“鸭头”是“水、鸟丨丫，最前部ㄊㄡ”（当然也可以写成“水·鸟——最前部丨丫ㄊㄡ”）。写文章是抄字典，写掉一形符是时时有可能；读文章是读字典，繁难固不用说，而又大有可能“会”错了一两个“意”（假如读的时候也依靠形符来定意的话）。其馀如排字是排字典，打电报是打字典，真够费力。

这样的“会意法”的形符，在实用中大概会自然精简的。

我们可以说“会意法”也挽救不了形符的必然失败的命运。

七、结语

形符本身是有它的根本困难的事物的“意”是纷繁复杂的，就事物的某一特征来制形符，所制出来的形符在方案里就是个随意事儿，它在方案中就已经老了。并且字的意思是会改变的，形符在实用中往往被这种改变所突破而丧失形符的效用，转而导人走进错误，新形声字到实用中就老得更快。形符本身既有这样的根本困难，无论在形符方面如何设法（比如“会意法”）也是解决不了问题的。新形声字构造原理“半形半声”既与老形声字根本相同，新形声字就必然走上老形声字的末路。

拼音文字还得要想办法提高准确性，做到能更好地为人民服务,这是肯定的。提议新形声字的同志目的也是在此。大家当然应当重视这类提议,共同讨论。我这里只是提出我对新形声字的看法,意见不一定就正确,希望得到指教!

（原载《中国语文》1954 年第 12 期）

形声字的形体结构和形声原则

汉字本身不直接表音，符号数目多，结构复杂，所以要求字的结构可以解释，借以帮助记忆。只是在发展过程中为了满足简化的要求，又往往不惜牺牲一些字的可解释性的一面，比如隶书、楷书的“破坏六书”。

所谓可解释性，在现行汉字中实际上主要是指形声字。形声字，从其个别字来看，是具有可解释性的；而从其总体来看，则是具有规律可循，可以连类推求的。所以，广大群众欢迎形声字不是无故的。形声字的这一种性格值得重视。中华人民共和国教育部、文化部和中国文字改革委员会的1960年6月4日《关于征集新简化字的通知》，提出了“首先应该尽量利用汉字结构的形声原则”的意见，这一意见是有实际依据的，是极其正确的。形声原则是能够符合“有简单明了的规律”这一要求的。

关于选择形声字的声符，《通知》说：“第一要求笔画简单”；“第二要求读音尽量正确，尽量符合普通话”；“第三要求尽量合理，使同音的字尽量采用同一个声符”。这些意见，应当是研究这一问题的指南针。符合上述要求的简化字，“笔画简单，有表音的‘声符’，有表意的‘义符’，易写、易认、易记，最受群众和儿童的欢迎”。

“读音尽量正确”这一要求，是容许声符与其简化字有声调的差异的。比如“痈”是阴平字，而其声符“用”是个去声；“艺、亿、忆”都是去声，而其声符“乙”是个上声。又如“尤”作了“犹”的声符，而又作了“优、忧”的声符，“尤”与“犹”是阳平，而“优、忧”则是阴平。不一定要求声调全同,这一办法之所以合理,在于声符应用的范围因此可以增广,这就使声符数目得以减少(精简构成单位的总数),声符的作用得以加大(一个声符可以帮助认识较多的字),同时也免除了一些声符缺乏的困难(比如“优、忧”如不利用“尤”声符,就没有声调相同而笔画又少的现成声符可用);并且,像“担、称、为、宁、处”等声调两读字仍可承用下去,不必特别去调整了。由此可知不要求声符的声调全同,是符合现行汉字系统的实际的,是有利于汉字的进一步简化的。

如何体会和应用“使同音的字尽量采用同一个声符”,在遇有必要时,比如在遇到字义不同而义符却相同的同音字时,能不能用不同的声符来调整,来定型呢,这是需要讨论的。这类同音字的例子如“议、译”“依、伊、仪、倚、亿”之类。

可不可以用下列几种方法来调整,是有待于大家来研究的:

(1)用结构方式不同来调整。这可以比照着“忆”(意)、忆(憶)”的例子来类推。

(2)用意符不同来调整。这可以比照“趴 pā、爬 pá”的例子来类推。“趴、爬”照其现代汉语的意义都是可以用“扌”旁的,(“扌”旁另有“扒”读 bā),现在可以姑且不动它们原来的义符,让义符替它们定型,而统一其声符。(其实“扒、趴、爬……”等字都需要合并起来作全盘的调整,问题是很难一次调整过多的字,造成一时阅读不便,印刷等也难赶得上)。

(3)用声符形体分化来调整。这应当在非常必要时使用。在使用这一方法之前,还可以先考虑用同音代替法。在同音代替法还不能解决问题时再考虑使用这个方法。

声符形体的分化比如“句勾”“沈沉”“陈阵”之类。这是汉字旧系统里运用的方法,现在也可以考虑利用它。这个方法可以用来解决上面(3)所提出的问题,还可以用来解决汉字旧系统里声符的“一符多谐”所引起的问题。

“一符多谐”比如“啡、菲、匪、痱、悲、辈、排”等，它们同是用“非”作声符，而“啡”等读 fei，“悲”等读 bei，“排”是读 pai。“一符多谐”的例子在汉字旧系统里为数是不少的。如上面“啡”等字的例子所示，这种现象已经不只是声调的不同，声母韵母也有了不同，归结起来也是不符合“使同音的字尽量采用同一个声符”这一要求的，不过这里是表现为不同音的字用了同一个声符罢了。这种现象当然是需要调整的。调整的方法可以比照“句勾”的例子。声符形体分化法作为在必要时的一个调整方法，想来这也不是不值得考虑的。

让一个简化字在单读时是一个读音，在作为声符时另具一个相近的音符，以适应目前汉字系统里的谐声情况，在现今也是有实际意义的。比如：

例子	单读时的读音	作为声符时的读音
上	shang	让、[⿰瓜上(瓤)、⿰土上(壤)]　rang
必	bi	秘、泌、[宓(密、蜜)] mi

这里，可以让声符“上”“必”另具读音 rang，mi。如果不这样办，需要调整声符的字可能会过多。而这样办也仍然是不违背具有简单明了的规律的。

让合适的声符用在同音字较多的音节上以高度发挥它的作用，在易学易用易规范上应当是很有意义的。比如“夭”，群众提出下列诸字都可以用它作声符，比如：“腰、邀、摇、窑、谣、耀”。这些字可简化为“肤、迗、抚、宎、訞、炦”。为此，“袄(襖)、跃(躍)”等简化字的声符是不是应该作相应的调整，也就跟着要考虑了。因为“腰、邀……”等字读 yao 音，而“襖”读 ao 音，“躍”读 yue 音，因而“夭”声符“多谐”了。为了让声符用在同音字较多的音节上，适当调整一些字的声符可能是需要的，也应该是值得的。像

"抨、浜"两字要列入"难字注音"①,"平、兵"两声符的"一符多谐"是要负些责任的。所以,在可能范围内,消灭一些"一符多谐"还是好的。

至于形声字的义符,从现行汉字总的情况看来,大多数只能说是有区别形体的作用,即定型的作用。所以在进行简化时,或者保存原形声字的义符,如"达、恶";或者就承用旧义符而加以简化,如"钉、鸭"。另有些略存原字字形的某一部分,使群众不产生完全陌生之感,如"毕、历",这所存的某一部分、其作用也就类似义符。这些,都不一定要求义符有指示字义大类的作用。当然,如果可能做到让义符有指示字义大类的作用,对学习和使用汉字还是有利的。一般看来,在简化中是可以对义符从宽要求的。

义符的定型作用如"呈、程、逞"之类(这里为什么用"禾""辶"义符已无人过问)。从一个意义说来,形声字的义符也是为了定型的。另外还有添加义符来定型的,如"揹、哪"(加"扌、口"义符以别于"背、那");变换位置来定型的,如"含、忙"(挪动一下以别于"吟、忘",前面提到的"忈、忆"也是这样的)。至于增添或改变笔画来定型像"丛"(以别于"从")"佘"(以别于"余")等,也是一种用之有效的方法。当然,定型是有个目的的,即是为"同音的字尽量采用同一个声符"服务。

由上面所说看来,在进行简化工作中是免不了要用上定型法的。这就要涉及到两个问题。

1. 汉字的结构方式问题。把汉字结构单位用来组成汉字,它的结构方式是应当研究的,比如"多用左右上下字,而不超过三组,一切复杂的结构都该避免的"。② 应当注意到,用了定型法是免不了会使结构方式复杂化的。

① 见《人民日报》的《这些字你认得吗?》。

② 杜定友:《字根研究》,《文字改革》1961 年 2 月号。

2. 单位的异体和总数问题。用了定型法会替结构单位制造异体。杜定友同志曾经说：

> 字根的写法也有异体，如："木"或作"朩"，"业"或作"业"，这在书法上有时是必要的……楷书的"礻衤"是"示衣"的变形，本来是复体字……由于字形变化的需要，一个形象并不限于一个字根。如："人"有"人亻𠂉⺈[illegible]"等形，一个字根也不限于一类，如："𠂉"在"[illegible]"代"人"，在"無"代"亠"（"無"本作[illegible]），"月"代表"[illegible]"，也代表"丹"，这在字根数目上并没有增加，只是在讲字源的时候，要加以说明罢了①。

容许结构单位在必要时有异体存在，这个意见是很正确的。上面所谓"在书法上有时是必要的"指的是：(1) 单位在组成汉字时的拼合上的需要，比如"衣"旁不写变体，就不利于另一个单位在它的右边立足。(2) 定型上的需要。那也就是说用了定型法是免不了要容许单位有异体的。

有目的地让不多的结构方式比较复杂些和让不多的单位存在异体，按照汉字实际的情况来看是必要的。当然这个问题还是可以讨论的。

在汉字简化的工作中，有了形声原则作指南针，汉字简化的各个方面的研究便都有了明确的努力方向。汉字的结构单位的研究，亦即"字根研究"，曾经对汉字简化工作做出贡献，今后这一研究仍要继续去作。现在写出初步意见来，希望得到大家的指教。

（原载《文字改革》1962 年第 11 期）

① 杜定友：《字根研究》，《文字改革》1961 年 2 月号。

明确订定手头草体的规范和确立楷草二体制

我们在中华人民共和国成立以后不多年，曾经简化过一些汉字，使汉字易教易学、易书写。这一次的简化，其所依据绝大部分是来自民间的，是早先就“约定俗成”了的。可以说，这一次简化是长时期来民间手头简字的一次整理、一次规范化和法定化，是长时期来民间手头简化的总结。

这次简化是成功的。教学、使用等方面得到了这次简化所给的福利，真是大得民心。

我们说教学上得到了福利，亦即是说幼儿教育、扫盲教学上得到了福利。我们说使用上得到了福利，亦即是说手头书写上得到了福利。当然还有别的一些方面得到了福利，但重要的是上举两方面。

这些福利启发我们考虑再来一次简化。

但是，简化字合法化（即法定化）了以后给我们提出了一些问题，同时，中华人民共和国成立后文化建设事业的气势澎湃的发展，加重了这些问题的分量。是什么问题呢？举个小例子。比如“马”字，一简化，笔画数就由十三画变为三画，字典要有改动，笔画检字（再比如卡片、索引等方面）也要有改动。而我们今日出版字书、书刊，动辄以万、十万乃至百万为计算单位。这跟中华人民共和国成立前是大不相同的。事实告诉我们，改动一下很辛苦。这一“辛苦”即是“教训”，这一教训不容许文改工作者视而不见。质言之，不容许我们轻易地再来一次大规模的简化。我们当然不会忘记汉字通古、今的责任也随文化发展而日益加重，我们当然不会忘记汉字“四定”（定量、定型、定音、定序）工作跟简化工作的相互关联、相互制约也在那里提出了一些不小的难题。

我们曾考虑到，能不能用明定“二体制”来辅助简化，而不再来一次大规模简化。简化方面只要来一个小小的简化，像调整一下覆（对照“复”），普、碰（对照“並”）和锻炼（对照“煅炼”）之类的事例，也就是办一办第一次简化“扫尾”工作、“善后”工作就行了。于是，在前些时候我们草成了这篇文章。当然，文章所提出的看法，只是我们研究生文字学讨论班几个人（殷焕先、姜宝昌、盛玉麒、张树铮、王新华等）的“私论”，而汉字简化是文化建设中的大事，所以这篇文章只能算“刍议”。

一

现行汉字是楷书与行书、草书三体并用的。“手头草体”，按照今日的书写实际，可以让它同时包括行书和草书来跟楷书的作为楷体相对。楷体跟手头草体的同时并行、相辅为用，从汉字使用历史看，是渊源甚早的。今天文字改革上所应当考虑的是：替“手头草体”明订一个规范，并确立“楷草二体制”，让手头草体取得作为正式的交际工具的地位，让它的地位与楷体相等，可以施用于各个方面。这对减轻当前汉字简化工作所负的重任是有意义的。

手头常常用草体来书写，这是件自然而然的事。在日常生活中，遵照楷体一笔一笔地正写的机会究竟不多，大概誊写正式文件时才用得着这样。一般书写总是楷与行、草同时并用，而从笔意上看，又总是行、草占优势——或是行的意味重一些，或是草的意味重一些，这样，就顺理成章地形成了一种“手头草体”。这种草体在各人手头上虽或有纯、驳的不同，但总之它足以跟楷体相对而成为一种字体为大家日常所共用,就连小学生也不例外。理由是很简单的,我们不能不讲求节省时间,那我们就不能不讲求书写的速度。行、草简便易用,写行、草快,日常就多写行、草。从这个意义说,多写行、草是好事;同样从这个意义说,我们应当重视行、草,应当好好地安排一下这种手头草体,替它订个规范,把它放在它早就应当得到的不下于楷体的地位,让它与楷体相辅而行。作这样的安排,在今日,对减轻学生负担有好处,对提高汉字为社会主义现代化建设服务的效能有好处。何况,手头草体之自然而然地形成和随时随地使用的客观存在也要求人们对它重视。

但是,今日一般文化生活中的手头草体,人们给它的则是一种特殊的待遇,它还未能取得与楷体并驾而相辅的地位,虽然实际上它的的确确是尽了与楷体相辅而行的责任。因此,“明确订定手头草体的规范和确立楷草二体制”这样的问题,在今日应当引起我们的注意。

二

试一观察手头草体之所以未能取得与楷体并驾而相辅的地位,便可以看出这主要是受了“潦草”、“难认”所给予人的头痛印象的影响。因为,今日所谓手头草体跟来自潦草的草体还分不开家。潦草的来源是多方面的,其形式也多种多样,其大病则总归是一个:难认。难认,这就有损于目治,这就有损于文字的交际功能,这就令人头痛。而恰巧,今日手头草体给人的观感跟那难认的潦草正好相类,这是常常可以碰到的事实。

大家都明明知道,“字迹清楚、不潦草”与“楷书”二者之间并不能画等号,“字迹不清楚、潦草”与“行书、草书”二者之间也并不能画等号,但就着今日手头草体所给人的实际印象而言,上述各组二者之间似乎都有个等号存在。一般是,想到“字迹清楚、不潦草”就会自然地联想到“楷书”,而一想到“字迹不清楚,潦草”也就会自然地联想到“行书、草书”。手头草体跟潦草分不开家,是已经形成起来了的一种认识。很显然,今日大家对手头草体所给予的特殊待遇,主要就跟这种认识相关。

今日有一些人这样地看待手头草体,认为,某些场合可以听任各人的自便,爱写楷书也好,爱写行、草也好,这比如记日记之类,与别人无涉,但如果是公诸他人的文件,就自然以写楷书为宜,不要用手头草体。

这样地看待手头草体,看来像是合理的。文字如果不公诸他人,不用它来作交际工具,只把它看作私人记事的特种符号,那末,谁爱怎么“行”,就可以怎么“行”,谁爱怎么“草”,就可以怎么“草”,别人不能说有什么不合适。至于公诸他人的文字,那就当然要让别人看得清,当然不能行草自便,当然要服从社会的一般要求。比如,农村老大爷要求孩子们写字不要“龙飞凤舞”,教师会明确规定“不得潦草”,出版单位会要求作者“字迹力求清楚”,乃至还会有作“请用正楷”这样的要求的,等等。总之,社会上是有个公约性的限制。文字既然是用来交际,那当然要遵守这种限制:不用手头草体。不少人也真的是这样办的。比如,起草稿用手头草体,誊清就用楷书。但不言而喻,这种限制无疑地要影响手头草体的地位的。在这种限制下,手头草体便不能取得正式的交际的文字的地位而受着特殊待遇。

但也有不少人是这样看待手头草体的。他本人日常写字,总是楷体与行草齐飞,写日记之类的文字当然也是这样,写公之于他人的文字仍然地是这样。他这样地行诸己,其势若不可以已,因为这样简便,这样快。即如教师课堂板书,受着节省时间的心情的驱使,运腕就不免稍稍加快,黑板就终于免不了呈现出相当的“笔走龙蛇"的局面。此一人的实际行动如是,此一人之所以这样的实际行动其理由如是,由此以推,彼一人又何独不然！于是,社会上文笔活动中就很自然地产生了"潦草"。但也正是这样实际行动的人,他倒顶愿意别人给他看的文字不要龙飞凤舞,顶好写得来楷书共楷书一色,笔笔分明。他这样地求诸人,其势又若不得不然。因为这样他就不致看不清,他就看得快,此一人对别人的要求如是,此一人之所以这样要求别人,其理由如是,由此以推,彼一人又何独不然！于是,社会上文笔活动中也就自然地产生了亲楷而拒草。自己终不免于"潦草"而又怕别人"潦草",真是大家如此,易地皆然。不言而喻,这样的实际行动哪得不深深地影响手头草体的地位！在大家都抵制别人使用的情况下,手头草体就无法取得正式的交际的文字的地位。

人们不难看出,上述情况实在是反映了求快与求明确的矛盾。但很难得出这样的一个结论说,"快"跟"明确"之间的矛盾就是无法解决的。我们不能说,"快"就必致"潦草",也不能说,"明确"就只能是楷体写法的结果。其关键所在,主要是有没有明确完善的规范,无论是楷,抑或是行、草。难道我们就不可以有一个既快而又明确规范的手头草体,使人人乐用、大家称便吗?

三

所谓手头草体,在今日正好是还缺乏它的明确完善的规范,还在人人各行其"是"。它的跟"潦草"还分不开家,理由主要在此。

今日的手头草体是,某一些人,比如老师们,他们各有其手头规范,但这所谓规范在他们之间不一定互通,当然也未必适用于另一些人。另一些人,比如中、小学生,他们也会各有其手头规范,但这所谓规范在他们之间也不一定互通,当然也不一定见赏于别一些人,即如老师们看学生草写,往往会头痛,这屡见于老师们的反映,为大家所共知。但是老师们自己看名人草书,也并不是了无滞碍,往往也要下些头痛的琢磨推断工夫。若持平等法,学生与名人,在今日,应当同受“潦草”的诟病。再则,认为老师们的手头草体都合乎学生的规范,学生看起来就一帆风顺,并不皱眉,那该是老师们自封的,其实学生也在头痛。因此,我们如果替潦草算账,就得把账算得全面一些,总结应当是,在各行其是、未有共同的规范之日,某一些所谓行草和另一些人的手头草体,同样地应该计入“潦草”项下,一视同仁,即使某些人的“潦草”是“一丝不苟”地写出来的。

可能会有人对我们这样的计算法持异议,认为我们把某一些人的行草合乎“法帖”漏计了。我们说没漏计。一则,“法帖”是往日的规范(而且各名家的“规范”也往往不一致),各时也是各有规范的。现在的稿文中还有人写老草体的“辨”、“辞”的,难道这也能算作今日的规范!二则,这是很重要的,把今日少数的某些人的所谓“规范”(或“法帖”规范)加给千千万万的一般人和中、小学生,认为他们就是不该不遵守这样的一个“规范”,这是任何人也会觉得大不合适的。排除绝大多数人在外的所谓“规范”,那也只能是带引号的“规范”。难道今日还能勉强一般人和小朋友也来遵守像“辨”、“辞”这样的规范!因之,我们必须注意到这一点,对一般人和中、小学生来说,像上举的草字地地道道是潦草的。我们还很少看到有谁对书写提出的要求是:“字迹务求清晰,正、行、草不拘”。为什么不敢说“行草不拘”,就是因为行草还没有明确完善的规范。没有明确完善的规范,它就不得不一视同仁地共入于潦草之列。即使某一些人写得来确实是龙飞凤舞,但也只能是千千万万农村老大爷所誉为的带引号的“龙飞凤舞”,让一切人对它跟潦草一样地存着莫大的戒心。

因此,还应当注意到这一点,除了极少数人而外,在潦草者本人总是认为自己的潦草还够得算作字体之一的行书或草书的。要说写者都是存心让人家看不懂,也是不大说得过去的。绝大多数是误在按照自认的规范求快,因而也就不免误了别人。某些人是杂采古今各家作为自己行草规范的依据,好像自己问心无愧了。而一般人和中、小学生呢,未能得到明确完善的规范之前,他们就只能用"快"作为自己的规范的标准。小快就成为他们的行,大快就成为他们的草。① 问心无愧的某一些人会责备千千万万的一般人和中、小学生由快而来的潦草使得人头痛(但要注意,这几乎是要剥夺他们求快的权利)。但我们要试问一下,这一些人自己手头由快而来的行草,是在什么时候和在什么地方得到过大家通过的呢?同是各行其"是",亦即是各行其"潦草"。

所以我们可以说,手头草体和潦草分不开家的一般认识就是在这样无规范的局面下形成的。这种认识就决定了今日手头草体的该受到什么待遇。今日的手头草体,实处于进退两难的地位,一方面任何人都有他的行草,可见它受到大家的欢迎,它似乎该进;而另一方面,谁都怕看别人的行草,可见它是普遍地不受欢迎,又似乎该退——相当尴尬。

怎样解除这种尴尬的局面呢?

有人可能从杜绝潦草出发来考虑:让手头草体退到只在私人笔记里去作为特种符号存在,限制它在公开场合出头露面。这是用限制法来消除这种尴尬局面。说的干脆些,亦即不承认手头草体是"字",具有交际功能的"字"。

但是,这种限制法怕不抵事。一则,行草有速度快的优点,把这一优点限制掉是不合理的,这只能是个损失;大家知道,这种优

① 当然他们也学了一些,但仍免不了各行其是。

点跟文字交际本质的特性是无违而相合的。二则,行草这种速度快的优点也自然而然地会突破人们所加给它的限制的。事实具在:虽然日常文字交往中弄不清别人一两个行草字而引起头痛并不算罕见,但谁自己又守得住就只把行草施之于私人的笔记之中!恐怕那些提倡限制的人,首先就不忍割爱自己日常的行草。

因而应该考虑到,消除这种尴尬的合理办法是规范化。使手头草体,来自旧日的行书也好,来自旧日的草书也好,来自手头的"快"的也好,都有一个明确完善的规范。结合着那头疼的潦草来谈问题,那就是,用发展而不是限制手头草体的办法杜绝潦草;用手头草体有定法(又快而又规范)使一般人和中、小学生有所适从(而又快)来杜绝潦草。

四

一提到规范,可能有人说,行书草书嘛,顾名思义,要让它"海阔凭鱼跃,天高任鸟飞"才对劲,如果一规范,那就不成其为行草了!这是怕只怕"规范来而行草绝矣"。但是,实际上将是规范来而行草盛,"绝矣"的忧天是不必要的。

论到行草的特性,对照楷体说,诚然是有它的不拘的一面。但其所以有这个不拘,主要是为了求快,不拘的本身并不是目的。①我们如果对这个不拘不加以规范,它很容易扩而充之,其结果倒会使它自己丧失其作为一种书体即作为交际工具的一种字的资格而为人所摈弃以至于绝灭的。历史上曾有过一时成风的书写,写得来一字"唯见数点"②,叫你认不得。可是这种不拘到"唯见数点"

① 不拘是对照楷而言的。此就交际工具文字说,而不是就艺术说。不拘是服从快,大略与原字形对照。

② 《颜氏家训·杂艺篇》论"真草书迹",说到"[梁]大同之末……至为一字,唯见数点。"

的所谓"字",虽曾盛行于往日,但终于"绝矣",今日遇不到它了。其实,这种不拘的"字",岂但叫他人认不得,怕那写者本人也不见得都认得。传说有位张某,把自己草稿让他侄儿去誊正,他的尊草有些真叫侄儿摸不透,不得不拿回来向草主叔叔请教,哪知连草主叔叔也看着瞪眼,说:"你为什么不早点拿来问,累得我也忘了。"①可以想见,这种"热写冷不识"连草主都不认账的草字,在发挥不拘的特性上自然是做到了"高度地",但它终于不能列入草书之林而归于"绝矣"的。

而且,也不能径直在"不拘"跟"快速度"之间打上个等号。固然,有好多不拘可以求得快,但不能说凡是不拘就能快。今日所见的手头草体,由于不懂得怎样草即不知道已有的简捷的草法,而只是"山回路转"地信手草来,速度反而不高。这种事例也并不是少见,特别是在学生们的手头上。比如,学生如果知道"章、遇、遵"等字的合适的草法,就不致费大力求快而结果并不快了。一位朋友看到《文字改革·三体简化字谱》的"齿"字的草法,认为快,立即遵用。由此可见,规范是指导如何做好快的。如果不拘的目的可以达到,那我们又何爱于不拘而一定要保留它!于此可以毫不夸大地说,规范了的草体第一个优点就是快,手头草体如果得到了那根据速度而来的明确完善的规范,它就会成为人人乐用乐看的,倒不会"绝矣"的。

也可能会有担心于"规范来而行草之艺术性终矣"的。其实这也可以不必。如果是艺术练习或者是题诗题画之类的艺术活动,这也不是规范所要干预的,何况,要规范的是字形而不是书法。让苏、黄、米、蔡同写一个"一"字,就其艺术表现而论,仍然可以面貌不同精神各异的。而且,规范也绝不会拒绝采用那艺术高的书

① 释惠洪《冷斋夜话·九》(参考商务版《旧小说》丁集二宋,99页)。

写形式，艺术创造上的优秀成果，也会被规范汲取以促成规范的完善的。比如，以常用字为范围，可以集些古今书家的草体字，定一个规范，作为我们书写的范本，这样，艺术日常化，下笔成美是可以预期的。如果我们作这样的断言也并非过早！规范行而艺术盛！行见开廓、劲秀、厚重、刚毅之优良书法，熏陶后一代之手眼胸怀，蔚为时代书风，而各家之美，也必随而万紫千红，在更为广阔的园地中呈字坛欣欣向荣之盛！于此可以毫不夸张地说，规范来而祖国行草之艺术必将广被四宇，无所不在，哪里用得上担心“艺术绝”！

由此看来，规范不仅不削减行草的快速度，而是增强了快速度，规范不仅不拘束行草的艺术性，而是发扬了艺术性。规范所要做的是：使手头草体的形体得到明确完善的定型，以快为依据来定型，以艺术为依据来定型。规范了的手头草体是正确的、清晰的，是写起来快的，写出来的是艺术！

以这样的规范来消灭潦草，教师及一切语文工作者一定会欢迎。对这样的一个手头草体的规范，亦必乐于为之宣传，乐于为之尽教导范字之勤劳！以这样的规范来发扬行草艺术，书法家一定会欢迎你。对这样一个手头草体的规范，亦必乐于为之宣传，乐于为之尽书写范字之勤劳！

一般人和中、小学生自然会双手欢迎：快、艺术，岂但从此跟“令人头痛”打了脱离！

五

在手头草体规范上我们该注意些什么呢？

首要的是服从明确。在明确的前提下，以快和艺术的要求来定型。这因为，我们要求的是文字，是能担负起交际责任的文字，要它在各种场合为交际服务,而不是把它当作特殊符号,只是关在私人笔记里。为了明确,须得考虑不采取那些疑似的形式,比如草书“水”和“各”、“丛”和“丝”之类,形体这样地相近,加上了速度较高的书写,那就难免混同了。

二则,须得考虑保持与现行的楷体做相当的对应。看一看别的语言的文字。多有楷草二体并行,其楷草二体之间的关系一般是草体维持与楷体相对应。我们的行草与楷的关系,绝大多数是对应的,这是有利于订定草体规范的好事。略去了楷行草产生时间的先后不计,从今日看,一般说来,草体只不过是楷体的手写简捷连笔化,比如“他”、“果”的草体①。这都是自然而然地就对应了的。

所谓对应,主要应该是轮廓上的相对应。或者是局部的轮廓对应,或是全体的轮廓对应。我们必须认定现行楷体的形体是手头草体规范之最重要的基础,手头草体规范主要是从与现行楷体的形体相对应而来的。

三则,采用固有行草而去泰去甚。上面说过,行草绝大多数是与楷体相对应的,而且,它们也是历史地选定的,比较有其广泛的群众基础,所以固有草体颇可以供手头草体定型时采择。手头草体如果多多采取固有的行草来定型,这也可以使文字不失其继承性,传播也就较易。一切行草,各时代的(包括当代)、各个人的(不限于名家),都是今日手头草体规范定型的基础,只需从明确、对应等项着眼而去泰去甚就行。比如,去其笔调离楷体过远的(如太花的),形体离楷体过远的(如太省的)。比如那点三点的草书“上”、“下”,该可以算泰、甚;那绕一绕的草书“卿”、“则”,该可以算泰、甚;又如草书“醉”、“真”,太花,不好学,也该可算泰、甚。至

① 别的文字也有一些楷草不同源的,如日文。我们文字中偶尔有些楷草二源的例子,如简体的“与”和其繁体。

如有群众基础的泰、甚，倒须得郑重考虑。一般说来，草书往往容易离楷体泰、甚，但也正因为这样，它速度高，可以较大地满足群众要求，像“得”、“者”、“其”之类的草体。

四则，适当地照顾偏旁的精简。汉字由偏旁组成，草体定型如果也能从字的偏旁的组合分析着眼，就于教学有利。比如“纟”旁有它通行的草体“ε”，那么，一切在左的“纟”都这样草，而不再采用其他形状。当然，这也并不是绝对不容许偏旁有异体，也不会绝对排斥那使偏旁成为浑然一体的草体，比如，“兹”的草法。当然，以“同偏旁同草法”为原则是有利于教学的。

以上谈了浅见所及一些关于手头草体规范定型的可注意的事项，当然很不全面，这要靠群策群力。至于混“行”与“草”而成的手头草体，自然即以“草体”为名以与楷体相对。这就毋庸再分“行”、分“草”，也不必冠以“手头”二字了。

六

草体有了明确完善的规范，就可以担负起交际的责任，这时，我们就可以因利乘便确立楷草二体制，让草体也取得跟楷一样的合法的地位。由此，草体教学问题就不能不予以注意。

大家知道，替手头草体订定规范是一回事，而确立楷草二体制，又可以是另一回事。因为，已经规范了的草体，其地位仍然可以是闲散的，订定规范的作用也只是要求人们如果愿学愿用就得遵守这个规范而已。但确立了楷草二体制之后，日常文化生活中接触草的体机会必然增多，社会上也会要求人们像对待楷体那样一丝不苟地来对待草体，不容随意；而自己如果没能好好掌握草体，就会是本领不到家、义务没尽到。总之，草体就会与楷体同等地具有强制性与约束性，人们必须遵守这一约定俗成。因之，学校里也就必然要增加草体字教学的时间。

由此,我们自然会遇到这样的问题,就是,确立楷草二体制会不会转而加重学生认、记、写草体的负担。看来这显然是替学生加重负担了。但我们觉得这个问题应当考虑到以下各点:(1)学生记、认、写草体的负担已经是事实具在,原不是因确立楷草二体制而有。(2)如果让学生日常不能运腕自如地写,而只能像用刀刻画似地那样写楷体,这真是个实际负担。(3)不是有指导地教学生以规范,而让学生去暗中摸索,让学生常怀着一快就犯潦草的戒慎恐惧之苦,这真是个心理负担。如果把这些置而不问,就很不合教育原则。那么,事情就很清楚了。在学校里增多一些教学草体字的时间,使学生手快有方、目认有准,如果把账算透,实际是替学生减轻负担。

话虽如此,在教学上想些办法帮助学生较易地学好,不致过多地增加学生负担,那还是必要的。下面提出一些想法,供教学参考。

甲是注意因势利导,循序渐进。前面说过,小学写字教学是在适宜时机教些草书的。学生年级渐高,自然而然地有了记认草体和书写草体的需要,教学上这时就不能不抓草体。教学落后于需要,转而给学生添负担:认不得别人的草体,自己书写草体受限制。而且,即使这时不教写草体,学生自己也会在看到的一点草体基础上来自行其“是”。这样,就会不是走规范的路子,而是走分歧的路子,还是要影响草体的社会地位,头痛的事还是要普遍发生的。如果能因势利导,循序渐进,从最常用、最简易的字入手,结合语文课本教学、课堂板书、作业批改(学生草得不合规范的,随字订正),逐渐扩大学生的草体字汇,要因求而供,供敷于求,而不供过于求、操之过急,推想不致增加学生太大的负担。前面说过,绝大多数的草体是跟楷体相对应的,在对应上也还有相当的规则可循,指出了这些规则也将有利于学习。引导学生渐进，终于纳入规范，是对多方面有利的。

在教写草体上，布局匀称，强弱分明，笔势得宜等基本功应当多多注意，基本功练得好，一旦赴急，即使草得再快一些，也不至于"走样"。老师在教写楷体上十分认真，而教写草体，其认真也要不下于楷体，绝不能信手自流，这也是我们应当十分注意的。至于笔序，可在教学时加以指导（草体笔序往往可从字形上看出来，但仍以研究出个规律来为好，这可以免去死记之劳）。

乙是布置一个良好学习环境。通过教学来让学生掌握草体是主要的办法，但还要求各方面能跟教学配合。这比如，(1)语文课本适当地安排些草体字（这配合着课文出现，排在正文之下，像今日课本中安排每课生字那样）；合适地安排一些草体课文。(2)编印规范习字帖。编印字帖必须以规范为第一目的。字帖可以是楷草对照式。还可以根据草体的形体作些分组的安排：同偏旁写法相同的，同偏旁写法不同的（这是为了便于作比较的学习）。至于用些书信、通知等格式指导学生结合实用学习草体也是很好的。从而也学习些草书的篇章结构。(3)儿童少年书刊合适地插排草体。如用草体标题，如插排一些草体引文，插排一些草体短文。这样也可以使版面生动活泼。(4)字典采用楷草两体对照式（字母拼音文字的字典字母数少是无须这样的，汉字方块字就必不可少地要用这种对照式）。初步可以先在初级文化字典试行。需要注意的事项有：(1)字典楷体字头旁即排草体。(2)字典附的《笔画查字表》（可用"一丨丿丶乛"即"李"字检字法）或《音序查字表》也得楷草对照，以便翻检。至于能够制成一个查起来有效的《草体起笔检字表》，那当然是好的，但这有待于努力。

总之，从教学来说，耳濡目染之功是不可忽视的，多方面的配合是非常必要的。

手头草体的规范和确立楷草二体制是件大事,它关涉到减轻学生负担和提高汉字为四化服务的效能,值得我们在这方面多下功夫。这里提出浅见与同志们商讨。

(与姜宝昌、盛玉麒、张树铮、王新华合写。
原载《文史哲》1984年第1期)

谈汉字部件

[0.1]在当前,研究"汉字部件标准化"似乎应当接受两大方面的制约。一是来自信息方面的制约,一是来自教学方面的制约。从信息出发的对部件的要求和从教育出发的对部件的要求,二者未必是一致的。我们希望两方面对一个部件都能从这一部件得到满足。这,我们设想相当多数部件(包括其构字方式)能够如此:而只有不太多部件不能这样,它只能满足一个方面。我们这样说,前提是两方面都不对部件作过高的要求,两方面都能替对方着想,宁愿对那些利于彼而不必利于我的部件,自己这一方面多想些办法来解决困难,而服从对方对这一部件的要求。这样,我们才敢说仅能满足一个方面的要求的部件为数不多。

[0.2]但是,问题还不仅是信息、教学两厢情愿就可以把部件问题解决得妥善、足以服人的,还有第三个方面。这第三个方面就是汉字的"四定"。

一般说来,"四定"好像可以坐待我们对部件达成协议了,而后"四定"就可以"照本宣科"给予安排。但我们也不能不时时注意替"四定"少添困难。

[0.3]还有第四个方面,就是汉字的偏旁传统,或者说,字源方面的传统,是我们服从偏旁传统接收它的制约呢,还是我们破偏旁传统抑或是相当不顾偏旁传统。

[0.4]我们的意见,信息、教学可以二者各行其是。而如果必得二者相吻合,那末,教育可以尽量服从信息。理由是,信息方面灵活性少而教育方面灵活性大(参下1.4,1.5)。不过,我们觉得

还是不合为是。我们总是提心吊胆于“合则两伤”。

[0.5]信息方面要求编码能够理性。有理性就好记,好记则培养专门人员较易,运用起来也较便当。信息方面的“有理性”还有满足机械方面运用便利的要求。

教学方面要求的“有理性”是汉字结构的组成的“可解释性”,可解释性能够帮助认字。比如“上小下大为尖”就好记。

[0.6]是不是可以对部件加以调整、改造,使它便于应用呢?可以,但要慎重。对于调整、改造,不独信息方面有此要求,教学方面也有此要求。

从教学方面说,像“復”部件(见于“覆”,而“復”已简作“复”)、“並”部件(见于“普”、“碰”)之类,像“⺷:羊”(见于“姜”),“土:⺘”等(试比较“周:用”;又“丑:唐”,指笔画的出头不出头)之类,似乎都应当调整、改造一下。不然,正字法在书写方面倒成了诱人出错的“错字法”。从教学说,这要调整、改造。否则就会苦了学童乃至大学者。再说,如规定了可以不作数,则有损于“正字法”之尊严。这都是简化工作的善后问题。

但也不能率尔谈调整改造的,因为它会影响到“笔顺笔序”、那就要影响到“四定”。现在我们社会文化日益发达,字典、书刊之印行动以万、数万、数十万乃至百万计,一个字的调整、改造,既费人工,又劳财力,苟非不得已,今后即不对汉字再作简化之尝试,可以另谋解决的途径。所以在这次“汉字部件标准化”学术讨论会上我们提出了“楷草二体制”的论文,(1)用以表明汉字简化还可以另谋他途,亦即(2)用以表明编码对于部件和教学对于部件很可以不相干扰(能互相靠拢最好,已见上[0.4])。

[0.7]构成汉字的构字成分,我们叫它做“部件”,也有人叫它做“偏旁”、“字根”之类。我们认为,叫“偏旁”、叫“字根”,顾名思义,怕受字源学的制约要大些,叫“部件”可能自由些。比如“章”

字,按字源应当"音+十",而群众通行则是"立+早"。如果用到编码,我们说"音+十"便当,就用"音十",说"立+早"便当,就用"立早",无拘无束。

我们觉得,名词之争,争而后定,意义不大。重要的在于如何便于"信息",如何便于教学。

一、关于部件切分原则

[1.1]切分部分不能凭主观,这不用说。即使大家不凭主观,也还会有不少参差不一的事例的,以往一些部件统计数目字不能互相符合就说明了这个问题。可见讨论一下部件切分原则是非常必要的。

[1.2]统计的目的要求不同也会影响到切分原则的不一致,当然也会影响到统计出的数目不一致的。这也是不问可知的。

[1.3]我们曾从教学的观点出发,对部件切分曾使用以下原则:

(1)凡结构上浑然一体无法分割的,此自当作为一个部件单位。此如:日、目、人、手、田、由。

(2)凡出现频率高,有群众基础的,虽其结构并非浑然一体,亦可以作为一个部件单位。此如:氵、三(在"叁"中)、冫(在"冰"、"寒"、"冬"中)。

(3)结构中其一为部件单位,则其另一自然取得部件单位。此如:亚、旧、币、义。

(4)难以订为部件,但它出现较为频繁的。此如:

一:旦亚本末量

丨:旧

刂:坚师

丿:币血

乂:赵区

亠:亠 髙(高)

⺍:⺌当

上面第(3)、(4)也可以说是用分析法来定一个部件。字的构字成分之一既显然地是个部件,则其馀的一个构字成分就自然而然地(或曰是被迫地)算是一个构字成分,即一个部件。比如,我们说:"亚字是'业'字上面放一个'一'字",说:"币字是'巾'字上面放个'撇'。"我们这样报说一个字的构造,听字的人好接受。由此,我们便很难拒绝像"一、丨、丿"之类之作为一个部件。其他两笔画、三笔画的可以用这个例字类推。比如,在信息方面,可以把"杭"字作为"木+亠+几"三个部件来处理。

[1.4] 我们上面谈的显然是以教学方面为主的。以教学为主我们愿意提出"复式部件"。这也是不得不尔的,换句话说,教学逼着我们采取个"复式"。

比如教"吴",我们说"口+天→吴",这很便于学生记忆,很好。如果教"误"字,我们说,"讠"旁放"吴",并且说,这里的"吴"还有替"误"字注音的"帮助"作用。这样教很得体。而如果我们这样教,说,"讠"旁摆个"口"下"天",这样,就把"吴"的注音用作损失了。我们认为"讠+口+天"的教法是个不合宜的教法。

又比如,若问"湖"字怎么写,答:"水旁放个胡。"又问"胡"字怎么写,答:"古、月——胡。"又问"古"字怎么写,答:"十下口。"又问"口"字怎么写,答:"一竖、一横折、一横。"而如果是答者一开头就说"湖"字是一点一点一挑,一横、一直、一竖、一横折、一横,一撇、一横折、一横、一横,这当然是很不得当的答法。

分析汉字,分析到了最终极,得出的是笔画"横、竖、撇、点、折"等等,但是,除了对刚刚学字的人会采用横竖撇等一笔一笔地教之外,我们绝大多数是用"部件"来进行教学的。我们认为,教学“湖”字,上述的程序是得当的。至于信息方面会不会把“湖”处理为“氵+古+月”呢?我们认为,信息的目的不是教学,只要对信息有利,它就可以这样处理,不必强求跟教学一致。

[1.5]教学上还有这样一个例字,一位小朋友说“棉”字是“树一类(木旁)”,颜色是“白”的,可以做“手巾(巾)”。我们认为,小朋友这样地说文解字,不守故常,容易懂,于帮助记忆有功,我们很赞成这样的“新说文解字”,倒不必拘拘乎那“从木从帛”。

我们赞成信息方面有它自己的灵活,其所用“部件”可以“因地制宜”,不必强求跟教学一致。

简而言之,信息、教学,两方面的原则不必强同。

能有共同认可的原则是好,但遇有困难处,可以各保留其灵活性。

二、部件名称

[2.1]部件应当有个名称,你在教学时总不能老是“这个这个”“那个那个”的。我们现在有些部件,不独没有“学名”,有的连个“乳名”也没有。

[2.2]关于部件的民间的叫法,我们曾做过一些调查,用举例性质列了一个表。大概说来,一些部件(偏旁)各方言叫名大同小异。这些叫名有的可以算“学名”,有的只能算“乳名”(《偏旁名称略表》见殷焕先《汉字三论》,页86—87,齐鲁书社,1981年版)。如“衣”字旁,有些方言叫衣旁,有些方言叫衣补儿;“冖”字旁,方言叫秃宝盖儿,嵌头或帽头,这些叫名都只能算作乳名。那时,电台还播放“记录新闻”,我们曾欢迎偏旁用双名,双名不容易听错。如“衣补”就是双名。

[2.3]文字改革委员会曾把不多的部件升为单字,这是值得

欢迎的事。部件升为单字,就有了正式的"字"的读音,也就是有了正式的学名了。比如把"卩、阝"都合为"卩",用做"卩(部)队"之"卩",那"卩"旁就有了读音、有了学名了。

[2.4]为了便利广大人民群众的使用,部件名称可以尊重习俗。如果这样,我们可以从各家辞书(如《现代汉语词典》等)搜集,从各地方言调查报告搜集(日本编的汉和字典亦有的举出汉字的偏旁名称)。不然,我们自己去调查方言、考查古籍,斟酌一个合乎大众的名称。

[2.5]部件叫名是一个繁难的问题。教学工作者的想法、信息工作者的想法、一般运用文字者的想法都不一定一致。从大势看,我们应当向群众靠拢,不然,我们就"约定俗成"不来。当然,我们应当做点整齐、规范工作,让叫名一致,不任自流。这也就需要文字改革委员会大力去做了。

[2.6]很难想象群众定的名字(传统的名字)能如教学工作者的心愿。比如"卩"代"部",教学工作者除了承认它这样叫名而外,在教学上很难利用它。这个"卩"部件的历史来路(亦即"字源")被我们安排承接①阜、②邑、③卩,在运用汉字的有理性进行教学上如果用得上那真是件太巧合了的事。

信息上对部件称名达到什么要求才算放心呢?比如"卩",它并吞了三个部件这一优点对信息有利吗?我们主观想象,很可能在"少占用数码"上有利。

如果我们真的是"合并部件"对"少占用数码"有利,那末,部件在"两者不冲突"的情况下,可以考虑合并。比如"三点水"可以合并为"两点水","廴"旁合并为"辶"旁之类。这次我们抢工整理、抢工核对编成了《部件表》,可供研讨时参考。比如,我们可以据表查考一下"丰(夆)"可不可与"龶(丯)"合并。

再如,这个合三个部件的"卩"从信息看,叫 pu,叫 yi,叫 jie,哪个音节或哪个音素对我们有利呢?

照一般说,不违背群众意愿的总是比较地容易取得“约定俗成”的。如果在这方面多听直接作识字教学的人员的意见是比较有利的。再,现在正着手汉字“四定”工作,还可与相关机构商讨进行。

三、笔顺

[3.1]关于笔顺的订定,殷焕先在《汉字三论》中有专节阐述(页58以下),这里就不再多赘。现在我们再强调两点。

[3.2](一)笔顺必须一律改从“横行款式”。我们认为,这并不是一个容许我们坐下来商量商量改还是不改的问题,而是,为了尊重国家规定的“横行款式”以及尊重国家体制。

比如“车”字,按现在的规定,做偏旁用是服从横行款式的笔顺,做单字用的时候,我们还遵照传统的直行款式作笔顺。这也可以说,我们自己不尊重“现在”。

[3.3](二)就我们所见,我们定笔顺,一是用左右上下的顺序。二是“书法”的次序。比如“非”字,有人先写三横,然后写一竖(或一撇);也有人先写一竖,后写三横,后者是书法笔顺。我们应当调整一下,但两种笔顺靠拢或者合一。

四、关于出现频率

常用字是出现频率高的。本文附录《部件表》(略)可以看出部件的使用频率,这里不再多说。

我们在讨论部件的时候,必须耐心地斟酌。因为,一则,目前的汉字常用字不是根据文字发展的程序来选定的,而是根据目前文化的需要来决定的。我们来看一看“越来越好”的“越”字就可以知道:“越”是常用字,而里面的“戉”部件好多人几乎一生也不会与之见面。二则,我们现在讨论的部件是跟着常用字走的,它和文字的发展程序毫不相干,所以,我们想替它安排得当,只好多费脑筋。

我们主观愿望顶好二者兼顾,两得其所,但是,这也是须得我们努力动脑筋去追求的。

请大家指正。

(本文原载《殷焕先语言论集》,山东大学出版社,1990 年。原文附有一个《部件表》,因篇幅过长,这次将该表删除。另外,先生还写有一篇《汉字的部件》,发表在《山东教育学院学报》1990 年第 1 期上,与本文主旨相通,读者可以参看)

现代汉语文字的教学

壹、关于文和字

[1.1]我们常常用这样的认识来对待“文”和“字”,我们认为“独体为文,合体为字”。并且,又由此加上了时间观念,认为“文”产生在前,而“字”产生在后,先圣所造的是文,后圣所造的是字。并且,又由此产生了“初文”这个概念,认为初文是最初产生的独体字;认为初文是所有成千上万的汉字的构件上的原件(比如“氧”字,“气”是初文,“羊”是初文)。

[1.2]我们认为,以上的认识既不符合文字的实际,也不符合历史的实际。

文献上的记载,一个文字早期只叫做“文”。在早期,“字”这个字不和“文字”相干。在早期又叫“文字”的“字”做“名”,所谓“百名以上书于策,不及百名书于简牍”。据此,有些学者用人的“名”和“字”的意义上的联系(比如班固字孟坚,名的“固”和字的“坚”两个字意义上的联系)来说明“字”这个字和文字有关,这也只能是一种说法。

[1.3]东汉许慎是一位伟大的文字学家。他辛苦认真地工作多年,替汉字作了一番整理工作,留给我们一部《说文解字》。他揭示汉字的个性,揭示汉字的系统,让我们使用汉字的人对汉字的轮廓、组织有个明确的观念,功劳是前无古人的。但是,他的成绩还是受着时代的局限的。我们应当尊重他的辛勤劳动成果,吸取

其精华。但是,我们不应当受他们的束缚。他没见到过甲骨文,他只能对汉字作平面的观察而无法作历史的观察。他不免时有疏失。假如他说错了的地方我们也得听他的,那就不是科学的态度了。

[1.4]许慎在他的《说文解字序》里曾经说过两句关涉到“文”和“字”的话,是(引文依段注本):

> 仓颉之初作书也,盖依类象形,故谓之文,其后形声相益,即谓之字。文者,物象之本,字者言孳乳而浸多也。

很显然,他这话并没有明确肯定在“象形,指事,会意,形声”四书中哪一书是属于“文”,哪一书是属于“字”。但是,他这番话总趋势是很明显的。一是,他认为,从字的结构说,“文”和“字”是不相同的;二是,他认为,从产生时间看,“文”在先而“字”在后。

明确地说出“独体为文,合体为字”的是后代的文字学家。

[1.5]涉及“后代”二字,这里我们应当指出的是:

一、我们不应当有那后人的观察一定就不如前人、前人的论定一定是“后无来者”的成见,要一切看“事实”。

二、事物是在发展变化着的,文字的形体结构也是在发展变化着的。因之,前人对当时事物的观察、论定,不能用来范围后世的事物;后人对当时事物的观察、论定,也不能用来强加于前世的事物——即使前人、后人所做的观察、论定是各得其当时事物的真实的。比如,谁也不能把对猿人的心理构造、心理状态、生活习俗的观察、论定,跟对现代人的,混为一谈。

上举两点,当然在文字研究上也适用。我们在下面还要谈到“文”和“字”。

贰、关于文字起源于图画

[2.1]我有一个想法是:是语言教育了使用这种语言的人民

群众,人民群众遵照着语言的发展规律推动语言继续向前发展(当然,语言是随着社会的发展而发展的)。同样,是汉字教育了使用它的人民群众,人民群众遵照着文字的发展规律推动汉字继续前进(当然,这也是适应社会发展的需要)。

我们这里所谓的“教育”,并无任何“玄虚”之处。这里的“教育”,就是指的“耳濡目染”,就是指的“潜移默化”,就是指的“习惯成自然”。而作为人类,人是有“模仿”的能力的,人是有“举一反三”的能力、“类推”的能力的,人是有“推陈出新”的能力的。整个人类的前进历史说明了这点。再有,汉字民间手头简化字也说明了这点。比如,“菜”字、“酒”字等等,都是。人民群众没学过所谓“造字之法”的“六书”,但他们造成的字真的“出而合辙”。这是他们在“应用”的“实践”中教育出来了。人民群众不但会用“六书”法造字,而且,“自然而然”地会用那在汉字发展史上最为进步的、在使用上最为普遍的“形声”法来造字,而很少用“会意”法,绝少用那原始意味很浓的“象形”法。这是人民群众智慧的反映。这也可见我们这里主张的“教育论的说法”并不是“玄虚”的,而是“符合实际”的。文字方面是如此,语言方面也是如此。

[2.2]我还有一个想法是,事物的产生一定要有它的“来因”。我想,有来因的这种想法一定会得到朋友们的同意的。我们常常说“事出有因”,就是这个意思。

[2.3]我们认为,文字起源于图画的说法是正确的。当社会发展到了需要有文字的时候,跟人民群众打了上好几万年交道的图画就“应运而生”地向文字转变。这是说,图画是文字的来因。

是图画向文字转变的趋势教育了会画画已久的人民群众把图画推向文字。就汉字说,图画是甲骨文字的“来因”。根据图画这个“来因”,才会一步步发展出来甲骨文字。

[2.4]由此,我们可以作下述的阐明。我们现在能见到的成系

统的、最早的汉字是甲骨文字。从甲骨文字发展到现在的楷体汉字,其中发展的规律、发展的脉络、路线,大致都被我们研究清楚了。用我们所已研究清楚的甲骨文字向后的发展情况来拟测甲骨文字的原始形状以及由原始形状发展到甲骨文字的情况,那我们就必须认为甲骨文字是从图画而来。有人运用了文字学上的术语,说甲骨文字起源于“象形”,说甲骨文字是象形体系文字。“象形体系文字”如果是指甲骨文字来说,这样叫名也未始不可。我个人认为,“象形”二字用的不一定合适。因为“象形”已经用做“六书”之一的专门术语了。合适的说法,还是说“文字来源于图画”。这是第一点。

[2.5]有些学者根据考古发掘出来的陶器上面的文字,提出来汉字的原始时期是“指事物体系文字”。我们认为这种看法大可商量。主要理由是,陶器上的被认为的指事性质的文字是无论如何跟甲骨文字接续不上血缘关系的。因为,这些陶器上的文字大多数是由纵线条、横线条组织而成的。这些所谓指事文字,近乎记号,很难指出它具有图画的意味,迥乎不同于甲骨文里“人”字是画了个人之形。“马”字、“象”字,“鸡”字、“凤”字是画了个马之形、象之形、鸡之形、凤之形。甲骨文字都是“字”图写了“物”之形的。因之,这些所谓指事文字做不成甲骨文字的祖先,甲骨文字也做不成不指事文字的子孙。我们说,“事出有因”。这种所谓指事文字不能做甲骨文字的“来因”,人民群众也没办法推动“指事”的“来因”使它转移而成甲骨文字。这是第二点。

[2.6]所以,我们可以肯定地说,我们的甲骨文字来源于图画。地下文献的继续出土,将会证实我们这里的肯定,将会丰富上文[2.4]的“拟测”。

叁、关于“六书”说(上)

[3.1]有些人认为,先有“六书”造字之法,而后就依法造字。

这种认识是错误的。正确的认识是“法”在字后，“法”是总结“字”而产生的。手上一个“字样”（标本）也没有，又是前无所承，这样立“法”真是“万丈高楼平地起”，先民是不能具有这样的智慧的。这好比，世界上连一架最原始的飞机的影子也没有，而竟然会有了这样一位工程师，前无所承地凭空设计出一个“波音747”模型，而后根据这个模型造出成批成批的飞机。这不能叫人相信。这只能是神话。飞机发明的历史说明了飞机的在世上出现是经过千难万苦的，实验了又实验，改进了又改进，绝不是“一蹴而成”就有了“波音747”的。

[3.2]说是“先有法而后有字”的人，是因为他们的心胸中先横亘着一个“圣人”在。有了圣人就一切都好办了。因为圣人是万能的。现在我们破了“圣人造字”这个迷信了，现在我们说“群众造字”。“仓圣造字”，我们不相信有这回子事了。这，我们是正确的，是合乎马列主义宇宙观的。但是，“群众造字”还不是最后的答案，还不能解决“字”的如何降生于世的问题。难道群众也是“先立法而后造字”？现在我们有些人不在意就会满足于“群众造字”认为这是最后的答案，但，这迥乎不是，我们还应当追根究底。“群众造字”并不是“自足”的答察，还差得远。

[3.3]先引一段书。《原始社会史》（苏联阿·尼·格拉德舍夫斯基著，东北师范大学历史系翻译室翻译，高等教育出版社1958年8月版），这里的引文见该书“精神文化”章“艺术”节，页124至页128。

[3.4]艺术作品很早就产生了。我们看到在旧石器时代晚期，就有很多物体写生画。造型艺术的形式是多样的，其风格也是多样的。有雕刻、绘画、石头上和骨头上的雕刻等许多作品都体现着现实主义的精神并且已达到美妙地步。

内容也是多种多样的。有各种各样的动物如鱼爬虫和植物的写生画，有画着戴假面具和穿衣服的人们的绘画，也有画人形兽像的绘画等等。其中某些绘画已具有很高的技巧,其完美的程度使现代人感到惊奇。在阿尔塔米尔洞中(西班牙)、尼奥(法国)、玛尔塔(苏联)和其它许多地方有许多用鲜明色彩画出的绘画,其技巧已达到特别美妙的境界。(页125)

…………

[3.5]这种画具有怎样的性质呢?假如我们想到,原始部落人们跳舞、模仿野兽动作、戴着假面具是为了施行巫术促使狩猎顺利,那么可以推断其中一部分也应当是为了狩猎顺利。画着人形兽像和兽形人像大概是表现神话中的人的祖先。人的祖先是半动物半人形的观念差不多在一切部落中都有。这种观念的残馀在埃及还保留着。在那里,神被描绘为半动物半人的形态(奥西里斯,爱西丝。等)。在希腊的神话中也有同样的情形。例如,坎塔费尔被描绘为半人半马之怪物。(页126至127)

这本书还说:

[3.6]某些学者断言,旧石器时代的人们的艺术似乎是图画文字。(页126)

[3.7]我这里大段地引了《原始社会史》,是因为它跟本文的讨论有关,跟我们主张的“文字来源于图画”有关。

真是事有巧合呢!我们甲骨文字里头有个猴子不像猴子的动物像。据考订,它还真的是商代伟大的祖先呢!

[3.8]《说文解字·序》里,许慎好像在暗示我们文字是受了什么样的启发才降生的。比如,天文、地理、动物、植物、兽蹄、鸟迹,再加上“近取诸身”的耳目、手足等等。这些各类的物与物之间是存在着差异的,根据这些物与物之间的差异来制字,就可以造出各不相同的字。许慎好像强调物与物之间的差异启发了造出有差异而不会混同的字,许慎强调了差异而没强调有个图画在手上可供参考,或可供继承。

[3.9]文字是撇开图画在一边不睬、自己另起炉灶、别开门户

地重新来个“依类象形谓之文”吗？许慎可能没有足够的条件来认识图画跟文字之间的继承性，因之说出了不少有失误的话，这“依类象形谓之文”便是其中的一句。这句话耽误了我们对文字的产生和发展的观察研究。耽误之一是累得前人有了可能去讨论圣人是“先立法（六书）而后造字”，也累得我们这些有了“群众造字”的正确认识的人也留在“六书说”的一些问题里打圈子。我们的先民真的“笨”到一旦造字就把那相处几万年的堪称美妙的图画忘到爪哇国去了吗！这里我应当把《原始社会史》再抄几行：

[3.10]现在产生了这样一个问题，这些图画是谁画的。资产阶级学者断言这种图画是由特殊天才的人画的。这种说法无疑是错误的。马克思和恩格斯在《德意志意识形态》中指出：“艺术天才专门集中在个别人身上和与此相联的对广大群众艺术天才的压制是劳动分工的结果……在社会按共产主义组织时……把艺术家局限在某种艺术的范围内，使他是专门的画家、雕刻等等的现象就会消失，只有兼从事绘画的人。”（页127）

[3.11]请注意，群众是会画画的，会画画的正是这些群众，会造字的也正是这些群众！

肆、关于“六书”说（中）

[4.1]“六书”说自降生而来，就没过过太平日子，就没见过大统一局面。“六书”说就有三家：

班固《汉书·艺文志》： 象形 象事 象意 象声 转注 假借

郑众《周官·保氏·注》：象形 会意 转注 处事 假借 谐声

许慎《说文解字·序》： 指事 象形 形声 会意 转注 假借

三家称名不完全一致，次序也不尽相同。如果向上一推，这三家还同是本之于西汉末年的刘歆呢。至于刘歆也是前有所承，那就更不用说了。

[4.2]原来汉字的特色之一,在于它的构形的“有理性”。每一个字的构形,都有其“所以然”可说。“日”字象“日实”之形,“月”字象“月阙”之形,能“止戈”就是“武”,是“人言”就当“信”。真是处处在理,令人叹服。被这种“有理性”的字熏陶久了,人也就能够心领神会地体味到汉字构形的奥妙之处了。楚庄王的“于文止戈为武”,十足地说明了“拆白道字”在当时已经蔚为风气。楚庄王不致费神说废话,他是在那里“引经据典”。群臣也认为庄王是“论据充分”,理所当然。那么,这种“拆白道字”风气之“由来久矣”也就不问可知了。向后流传,许慎中毒很深;中古近古还把它算作妇女“有才”之一目。直到二十世纪“九流”中还有“拆字”这一行业。许慎的空前巨著《说文解字》,名字就叫得很形象:说者、道也;解者、拆也。有人说,中国在两千五百年前就有了文字学,这话绝不是夸大其词。那么,刘歆并不是个创造者,他也不过是尽其传授之劳罢了。

[4.3]“六书”的数字为什么是“六”?提问这个问题并非无因,乃是,一则,六书”的象形、指事、会意、形声这四者,谈的是一个角度,转注、假借这二者,谈的是另一种角度,不在一个水平面上,合在一起说“六”很是勉强。二则,有人认为凑个“六”是附会“六甲(干支)之书”,就算他不扯进“六甲之书”吧,它本身还是有“分体、分用(象形、指事、会意、形声四者为体,言造字之法;转注、假借二者为用,言用字之法)”与“不分体用(转注、假借亦是造字之法)”之争。

[4.4]“六书”说还有次序上的争论。比如,是指事先于象形,还是象形先于指事。

参加这一讨论的,大概是前“四书”。这可以列个表:

象形
——会意——形声
指事

直到现在，还没听到会意一书要争第一位，这大概因为它已被排进了“字”之流，既然是“字”了，位次自然非要靠后不可了。那么，实际上剩下象形、指事在争孰先孰后。

[4.5]这里，我再引一段文字。它对我们思考问题有帮助。我还要说明一点，我是重在让朋友们知道文化史上有过这么回子事，可以供我们思考问题时之一助，使我们的思考不致陷入片面。至于原文作者所持的观点是否完全可从，这就要朋友们自己去判断。

还是引的《原始社会史》，住在客房里写文章，朋友们替我找来这本书就很令人高兴了。好在它的资料是足以说明问题，也大概不致误人。这书说：

还有一种特殊形式的文字，这种文字通常叫做实物文字。人拿一定的物品，这种物品可以用来促使他或别人想起某种消息或事物。例如，……。实物文字是形象文字的开端。

[4.6]形象文字中实物所表达的只是对方所熟悉的意义，它的意义对于不知道这件事情的人是不可理解的。例如，北美印第安人易洛魁部落把缀有玻璃珠的带子当做形象文字。在这上面缀有不同的图形，这些图形对这带子的所有者来说就是他叙述某种事件的大纲。形象文字曾在一些部落间广泛通行。例如，有一次住在苏必利尔湖附近的一些印第安部落曾给美国总统或者如他们所称“大祖父”，一种用形象文字写的请愿书。这信上画着由鹤领队的一些动物，这表示着以鹤氏为首的不同的部落联合。这些动物的心用绳索相连。这绳从鹤的眼睛中穿出，绳的一端向着总统，另一端向着湖。这封信表示，印第安人共同向总统要求允许他们在湖里捕鱼，因为没有湖他们是难以维持生活的。（页120）

……

[4.7]所谓图画文字就是由这种文字发展起来的。在图画文字中有许多在比较大的范围内人人都能懂得所表达意义的绘画。例如，需要表示天就画上几个星星，需要表示道路就画上脚步的痕

迹,等等。最初的图画文字好像一种画谜。墨西哥人为了表示“亲近”就画牙齿,为了表示“抓”就画双手。

[4.8]由图画文字演进为表意文字。在表意文字中,形象性逐渐消失而为约定俗成的表达一定意义的符号所代替。埃及的象形文字就是这种文字的实例。象形文字成为约定俗成的文字,并且与某种声音的组合相紧密结合。这个过程导致字的表意标记先分化为音节,而后分化为字母。后来就这样地产生了字母。(页121)

看了上面的引文,尤其谈请愿书和谈图画文字那两段[4.6—4.7],该不致仍然执着于会意一书必须位居第三了吧。唐立庵先生(兰)也曾引古图画来说明“射”字的产生,也指出会意一书不一定产生在后。朋友们可以参看。至于文字降生之艰难,文字降生之阶段,上引文皆有反映,我们也该不执着于“六书先于造字”了吧!

伍、关于“六书”说(下)

[5.1]就着汉字的实际情况说,造字之法细分起来可以不止于“四”而如果概括地说,大概有了“三”也行。目前的“三书”说,是“象形、象意、象声”。用“三”,也概括得了所有的造字之法。古人的智慧表现在造字上是随处可见的,我们真叹服古人用心的细密,但我们不能够随处立法以表彰古人,那会把“法”立得太烦琐了。

[5.2]还有一种情况是“法由字生”。“字”生了“法”,古人就又利用了这种法再造新字。请同志们注意这一点:人用智慧创造了字,字也用它的形体来教育人。不是教育了张三,就是教育了李四。总会有人受了它的影响,受了它的启示。这种教育人的形体,也包括讹变了的形体。先是算讹体、变体,用惯了就又成了正体。这个讹体、变体,其给人的以教育,以启发,也跟正体一样,人从正体、讹体、变体又悟出了新“法”,这就是我们所说的“法由字生”。

在汉字里这种事例是不少的,不过我们研究的人不大注意从这个角度去认识它罢了。这里,我们还得赘说一句以邀同志们注意:人民群众在使用文字的实践中,也不知不觉地接受了文字的教育,这一事实是说明实践教育了人。这种说法是辩证唯物主义的,没有一点"玄虚"。务请同志们注意。当然,对于这种看法,同志们也可以用思考审查它,看一看这种"教育论的说法",正确不正确。

[5.3]象形法并不是一个简单的法。会意法也不是一个简单的法,形声法也不是一个简单的法。我的老师唐先生在他的《古文字学导论》(1934 年北京大学讲义手写石印本,1963 年中央党校历史教研室影印本,这里根据 1981 年 1 月山东省齐鲁书社印的增订本,收有唐先生 1936 年对本书所作的改订稿,齐鲁本是当前最完备的本子)页 87,又页 74,又页 403—404 里不赞成所谓"指事"字,认为指事"这种文字,大都是象形,或象意,在文字史上根本就没有发生过指事文字"(页 87)。那我们也就不谈指事了。

[5.4]"月"字就是一个不简单的象形字。在图画里,很可能常常出现阙月,事实上一个月里,月没有几天是圆的。但就文字来说,"日"字取其"实","月"字取其"阙","星"字取其"多",把三者放在一起一比较,古人的智慧就清楚地显示出来了,朋友们试想一想,对"日"有"月"会给使用汉字的人以什么教育呢? 我们可不可以对"鸟"有"乌"呢? 可不可以对"木"有"不"呢? "日:月,鸟:乌,木:不"如此等等。难道不给使用它的人以教育、以启示吗? "有"字、"生"字,不也是用这个方法类推出来的吗? 这"月"字是单纯的象形吗? 这"有"字、"生"字又算"六书"中哪一书呢? 可见人民群众智慧无穷,用心微妙,造字之法不是四,也不是六所能概括得尽的!

请连带说些事例,比如"朱:刃:单:行:石";又比如"余:佘","沈:沉;又比如"凤:凰";等等,在"六书"中归入哪一类呢? 但这些都反映着智慧的光芒。

[5.5]"会意"作为造字法,是不免有些任意性的,因为"会意"

带有猜的性质。下面我们讲的事例可以说明这一点。

应当指明的是,早期文字只是"象意",没有什么"会意",而"会意"是由"象意"讹变转化而来。

[5.6]所谓"象意",意思是"因象(图象)见意",打个比方,"炙"字可以算个例。"炙"字的"肉"可不能放在"火"下,放在"火"下就"炙"不起来了。"从肉在火上"就叫"因象见意"。同理,甲骨文字里的"日昃,之"昃"字,绝不能把它写成"日字头",因为"日"字当头,那就只好是"日午"了。甲骨文字的"昃"字照了个"大(人形)"的"不正"之形,来表示"日"已不正。人影就不正,此谓之"昃"。这就叫做'因象见意"。"因象见意"有个很好的例子说明它是因图画而有的,这就是"射"字是可以从"人射鹿"的图画"剌取"而来。这个"剌取"是十分可能的。"文字来源于图画","人们不能在推动图画转移为文字的时候把图画忘到爪哇国里去",这就是"可能"的理由。

[5.7]许慎解释"会意"是"比类合谊,以见指撝",举的例子是"武"、"信"。实在说,这只是因象见意之后的会意。如果说得比较合理一点,"因象见意"是前期会意造字,而"比类合谊"是后期共会意造字。

[5.8]这"比类合谊"式的合意是怎样产生的呢?这里就用"武"字为一例。这"武"字的全图原本是画一个"人持戈"之形。"武"形特显其"戈",乃表示"武"与"戎事"有关;"武"形又特显其"止(足)",乃表示"武"与"足之蹈之"的舞有关。这就是"武"的有"威武"之义,"步武"之义的所以然。后来,字写得简单了,只保存着其特征"戈"与"止",于是开导了古人的"止戈为武"的误会。我们如果要求人们从仅存的"止"、"戈"推想出"人持戈"形,那是强人之所难的,而推想出"止戈为武"则是顺理成章的。由此可见,"止戈为武"实在是来自字体的简省讹变,而这种简省讹变也

促成了造字之“比类合谊”的一个法。

［5.9］形声字并不是那么容易地降生到人间的。使用汉字的人，能抽象出个形符来，能抽象出个声符来，并且，能领略到应用形符和声符配合造出新字，那必须经受汉字的长期教育才行。人们立下了“以事为名，取譬相成”的“形声”造字之法来，那是经过万千甘苦的。我们回答“群众造字”是很容易的，但我们回答“群众如何造字”就困难了。一般人不去追究“群众如何造字”是什么缘故呢？是心目中还有个“圣人”在。以为圣人是如何造字的，群众便是如何造字的，这还用问！那么，这不过是把“圣人造字”这个公式中的“圣人”二字，用“群众”二字替换一下就是了。“圣人是天生的”；“圣人未过先知；先立造字之法而后依法造字，照章办事，无往而不利”；等等，难道我们应该把“圣人造字”原来所披着的诸如此类的“黄袍”也加在群众身上吗？那无异承认“群众造字＝圣人造字”。果真如此，那《劳动创造人本身》这篇宏著我们是白读了，因为我们竟然承认“人天生下就是跟而今之完美的人无异”！形声法是天生下来就是“以事为名，取譬相成”嘛！我看朋友们谁也不肯相信这是正确的。我们应当认识到，许慎是伟大的，而也是可怜的。但许慎的可怜是情有可原的，文献不足征的局限，时代思潮的局限，他只得向圣人低头。而我们呢，我们是甲骨材料在手，马列主义在胸，为什么我们不知不觉中又向圣人低头呢！我们应当正视这个问题：许慎的可怜正证成了许慎的伟大，他按照他的时代的要求——如一地诚实地完成他的功业，他无愧于他的后来者。我们，作为他的后继者，有责任光大他，扬其所长，补其不足，以不负我们的时代的要求。

［5.10］关于形声法诞生于世的艰难曲折，唐先生已经给了我们以精辟论述。今述其大意。比如“闻”字，原是“听听门内之声”；“问”字，原是“问问门内有人没有”。在这里，“门”字，作为字

的一部分，它是担负着“意义”一部分的，久而久之，它却取得了“声符”的抽象，“耳”、“口”那一部分，倒被挤到（抽象到）“形符”的范畴里了。又比如“富”字，无非表示家中有“丰满的储藏”（有人认为“畐”是装得满满的皮袋），“渔”字无非是表示“鱼”在水中。在这里，“畐”字、“鱼”字，作为字的一部分，它是担负“意义”的一部分的，久而久之，它却取得了“声符”的抽象，“富”字的头部，“渔”字的“水”旁，就自然而然地变成了形符了。大意如此。

[5.11]我现在正想追究一下：形符的产生的途径、产生的困难，它是几经曲折才扎住阵脚的。它的“以事为名”的价值怎样才随着人的认识的发展、思维的发展和时势的需要而被肯定下来的，等等。这些题目都不容易整理清楚，得到个令人满意的答案。举个困难情况例，甲金文字里，有时有了合式（与义类结合）的形旁了，可一会用它，一会又不用它；一会又把形旁用在不相干的场合。常常出现些令人难以追踪捕影的情况。现在我们研究生文字学专题讨论班正在探讨这个问题，希望清理个水落石出。

（原载《济南大学学报》1992年第1期）

联绵字简论

第一、联绵字的定义

古代汉语里的联绵字是古代汉语里的复词的一种。这是汉语学者所公认的。联绵字从书写方面看来,它是个两字结构,也就是写出来是两个字。① 在我们认识联绵字的过程中,发现这种作为联绵字的两字结构跟古代汉语里的其他种类的两字结构(复词或词组)往往在某些例子上存在着界限不清的现象,这使我们不得不首先谈一谈联绵字的定义,也就是要弄清楚什么是联绵字。我们希望不要把那些不是联绵字的错算到联绵字里来,不要把那些原来是联绵字的错认为不是联绵字。决定古代汉语里的一个两字结构是不是联绵字,工作并不简单。以往的学者在这个问题上在某些例子上就有点弄不清楚;并且,根据工作经验,即使在我们提出来"什么是联绵字"加以一番讨论之后,一不小心,仍旧有出错的可能:或是让某些原来是联绵字的从我们手里滑过去了,或是把某些原来不是联绵字的算作联绵字。所以,在我们谈联绵字的时候,首先要讲清楚联绵字的定义,并时时用它来检验我们订定联绵字的工作。

一、古代汉语里的两字结构

古代汉语里的两字结构有的是复词,有的是词组,有的可以是

---

① 联绵字两字以上者甚少。

句子。我们这里谈古代汉语的两字结构,当然是谈复词以及常常连在一起用的那种近乎复词的两字词组。我们这里规定一下我们的两字结构的意义就是这样。这种两字结构在古代汉语里有如下九种方式:

1. 两字互训者;
2. 两字义类相近者;
3. 两字意义相反者;
4. 两字之上一字为形容下一字者;
5. 两字之下一字为说明上一字之义类者;
6. 两字之上一字为附加者;
7. 两字之下一字为附加者;
8. 联绵字;
9. 重言。

大概说来,1 至 5 有关于意义者多,6 至 9 有关于声音者多。

二、不易与联绵字相混的两字结构

上面列举古代汉语里两字结构的九种方式,联绵字是其中的一种。其他八种,有的容易跟联绵字相混,有的不容易跟联绵字相混,现在先谈不容易跟联绵字相混的。

1. 两字意义相反者

这种两字结构系由两个意义相反的字合成,如"左右"、"水火"。"左右"的意义,表"侍从",如《孟子・梁惠王下》"王顾左右而言他";表"辅助",如《诗・商颂・长发》"实左右商王"。这是第一种。

另一种像顾氏炎武所举的一些。顾氏炎武尝云:"古人之辞宽缓不迫,如'得失'、失也,'利害'、害也,'祸福'、祸也。"①顾氏所

① 《日知录》卷二十七"通鉴注"条。

举的“得失”等，都是两字意义相反的结构而偏用两字中一字的意义为整个结构的意义。这就是刘盼遂先生所说的“复词偏义”①的例子。这是第二种。

看上面的例子，可以知道这种意义相反的两字结构跟联绵字之间的区别很容易认出来，那就是：联绵字绝无上下两字意义相反者。

2. 两字之上一字作形容用或下一字作说明用者

这类两字结构上一字形容下一字的如“淑女”（《诗·周南·关雎》“窈窕淑女”），下一字说明上一字的义类的，如“凤鸟”（《离骚》“吾令凤鸟飞腾兮”）。

这类结构，或是上一字就下一字所表示的事物所可有的性质而加以形容，或是下一字就着上一字所表示的事物所属的义类而加以说明。这种上一字的形容作用或是下一字的说明作用是很容易认识出来的。

再则，这类结构，组织上也是比较松懈自由的，比如我们还可以有“淑人”（《诗·曹风·鸤鸠》“淑人君子”）、“鸾鸟”（《楚辞·九章·涉江》“鸾鸟凤皇日以远兮”）之类。

上面所说的两种性格，都是联绵字所没有的。就是说，联绵字之上一字非以形容，下一字非以表类，且其上下字亦非如“淑女”、“凤鸟”等在组织上之较为松懈自由。

3. 两字之一为附加者

这类两字结构上一字为附加的如“有司”，下一字为附加的如“犬子”（司马相如小名犬子）。

为什么要附加“有”字，有些人用“足字”来解释，比如王引之说“一字不成词，则加‘有’字以配之”②。至于为什么要附加“子”字，像“犬子”这样的结构应该是后来汉语里“～子”尾结构的先兆了。

---

① 刘盼遂先生《中国文法复词中偏义例》，载《燕京学报》。

② 《经传释词》卷三“有”条。

这类带有附加的结构是很容易认识的。古代汉语里这种做附加用的字并不多,带有附加的结构也不常见。所以这类结构不容易跟联绵字相混,这因为:联绵字之上下字是合起来表示实在意义的,它的上字或下字绝不会是个附加的成分。

4. 两字义类相近者

这类两字结构是上下两字各表一事而其事类相近,比如"虎狼"("秦,虎狼之国")、"日月"("仲尼,日月也")。

这类结构因其上下字各表一事,所以很不容易跟联绵字相混,这因为:联绵字之上下两字绝不各指一事。

以上所说的都是比较不容易混进联绵字里来的两字结构,但亦有把联绵字错算作其他两字结构的。这比如以"犹豫"为二兽名,以"狐疑"为"狐性多疑",以"佯狂"为"诈为疯狂"等。① 这可见订定联绵字不是一项简单的工作。

三、联绵字与互训式的两字结构

互训式的两字结构是上下两字可以互相训释。先举《左传·成公十三年》吕相绝秦里的一些两字结构做例,如:

> 申之以盟誓,重之以昏姻
> 文公躬擐甲胄,跋履山川,逾越险阻
> 文公恐惧,绥靖诸侯
> 殄灭我费滑,散离我兄弟,挠乱我同盟,倾覆我国家

以上诸例里的"盟誓"、"逾越"、"险阻"、"恐惧"、"绥靖"、"殄灭"、"散离"、"挠乱"、"倾覆"等,都是互训的两字结构。我们现在把它们的古训检出来看一看。

---

① "犹豫"、"狐疑"参王引之《经义述闻》卷二十九《通说》上"犹豫"条;"佯狂"、"猖狂"为一语之转。

盟誓　盟者,杀生歃血诅命相誓以盟约束也。(《公羊传·隐公元年》"为其与公盟也"注)

誓,约束也。(《说文》)

险阻　阻,险也。(《说文》)

险,阻、难也。(《说文》。意即"险,阻也、难也"。——参王氏筠《说文释例》)

恐惧　恐,惧也。(《说文》)

惧,恐也。(《说文》)

绥靖　绥,安也。(《诗·樛木》"福履绥之"句毛传)

靖,安也。(《书·盘庚上》"自作不靖"马注)

殄灭　殄,尽也。(《说文》)

灭,尽也。(《说文》)

殄,灭,尽也。(《尔雅·释诂》)

散离　椒,分、离也。(《说文》。案:《说文》:"散,杂肉也。"朱氏骏声《说文通训定声》"椒"下云:"经传皆以'散'为之。")

离,散也。(《广雅·释诂》三)

挠乱　挠,乱也。(《广雅·释诂》三)

倾覆　倾,覆也。(《淮南子·原道训》高注)

上面所引的故训,都是"盟誓"、"险阻"等两字结构上下两字互训的证明。这里,我们说一说互训的三种格式:

一、甲,乙也;乙,甲也。这比如上例的"恐惧"。

二、甲,乙也。这比如上例的"挠乱"。

三、甲,丙也;乙,丙也。这比如上例的"绥靖"。

第一种"甲,乙也;乙,甲也",是互训不成问题。第二种"甲,乙也",王氏引之就指出它们("甲"、"乙")的互训的性质,这从他说的"移"既可以训"易"则"易"亦可以训"移"这番话可以看出。①第三种"甲,丙也;乙,丙也",郝氏懿行也指出它们("甲"、"乙")

① 参《经义述闻》卷二十九《通说》上"易"条。

的互训的性质，这从他说的“初”、“哉”、“首”、“基”等即皆训始则例得兼通这番话可以看出。① 所以上面的故训可以证明“盟誓”、“险阻”等都是互训的两字结构。

互训的两字结构为什么会跟联绵字相混呢？好像我们既然认识到它是互训的两字结构就不至于错认它是联绵字了。但问题并不这么简单。这因为有些明明是联绵字的，也往往被一些训诂家解释作互训的结构。这比如“泛滥”是联绵字，《说文》就用互训方式替它作训；“辗转”也是联绵字，《说文》解释作“展，转也”（《诗·关雎》“辗转反侧”，《释文》“辗，本亦作展”）。这样一来，有些互训结构跟联绵字就很不容易划分明白了。

以上说明互训两字结构的互训性质不能自别于联绵字，不独这样，我们即使从互训结构和联绵字两者在文章中使用的习惯来观察，也感到两者有很多例子不容易区别。

互训结构在文章中使用的习惯，不外合用、分用、单用等。现在举“申重”为例。

“申重”是个互训结构，《尔雅·释诂》“申，重也”可以说明这点。“申重”在文章中施用的情况有：

> 爵服刑赏以申重之。（《荀子·富国》。注：“申，重也。”）——合用
> 申之以盟誓，重之以昏姻。（《左传。成公十三年》）——分用
> 纷吾既有此内美兮，又重之以修能。（《离骚》）——单用
> 既替余以蕙纕兮，又申之以揽茝。（《离骚》）——单用

可是，联绵字在文章中的使用，也同样有这类情况（参看第四《联绵字上下两字之分合》），所以这种合用、分用等情况在区别互训两字结构和联绵字上并没有多大作用。

再则，通常所说的联绵字之双声叠韵等性质也不是它跟互

① 郝懿行《尔雅义疏》“初哉首基……始也”条疏。

训结构之间的合适的区别标准。这一则,双声叠韵的性质并非联绵字所专有。比如"高岗"是双声,"锦衾"是叠韵,可是它们都不是联绵字;再如互训结构的"柔弱"是双声,"比次"是叠韵,可是它们也都不是联绵字。二则,联绵字也有好多就是既非双声又非叠韵的,所谓"非双声叠韵的联绵字"(参第二《联绵字的分类》)。这比如"强御",非双声叠韵,但实在是联绵字。所以双声叠韵这种声音上的性质在区别互训两字结构和联绵字上也没有多大作用。

由上面所说可知:互训这种性格,合用、分用这种性格,双声叠韵这种性格,都不能够很好地帮助我们区分互训两字结构和联绵字,那么我们应当怎样办呢?在整理一些联绵字之后,我们可以发现,联绵字自己有某些特性可以帮助我们确认它是联绵字。

四、联绵字的特性

联绵字的特性表现于外可供我们观察的有二:一是联绵字的书写变化不一,这比如"委蛇"、"委佗"、"委随"、"祎禕"等都是同一个联绵字的各种书写变化;二是联绵字的声音(特别是韵部)变化不一,这比如"逍遥"、"相羊"、"徜徉"等都是同一个联绵字的各种声音变化。这两种特性,都不是互训两字结构所可能具有的,更不是其他两字结构所可能具有的。所以,从这两种性格可以明辨哪些是联绵字,哪些是其他两字结构。

到这里,可以就联绵字的特性说明联绵字的定义如下。

联绵字实为一个声音单位(文献可考,它是包含两个音节的)而表之以两字,非由两字合成。

因此,联绵字是用这一个声音单位来代表一个意义的,这跟互训两字结构之合拢原来各是各的两个义同或义近的字以表示意义(作为复词或词组)的迥乎不同。

由此可知,联绵字实是一个声音单位表达一个意义,只是形式上写成两个字罢了。

五、联绵字与重言

重言是重叠一个字的两字结构,比如"关关"、"荡荡"。重言既是这样的两字结构,它跟联绵字自无相混之理。这里我们把重言拿进来谈,是因为:从变化上看来,重言跟联绵字实非截然为二,毫不相涉。主要的是,语言的修饰,可以使联绵字转为重言,而也有一些事例可以看出是因为声音上的变化造成联绵字跟重言的互相转化。因之,讨论联绵字应当包括重言。王国维先生《联绵字谱》也把重言列到谱里,这是很有卓见的。我们以后的讨论,便也把重言包括进来。

第二、 联绵字的分类——从联绵字的声音性质来讨论联绵字的分类

一、声音分类法和意义分类法

联绵字的分类方法大要有两种,一种以意义分,一种以声音分。以往很少特为联绵字而写成的专书,但是,凡是涉及到联绵字的书,其分类方法,盖不出此二者。以意义分类的,从《尔雅》以下诸雅类之书是;以声音分类的,诸韵书以及诸编韵之书是。把这两种分类方法比较一下,我们如果目的是在于便于研究,那就应当采用声音分类法。现在我们试从联绵字的性质来讨论联绵字的分类。①

---

① 部首(《说文解字》式的)分类法有符定一先生《联绵字典》。又,联绵字按其词性来说可以有名词、动词、形容词等(参王了一先生《汉语史稿》45—46页),但不必用词性来分类。

二、意义分类法及其缺点

为词汇分类之训诂书，莫古于《尔雅》。《尔雅》共 19 篇，也就是分为 19 类：《释诂》、《释言》、《释训》、《释亲》、《释宫》、《释器》、《释乐》、《释天》、《释地》、《释丘》、《释山》、《释水》、《释草》、《释木》、《释虫》、《释鱼》、《释鸟》、《释兽》、《释畜》。《尔雅》编制的方法是：事相类者，聚为一篇，比如《释亲》以下的 16 篇；义相同者，合在一条，比如《释诂》、《释言》、《释训》3 篇。这就是用的意义分类法。

这种意义分类法，对后世的影响很大。这因为：用这种体式编成的书，从这里依类寻求，有助于博闻多识；从这里选择词藻，也有助于造句为文。所以郭璞的《尔雅序》不独称《尔雅》是“九流之津涉，六艺之钤键”，并且赞扬它是“学览者之潭奥，摛翰者之华苑”。我们可以说，编纂《尔雅》的人，在编排故训的时候，也在无意之中替后世的类钞等书创造出一个以意义分类的体式。这种体式，旧日学人认为对于他们是很便当的，所以这种体式历久弗衰。

当然，《尔雅》这部书原不是为联绵字而作，更不是为联绵字的研究而作，所以在编排分类上根本就没有考虑到联绵字。不过因为它的这种以意义分类的体式，很便于“赡闻”、“洪笔”，就一直沿用下来，以至几乎是搜集联绵字的专书像明代朱谋玮的《骈雅》，在分类上就完全跟《尔雅》亦步亦趋①。这也因为朱氏作书的宗旨，大要在补“艺事一大歉馑”②，其意图原不仅乎在于“存训诂”，“赡闻”、“洪笔”这两项，也是他所兼重的。所以《四库提要》

① 朱氏《骈雅·序》曰：“……依《尔雅》、《广雅》之义，作《骈雅》七卷。”

② 见朱氏《骈雅·序》。

论到《骈雅》这部书的价值的时候说:“撷其膏腴,于词章要不为无补也。”当然,我们不能拿“联绵字研究”这样的标准来要求《骈雅》,从朱谋玮的作书宗旨来说,他当然要认为《尔雅》分类法是很合用的。

但是,我们如果现在要做联绵字的研究工作,目的是在于探语源、明声音、考训诂,而不把“赡闻”、“洪笔”当作主要任务,那么,像《尔雅》那种意义分类法就不应当再沿用下去了。这是因为要想在联绵字研究上做些探语源、明声音、考训诂的工夫,那就要着重研究联绵字意义方面的转移会通,可是意义分类法就不能满足这个要求。举两个例子看看。比如,《尔雅》以“果蠃之实栝楼”归《释草》,而“果蠃蒲卢”则归《释虫》;《广雅》以“胮肛肿也”归《释诂》,而“艂舡舟也”则归《释水》。“果蠃”和“果蠃”,“胮肛”和“艂舡”,论来源就应当归之一个语源,而“栝楼”和“蒲卢”,“肿”和“舟”,讲义类就只好归入两个事类。由此看来,如果用了意义分类法,对于那些语同一源而义在两类的联绵字就不能把它们合并在一起,这就不能显示出它们在意义上的转移会通了。比如,把“果蠃”、“果蠃”分开来看,就很不容易看出它们同是取义于“圆曲”;把“胮肛”、“艂舡”分开来看,就很不容易看出它们同是取义于“膨胀(气盛)”。用上意义分类法反而不能够显示出联绵字意义的转移会通,那又何必要用这种方法呢!所以王国维先生也认为以意义分类是不足取的。现在我们还可以再举个例子。比如,联绵字“缤纷”有三个意义:一是“盛多”,二是“乱貌”,三是“纠结”。这三个不同的意义,实在具有同一的来源。若果用上意义分类法,那这三个意义就要分散在三条里,这就不容易看出来它们原为一义之引申了。所以研究联绵字应当用声音分类法。

三、按韵分类法及其缺点

用声音分类法替联绵字编辑的专书,以往还没有。以往那些韵书或“编韵”（按韵编排）的书，虽多涉及联绵字，但考其实在，它们都不是为联绵字的研究而作的。它们的“按韵编排”，当然就不会考虑到联绵字意义的转移会通，并且也不会考虑到联绵字的声音的演变脉络（所谓“一语之转”）。现在我们可以拿朱起凤氏的《辞通》做个例子来看看。《辞通》所搜集的，十分之九是联绵字。《辞通》所用的方法，就是编韵法。这种编韵法的缺点是会使同一语源的联绵字分隔在几个不同的韵里，而不能同条共贯。比如，“浩唐”、“浩漾”、“浩瀁”、“浩洋”等都是同一语源的联绵字，但是《辞通》把“浩唐”、“浩荡”归入荡韵，“浩漾”、“浩瀁”、“浩洋”归入漾韵。跟“浩唐”、“浩荡”等是同一语源的，又有“沆瀁”、“潢洋”等，是放在养韵里；又有“灏溔”、“浩溔”等，是放在筱韵里；又有“澒溶”、“鸿溶”等，是放在肿韵里。这样一来，同一语源的联绵字都被分离隔阂起来，它们之间意思上的转移会通、声音上的演变脉络，就很不容易看得出来，这就很不便于研究了。其实这种编韵法，打个比方说，就像按字母次序排列出来的字典，只是为了便于检查而已。严格说来，这种编韵法实在不能算做声音分类法，因为它首先就不能反映出声音的演变脉络。

四、双声叠韵与非双声叠韵分类法

用声音分类法替联绵字分类而又以便于研究为主的，实在从海宁王国维先生的《联绵字谱》开始。《联绵字谱》是合理地应用声音分类法来安排联绵字的第一部书。王氏主张替联绵字分类应当“经之以声而纬之以义，以穷其变化而观其会通”。① 所以他的

---

① 王国维先生说：“联绵字者，合二字以成一语，其实犹一字也。前人《骈雅》、《别雅》诸书，颇以义类部居联绵字，然不以声为之纲领，其书盖去类书无几耳……若集此类之字，经之以声而纬之以义，以穷其变化而观其会通，岂徒为文字之助，亦小学上未有之事业也。”见北京大学研究所国学门拟题“古文学中联绵字之研究”说明。

《联绵字谱》就是用“经之以声”的方法来安排联绵字的。《联绵字谱》分联绵字为三类:一曰“双声之部”,二曰“叠韵之部”,三曰“非双声叠韵之部”。每一类又用声纽韵部来安排次序。其分类皆依据联绵字上下两字声韵上的关系(如双声,如叠韵,如非双声叠韵);每类中列词次第:其双声及非双声叠韵字则依声纽次序(如影、喻、晓、匣……)之先后为先后,叠韵字则依韵部关系之远近为远近(如东、蒸、侵、谈相邻,阳、耕相邻,耕、真又相邻之类)。这种以“穷其变化而观其会通”为目的的“经声纬义”的分类法自然要比意义分类法和编韵法高出多多了。

五、联绵字上下两字声韵上的关系

王氏分类法的原则以及目的都是很好的,但是有些地方还应当改进。现在先说一说联绵字上下两字声韵上的关系和联绵字声音转变的性质,指出王氏的方法为什么还要改进。

用双声、叠韵和非双声叠韵等做标目来安排联绵字,实在就是用联绵字上下两字声韵上的关系来做分类的准则的。如果依照这个准则,联绵字实在可以分为五类:

一曰双声字——凡联绵字上下两字仅有双声之关系者属之,如:

蟰蛸　《广韵》:蟰,苏彫;蛸,所交
参差　《广韵》:参,楚簪;差,楚宜
离娄　《广韵》:离,吕支;娄,落侯
陆离　《广韵》:陆,力竹;离,吕支

等是。

二曰叠韵字——凡联绵字上下两字仅有叠韵之关系者属之,如:

徘徊　《广韵》:徘,薄回;徊,户恢

阿那　《广韵》:阿,乌禾;那,诺何
常羊　《广韵》:常,市羊;羊,与章
从容　《广韵》:从,七恭;容,馀封

等是。

三曰非双声叠韵字——凡联绵字上下两字既无双声又无叠韵之关系者属之,如:

浩荡　《广韵》:浩,胡老;荡,徒朗
隆屈　《广韵》:隆,力中;屈,区物
卷娄　《广韵》:卷,居转;娄,落侯
纷挐　《广韵》:纷,抚文;挐,女加

等是。

四曰开合字——此类联绵字有一特点,即其上下两字既为双声又为叠韵,而只有开合的不同,如:

展转　《广韵》:展,知演;转,陟兖
间关　《广韵》:间,古闲;关,古顽
晛睆　《广韵》:晛,胡典;睆,户板
嫣婉　《广韵》:嫣,於殄;婉,于阮
缱绻　《广韵》:缱,去演;绻,去阮

等是。①

五曰重言——凡联绵字上下两字相同者(亦即声韵全同者)属之,如"关关"、"夭夭"、"平平"、"騑騑"等是。

用上下两字的声韵上的关系做准则来替联绵字分类,大概可以得出以上五类。这五类的总名就是"联绵字"。

六、双声、叠韵与非双声叠韵分类法的缺点

用联绵字上下两字声韵上的关系做准则来替联绵字分为若干

---

① 开合字例子不多,且多为古寒部(及其入声韵部曷部)字。这是很可注意的现象。

类已如上述,但为研究联绵字音义的转移演变计,又不必拘拘乎依照上述几类来安排联绵字。比如,我们如果立一个“叠韵之部”来安排联绵字,那么,联绵字的音义的转移演变的情况,就会受到韵部的隔阂,而不能显示出来了。

现在举例说明。比如:

“偃蹇”是古寒部字,语之转有“夭挢”,“夭挢”就是古宵部字了。

“灏溔”是古宵部字,语之转有“潢洋”,“潢洋”就是古阳部字了。

“筕篖”是古阳部字,语之转有“籧篨”,“籧篨”就是古鱼部字了。

“绸缪”是古幽部字,语之转有“缠绵”,“缠绵”就是古寒部字了。

“相羊”是古阳部字,语之转有“逍遥”,“逍遥”就是古宵部字了。

“炰烋”是古幽部字,语之转有“彭亨”,“彭亨”是古阳部字;又有“膖肛”,“膖肛”就又是古东部字了。

“彷徨”是古阳部字,语之转有“盘桓”,“盘桓”是古寒部字;又有“徘徊”,“徘徊”就又是古微部字了。

“媻姗”是古寒部字,语之转有“婆娑”,“婆娑”是古歌部字;又有“扶苏”,“扶苏”就又是古鱼部字了。

诸如此类的情形,如果立个“叠韵之部”来安排,那一定要叫同一语源的诸转语各在各的韵部,这样,隔阂就产生了。并且,用这种方法来安排联绵字,还会时时碰到比这更困难的情况。比如:

“强梁”是古阳部的叠韵联绵字,语之转有“据梁”,“据”古鱼部字,“梁”古阳部字,于是“据梁”不能算叠韵联绵字,而应当算作非双声叠韵联绵字了。

“罔象”是古阳部的叠韵联绵字,语之转有“无伤”,“无”古鱼部字,“伤”古阳部字,于是“无伤”不能算叠韵联绵字,而应当算作非双声叠韵联绵字了。

"拘搂"是古侯部的叠韵联绵字，语之转有"拘挛"，"挛"古寒部字，"拘挛"就应当算作非双声叠韵的联绵字了。但语之转又有"卷娄"，又有"挛卷"（即"卷挛"之倒言），"卷"古寒部字，"娄"古侯部字，"卷娄"是非双声叠韵联绵字，而"挛卷"则是叠韵联绵字。

由此可见，用上"叠韵"、"非双声叠韵"来安排联绵字，仍然会把同一语源的诸联绵字音义上相关的现象分割开来，其缺点也跟意义分类法差不多。这比如王氏的《联绵字谱》中"浩荡"是放在"非双声叠韵"这一类的匣纽下，"潢洋"是放在"叠韵"的匣纽下，同一语源的两个转语"浩荡"和"潢洋"就被放在两处了。怎样才能免除这种缺点呢？那就应当用侧重声纽的分类法。

七、声纽分类法

为什么要用侧重声纽的分类法来安排联绵字呢？这因为汉语语音的转变，声纽较为有定。侧重比较有定的声纽来分类，隔阂的流弊就可以大大减少。比如：

"偃蹇"、"夭挢"韵部上虽有寒部、宵部的不同，但从声纽来看，它们都同以＊ø-、k-为声。

"绸缪"、"缠绵"韵部上虽有幽部、寒部的不同，但从声纽来看，它们都同以＊d'-、m-为声。

"炰烋"、"彭亨"、"膖肛"韵部上虽有幽部、阳部、东部的不同，但从声纽来看，它们都同以＊b'-、x-为声。

凡是像这一类情况的联绵字，用上侧重声纽的分类法来安排，就不致把同一语源的安放在不同的韵部里去了。

又比如：

"强梁"、"据梁"虽然有叠韵和非双声叠韵的不同，但从声纽来看，它们都同以＊g-、l-为声。

“罔象”、“无伤”虽有叠韵和非双声叠韵的不同，但从声纽看，它们都同以 * m、d(j)-为声。

凡是像这一类情况的联绵字，用上侧重声纽的分类法来安排，就不致把同一语源的安放在“叠韵”和“非双声叠韵”两部里去了。

钱玄同先生曾经说过这样的话：

> 窃谓古今言语之转变，由于双声者多，由于叠韵者少；不同韵之字以同纽之故而得通转者，往往有之。①

这是研究有得之言。我们在研究联绵字的时候，也看到情况正是这样。所以，侧重声纽来分类，正可以显示语言转变的性质，也很便于对联绵字的声音意义的研究。至于声纽有互相通转的，也大体转而不出其类。其大类可分为四：一、喉牙为一类（如：影……见……）；二、舌为一类（如：端……知……照……，来）；三、齿为一类（如：精……庄……），唇为一类（如：帮……非……）。凡是古今音变而声纽因而不同的，还可以根据古读为之系联。这样办，同一语源的联绵字就不会被声纽不同所隔阂；这样办，同一语源的联绵字往往会聚在一起，观察它们之间的声音意义上的联系，也就了如指掌，省力多了。比如，朱氏《辞通》如果用上侧重声纽的方法来归类，又何至于不能悟出“浩漾”、“潢洋”、“澒溶”等实在是一语之转呢！至于为了一般人使用，编个好的索引，就可以便于检查了。

第三、联绵字的转语

一、什么是联绵字的转语

《诗 · 小雅 · 蓼莪》五章云：“南山烈烈，飘风发发。”六章

① 见钱玄同先生《文字学音篇》23 页。

云:“南山律律,飘风弗弗。”《毛传》云:“律律犹烈烈也;弗弗犹发发也。”

又,《诗·唐风·绸缪》云:“绸缪束薪。”《毛传》云:“绸缪犹缠绵也。”

又,《诗·大雅·荡》云:“女炰烋于中国。”《毛传》云:“炰烋犹彭亨也。”

上面的“烈烈”和“律律”,“发发”和“弗弗”,“绸缪”和“缠绵”,“炰烋”和“彭亨”,各为一语之转。现在叫互为一语之转的做“转语”。例如我们说“烈烈”是“律律”的转语或“律律”是“烈烈”的转语,说“绸缪”是“缠绵”的转语或“缠绵”是“绸缪”的转语。

联绵字的转语最常见的是相对应的双声转语。比如“烈烈”、“律律”同以＊l-、l-为声,“发发”、“弗弗”同以＊p-、p-为声,“绸缪”、“缠绵”同以＊d‘-、m-为声,“炰烋”、“彭亨”同以＊b‘-、x-为声。

这种“声同韵异”的现象,是同一语源的诸转语的重要性质之一。① “韵异”,是转变的结果;“声同”,则正好可以做定它们是互为转语的参考。

二、转语的复用

联绵字的转语,在文章中常见复用。不独在《诗》、《骚》、赋里常常有这样的情形,在散文中也往往遇到。

复用的方式大约有三种。第一种方式是四字成读(逗),包含两个转语。比如:

嵚岑碕礒——《楚辞·招隐士》

“嵚岑”古侵部字,“碕礒”古歌部字,同以＊k‘-、ŋ-为声,互为

① 这里的声同,包括(一)历史演变,如端、知、照为声同;(二)声类相近,如见、匣在特定的时地可以为声同。

转语,所以《招隐士》里的"嶔岑碕礒"是转语复用。又如:

龙邛脟圈①——《九叹·逢纷》

也是同样的情形。

汉赋里像这样的复用转语的例子较多,现在举司马相如《子虚》、《上林》两赋里所见的为例,如:

纡余委蛇——《上林赋》(《文选》卷八)

隐辚郁㠥——《上林赋》

隆崇嵂崒——《子虚赋》(《文选》卷七)

嵯峨嶕嶫——《上林赋》

偨池茈虒——《上林赋》

罢池陂陀——《子虚赋》

陂池貏豸——《上林赋》

媻姗教窣——《子虚赋》

便姗嫳屑——《上林赋》

偪侧泌瀄——《上林赋》

等皆是。还有虽非四字成读,但其性质实与以上诸例相同的,如:

阴淫案衍之音——《上林赋》

然后灏溔潢漾——《上林赋》

丽靡烂漫于前——《上林赋》

等是。这是第一种方式,是复用转语在一读中者。②

复用转语的第二种方式是用在同一读(或句)中,只是两转语之间又插进了虚字。比如《楚辞》里的:

聊逍遥以相羊——《楚辞·离骚》(《九辩》同,"羊"作"佯")

音晏衍兮要婚——《九思·伤时》

① "脟",旧校云:"一作纶。"洪兴祖补注云:"脟音恋。"于此,正可推知"脟"字当时之音读情形。可参阅本章第四条。

② 《国语·吴语》"王亲独行屏营仿偟于山林之中",亦是在同句中的例子。

等是。汉赋里的如：

悲怆怳以恻惐兮——王褒《洞箫赋》(《文选》卷十七)

帷弸彋以拂汨兮——扬雄《甘泉赋》(《文选》卷七)

等是。再如《礼·三年问》的“踟蹰焉，蹢躅焉”，《庄子·齐物论》的“之调调，之刁刁”，也可以归入此类。

复用转语的第三种方式，是把转语用在相邻的两句之中。比如《楚辞》里的

旦徘徊于长阪兮，夕仿偟而独宿——《九叹·思古》

超五岭兮嵯峨，观浮石兮崔嵬——《九思·伤时》

汉赋里的比如：

夭蟜枝格，偃蹇杪颠——《上林赋》

凡复用转语像这类方式的，两转语在两句中的位置多相当。

上面三种方式，以第一种为最常见，第三种为少。又，上举三种都属于复用联绵字的转语，这种情形在《诗经》里竟一个也没有。《诗经》里所有的只是复用重言的转语。比如《诗·小雅·巷伯》：

缉缉翩翩，谋欲谮人…… ——五章

捷捷幡幡，谋欲谮言…… ——六章

《毛传》云：“捷捷犹缉缉也，幡幡犹翩翩也。”这是复用转语在相邻两章中的例子。又如《大雅·皇矣》：

临冲闲闲，崇墉言言……；临冲茀茀，崇墉仡仡……——八章

《毛传》云：“仡仡犹言言也。”这是复用转语在同章的两节中的例子。又如《小雅·北山》：

四牡彭彭，王事傍傍——二章

这里的“彭彭”、“傍傍”意义相同。① 这是复用转语在相邻两句中的例子。② 又如《大雅·卷阿》：

---

① 陈玉树认为“彭”、“傍”同字，见所著《毛诗异文笺》卷七页14“四牡彭彭”条。

② “彭彭”、“傍傍”皆古唐部字，“罢池”、“陂陀”皆古歌部字。

颙颙卬卬——六章

这是复用转语同在一读中的例子。

《楚辞》中复用重言转语也像复用联绵字转语那样共有三种方式。

第一种方式如：

悃悃款款——《卜居》

第二种方式如：

状貌崯崯兮峨峨，凄凄兮漇漇——《招隐士》

第三种方式如：

雪雰雰而薄木兮，云霏霏而陨集——《九叹·远逝》

丛林兮崯崯，株榛兮岳岳——《九思·悯上》

三、转语复用与联绵字的训诂——联绵字族

转语既然是一语之转，则诸转语之意义自应相同。① 训诂家往往以转语相释，也可以证明这一点。上面所举的《毛传》"绸缪犹缠绵"、"炰烋犹彭亨"就是转语相释的例子。沈兼士先生论《尔雅》"溑瀱流川，过辨回川"，曾经说：

> 《尔雅·释水》，溑瀱流川，过辨回川，名虽各异，事实相成。水回旋处必深满，及其盈科而出，势更汹涌。《尔雅》特析其本末为旋流与通流，以注溑瀱过辨之转语耳。解者若认旋流与通流为截然两事，则泥矣。

沈先生之所以说"事实相成"及"若认旋流与通流为截然两事，则泥"者，正是由于认识到转语义同。

转语义同也可以从转语复用来证明。王氏引之尝以为"古人训诂不避重复，往往有平列二字上下同义者"。② 王氏说的是平列

---

① 如果两转语不是在复用转语句中，它们的引申义自然可以有广狭的不同。

② 《经义述闻》卷三十二"经传平列二字上下同义"条。

之两单字同义，其实平列之两联绵字亦然。这点，在下面《联绵字句例》三“诸联绵字于句中为平列者其义相同”条就要谈到。这里我们就运用这条规则，同时也可以说我们在实践中来审核这条规则。不过还应当说明：从平列的复用转语可以证明两转语的意义全同，不像平列语源不同的诸联绵字之或仅证明引申义之相同而已。这因为转语本是同出于一个语源，如其有引申义也是由同一语源而来。所以训诂家对于复用转语往往只作一个总注释。如果分别作两个注释的，这两个注释的意义也大齐不远，或是可以互相阐明。例如：

隐辚郁𡾋（郭璞曰：“隐辚郁𡾋，堆垄不平貌。”）
隆崇𡼖崒（《汉书》“𡼖崒”作“律崪”，注引郭璞曰：“诘屈竦起也。”）
傑池茈虒（张揖曰：“傑池，参差也；茈虒，不齐也。”）
罢池陂陀（郭璞曰：“言旁颓也。”）
媻姗教窣（韦昭曰：“媻姗教窣，匍匐上也。”）
便姗嫳屑（郭璞曰：“衣服婆娑貌。”）
偪侧泌㴚（司马彪曰：“偪侧，相迫也；泌㴚，相楔也。”）

由此，我们在研究联绵字的时候，如果遇到平列复用转语，就可以确定两转语的意义相同。了解这一点，就可以：

一、研究时不致为注释家的谬误所迷惘，且可以纠正其谬误。

二、可用绳牵索引法建立联绵字（转语）族。现在举例说明如下。

比如，“连卷”、“欐佹”曾见复用，《文选》卷八《上林赋》：

攒立丛倚，连卷欐佹

从这个复用例子，我们可以不待借助于注解就确定“连卷”、“俪佹”两转语意义相同，即

连卷＝欐佹

同此，我们可以从

诎折隆穷蠼以连卷——《大人赋》（《史记》卷一一七《司

马相如传》)

得知

隆穷 = 连卷

又可从"龙邛脟圈"(《楚辞·九叹·逢纷》)、"轮囷离诡"(《史记》卷八三《邹阳传》)及"邻菌缭纠"(《文选》卷一七《洞箫赋》)得知

龙邛 = 邛圈

轮囷 = 离诡

邻菌 = 缭纠

其中"连卷"之通"脟圈"、"轮囷"之通"邻菌"、"欐佹"之通"离诡",皆可用古声韵学证明之,于是可得"龙邛、隆穷、脟圈、连卷、轮囷、邻菌、欐佹、离诡、缭纠"一个联绵字(转语)族。此乃直接取证于本文以定其训诂,故不致为注释家的谬误所迷惘;并且,在这一联绵字族中,只须考得一个转语的意义,则其馀诸转语的意义(包括本义及引申义)都可以推测而知。比如,我们确定了"连卷"的意义是"屈曲",则其馀几个转语的意义(包括本义及引申义)都可以推测而定。那也就是说,"龙邛"、"隆穷"、"脟圈"、"轮囷"、"邻菌"、"欐佹"、"离诡"、"缭纠"等的意义也都是"屈曲"。这样推定之后,我们再回过头来看一看旧注:

龙邛脟圈(王逸注:"言水得风则龙邛缭戾与险阻相薄不得顺其流性也。")

轮囷离诡(《集解》:"张晏曰:轮囷离诡,委曲槃戾也。")

邻菌缭纠(李善注:"邻菌缭纠,相著貌。")

连卷欐佹(司马彪曰:"欐佹,枝重累也。"——《文选》注。师古曰:"连卷,屈曲也;欐佹,支柱也。"——《汉书·司马相如传》注。)

我们可以看出司马彪说"欐佹"意义是"重累",司马彪解错了;

颜师古说“欚佹”意义是“支柱”,颜师古解错了。所以我们说,用上这个办法,便不致为注释家的谬误所迷惘,且可以纠正其谬误。

四、转语复用与考求古音

文章中复用转语,盖不出两种原因:一是为了语意的增强,一是为了声音的铿锵。为了语意的增强,所以取转语的两语同义;为了声音的铿锵,所以取转语具有的双声叠韵之美。现在我们以“隆崇嵂崒”做例子看一看。“隆崇”和“嵂崒”语转义同,复用可以增强语意。再从声音方面看,“隆”、“崇”两字为叠韵,“嵂”、“崒”两字亦为叠韵,它们各有叠韵上的和谐;又,“隆”、“嵂”两字为双声,“崇”、“崒”两字亦为双声,它们各有双声上的和谐。我们可以说,合“隆崇”、“嵂崒”以成文,实即合双声叠韵以成音。古代作家对于声韵上的用心,于此可见一斑。①

了解了这种以双声叠韵组成的复用转语,我们很自然地会想到这种情形是不是可以作为我们考求古音之一助。我想,我们很可以利用它。下面我们做两个例子试试。

(1)“弸彋拂汩”例

《文选》(卷七)《甘泉赋》“帷弸彋其拂汩兮”李善注:“弸,普萌切;彋,音宏;汩,于密切。”《汉书》卷八七上《扬雄传》颜师古注引苏林曰:“彋,音宏。”

焕谨案:“弸彋”、“拂汩”系一语之转。“帷弸彋其拂汩兮”是复用转语,在声音上有下列三点可以注意:

1. “拂”字的声纽当与“弸”字相近,这可以证“古无轻唇音”之说。

2. “汩”字的声纽当与“彋”字相近,这可以证“喻母三等古隶牙声匣母”之说。

---

① 钱大昕曾盛称《诗经》作者运用双声叠韵,并说司马相如、扬雄等作赋在这方面更为注意,见《潜研堂全集》卷十五《答问》十二“音韵”条。

3."翢"、"�"二字韵当相近。考从"睘"声字古有"营"音一读,这里苏林的"彋,音宏"是对的。这可以看出古代方音里-n 尾与-ŋ 尾通转(或杂乱)的情况。(这条可以跟下面"纷纭"合看。)

(2)"岭巆嶙峋"例

《文选》(卷七)《甘泉赋》"岭巆嶙峋"李善注:"岭,音零;巆,音荧;嶙,音邻;峋,音旬。"《汉书》卷八七上《扬雄传》颜师古注:"峋,音荀。"焕谨案:"岭巆"、"嶙峋"系一语之转。"岭巆嶙峋"是复用转语。"岭"、"巆"为叠韵,"嶙"、"峋"亦当为叠韵;"岭"、"嶙"为双声,"巆"、"峋"亦当为双声。这里的"峋"李音"旬",颜音"荀",都不合式。考古"旬"声字有喉音一读,《诗·大雅·桑柔》"其下侯旬",郑笺云"旬当作营",《邶风·击鼓》"吁嗟洵兮",《释文》云"洵,《韩诗》作夐"是其证。"营"与"巆"同读古匣纽,"夐",群纽字,古读亦如匣纽。[①] 这里"峋"字的音读,纽当与"巆"近,韵当与"嶙"近,这样才合乎扬雄作赋之音。如果依照后来读齿头音的"旬"、"荀"(《玉篇》:旬,似均切;荀,相伦切)来读"峋",那就见不到"岭巆嶙峋"这句在声音组织上的密致了。并且,从扬赋里的"峋"字,我们也可以看出"洵,《韩诗》作夐"和郑笺"旬当作营"的道理。

其余例子如,从"龙卬脟圈"里的"脟"、"圈"当为叠韵之关系,可以认识到古代方言里"脟"＊-t 尾和"圈"＊-n 尾音读上的通转(或杂乱);从"纡余委蛇"里的"余"、"蛇"当为双声之关系,可以认识到当时"余"＊d-声纽和"蛇"＊ȡ-声纽音读上之相近;又,从"罢池陂陀"里的"罢池"和"陂陀"在韵上应当有差异的关系上,似乎也可以看出"罢池"和"陂陀"在当时虽然同属一韵而实有洪细之分。诸如此类,都表示出:如果从这方面钻研爬梳一番,对于考

① 《文选·剧秦美新》"臣尝有颠眴病"李善注云:"贾逵《国语注》曰:'眩惑也。'眴与眩古字通。"

证古音亦不无裨益。在两汉音的研究上每苦材料过少,如果能兼从复用转语着手,实亦不啻增多材料,比如说,至少在检验研究成果上我们不能不重视它。

五、转语中所见联绵字的性质

以往讲联绵字的,在讨论联绵字上下两字声音上的组成时,注意力所及,大多止乎双声、叠韵及非双声叠韵等关系,至于联绵字上下两字是否为一个不可分离的声音单位,或为一个互训两字结构,则言之者甚少。到了王国维先生才确然指明联绵字上下两字所表示的声音上的性质,他说:

> 联绵字者,合二字以成一语,其实犹一字也。①

王先生所说的"其实犹一字",从声音方面说,就是说联绵字是一个不可分离的声音单位。可惜王氏语焉不详,没把其中的所以然说出来,其后也很少有人谈到这点。现在试为王说论证如下。

联绵字上下两字所表示的原为一个不可分离的声音单位,这可用联绵字转语的情况做证明。从联绵字转语情况可以看出联绵字上下两字系摹写一个声音单位的自然构成而不是组合两个字(两个词素或是两个词)而成的一个单位。在以上几节中我们谈到联绵字的转变是相当的"无定"的,无论在书写上或在声音上(特别是在韵上),都是"变化不一"的。可是,在这样相当"无定"的转变中,联绵字上下两字仍旧如胶似漆,不相分离。这种"不相分离",就可以说明它的上下两字原是摹写一个声音单位的构成。这种"不相分离"的情况,可以从它的上下两字声纽上明显地看出来。现在举例说明如下。

---

① 参"第二""四曰开合字"注"开合字例子不多,且多为古寒部(及其入声韵部曷部)字。这是很可注意的现象"。

(1)“委佗”例

“委佗”的上下两字是不是表示一个不可分离的声音单位，这要从“委佗”的一系列转语（转语族）的声纽上去观察。“委佗”所摹写的声音单位的声纽是 * Ø-d‘-，它的转语族有：

委佗

《诗 · 鄘风 · 君子偕老》：“委委佗佗。”

委蛇

《诗 · 召南 · 羔羊》：“委蛇委蛇。”

萎蕤

《说文》：“蕤，草萎蕤。”

逶迆

《说文》：“逶，逶迆衺去貌。”

椸施

《说文》：“椸，木椸施也。”

旖施

《说文》：“旖，旖施，旗貌。”

倚移

《说文》：“移，禾相倚移也。”

倭迟　郁夷

《汉书 · 地理志》班固引《诗》“周道郁夷”，师古曰：“《毛诗》‘周道倭迟’，《韩诗》作‘郁夷’字。”

窊衺　污衺

《广稚 · 释训》：“委蛇，窊衺也。”《说文》：“窊，污衺，下也。”

瓯臾　污邪

《荀子 · 大略》“流丸止于瓯臾”杨倞注：“或曰：瓯臾，窊下之地。《史记》曰‘……污邪满车’，裴骃曰：‘……污邪，下地也。’‘邪’与‘臾’声相近，盖同也。”

污窬

《说文》:"窳,污窬也。"段注:"污窬盖与污袤同。"

椷窬

《说文》:"椷,椷窬,亵器也。"

虚邪

《诗·邶风·北风》"其虚其邪"陈奂《疏》:"虚邪犹委蛇也。"

委虒

《尔雅·释兽》"威夷,长脊而泥"邵氏《正义》云:"《说文》云:'委虒,虎之有角者也。'……'威夷'即'委虒'。"

以上一系列的转语,可以叫做"委佗转语族"。它们在声音上都表现为∗Ø-d'-的形式。至于其中的"蛇、移、池、施、移、迟、夷、臾、窬、袤、邪、虒"等声纽,或者是古读跟∗d'-声纽相近,或者是古∗d'-声纽的变音,都是完全可以统摄在∗Ø-d'-的形式中的。

(2)"纷纭"例

"纷纭"的上下两字是不是表示一个不可分离的声音单位,这也要从"纷纭"的一系列转语(转语族)的声纽上去观察。"纷纭"所摹写的声音单位的声纽是∗b'-(或Ø-),它的转语族有:

纷纭

《楚辞·九叹·远逝》"肠纷纭以缭转兮"王逸注云:"纷纭,乱貌也。"

汾沄

《文选》(卷九)《长杨赋》"汾沄沸渭,云合电发"李善注:"汾沄沸渭,众盛貌也。"

纷缊

《楚辞·九章·橘颂》"纷缊宜修"王逸注云:"纷缊,盛貌。"

菵蕴

《楚辞·九怀·蓄思》"菵蕴兮黴黧"王逸注云:"愁思蓄

积，面垢黑也。”

烦冤

《楚辞·九章·抽思》“烦冤瞀容，实沛徂兮”王逸注云：“言己忧愁，思念烦冤，容貌愦乱，诚欲随水沛然而流去也。”

《楚辞·哀时命》“心烦冤之忡忡”王逸注云：“心中烦懑，仲仲而忧也。”

蚡缊　蟠纡

《文选》(卷一八)《长笛赋》“蚡缊蟠纡”李善注云：“蚡缊蟠纡，声相纠纷貌。”

烦愦

《楚辞·九思·逢尤》“心烦愦兮无聊”王逸注云：“愁君迷蔽，忿奸兴也，愦，乱也。”

愤愦

《后汉书》(卷七九)《王符传·浮侈篇》：“妻女羸弱疾病之家，怀忧愤愦，易为恐惧。”

沸渭

《文选》(卷九)《长杨赋》：“汾沄沸渭。”(引见上)

怫愲

《文选》(卷一八)《琴赋》“怫愲烦冤”李善注云：“怫□烦冤，声蕴积不安貌。怫，扶味切；愲，音胃。《风赋》曰：‘勃郁烦冤。’”

怫郁

《楚辞·七谏·沉江》：“心怫郁而内伤。”又，《九怀·匡机》：“怫郁兮莫陈。”王逸注云：“忠言蕴积，不列听也。”

佛郁

《文选》(卷一八)《笙赋》“中佛郁以怫愲”李善注引《埤

苍》曰:“佛郁,不安貌。”

勃郁

《文选》(卷一三)《风赋》“勃郁烦冤”李善注云:“勃郁烦冤,风回旋之貌。”

偪亿

《汉书》(卷七十)《张汤传》“策虑偪亿”颜师古注云:“偪亿,愤怒之貌也。”

偪臆

《方言》(卷十三):“臆,满也。”郭璞注云:“偪臆,气满之也。”

服亿

《史记》(卷一〇五)《扁鹊传》:“嘘唏服亿,悲不能自止。”

偪忆

《后汉书》(卷五八下)《显志赋》“心偪忆而纷纭”章怀太子注云:“偪忆犹郁结也,纷纭犹瞀乱也。”

凭噫

《文选》(卷一六)《长门赋》“心凭噫而不舒兮”李善注云:“凭噫,气满貌。《字林》曰:‘噫,饱出息也,乙戒切。’”

以上一系列的转语,可以叫做“纷纭转语族”。它们在声音上都表现为 * b‘-、ɣ-(或 ∅-)的形式。

上述各例的一系列的转语,既非成之于一地,又非成之于一时,但是上下两字所表现的形式如“委佗”的 * ∅-d‘-、“纷纭”的 * b‘-ɣ-(或 ∅-),在各转语族的一系列的转语中总是维持着不变,这很可以说明各转语都是用上下两字来摹写一个声音单位的。打个比方说,好比翻译梵文的 Buddha 就写作“佛陀”,而翻译 Pali 文或 Prakrit 文之 Buddhu 或 Budduo 就写作“浮屠”或“浮图”。又好比在现在的译名里,“拜仑”之又译为“摆伦”,“哥德”之又译为“贵推”,“迭更生”之又译为“迭根生”,“华兹华斯”之又译为“渥兹渥斯”等等。这些都是摹写一个声音单位的例子。

由此可以看出,联绵字上下两字是摹写一个声音单位的;因为是摹写声音,所以字形可以变化不一(无定);声音或因古今或因方域而有变化(当然这也影响到字形),但在声纽上总是比较固定而有演变的痕迹可寻的。所以,我们从一系列的转语来订定联绵字,其结果是比较可靠的。当然,在订定联绵字的时候,一系列的转语在意义上的系联也是非常重要的,这我们在上面已谈到一些,在下面我们还要谈到。

第四、联绵字上下两字之分合

前面讨论到联绵字实在是一个声音单位而标以二字,我们指出这是联绵字的特性。现在我们应当继续讨论的是:根据联绵字的这种特性,那么,联绵字之见使用于文章中时,其上下两字自当同出而相密接如影形之相随。我们如果用这种“同出而相密接”的看法,来观察文章中的联绵字,发现它们大都是这样。比如,“窈窕”是联绵字,《诗》云“窈窕淑女”;“参差”是联绵字,《诗》云“参差荇菜”。“窈窕”、“参差”之上字各与其下字密接而不分离。上下两字密接而不分离,这就是它们叫做“联绵字”的所以然。

重言的情况也同样,比如《诗》云“关关雎鸠”、“桃之夭夭”,“关关”、“夭夭”皆各重字(即重言),它们叫做“重言”的道理也在此。

所以,联绵字、重言之见使用于文章中者,通常情况,各与其称名不相违背。

但是也有例外。此类例外可以叫做联绵字、重言用法的变例,以与其上下两字同出而密接或两字相重之为常例者对称。我们可以看出,许多常例,乃是联绵字、重言的本来面目;至于一些变例,则或由于文士的修辞技巧(此类为多),或由于语言演变之自然。

现在综合常变，著为五例于下。

一、联绵字、重言之两字同出而相密接者

这是常见的情况。按照联绵字的性格，我们称这种情况做常例。例子已见上举。

二、叠联绵字之上下两字者

这类例子如：

委委佗佗——《诗·鄘风·君子偕老》

苾苾芬芬——《诗·小雅·信南山》

“委佗”是叠韵联绵字，“委委佗佗”系叠“委佗”之上下字而成；“苾芬”是双声联绵字，“苾苾芬芬”系叠“苾芬”之上下字而成。此例不见于《楚辞》，在《诗经》里亦只有这两例。① 在《诗经》里还有这样的例子：

有冯有翼——《诗·大雅·卷阿》

“有冯有翼”语同“冯冯翼翼”。“冯翼”是非双声叠韵的联绵字。这一例可以算做本例中的变例。联绵字上下两字既叠之后，颇似合用两个重言，所以容易跟重言相混。关于联绵字与重言二者间之关系，当另作一篇《联绵字重言与单字》来说明它。

三、分用联绵字之上下两字者

这类例子是联绵字上下两字仍然同出，可是不相密接。这类例子又可细分为三类。

（甲）分用而在同句（或读）中者

这类例子比如《诗经》里的：

---

① 如果古写作“委＝佗”，则有读为“委委佗佗”和“委佗委佗”两种可能。

其虚其邪——《诗·邶风·北风》

将翱将翔——《诗·郑风·有女同车》

婉兮娈兮——《诗·齐风·甫田》

这就是联绵字“虚邪”、“翱翔”、“婉娈”等见于分用的例子。

这类例子不见于《楚辞》,但在赋里往往见到,比如:

憭兮慄兮——贾谊《旱云赋》

俶兮傥兮——枚乘《七发》

子书里也可见到,比如:

惟恍惟惚——《老子》

寂兮寥兮——《老子》

芒乎芴乎——《庄子·至乐》

《楚辞》中另外有种例子,实在说来跟上述的一些例子是同类的,比如:

坱兮轧

罔兮沕

憭兮栗——均见《楚辞·招隐士》。末两句相连。

这三个例子较之《诗经》的“婉兮娈兮”的格式少句末一个“兮”字。如果说《招隐士》乃减一“兮”字以促其音节,那也可以说《诗经》这里是以四言成句,所以末一“兮”不可或少。

(乙)分用而在相邻两句者

这类例子常见于平列句,并且联绵字的上下字所在的字位相当,可分之位于句首,亦或位于句末(句末一字为虚字者不计)。《诗经》里的例子比如:

猗嗟娈兮,清扬婉兮。——《诗·齐风·猗嗟》

角枕粲兮,锦衾烂兮。——《诗·唐风·葛生》

谓天盖高,不敢不局;谓地盖厚,不敢不蹐。——《诗·小雅·正月》

隰桑有阿，其叶有难。——《诗·小雅·隰桑》

《楚辞》里的例子，比如：

众骇遽以离心兮，又何可以为此伴也；同极而异路兮，又何可以为此援也。——《楚辞·九章·惜诵》

邅翼翼而无终兮，忳惛惛而愁约。——《楚辞·九辩》

怊茫茫而无归兮，怅远望此旷野。——《楚辞·哀时命》

其他经籍中也有这样的例子，比如：

丰其蔀，日中见斗。——《易·丰·六二·九四》

又如：

豫焉若冬涉川，犹兮若畏四邻。——《老子》

南海之帝为儵，北海之帝为忽。——《庄子·应帝王》

怊乎若婴儿之失其为也，傥乎若行而失其道也。——《庄子·天地》

芒乎何之，忽乎何适。——《庄子·天下》

击其犹犹，陵其与与。——《淮南子·兵略》

又如：

于是处子怳若有望而不来，忽若有来而不见。——宋玉《登徒子好色赋》（《文选》卷一九）

又如：

其强足以覆过，其御足以犯诈。——董仲舒《春秋繁露·必仁且智篇》

从上面所引的一些例子可以看出，这一种分用而在相邻两句的例子，在古代汉语里并不是“凤毛麟角”，还相当常见呢！

其馀还有两句紧凑而分用联绵字于其中的，比如：

儵而来兮忽而逝。——《离骚》

缤连翩兮纷暗暖。——张衡《思玄赋》（《文选》卷一五）

也应当归到本例里。

（丙）分用而在相邻两章者

这种情况仅《诗·小雅·何草不黄》一见。其诗云：

何草不黄，何日不行，何人不将，经营四方。——一章

何草不玄，何人不矜，哀我征夫，独为匪民。——二章

“何草不黄”、“何草不玄”皆为每章首句，其句位相当；“玄”、“黄”二字在两句中字位亦相当。

这种情况仅见于《诗经》者，大概因为《诗经》分章整齐，能容许此类句法，其他文体就不能够这样。又，分在两章，上下两字相去过远，较之分用而在两句者更易引起误会，大概因为这个缘故，这种格式不能常用，是以在《诗经》里也只此一见。

上述的乙、丙两种格式，重言都没见。至于甲式，《诗经》里的

简兮简兮——《诗·邶风·简兮》

似乎可以算一个。①

四、单出联绵字之一字者

这类例子在《诗经》里有：

陟彼砠矣——《诗·周南·卷耳》

维其卒矣——《诗·小雅·渐渐之石》

将采其刘——《诗·大雅·桑柔》

以念穹苍——《诗·大雅·桑柔》

见于《楚辞》的有：

壹心而不豫兮——《楚辞·九章·惜诵》

余将董道而不豫兮——《楚辞·九章·涉江》

握佩玖兮中路躇——《楚辞·九思·逢尤》

联绵字而可以单用，其在文章中使用之变化，至此可谓已极。我

① 此例也可以算做“简简简简”的变例，不过后世汉语中亦不见此种用法。

们如果说，这种用法已经使联绵字走到“名实相违”的地步，也没有什么不可以。一字单出的联绵字，很难察觉出它是从联绵字来的，这要从上下文来细心推定，稍有不慎，就不免会误解它的意义。

重言单用的比如：

有蕡其实——《诗·周南·桃夭》

击鼓其镗——《诗·邶风·击鼓》

白日昭只——《楚辞·大招》

重言单用，多数跟一个虚字相连接，如上面例子里的“有”、“其”、“只”之类。

五、倒言联绵字者

联绵字上下两字位置互换的情况，训诂家一般称它做“倒言”。比如“敖游”和“游敖”，文献中常见的是说“敖游”，那我们就算“游敖”是倒言。① 宋葛立方《韵语阳秋》叫这种倒言的情况做“挑转”。但葛氏所指的只是我们这里所说的情况的一部分。联绵字的倒言有两种原因，一是由于语言演变之自然，一是由于文士修辞之技巧。葛氏所谈的属于后者。他说：

> 连绵字不可挑转用。诗人间有挑转用者，非为平仄所牵，则为韵所牵也。罗昭谏以“泬寥”为“寥泬”，是为平仄所牵；又以“汍澜”为“澜汍”，是为韵所牵。

联绵字倒言是由于文士的修辞技巧的，比如：

汶水滔滔△行人儦儦△鲁道有荡，齐子游敖△——《诗·齐风·载驱》

临渊兮汪洋△顾林兮忽荒△——《楚辞·九怀·蓄英》

① 如果两种说法都常见，可以算它们是互为倒言。

惚兮恍兮,其中有象;恍兮惚兮,其中有物。——《老子》

芒乎芴乎,而无从出乎;芴乎芒乎,而无有象乎。——《庄子·至乐》

雅昶唐尧,终咏微子。宽明弘润,优游躇跱。拊弦安歌,新声代起。——《文选》(卷一八)嵇康《琴赋》

或倒言"敖游",或倒言"荒忽",或倒言"恍惚",或倒言"芒芴",或倒言"跱躇",都是为了协韵而倒言的例子。至于:

沌沌浑浑,状如奔马;混混庉庉,声如雷鼓。——《文选》卷三四枚乘《七发》大概是为了声音的重复而故为倒言的。

以下所举的一些倒言的例子,应当是起于语言演变之自然的,如:

濛澒:澒濛①

蜥易:易蜴②

蝼蛄:蝑蝼③

句偻:偻句④

穹隆:隆穹⑤

至如《老子》的

豫焉若冬涉川,犹兮若畏四邻

这个倒言的例子也跟平仄和协韵无关,或者当时"犹豫"通常也可以说为"豫犹"。

以上几种格式当然也可以有错综的情况,比如"有冯有翼"系叠联绵字的上下字而又用重言的单出一字的格式,是例二与例四之合;"猗嗟娈兮,清扬婉兮"系分用联绵字而又倒言之,是例三与

① 参《广雅·释天》"蒙澒常气"王氏疏证。

② 参钱绎《方言疏证》"守宫,秦、晋、西夏谓之守宫,或谓之蜥易,其在泽中谓之易蜴"条。

③ 《方言》十一:"蝼蛞谓之蝼蛄,南楚或谓之蝑蝼。"《广雅·释虫》:"蝑蝼,蝼蛄也。"

④ 参《广雅·释器》"枸篓隆屈簦笼耷也"条下王氏疏证。

⑤ 同上④。

例五之合;"击其犹犹,陵其与与"系分用联绵字而又叠其上下字,是例三与例二之合。至如《诗·卫风·淇奥》"绿竹猗猗"的"猗猗"①,系来自"猗傩";《楚辞·九叹·惜贤》"尚由由而进之"的"由由",系来自"犹豫"②,这都是单出联绵字之一字而又叠之为重言的,也是例二与例四之合。

知道联绵字在文章中使用的各种情况是很重要的。知常知变,我们庶几乎不致在替联绵字做训诂上产生误解,并且,这些分用单出等情况也透露出联绵字古读的消息。

第五、 联绵字句例
——从联绵字句例来看联绵字的训诂

高邮王氏引之论到训诂的方法曾说要"揆之本文而协,验之他卷而通"③。王氏这句话很精到,指出了科学的训诂学方法的要点。这句话可以说是王氏父子治训诂学的甘苦之言。王氏父子在训诂学上的成就,得力于这句话的地方正自不少。现在我们根据王氏这句话的意思来讨论联绵字训诂上的一些情况。

训诂是用来申明作者的意思的。作者的意思因文而见,所以训诂方法应当以揆之本文为首要,而取证于旧来的传注则是次要的。旧来的传注,在对我们了解作者的意思上,原是起阶梯作用的,不过千虑一失,传注不能尽免。我们如果完全相信传注,有些地方,就免不了要跟着错下去。在联绵字整理过程中,我们可以看到《诗经》的毛传、郑笺,《楚辞》的王逸注以及其他一些注,都免不

① 《淇奥》毛传云:"猗猗,美盛貌。"案:此"猗猗"即《小雅·隰桑》之"有阿"。"猗"、"阿"字通。

② 《九叹·惜贤》王逸注:"由由,犹豫也。"

③ 语见《经传释词·序》。

了有讹错的地方。后来替这些讹错做纠谬正失工作的学者虽然不少,但此是彼非,众说纷纭。从这些纷纭诸说中挑选一个正确的,工作并不简单,其主要方法就是"揆之本文",所谓"验之他卷"也是要靠"揆之他卷中的本文"的。当然,"揆之本文"也并不是蔑弃众说,也不是单凭主观。"揆之本文"也有"揆之本文"的方法,现在我们提出一些方法来讨论,我们用这些方法来审核旧来训诂的是非,并且也用这些方法来审核自己所做的解释。

上文我们谈到建立"联绵字族"。一些联绵字是不是同一联绵字族,这是语源的研究,这要靠从声音、意义两方面来探讨、决定。如果希望我们的工作能达到王国维先生所说的"经之以声纬之以义,以穷其变化而观其会通"的要求,正确地替联绵字训诂找出它的意义是很重要的。

一、联绵字的训诂有可以征之于其所在句中之其他一字者

(1)"赳赳武夫"例

《诗·周南·兔罝》"赳赳武夫",毛传云:"赳赳,武貌。"焕谨案:"赳赳"的意义为"武貌",还可以从"矫矫"来证明它,"赳赳"与"矫矫"为一语之转。《诗·鲁颂·泮水》"矫矫武臣",郑笺云:"矫矫,武貌。""矫矫"修饰"虎"正如"赳赳"修饰"武"。称"虎"与称"武"用意相同,称"虎"亦以言"武"也。据此,可以看出《兔罝》毛传"赳赳,武貌"是正确的,是可以依从的。据此,从这句的句法里可以知道,作诗者是用义为"武貌"的"赳赳"来修饰"武夫"的性格的"武"的。①

凡是句子的格式像这一类的,句中联绵字的训诂,是可以从句中另一相关之字的训诂来推定的。

① 此与《桃夭》篇"有蕡其实"传云"蕡,实貌"者不同,《桃夭》篇传仅仅指明"蕡"为形容而已。

(2)"白石皓皓"例

《诗·唐风·扬之水》"白石皓皓",毛传云:"皓皓,洁白也。"焕谨案:"皓皓"的意义质言之当为"白",这可以从"颢颢"来证明它。"皓皓"与"颢颢"声同字通。《楚辞·大招》"天白颢颢",以"颢颢"言"天白"的"白"正如《诗》以"皓皓"言"白石"的"白","颢颢"的意义质言之亦当为"白"。《楚辞》王逸注云"颢颢,光貌"者,"白"义与"明"义相因,言"光貌"是从"明"这方面作解释的。这正如"白"义与"洁"义相成,《诗》毛传也就以"洁白"来解"皓皓"了。与"皓皓"声同字通的还有"翯翯",《诗·大雅·灵台》云"白鸟翯翯",也是以"翯翯"来言"白鸟"之"白"的。"翯翯"又通"皜皜",贾太傅《新书》(卷七)《君道》引《灵台》诗"翯翯"作"皜皜"。《孟子·滕文公上》"皜皜乎不可尚已",赵岐注云"皜皜,甚白也",是也。《诗·灵台》的"翯翯"实当训作"白",毛传云"肥泽也"实非"翯翯"的本义。毛传之所以这样说,是推论文王德泽下被鸟兽得所来作训释的。《说文·羽部》云:"翯,鸟白肥泽也。""翯"的本义是"白",因为在羽部,就解作"鸟白"①,又牵到"肥泽"者,乃是参合毛传来解释的,"肥泽"实在跟"翯"义没有什么必然的关系。《孟子·梁惠王上》引《灵台》诗作"白鸟鹤鹤","鹤鹤"也跟"翯翯"声同字通。赵岐解"鹤鹤"作"鸟肥饱则鹤鹤而泽好",也是就诗旨作解释说为"泽好",并不是完全依照"鹤鹤"的本义作解释。

由此可知,了解了联绵字这种句例,对我们整理旧注"揆之本文"的工作是有帮助的。其他又如《诗·周南·汉广》"翘翘错薪",王氏念孙云:"翘翘与错薪连文,则翘翘为众貌,传、笺以翘翘为高,则与下句相复。"②又如《离骚》云"长余佩之陆离",王氏念

① 《说文》就字论字,这类例子很多。

② 参《广雅·释训》"翘翘众也"条王氏疏证。

孙云:“陆离,长貌也。王逸注云‘陆离犹参差’,失之。”①王氏这种推定,都跟我们上面所谈的句例用意相合。再如《离骚》的“斑陆离其上下”,王氏就说“陆离,参差之貌也”②。同一“陆离”而各随其文作训,很可看出王氏在“揆之本文”时是对我们所说的句例有所认识的,看他所说的“翘翘与错薪连文,则翘翘为众貌”就可以知道了。

二、《诗经》中作形容用的联绵字与其所形容者之间皆语气直接

(1)“被之僮僮”例

王氏引之《经义述闻》“被之僮僮”条云:“《召南·采繁》篇‘被之僮僮,夙夜在公,被之祁祁,薄言还归’毛传曰:‘被,首饰也。僮僮,竦敬也。祁祁,舒迟也,去事有仪也。’家大人曰:‘《诗》言被之僮僮,被之祁祁,则僮僮、祁祁皆是首饰之盛,下乃言其奉祭祀不失职耳。’”

焕谨案:王说是也。“被之僮僮”句法和“桃之夭夭”、“氓之蚩蚩”、“泌之洋洋”等相同,“夭夭”貌“桃”,“蚩蚩”貌“氓”,“洋洋”貌“泌”,都是语气直接。从句例看来,“僮僮”、“祁祁”自是貌“被”,不得旁涉到下文来貌“在公”、“还归”。这里毛传是错了的。陈氏奂《诗毛氏传疏》引《尔雅》“祁祁、迟迟,徐也”来替毛氏回护,是所谓“第知有传,不知有经”。王、陈两人经学,都是有名望的,谁是谁非,我们要靠本文句例来定夺。

(2)“蔽芾甘棠”例

《诗·召南·甘棠》“蔽芾甘棠”,毛传云:“蔽芾,小貌。”马氏瑞辰《毛诗传笺通释》以为“甘棠为召伯所舍,则不得为小”,“蔽芾

---

① 参《广雅·释训》“陆离参差也”条王氏疏证。

② 同上④。

正宜从(朱子)《集传》训为盛貌”。王氏先谦《诗三家义集疏》云:“棠下可舍,自非小树,言蔽芾者,谓今虽此树旁生之小枝叶亦不可翦伐,而笺遂以为召伯当日止舍小棠之下,失之拘矣。”

焕谨案:《诗》联绵字与其所形容者之间,皆语气直接,没有像王先谦氏所说那样的纡曲的。这比如《周南·桃夭》、《桧风·隰有苌楚》,都是把大名(如桃、苌楚)与其枝、华、实分别开来说的。如果诗人说的是叶,那就指明了说叶,这比如《周南·葛覃》说“维叶萋萋”;如果诗人说的是华,那就指明了说华,这比如《召南·何彼襛矣》说“唐棣之华”,都不浑而言之。这里,诗人如果是说的甘棠的“旁生之小枝叶”,那一定会这样说:“蔽芾其枝”、“蔽芾其叶”。这里既然说“蔽芾甘棠”,那就是用“蔽芾”总说“甘棠”(自然是包括枝叶),当然不能认为这是特别说甘棠的“旁生之小枝叶”。如果“蔽芾”的意义是“小”,那么甘棠自然也是“小”,那就不能为召伯所舍了。揆之本文,验之句例,知“蔽芾”的意义实在应当依照《集传》及马氏说法,训为“盛貌”。脱离开本文,人人都可以自说一套,那就永远闹不清了。

(3)“睍睆黄鸟”例

《诗·邶风·凯风》“睍睆黄鸟”,毛传云:“睍睆,好貌。”陈氏奂《诗毛氏传疏》云:“小笺云:‘《说文》无睆字,疑此本以睍睍黄鸟,故《韩诗》作简简也。’案:《韩诗》见《诗考》引《御览·羽族部十》。毛盖缘下句作训,疑传文当作‘睍睆好也’四字,好谓声音之好,今本‘也’误作‘貌’,《礼记·檀弓》疏引亦作‘睍睆好貌’,是以‘睍睆’为形容黄鸟颜色之好矣。《葛覃》咏黄鸟‘其鸣喈喈’,传:‘喈喈,和声之远闻也。‘睍睍’、‘喈喈’语转双声。古乐府《长歌行》:‘凯风吹长棘,夭夭枝叶倾,黄鸟鸣相追,咬咬弄好音。’‘咬咬’亦双声。”

焕谨案:陈说未为确论。《诗》文即使是作“睍睍”,“睍睍”亦只是形容"黄鸟",而不是形容"其音"(《诗》下句是"载好其音",这跟毛传之为"好貌"或"好也"无涉)。《诗》本文自本文,毛传自毛传。如果真像陈氏所说的毛传是"好也",是为下句作训,那也只好算毛传没说着"睍睍"的本义。这比如毛传以《葛覃》的"莫莫"为"成就之貌",以《采蘩》的"僮僮"、"祁祁"为"竦敬"、为"舒迟、去事有仪",都没说着"莫莫"、"僮僮"、"祁祁"的本义,实在不应当再援用毛传来说经本文。并且,陈氏说这里毛传是"缘下句作训",这也没有必然的证据。比如《秦风·黄鸟》"交交黄鸟",毛传云"交交,小貌";《小雅·绵蛮》"绵蛮黄鸟",毛传云"绵蛮,小鸟貌"。这两例的毛传,都不是"缘下句作训"的。至于陈氏引《葛覃》诗及《长歌行》之黄鸟,说"睍睍"、"喈喈"、"咬咬"语转双声,这也是强词。《诗经》也说"交交黄鸟"、"绵蛮黄鸟",难道"交交"、"绵蛮"也是讲"声音之好"!如果像陈氏那样说"睍睍"、"咬咬"语转双声,那又不如说"交交"、"咬咬"声同字通还更为直接些。陈氏对于"交交小貌"、"绵蛮小鸟貌"都是信从毛传的,而在这里想改"貌"字为"也",未识有何作用。如果说,改成了"貌"字,就可以证成"睍睍"之说,这样就可以跟《韩诗》的"简简"相通了,但是《小雅·采菽》的"平平左右",《左传·襄公十一年》引《诗》"平平"作"便蕃",《左传》作"便蕃",无碍于《毛诗》作"平平",那么《韩诗》作"简简"又何碍于《毛诗》作"睍睆"呢!陈氏在这里转了一个不必要的弯子,要证成毛传是说的"声音之好",我们根据句例来看,陈氏这个弯子实在转得徒劳无功。

用这种句例来订正毛传的,又如《广雅疏证》以"疆埸翼翼"的"翼翼"当训"盛"①及《经义述闻》以"执我仇仇"的"仇仇"当训"缓"②、"佻佻公子"的"佻佻"当训"好"③等。可见了解句例是训

① 参《广雅·释训》"翼翼盛也"条王氏疏证。

② 参《经义述闻》卷六。

③ 同上。

诂上“揆之本文”的重要方法之一。

三、诸联绵字于句中为平列者其义相同

这种平列义同也是训诂上的通常事例。王氏引之《经义述闻》(卷三二)“经传平列二字上下同义”条说:“古人训诂不避重复,往往有平列二字上下同义者,解者分为二义,反失其指。”焕谨案:《诗》、《骚》、赋中凡数联绵字于句中为平列者,其义亦相同。平列数联绵字亦犹平列单字,行文用词的方法是一样的。其间的道理是很简单的。

(1)《诗经》中的联绵字平列例

《诗经》里联绵字平列有以下一些例子。如《鲁颂·有駜》:

有駜有駜,駜彼乘黄——等于平列三个同一重言“駜駜”

《召南·羔羊》:

委蛇委蛇——平列两个同一联绵字“委蛇”

《鄘风·君子偕老》:

委委佗佗——实际是一个联绵字的特殊说法①,形式上像平列两个重言

这些例子都是平列同义是不用赘言的,因为它们实在是平列同一个词。

平列不同的联绵字的有以下一些例子。如《大雅·召旻》:

溃溃回遹——一个重言和一个联绵字平列

毛传云:“溃溃,乱也。”《邶风·谷风》《释文》引《韩诗》云“溃溃,不善之貌”;《小雅·小旻》毛传云:“回,邪;遹,辟也。”“乱”和“邪”、“辟”,义皆为“不善”,由此可以看出“溃溃”与“回遹”同义,那也就是说平列的“溃溃”、“回遹”是同义的。

---

① 参“第四”“此例不见于《楚辞》,在《诗经》里亦只有这两例”注①:“如果古写作‘委 = 佗’,则有读为‘委委佗佗’和‘委佗委佗’两种可能。”

《诗经》里合两个(有时两个以上)重言为一读的很常见,比如:

蕡蕡焞焞——《小雅·采芑》

儦儦俟俟——《小雅·吉日》

穆穆皇皇——《大雅·假乐》

兢兢业业——《大雅·云汉》,又《召旻》

《采芑》毛传云"蕡蕡,众也;焞焞,盛也"("众"、"盛"义相因)。《吉日》毛传云"趋则儦,行则俟"(皆言其走貌,《广韵》"駋騃,趋行貌",亦作总释)。《云汉》毛传云:"兢兢,恐也;业业,危也。"《召旻》郑笺云:"兢兢,戒也;业业,危也。天下之人戒惧危怖,甚久矣,其不安也……"至"穆穆"、"皇皇"都是"美"义,《尔雅·释诂》"皇皇……穆穆……美也"。这些也都是平列同义的例子。现在再举几条,就用训诂家的成说来讲明平列同义。其例如下:

有洸有溃——《邶风·谷风》

毛传云:"洸洸,武也;溃溃,怒也。"陈氏奂《诗毛氏传疏》云:"《释文》引《韩诗》'溃溃,不善之貌',则洸洸亦不善也。"我们可以看出陈氏在这里是用"溃溃"之义来推定"洸洸"之义,实在是用的平列同义的原则。又如:

缉缉翩翩——《小雅·巷伯》三章

捷捷幡幡——同上四章

马氏瑞辰《毛诗传笺通释》云:"传:'缉缉,口舌声;翩翩,往来貌。'瑞辰案:《说文》'咠,聂语也',引《诗》'咠咠幡幡';又曰:'聂,附耳私小语也。''缉缉'即'咠咠'之假借。'翩翩'宜读如《周书》'截截善諞言'之'諞','翩'、'便'叠韵。《说文》'諞,巧言也',引《论语》'友諞佞',今作'便佞'。《玉篇》:'諞,巧佞之言也。'《广韵》'諞,巧言。''諞諞'犹'便便'也,'翩翩'即'諞諞'之假借。《释文》'翩,字又作扁',亦省借字。《诗》言'缉缉'者,言之密也;'翩翩'者,言之巧也,传以'翩翩'为'往来貌',失之。"

又云："……'捷捷'盖便给之貌。……'幡幡'即'便便'之假借，亦辩给也。"

马氏所考订的是如此。我们可以说，马氏心目中也有个平列同义的原则，不然，便无从推定"翩翩"就应当是"谝谝"假借。当然，马氏心目中的"平列同义"的原则，也是他研究《诗经》句例总结出来的。又如：

有壬有林——《小雅·宾之初筵》

王氏引之《经义述闻》（卷二六）云："《小雅·宾之初筵》云'百礼既至，有壬有林'，上曰'百礼'，下曰'有林'，则'林'正取众盛之义，不得训为'国君'，使文义参差也。（传云'壬，大也；林，君也'，'君'与'大'义已不类，而'壬'字之解犹不误，笺又以'壬'为卿大夫，其失弥甚矣。《毛郑诗考正》曰：'诗中如有蕡、有莺之类并形容之词，所以形容百礼既至，壬壬然盛大，林林然众多。'此说是也。）"①

很显然，王氏说"'君'与'大'义已不类"，从他这句话里可以看出他对"平列同义"的应用。

（2）《楚辞》中的联绵字平列例

《楚辞》中平列用两个重言像《诗经》"啴啴焞焞"之类，颇为少见。总计王逸所说的屈原的作品，也只有《卜居》"吾宁悃悃款款朴以忠乎"一例而已。至于连用两个重言在一句（或读）中间加入虚字的，总计王逸所说的屈原的作品，可说一个例子也没有。像《九章·涉江》的"深林杳以冥冥"旧校云"一云杳杳以冥冥"，依照旧校这样说，这条属于平列例；但旧校又云"一作晦冥冥，一作冥寞"，这样，这一条又不能算平列例——这条只好存疑。上面曾说到《诗经》里平列用两个重言是常常可以遇到的，我们如果从

① （ ）号内系原注。

平列连用两个重言次数的多寡来看《诗经》和《楚辞》(另外还有一条是《大招》的"雄雄赫赫"),可以看出它们在句法上有这样的不同。

《楚辞》因为句法的关系,平列两个重言之间常加有虚字。比如:

状貌崟崟兮峨峨,凄凄兮漇漇——《招隐士》

班衍衍之冥冥——《七谏·自悲》

发披披以鬤鬤兮——《九叹·思古》

貌揭揭以巍巍——《九叹·远游》

全部《楚辞》也只有这几个例子(又有《九叹·逢纷》"白露纷以涂涂兮,秋风浏以萧萧",旧校云"一云纷纷",又云"一云浏浏",依一云则可以归入本例),究竟不及《诗经》里平列重言之多。

另有两种情况是《诗经》里没有而在《楚辞》里则是常见的。一种是复用转语,比如"嵚岑碕礒"(《招隐士》),这在前面第三章里已经谈过。一种是平列连用两个联绵字,这比如:

低佪夷犹——《九章·抽思》

在这样的句法里,两联绵字平列同义。现在就讲这种句例。

同于"低佪夷犹"的又如:

郁结纡轸兮——《九章·怀沙》

怆怳懭悢兮——《九辩》

硱磳磈硊——《招隐士》

潺湲轇轕——《九叹·远游》

两个联绵字中间加有虚字的如:

心犹豫而狐疑——《离骚》(两见)

聊浮游以消遥——《离骚》

聊翱游兮周章——《云中君》

俗岭峨而嵾嵯——《七谏·怨世》

山参差以崭岩兮——《九叹·思古》

上列诸例,亦皆平列同义。

四、《诗经》上下诸章中之同位诸联绵字其义相同

《诗经》每篇分章,上下诸章中每每有相对称同位的句子,相对称同位的句子里每每有相对称同位的联绵字,这些联绵字其义相同。因此训诂家对于这些联绵字,多以“犹”通其义。比如《陈风·东门之杨》云:

东门之杨,其叶牂牂,昏以为期,明星煌煌。

东门之杨,其叶肺肺,昏以为期,明星晢晢。

毛传云:“肺肺,犹牂牂也。晢晢,犹煌煌也。”同类的例子又如:

《郑风·风雨》一章云“鸡鸣喈喈”,二章云“鸡鸣胶胶”,毛传云:“胶胶,犹喈喈也。”

《齐风·甫田》一章云“维莠骄骄”,二章云“维莠桀桀”,毛传云:“桀桀,犹骄骄也。”

《唐风·羔裘》一章云“自我人居居”,二章云“自我人究究”,毛传云:“究究,犹居居也。”

这些例子都可以说明《诗经》上下诸章中之同位诸联绵字其义相同。

王氏引之《经义述闻》(卷六)“夜未央”条云:

> 夫歌之为言也,长言之也。长言之,则一倡三叹而不病其复……凡三章同义者,《诗》中往往有之。《缁衣》云“敝予又改为兮”、“敝予又改造兮”、“敝予又改作兮”,《尔雅》云:“作、造,为也。”《蒹葭》云“蒹葭苍苍”、“蒹葭萋萋”、“蒹葭采采”,传云:“萋萋,犹苍苍也。采采,犹萋萋也。”若斯之类,不可枚举。知类通达,是所望于后之君子焉。

《诗》取长言,不病义复,王氏所说,是很符合《诗经》实况的。王氏订正传笺谬失,每每运用这种方法,我们如果翻一下他的《经义述

闻》，例子随处可见，这里就不多赘。凡是王氏订正之处，都能怡然理顺，足见他的看法是对的。

马氏瑞辰也看到了这点。比如，《鲁颂·駉》一章云“以车彭彭”，二章云“以车伾伾”，三章云“以车绎绎”，四章云“以车祛祛”，毛传云：“诸侯六闲，马四种，有良马，有戎马，有田马，有驽马。彭彭，有力有容也；伾伾，有力也；绎绎，善走也；祛祛，强健也。”马氏瑞辰云：

> 此诗四章文义相仿，并无分言四马之义。① “彭”、“騯”古同声通用。《说文》“騯，马盛也”……“彭彭”即“騯騯”，谓马盛也。“绎”与“驿”通。《广雅》“彭彭、驿驿”并云“盛也”。“伾”与“駓”通。《广雅》“駓行也”，又曰“伾伾，众也”，“众”亦“盛”也。……“祛祛”当从《唐石经》及《相台本》作“祛祛”，与“渠渠”声义近。《广雅》“渠渠，盛也”。是则“彭彭”、“绎绎”、“伾伾”、“祛祛”同为“盛”耳，传分为四义，非也。……古人咏叹长言，不嫌词复，说《诗》者强为分别，转失其本义耳。②

由此可以看出，王、马两人对于《诗经》这类句例的看法是相同的，都认为《诗》上下诸章中同位的词其义相同。

再有一种情况是，《诗》有一章之组织类似于由两章合成的，其同位联绵字义亦相同。如：

> 临冲闲闲，崇墉言言，执讯连连，攸馘安安，是类是祃，是致是附，四方以无侮。临冲茀茀，崇墉仡仡，是伐是肆，是绝是忽，四方以无拂。

毛传云：“闲闲，动摇也；言言，高大也；茀茀，强盛也；仡仡，犹言言也。”王氏念孙《广雅疏证·释训》（陆上）“闲闲、勃勃，盛也”条下云：

> “言言”、“仡仡”皆谓城之高大，则“闲闲”、“茀茀”亦皆谓车之强

① 《正义》以为《诗》四章分言四马，马氏此句驳《正义》。

② 马氏《毛诗传笺通释》。

> 盛。“茀茀”与“勃勃”同,《广雅》以“闲闲”、“勃勃”俱训为“盛”,盖本诸三家也。

实在说来,这里王氏以为“闲闲”之义当为“盛”,并不是仅仅乎依靠《广雅》的古训来订定的,他主要还是靠“揆之本文”,亦即是对这种句例观察有得,而后才能够卓然自信的。

上面所说的几种句例,都是比较重要的一些。从上文所说,可以看出句例对于训诂的重要性。句例就是“揆之本文”的方法之一。至于在“验之他卷”时,也还是要靠“揆之他卷中的本文”,不是盲目比附一下就算是“验”了的。至于旧来的传、注、笺、疏等虽然可以做我们了解本文的阶梯,但主要的还是要通过“揆之本文”来转过来把它审核一下的,也不可以无条件地依靠它。这些都是很重要的。

替联绵字找出正确的意义,对我们建立联绵字族很有关系。订定一些联绵字是不是同一联绵字族,我们要同时用语音和语义两方面来审核,我们要研究同一联绵字族内部语音语义上的现象,我们还要研究许多联绵字族所呈现的语音语义上的现象。如果不依靠一些方法来订定意义,一二个意义订定上的错误,就会影响我们的整个研究,因此不得不郑重地谈一谈。

还应当说明一下,我们这里所说的同义包括以下三种情况,就是:

甲(本义)=乙(本义)

甲(本义)=乙(引申义)

甲(引申义)=乙(本义)①

那也就是说,我们这里所说的同义,是仅仅指的诸不同语源的联绵字在平列、同位等时候说的,而不是说,这些联绵字在平列、同位等时候同义就会在任何时候都同义。这点我们应当注意。一个联绵

---

① 假借义可以是假借为本义,可以是假借为引申义。

字以其本义同义于其他联绵字,如以其引申义那就不一定相同;以其引申义同义于其他联绵字的,如以其本义那就不一定相同。比如,《大雅·云汉》"兢兢业业"的"兢兢"虽然跟"业业"同义,《大雅·常武》"赫赫业业"的"赫赫"虽然也跟"业业"同义,但"兢兢"跟"赫赫"的意义却不一定相同。这跟同一语源诸联绵字之间的同义的情况是有差异的。

第六、联绵字的书写

联绵字在书写上跟单字一样受方块汉字形声原则和假借原则的影响,同一个联绵字有多种写法,若再从由于古今、方域关系而形成的整个一个联绵字族来看,写法就更多,因之有"骈词(联绵字)无定字"之说。现在说一说联绵字书写上的"无定字"原因,以及训诂上对"无定字"这一现象应有的注意。

一、音同字通

仪征刘师培先生有《骈词无定字释例》一文,刊登在《国粹学报》第三十三期上。该文云:

> 骈词往往义同字异,推其原因,则以骈词之中或无正字,同音之字,取义必同,故字异音同,均可通用,名曰异文,实则同义。

又云:

> "沆瀁"转音为"旁唐",又转音为"磐礴",实则均"漭沆"二字之音转也。

刘先生所举的音转的例子,当然还有可商量之处,但他已经看出了"无定字"和语音的关系。现在就从语音方面把"无定字"的现象分三项来说明:(1)音同字通,(2)音变字通,(3)音转字通。不过这里所谓“通”、“变”、“转”,都暂且用“诗经音”做基准点。有了一个基准点,我们才能够看出联绵字族是由古今方国积累而成。用“诗经音”做个基准点意思不过如此,当然不是说所有联绵字族都是在“诗经音”的时地范围内形成的。

(1)音同字通

音同字通是说的两个联绵字相通的字,如果用“诗经音”来看,它们韵部相同,声纽也相同或相近。例如:

皓皓:颢颢

桀桀:揭揭

愈愈:瘐瘐

绳绳:承承

彭彭:騯騯

潢漾:洸洋

咆哮:彪休

嫣婉:宴婉

匍匐:扶服

仿佛:髣髴

上举重言,在韵部方面,“皓”、“颢”古同笔部,“桀”、“揭”古同掇部,“愈”、“瘐”古同蒌部,“绳”、“承”古同薨部,“彭”、“騯”古同筐部;在声纽方面,除“绳”、“承”为相近(* ȡ‘-,ȡ-)外,馀皆为相同(皓、影 * g‘-,桀、揭 * g‘-,愈、瘐 * d-,彭、騯 * b‘-)。上举联绵字,在韵部方面,“潢漾”、“洸洋”古同筐部,“咆哮”、“彪休”古同鸠部,“嫣婉”、“宴婉”古同干部,“匍”、“扶”古同岨部,“匐”、“服”古同得部,“仿”、“髣”古同筐部,“佛”、“髴”古同出部;在声纽方面,除“漾”与“洋”、“仿”与“髣”为相近(* z-, * dz-; * p‘-, * p-。案:“漾”一读“荡”)外,馀皆相同(潢、洸 * g‘-,咆哮、彪休 * b‘-、x-,嫣婉、宴婉 * ʔ-、ʔ-,匍匐、扶服 * b‘-、-b‘-,佛、髴 * p‘-)。

这些,都是音同字通的例子。音同字通这类例子是很多的,就是下面所说的“音变字通”、“音转字通”两类,如果追究其实际情况,也跟音同字通属于一类,我们把它分别开来谈,只是为了根据“诗经音”的缘故。

(2)音变字通

音变字通是说的语音变化了之后,其字乃能相通。当然,这也是拿“诗经音”做基准点来说话的。例子如:

蕃衍:蔓延

仿像:罔象

这里“蕃”、“仿”跟“蔓”、“罔”是＊b‘-、＊p‘-和＊m-、＊m-的相通。又如

芒芴:荒忽(恍忽)

惝罔:惝慌(惝恍)

这里“芒”、“罔”跟“荒”、“慌”(恍)是＊m-和＊x-的相通。又如:

优游:优柔

委佗:阿难

这里“游”、“佗”跟“柔”、“难”是＊d-、＊d‘-和＊ȵ-、＊n-的相通。又如:

游衍:游羡

招摇:消遥

这里“衍”、“招”跟“羡”、“消”是＊d-、＊ȡ‘-和＊z-、＊s-的相通。这些都是声纽中有变化的例子。又如:

离娄:丽廔

差池:跐豸

这里“离娄”、“差池”跟“丽廔”、“跐豸”是古紽部和古知部的相通。又如:

窈窕:杳寥

憭慄:憀慄

这里“窕”、“憭”跟“寥”、“憀”,是古笔部和古鸠部的相通。又如:

婆娑:扶苏

委蛇:窊衺

这里“婆娑”、“委蛇”跟“扶苏”、“窊邪”是古紽部和古岨部的相通。又如:

蕴结:苑结

媥姺:盘旋

这里“蕴”、“姺”跟“苑”、“旋”是古干部和古诜部的相通。这些都是韵部有变化的例子。

音变字通是以“诗经音”为基准点来说话的,假如不是以“诗经音”为基准点来说话,那就指的是在某时、某地这些语音因相同或相近而相通。

(3)音转字通

音转字通大都指的是有“对转”、“旁转”关系而相通的事例。比如:

踟蹰:蹢躅

丽廔:历录

闵免:密勿

便姗:嫳屑

絪缊:壹郁

这一类例子,用诗经音做基准点来说,都是韵部的平入之转,用音标表示出来是:

* d‘i̯ěg — d‘i̯ug: * d‘i̯ek — d‘i̯uk

* lieg — lug: * liek — li̯uk

* mi̯wɛn — mi̯wən: * mi̯wět — mi̯wət①

---

① 此仅取“免”、“勿”。

*b‘i̯wan	—	san:	*b‘i̯wat	—	siat
*ʔi̯ĕn	—	ʔi̯wən:	*ʔi̯ĕt	—	ʔi̯wət

这一类大体只是韵尾辅音不同，亦即*-g:*-k或*-n:*-t的不同。

又如：

婆娑:媻姗

蘧篨:笯箸

汾沄:沸渭

科斗:活东

仍仍:陑陑

这一类例子，用“诗经音”做基准点来说，都是韵部的阴阳之转，用音标表示出来是：

*b‘wa	—	sa:	*b‘wan	—	san
*g‘i̯o	—	d‘i̯o:	*g‘aŋ	—	d‘aŋ
*p‘i̯wən	—	gi̯wən:	*p‘i̯wəd	—	gi̯wəd
*k‘wa	—	tug:	*g‘wat	—	tuŋ①
*ȵi̯əŋ	—	ȵi̯əŋ:	*ȵi̯əg	—	ȵi̯əg

这一类大体也只是韵尾辅音不同，亦即*-n:-d或*-g:*-ŋ或辅音韵尾有无的不同。

又如：

蒙澒:溟涬

绸缪:缠绵

卷娄:拘挛

窊邪:殴臾

恢台:旷荡

① 此仅取“斗”、“东”。

这一类例子,用“诗经音”做基准点来说,每一组转语韵部相去较远,但声纽相同。一般叫这一类为“一声之转”①。

以上三类,都是由于语音演变的关系,联绵字就有了各种写法。我们现在看它“无定字”应当知道这也是由于古今、方国的积累。

二、逐义易字

联绵字书写上的“无定字”的情况跟意义有关的,也有几种情形,总地说来,可以称为“逐义易字”。义各有类,所以“逐义易字”多为书写偏旁随着义类的不同而有更易或增益。许慎《说文解字·叙》云:“形声者,以事为名,取譬相成,江河是也。”段注云:“以事为名,谓半义也,江河之字,以水为名。”江河为水类,就用水来做字的偏旁,由此可见偏旁是用来表示义类的。以偏旁来表示义类,所以有逐义而更易或增益偏旁的现象。这比如:

《郑风·风雨》“鸡鸣胶胶”,为言鸣,《广韵》引《诗》“胶胶”作“嘐嘐”,字或从“口”;

《尚颂·那》“鞉鼓渊渊”,为言鼓,《说文》引《诗》“渊渊”作“鼘鼘”,字或从“鼓”;

《大雅·板》“多将熇熇”,《尔雅》云“謞謞,崇谗慝也”,为言崇谗慝,字或从“言”;

《周颂·丝衣》“载弁俅俅”,为言载弁,《玉篇》引《诗》“俅俅”作“頄頄”,字或从“页”;

《大雅·灵台》“白鸟翯翯”,为言白,贾谊《新书》引《诗》“翯翯”作“皜皜”,字或从“白”;

《魏风·葛屦》“好人提提”,为言好人,王逸注《楚辞》引《诗》

① “一声之转”有些人用得很广泛,可以包括这里三类。

“提提”作“媞媞”,字或从“女”;

《离骚》“女媭之婵媛兮”,王逸注云“婵媛,犹牵引也”,为言牵引,旧校云“一作撣援”,字或从“手”;

又,《远游》“雌蜺便娟”,为言雌蜺,旧校云“娟一作蜎”,字或从“虫”;

又,《九辩》“惟其纷糅而将落兮”,案,此句言木落,旧校云“糅一作楺”,字或从“木”;

又,《九怀·陶壅》“淹低徊兮京沶”,案,行不进为低徊,旧校云“一作彽徊”,字或从“彳”。

以上所说的例子,都是逐义以更易字的偏旁的。把字的偏旁换一换,让它的偏旁跟它所在文中表示的意义相合。

又比如:

《周南·桃夭》“桃之夭夭”,为言桃,《说文》引《诗》“夭夭”作“枖枖”,字或增从“木”;

《卫风·硕人》“鳣鲔发发”,为言鳣鲔,《释文》云“发,韩诗作鱍”,字或增从“鱼”;

《邶风·北门》“忧心殷殷”,为言忧心,《释文》云“殷,本又作慇”,字或增从“心”;

《楚辞·九歌·湘君》“吹参差兮谁思”,王逸注云:“参差,洞箫也。”案,箫以竹制,旧校云“一作篸箑”,字或增从“竹”;

又,《九叹·思古》“山参差以崭岩兮”,为言山,旧校云“一作嵾嵾”,“嵾”字或增从“山”;

又,《远游》“骑胶葛以杂乱兮”,案,“胶葛”以言车骑,旧校云“一作轇轕”,字或增从“车”。

以上所举的例子,都是逐义以增益字的偏旁的。把字增上偏旁,让这个字的偏旁跟它所在文中表示的意义相合。

在看上面例子的时候,我们还应当了解有“所施异而字异”的情况。所谓"所施异而字异"比如《邶风·泉水》"我心悠悠",施于言心,"悠悠"字从"心";《卫风·竹竿》"淇水滺滺",施于言水,"滺滺"字从"水"。上面的例子里,也应当有属于这类的。只是古籍流传至今,抄刊屡易,对于一个字的多种书写,谁先谁后,实在也很难明确地指出来。因之,我们也很难把"所施异而字异"跟"逐义易字"分别得清清楚楚。

三、音同字通和逐义易字

联绵字之所以"无定字",关于音的是"音同字通",关于义的是"逐义易字",这都在上文说过,现在再说一说这两者的交互现象,亦即同时跟音、义都有关系的。比如:

《周南·螽斯》"诜诜兮",毛传云"诜诜,众多也",《释文》云"《说文》作䢁",是"诜诜"或作从"多"从"辛";

《小雅·伐木》"坎坎鼓我",《说文》引《诗》作"䪼䪼鼓我",是"坎坎"或作从"夊"从"䪼";

《小雅·楚茨》"苾苾芬芬",苾苾芬芬是言香之盛,《广雅》云"馥馥芬芬香也",盖三家"苾苾"有作"馥馥"的,是"苾苾"或作从"香"从"复"。

《大雅·云汉》"蕴隆虫虫",毛传云"虫虫而热",《韩诗》云"虫虫"作"烔烔",又云"烔谓烧草传火盛也",是"虫虫"或作从"火"从"同";

《云汉》又云"涤涤山川",毛传云:"涤涤,旱气也。"《说文》引《诗》"涤涤"作"蔋蔋",云"蔋,艸旱尽也",是"涤涤"或作从"艸"从"椒";

《楚辞·九章·哀郢》"众踥蹀而日进兮"(《九辩》同),此"众"谓谗佞干进之人,《九章》旧校云"一作㨗慄",《九辩》旧校云"踥,《释文》作啑",是"踥"或作从"心"从"㨗",或作从"口"

从“疌”；

《九章·思美人》云“蹇蹇之烦冤兮”，王逸注云：“忠谋盘纡，气盈胸也。”旧校云“冤一作惋”，是“冤”或作从“心”从“宛”；

《远游》“精皎胶以往来”，王逸注云：“神灵照曜，皎如星也。”旧校云“皎，《释文》作皦”，是“皎皎”或作从“白”从“敫”；

《远游》又云“时暧曃其曭莽兮”，王逸注云“日月黤黮而无光也”，旧校云“暧曃，一作黤黮”，是“暧曃”或作从“黑”从“奄”从“甚”；

《远游》又云“沛罔象而自浮”，王逸注云“水与天合，物漂流也”，旧校云“罔象，《释文》作淍瀁”，是“罔象”或作从“水”从“冈”从“养”。

以上诸例，都是逐义以更易或增益其偏旁，而同时又依照“音同字通”来更换声符的。

总之，联绵字的“无定字”是跟汉字方块字“形声原则”密切相关的。这也跟单字使用的情况一致，并且，在联绵字“无定字”的现象上也可以看出来“形声原则”跟“假借”的矛盾。

四、联绵字的书写与联绵字的训诂

《曹风·蜉蝣》“蜉蝣之羽”，毛传云：“蜉蝣，渠略也。”马瑞辰《毛诗传笺》云：蜉蝣，古但作浮游，《夏小正》“浮游有殷”是也。今作蜉蝣者，后人从俗改耳。《尔雅》“蜉蝣，渠略”，《说文》“蟓，蝨蟓，一曰浮游”，渠略即蝨蟓假借字。《释文》“渠略，本或作蟝蛒”，亦俗字。

焕谨案：《说文》未收“蜉”、“蝣”、“蟝”、“蛒”等字，所以马氏说这些更易或增益偏旁的字是俗字，其实，说不可以妄改经文则可，如以后起字为俗，则大可不必！因为增益偏旁，实在是文字孳乳的自然情况，假如说这是俗，那么《说文》中偏旁字岂无俗字。[①] 并且,如果古人也认为遏抑偏旁的增益为对的话,则至许慎为《说文解字》时,字数也不会有九千多。《说文解字·叙》云“以事为名,取譬相成,江河是也”,可见“以事为名”本来就是造字的原则,增益偏旁是跟这一原则相符的。所以,我们研究联绵字不必拘拘乎在字体正俗上做考究工夫,不过在替联绵字做训诂的时候,决不能根据字形偏旁来折衷它的意义,也就是说不要“望文生义”,这是很重要的!

为什么不能根据联绵字的偏旁来折衷它的意义呢?这因为古人用字不尽用本字,而往往用假借字。如果从今日为之训诂者可以“据形求义”的要求出发,我们很希望古人用本字,本字如果没有,就用增益偏旁的方法来造出新字来(当然这不是个“供求相应”的方法),比如“飞禽即须安鸟,水族便应着鱼,虫属要作虫旁,草类皆从两屮”[②],能够做到这类,那就作者“义以形见”,而训诂者也就可以“据形求义”了。可是古人偶尔能这样(用形声原则)但往往又不能这样(用假借原则),这两种情况并存,就使得我们对所有情况都不能“据形求义”。比如:

《小雅·南有嘉鱼》“烝然罩罩”,毛传云:“罩,篧也。”《广雅》“罩罩”作“淖淖”,云:“淖淖,众也。”王念孙以为“罩罩”义不当为“篧”,而当训为“群游貌”。案,此毛传实误,这里“罩”字从“网”,毛传大概是据从“网”作训以致训错了的(《说文·网部》云“罩,捕鱼器也”)。

《小雅·车攻》“选徒嚣嚣”,毛传云:“嚣嚣,声也,惟选徒者为有声也。”王引之以为毛氏传错了,“嚣嚣”之义当为“众多貌”。案,“嚣嚣”之义当从王说。这里“嚣嚣”字从“㗊”,毛传大概是据从“㗊”作训以致训错了的(《说文·㗊部》云“嚣,声也”)。

---

① 参看王筠《说文释例》。

② 陆德明《经典释文》语。

《楚辞·招隐士》“嵚岑碕礒”，王逸注云：“山阜嶾嵎。”旧校云“碕礒，一作崎嶬”，是“碕礒”又有“崎礒”一种写法，于是洪兴祖补注乃云：“碕礒，石貌；崎嶬，山形。”今案：“石貌”、“山形”，无非同指“嶾嵎”，但为“石”为“山”，事类究属两殊，作者绝不会以一词而兼言之的，所以洪兴祖的注也是个不肯定的。

其余像王引之《经义述闻》经文假借条所说的，“借子为嗞，而解者误以为斥娶者；借佻佻为嬥嬥，而解者误以佻佻为独行貌；借没没为礌昧，而解者误没没为沉灭之言；借疆潦为礓礤，而解者误以为疆界有流潦”等，都是训诂者据形求义之过。

王念孙曾说：“夫双声之字，本因声以见义，不求诸声而求诸字，固宜其说之多凿也。”①我们研究联绵字的时候，应当时时留心，不要为字形所误。

（原载《语海新探》第4集，山东教育出版社，1999年）

① 《经义述闻·通说》“犹豫”条。

逍遥释义

——纪念袁家骅师

本文旨在观察联绵字“转语”之字形、字音、字义等方面的种相，为联绵字形音义等方面史的研究做点基础工作。

所谓“转语”，如逍遥之与相羊，此两者互为转语。训诂学有所谓“一语之转”，此逍遥是相羊的一语之转，相羊是逍遥的一语之转。对“转语”应当有这样的认识，即，不得认为：

逍遥为源，相羊为逍遥之转；

相羊为源，逍遥为相羊之转。

而必须考虑到：

可能另有一词，是逍遥和相羊的共同来源。

这里暂用“互为转语”。

至于所谓“倒言”，亦当作如是观，我们可以暂认为二者“互为倒言”。比如：

莽沆:沆莽

之类。

“一语之转”的字面意义即昭示互转的两个词——本文所论则为联绵字，其间有语源上的关系，亦即所谓“语同一源”，不是语同一源的则绝不得冒“转语”之名。此，实为学人之所共稔知。

订定甲词、乙词之是否互为转语并不是件容易的事，不能掉以轻心；并且，转语之间的形、音、义等的关系又是要被引用来替形、音、义等演变之史的研究作证的，这更不容许我们掉以轻心！

乾嘉学风是朴实的，虽然自今日视之不免有其“拘泥”处。乾嘉学者或有其不足之处,但他们的主观愿望则是严格要求自己不为游谈无根之论,见解未至十分也不轻易开口。乃世传有所谓《转语》一篇,谓为乾嘉朴学大师之“佚著”,即所谓《果羸转语记》者。此“佚著”据说在辛未岁(1931 年)被发现,见收于《安徽丛书》中,乃谓为大师程氏瑶田之笔。此“佚著”以《尔雅》之“果羸之实栝楼”开始,列举“果羸”的转语一大批,但其所谓“转”,颇有诚难令人首肯者。今试引一二。“佚著”云:

> 尔雅,果羸之实栝楼……栝楼,果羸之转声……又转为诸虑山櫐……,蒲卢亦蜾蠃之声转也……转之为梵语菩提,犹汉言王道也。……

“果羸”转为“诸虑”,“蒲卢”亦“蜾蠃”之声转,很难令人首肯。乃至转为梵语“菩提”,则更叫人迷惑,更叫人叹惋。

“佚著”对它所谈的“转语”,皆未给出所以为“转语”的论据。认真地说,“佚著”也实在给不出合乎“转”的朴学论据!

“佚著”而如果可以被认做学术论文,则当前的,以及往古来今的,音韵训诂之学只好被认做“无意义”。

“佚著”背道而驰地远离了朴学精神。

可不可以把这篇所谓“佚著”介绍介绍呢?为了“殷鉴不远”,当然可以。我写作《逍遥释义》时,我师就叫我认真看一看这个所谓“佚著”,意在告诫我“殷鉴不远,在夏后之世!”

今我整理逍遥释义公之于语言学诸同道,师言在耳,恍如昨日。重提一下“佚著”,重提一下我师之教诲,意在得到同道们的严格的审正。

一

与“逍遥”一语意义相同的联绵字甚多,就所曾见到的来说,已不下二十馀个,如:

相羊、容与、犹豫、夷犹、踌躇、须臾、从容、周流、周章;徘徊、彷徨、屏营、盘桓、盘旋、勃屑、婆娑;彷徉、浮遊;翱翔、遨游、优遊;章皇、低徊、邅徊;徙倚。

上列二十五个皆是。为免凌乱计,先分组证明其同义,然后再作一总论。

证明两联绵字同义,方法有三种:

(Ⅰ)以平列句或对文句定之,如下文的(1)及(4);

(Ⅱ)比较两文句定之,如下文(3);

(Ⅲ)依旧来注释定之。

只要不是材料缺乏,三种办法一并应用;不然的话,则依第一种或第二种办法来定其义,不单纯凭第三种方法。依旧来注释,有时会失于谬误,所以仅可用为参考,不能据为典要。

(1)逍遥与相羊

聊逍遥以相羊——《离骚》(《九辩》同,唯"羊"作"佯"。)

逍遥乎襄羊——《文选·上林赋》("逍遥",《史记·司马相如传》作"招摇",《汉书》作"招揺")

逍遥儴徉也——《广雅·释训》

常羊犹逍遥也——《汉书·礼乐志·郊祀歌》"双飞常羊"注。

(2)逍遥、相羊与容与

聊逍遥兮容与——《九歌·湘君》,《湘夫人》同。

逍遥而遊,容与而戏——《湘君》王逸注。

逍遥遊戏也。——《湘君》王逸注。

容与游戏貌——《离骚》"遵赤水兮容与"王逸注。

焕谨案:此处之"逍遥"、"容与"义皆为"遊戏"。

徜徉墟坂,沼水深兮,容与汉渚,涕淫淫兮——《九叹·思古》

焕谨案:此"徜徉"、"容与"意皆指"哀而徘徊",《思古》王注仍以遊戏解之,非也。《后汉书·张衡传》:"怅相佯而延佇","相佯"与"怅"连文则其义非"遊戏"可知。李注:"相佯犹徘徊也”,是也。

又,“逍遥”亦可以用以释忧,《礼记·檀弓》记孔子以“梦坐奠于两楹,而且负手曳杖,消摇于门”,此“逍遥”乃因忧而起,其义不为“遊戏”也。

(3)容与与犹豫

心犹豫而狐疑——《离骚》(两见)

然容与而狐疑——《九章·思美人》

焕谨案:此“容与”、“犹豫”皆谓“疑而徘徊”。《思美人》王注云:“徘徊进退,观众意也”,是也。

(4)犹豫与踌躇

猛虎之犹豫,不若蜂虿之致螫;骐骥之蹢躅,不如驽马之安步;孟贲之狐疑不如庸夫之必至也。——《史记·淮阴侯列传》

踌躇犹豫也——《广雅·释训》

(5)逍遥、相羊与须臾

聊逍遥以相羊——《离骚》,旧校云:“逍遥亦作须臾”。

聊假日以须臾——《九叹·远遊》

聊假日以相佯——《九怀·危俊》

逍遥须臾也——《九思·守志》“陟玉峦兮逍遥”注。

(6)容与周流

於是灵舆安步,周流容与——《汉书·扬雄传上·河东赋》

(7)周流与相羊

周流常羊思所并——《汉书·礼乐志·郊祀歌》

(8)周流与从容

痽从容以周流兮,聊逍遥以自恃——《楚辞·九章·悲回风》

（9）从容与容与

容与犹从容也——《后汉书·冯衍传·显思赋》“俟回风而容与”句注。

（10）周流与周章

周章犹周流也。言云神居无常处，动则翱翔周流往来且遊戏也。——《九歌·云中君》“聊翱遊兮周章”句王逸注。

（11）周章与夷犹

轻禽狡兽，周章夷犹，狼跋乎紭中。——《文选·吴都赋》刘渊林注云：“周章谓周流章皇也。”

（12）夷犹与犹豫

夷犹，犹豫也。——《九歌·湘君》“君不行兮夷犹”句王逸注。

（13）徘徊与彷徨

旦徘徊于长阪兮，夕彷徨而独宿。——《九叹·思古》

徘徊犹彷徨，不进之意也。——《汉书·高后纪》“徘徊往来”句注。

焕谨案：《颜氏家训·书证》第十七：“应劭《风俗通》云：‘太史公记：高渐离变名易姓为人庸保，匿作于宋子。久之，作苦，闻其家堂客有击筑，伎养不能无出言’。案：伎痒者怀其伎而腹痒也，是以潘岳《射雉赋》亦云：“徒心烦而伎痒”。今《史记》并作徘徊或作徬徨，不能无出言，是为俗传写误尔。”①今《史记·荆轲传》作：“闻其家堂上客击筑，徬徨不能去，每出言曰……”当是更经后人增益改易，然亦由“徬徨”与“不能去”连缀成文，语气更为顺从也。”②此

① 颜氏所引系《风俗通·声音》卷六“筑”条下文，今所见《百字全书》本（光绪纪元夏月湖北崇文局开雕）作“闻其家堂上客击筑，伎痒不能出言曰……”与《家训》文小异。“不能”下当有“无”字，此盖误脱。

② 疑或作“不能无出言”，“无”既讹为“去”，后人因而增一“每”字。

外如《汉书·杜钦传》云：

犹叹息咏怀，夙夜徘徊不忍遠去。

又如《后汉书·谢弼传》云：

又萤惑守亢，裴回不去。

“徘徊”、“傍徨”语转义同，故“徘徊”亦常常与“不去”连缀成文。

(14)彷徨与屏营

王亲独行屏营傍偟于山林之中。——《国语·吴语》

见白驹之意屏营彷徨不能临寐。——《后汉书·刘陶传》

《国语》云：屏营犹傍偟——《玉篇·尸部》“屏”下引。

(15)徘徊与盘桓

盘桓不发——《文选·舞赋》

怅盘桓而不能去——《文选·洛神赋》。李注引《广雅》曰：盘桓，不进也。

盘桓，不进也。——《文选·幽通赋》

“伫盘桓而且俟”曹大家注；又见于《广雅·释训》。

焕谨案：此所举例句及注，可与(13)“徘徊”与“傍偟”条比较，知二者义同。

(16)徘徊、盘桓与盘旋、盘姗、勃屑

盘姗勃窣——《文选·子虚赋》

便姗嫳屑——《文选·上林赋》

蹴蹳蹁跹——《文选·南都赋》

勃屑犹盘姗，膝行也。——《楚辞·七谏》：“嫫母勃屑而日侍”王注。

病不能行，故跰躃也。——《庄子·大宗师》：“跰躃而鉴于井”《释文》引司马云。

蹁跹，旋行貌。——《广韵》

主人盘还曰：僻，……宾盘还曰：僻。——《礼记·投壶》

徘徊,便旋也。——《广雅·释训》。王氏《疏证》云:"此叠韵之转变也。徘徊之正转为盘桓,变之则为便旋。薛综《西京赋》注:'盘桓,便旋也',便旋犹盘旋耳。"

焕谨案:王氏谓"徘徊之正转为盘桓,变之则为便旋",是以"便旋"为"盘桓"之变,盖可信也。《礼记·投壶》之"盘桓","还"《释文》音"旋","还"从匣组(袁→睘→還)声符而读"旋"(邪纽),"桓"亦匣纽字。《礼记·投壶》云"僻"者,《礼仪·大射》"宾僻"注:"僻,逡遁不敢当盛"。"逡遁"即"僻"之义,而"僻"即"盘还"之义也。

又,"逡遁"一语,盖亦与"逍遥"同源,"逡遁"有"却退"义。(《仪礼·乡射礼》郑注:"少退,少逡遁也"。)另有"迁延"一语,亦有"却退"义(《左传》襄十四年"晋人谓之迁延之役"注云:"迁延,却退也"。)而《淮南·主术》云:"以时尝穀,祀于明堂。名堂之制有盖而无四方,风雨不能袭,寒暑不能伤,迁延而入之,养民以公"。高注云:"迁延犹倘佯也"。是"迁延""逍遥"当本一源之可推寻者也。

(17)媻姗与婆娑

婆娑乎艺术之场,休息乎篇籍之囿。(李注引项岱曰:"婆娑,偃息也"。)——《文选·答宾戏》

方将驰骋乎典籍之崇涂,休息乎仁义之渊薮;槃旋乎周孔之庭,揖儒墨而与为友。——《后汉书·蔡邕传》,《释诲》。

焕谨案:"媻姗""婆娑"一语之转。《诗·陈风·东门之枌》"婆娑其下",又"市也婆娑",毛传:"婆娑,舞也"。陈奂《传疏》云:"婆娑,舞,《尔雅·释训》文,李巡注云:'槃娑媻僻舞也'。李所据《尔雅》作媻娑,《说文·女部》引《诗》'市也媻娑',徐铉云:'今俗作婆,非是'。然则婆字古本作媻矣"。可见"婆娑""媻姗"之关系。"婆娑"与"扶疏"亦一语之转。《淮南子·修务训》"舞扶疏”高注:“扶疏,槃跚貌”,是也。

(18)彷徨与仿佯

芒然彷徨乎尘垢之外,逍遥乎无事之业。——《庄子·达生》

芒然仿佯于尘垢之外,消遥于无事之业。——《淮南子·精神训》

徬徨犹仿佯也。——《文选·洞箫赋》“时奏狡弄则彷徨翱翔”,李注引自《埤苍》。

(19)浮遊与彷徉

聊浮遊以逍遥——《楚辞·离骚》

聊彷徉而逍遥——《楚辞·远遊》

(20)翱翔与逍遥

河上乎翱翔(一章),河上乎逍遥(二章)。——《诗·郑风·清人》

羔裘逍遥(一章),羔裘翱翔(二章)。——《诗·桧风· 羔裘》

逍遥乎文雅之囿,翱翔乎礼乐之场。——《文选》王俭《褚渊碑文》

翱翔犹逍遥也——《诗·桧风·羔裘》郑笺。

招摇翱翔也——《史记·孔子世家》“灵公与夫人同车,宦者雍渠参乘出,使孔子为次乘,招摇市过之”。《集解》引徐广语。(《索引》曰:《家语》作“遊过市”。谨案:“遊”与“招摇”义同。)

(21)翱翔与相羊

相羊,翱翔也。——《汉书·外戚传·孝武李夫人传·悼李夫人赋》“惟幼眇之相羊”颜注。

徜徉犹翱翔——《文选·吴都赋》“徘徊徜徉”刘渊林注。

(22)遨遊与相羊

其鸣喈喈,当羊遨遊。——《文选·高唐赋》

焕谨案:“当羊”原作“当年”,王念孙氏《广雅疏证》(陆)“徜羊戏荡也”条下云:“年当为羊,字形相近而误,‘当羊’即‘尚羊’也”。王说是也。

(23)优游与相羊

聊优游以尚阳——《古文苑》,黄香《九宫赋》(注:"一作徜徉"。)

(24)翱翔与彷徉

方洋犹翱翔也。——《汉书·吴王濞传》"外从大王后车,方洋天下"颜注。谨案:《史记·吴王濞传》作:"外随大王后车彷徉天下"。

(25)翱翔与浮遊

翱翔,浮遊也。——《广雅·释训》

焕谨案:《淮南子·俶真》:"而浮扬乎无轸之际"高注:"浮扬犹翱翔也"。案:"浮扬"与"彷徉""浮遊"并一语之转。

(26)周流与浮遊

聊浮遊与山陿兮,步周流于江畔。——《楚辞·九叹·思古》
浮遊谓周流也。——《后汉书·班固传·西都赋》"浮遊近县"李贤注。

(27)浮遊与逍遥

聊浮遊以逍遥——《楚辞·离骚》
浮遊逍遥,道鬼神,登九天——《淮南子·览冥》

(28)彷徉与逍遥

聊仿佯而逍遥——《楚辞·远遊》
逍遥于广泽之中,而仿洋于山峡之旁。——《淮南子·原道》
以逍遥仿佯于尘垢之外——《淮南·修务》
惟陛下因行四野,循视稼穑,消摇仿佯,弭节而旋。——《后汉书·东平王苍传》

(29)翱翔与周章

聊翱遊兮周章——《楚辞·九章·云中君》(王注:周章犹周流也,言云神居无常处,动则翱翔周流往来,且遊戏也。)

(30)彷徨与章皇、低徊与周流

迺诏虞人典泽,……斩丛棘,夷野草,御自汧渭,经营丰镐,章皇周流,出入日月,与天地沓——《文选·羽猎赋》。李注:“章皇犹彷徨也,周流、周匝流行也。”

倚招摇摄提以低回㓾流兮——《后汉书·张衡传·思玄赋》。《后汉书》李注:“低回㓾流,回转之貌”。《文选·思玄赋》。李注:“㓾流缭绕也”。

焕谨案:“㓾流”与“周流”义通,亦作“樛流”,《汉书·扬雄传》:“望昆仑以樛流”,颜注:“樛流犹周流也”,是也。《史记·晋世家》:“而使人迎公子周”,《集解》引徐广曰:“周一作纠”。

(31)低徊与夷犹

低佪夷犹,宿北姑兮。——《楚辞·九章·抽思》

(32)低徊、邅徊与徘徊

蹇邅迴而不能行——《楚辞·哀时命》

汩低回而不能去兮——《汉书·扬雄传·河东赋》

低回犹言徘徊也——《汉书·扬雄传》颜注。

谨案:“低徊”、“邅徊”与“徘徊”亦互为异文,比如:

心低佪兮顾怀——《九歌·东君》。旧校云:“低一作徘”。

淹低徊兮京沶——《九怀·陶壅》。旧校云:“低一作徘”。

遡高风以低佪兮——《九叹·远遊》。旧校云:“一云:遡高风以徘徊”。

吾且儃佪以娱忧兮——《九章·思美人》。旧校云:“儃佪一作徘徊”。

徐徘徊于山阿兮——《九叹·逢纷》。旧校云:“徘一作低”,盖皆以义同而为异文,如《颜氏家训》所云,《史记》“俳佪”或作“徬徨”之类也。(见上第13徘徊与彷徨条)

(33)邅徊与相羊

邅徊蒙汜之渚,尚佯冀州之际。——《淮南·览冥》,高注:“邅回犹倘佯也。”

(34)徘徊与相羊

于是弭节顿辔,齐镳驻跸,徘徊倘佯…… ——《文选·吴都赋》刘渊林注:“倘佯犹翱翔”。

倘佯犹徘徊也。——《文选·风赋》“然后倘佯中庭”李注。

相佯犹徘回也。——《后汉书·张衡传·思玄赋》“怅相佯而延伫”李注。

(35)彷徨·徘徊与逍遥

孔子抱圣人之心,彷徨乎道德之域,逍遥乎无形之乡。——《韩诗外传》

彷徨乎无为其侧,逍遥乎寝卧其下。——《庄子·大宗师》

徘徊招遥灵迟迟兮——《文选·甘泉赋》

招摇犹彷徨也。——上引《文选·甘泉赋》李注。

(36)徘徊与踌躇

何灵魂之纷纷兮,哀裴回以踌躇。——《汉书·外戚传·孝武李夫人传·悼李夫人赋》

踯躅徘徊,振迅腾摧。——《文选·舞鹤赋》

踌躇犹徘徊也——《后汉书·张衡传·思玄赋》“柘若华而踌躇”李注。

(37)徘徊与翱翔与容与

于是楚王乃弭节徘徊翱翔容与。——《汉书·司马相如·子虚赋》

于是乘舆弭节徘徊翱翔往来。——同上《上林赋》。

大辂鸣銮,容与徘徊。——《文选·西都赋》

(38)徙倚与彷徉、浮遊

然隐闵而不达兮,独徙倚而彷徉。——《楚辞·哀时命》

仿佯徙倚也。——《广雅·释训》

何况怀瑰玮之道,忘肝胆,遗耳目,独浮遊无方之外,不与物相婴撴,中徙倚无形之域,而和以天地者乎。——《淮南·俶真》

至德之世甘瞑于溷澖之域而徙倚于汗漫之宇，提挈天地而委万物，以鸿濛为景柱，而浮扬乎无畛畛之际。——同上。高注云：“浮扬犹翱翔也”。

焕谨案：“浮遊”、“浮扬”、“彷徉”一语之转也。其例正如“逍遥”、“须遥”、“须臾”之为一语之转。

逍遥	相羊	容与	犹豫	夷犹	踌躇	须臾	从容	周流	周章	徘徊	彷徨	屏营	盘桓	盘旋	勃屑	婆娑	彷徉	浮游	翱翔	遨遊	优遊	章皇	低徊	邅徊	徙倚	
	1	2				5				35	35						28	27	20							逍遥
1		2				5		7		34									21	22	23			33		相羊
2	2		3				9	6		37						40			37							容与
		3		12	4																					犹豫
			12						11														31			夷犹
			4							36																踌躇
5	5															39										须臾
		9						8																		从容
	7	6					8		10													30	30			周流
				11				10										26		29						周章
35	34	37			36						13			16					37				32	32		徘徊
35										13		14	15				18					30				彷徨
											14															屏营
											15			16												盘桓
										16			16		16	17										盘旋
														16												勃屑
		40				39								17												婆娑
28											18							19	24						38	彷徉
27								26									19		25						38	浮游
20	21	37								37							24	25								翱翔
	22								29																	遨遊
	23																									优遊
				31				30			30															章皇
								30		32														32		低徊
	33									32													32			邅徊
																	38	38								徙倚

(39)婆娑与须臾

聊须臾以婆娑——《文选·北征赋》(李注:“婆娑,容与之貌也”。)

(40)婆娑与容与

婆娑翰林,容与坟丘。——《文选》潘岳《赠陆机出为吴王郎中令诗》。
婆娑容与之貌也。——《文选·北征赋》“聊须臾以婆娑”李注。

二

上所举联绵字二十有六,其意义皆有相通处,附表即示其相互间义同之关系。表中又依起声音上之关系分之为七类,同在一类者使之相毗连而以粗黑线方格志之。其每类中之数联绵字,可能同出一源,以音有转移,乃演为数词。此种现象,即通常所谓“一语之转”者也。

今请先言踌躇一语意义之转移引申,然后取与其他诸语相比较。

窃以为“踌躇”之本义当为“前却”,前却者行不进之谓也。今日此义通行,苟非拟古之作,其用踌躇,义不逾此。

踌躇字亦通踌躍,《说文系传》“躍”下云:“不前也”;《集韵》:“踌躍,行不进也,踌亦作峙”。踌躇亦通蹢躅,《玉篇》:“蹢躅,行不进”(重文作“踯躅”)。此所谓“不前”,“行不进”者,即一前一却之意。若以图示前却之状态,则当为:

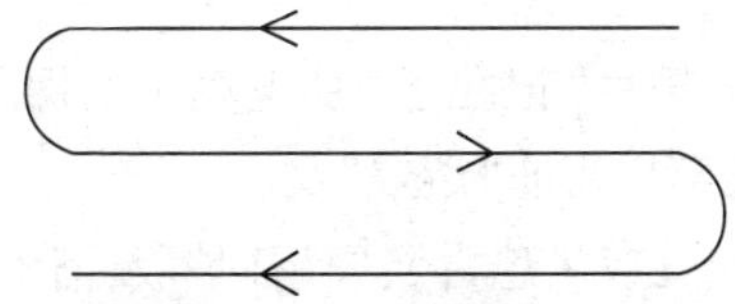

《说文》云:“彳,小步”,又云:“亍,步止”,又云:“辵,乍行乍止也”并踌躇之义也。(彳亍与踌躇、蹢躅并一语之转)

踌躇之义为行步之前却(其义亦同徘徊,《汉书·高后纪》“徘徊往来”。颜注云:“徘徊犹傍偟,不进之意也”)因之“疑而徘徊”亦曰踌躇,“哀(或与哀类似之心情)而徘徊”亦曰踌躇,盖疑者心有所不能决,哀者心有所不能释,语其心情,踌躇一语,正其妙喻矣。

踌躇之义为行步之前却,因亦可以取喻游戏,以今语言之,则如“散步”、“小步”之类。凡散步或小步,意不在“必进”,亦不在“必退”,其心情亦正如踌躇也,故言游戏可用踌躇。游戏用踌躇,因之“涵泳”亦可用踌躇,涵泳云者,《荀子·礼论》所云:“于是其中焉方皇周挟”之“方皇”是其义也(参下之“栖迟”条)。简言之亦即“非一蹴而几”之意,“非一蹴”故亦得用踌躇矣。游戏用踌躇,因之“与物委蛇”亦用踌躇,凡游戏者无所用心,而“与物委蛇”者,亦无所用心也。

今以表列踌躇之数义:

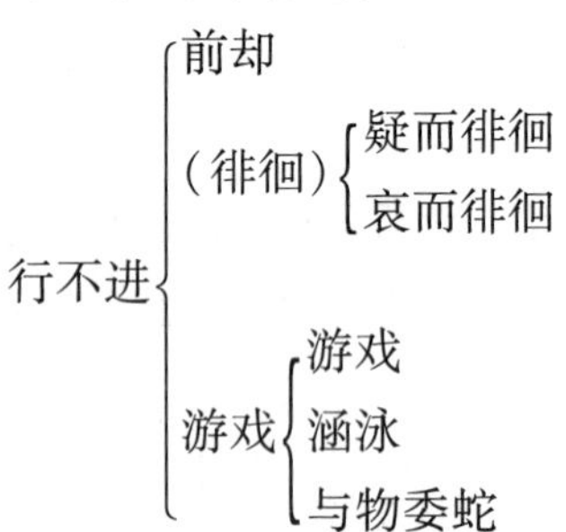

其馀诸联绵字之与踌躇义通者,或亦同有上五义,或则仅有二三,今举例句于下,以资参照。

前却义

逍遥《礼记·檀弓》记孔子“梦坐奠于两楹”而“旦负手曳杖消遥于门”。案此消摇当非“游戏”义。

相羊《楚辞·九叹·思古》:“倘佯垆阪,沼水深兮,容与汉渚,涕淫淫兮”。《后汉书·思玄赋》:“怅相佯而延伫”。《淮南·天文》:“东南为常羊之维”,注:“常羊、不进不退之貌。”

踌躇《诗·邶风·静女》“搔首踟蹰”,又《史记·淮阴侯列传》:"骐骥之蹢躅,不如驽马之安步"。《汉书·外戚传·孝武李夫人传》:"哀裴回以踌躇"。《文选·思旧赋》:"心徘徊以踌躇"。

游戏义

逍遥《诗·郑风·清人》"河上乎逍遥",《后汉书·张衡传》"与仁义乎逍遥",《韩诗外传》"孔子抱圣人之心,仿徨乎道德之域,逍遥乎无形之乡",《庄子·天道》"古之圣人,假道于仁,讬宿于义,以游逍遥之虚,食于苟简之田,立于不贷之圃。逍遥无为也,苟简易养也,不贷无出也,古者谓是乐真之游。"

相羊《离骚》"聊逍遥以相羊"。《越绝书·计倪内注》"应变而动,随物常羊"。《淮南·俶真》"与其有说也,不若尚羊物之终始,而条达有无之际"。

踌躇《后汉书·仲长统传》:"踌躇畦苑,游戏平林"李注:"踌躇犹踟蹰也"。成公绥《啸赋》(《文选》)"逍遥携手、踟跦步趾"。踟跦亦言游戏。《庄子·秋水》"知天人之行,本乎天,位乎得,蹢躅而屈伸,反要而语极"。郭注"蹢躅而屈伸"云:"蹢躅、进退不定之貌也,至人应世随物污隆,或屈或伸,曾无定执,趣人冥会,以逗机宜",又《外物》:"反,无非伤也,动,无非邪也,圣人踌躇以兴事,以每成功"。成疏:"踌躇,从容也。圣人无心,应机而动,兴起事业,恒自从容,不逆物情,故其功每就"。谨案:庄子所云蹢躅、踌躇皆与物委蛇之意也。

上列诸例之可注意者:一、逍遥、相羊缺"疑而徘徊"例,又相羊取"涵泳"例;二、踌躇亦缺"涵泳"例,其所以缺者,或该联绵字未尝引申有该义,或已引申有该义,而见用但未见记载;或则已见记载而为此文搜讨之所未及。虽然,逍遥、相羊之可能具有"疑而徘徊"义(其"哀而徘徊"义已具有),相羊踌躇之可能具有"涵泳"义(其"游戏"义及"与物委蛇"义已具有),则可以此三组联绵字比较而知之矣。然既得上述诸例句,则于相羊之具有"与物委蛇"义(上举"随物常羊"),可瞭于其所从来,而不致以其具有此义为突兀,此亦见推迹一义之引申转移,固不得以缺少一二句例置而不为也。

另一组之徘徊、徬偟、盘桓等与逍遥等一组连语之意义全同,而亦具有逍遥等所具之五义。推徘徊等之本义当亦如踌躇,惟徘徊等可能为近乎旋绕式之"行不前"耳。其图当如

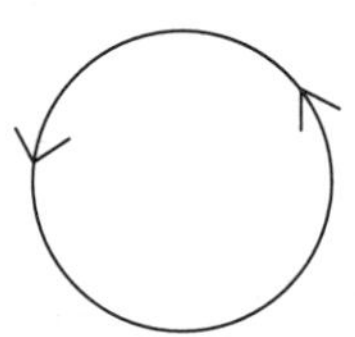

另一组之盘旋、勃屑、婆娑,及又另一组之章皇、伭佪、邅佪(章皇与伭佪当系一语之转,如彷徨之与徘徊),其本义当与徘徊同。自逍遥、徘徊、盘旋,以至章皇,其本义盖皆为"在地上"之"行不前",至彷徉、浮遊其本义当为"在天空"(或"水面")之"飞不前"(蜉蝣一虫当以此得名,此如鸟之跳舞者亦各商羊)[①]。翱翔一语之本义当亦为"在天空"之"飞不前",观《淮南·俶真》高注:"翱翔,鸟之高飞翼上下曰翱,直刺不动曰翔"可知。故于兽常言踌躇徘徊,于鸟则常言翱翔也。

观此知表中所列二十六联绵字,其意义虽时可相通,而其来源实不一致。至徙倚之来源为何,后当讨论。今更举各联绵字之诸例句于下。凡所举例句,皆取当句即可显然窥见该联绵字之意义者。

前却义

《九章·涉江》:"船容与而不进兮"。

《九歌·湘君》:"君不行兮夷犹"。

---

① 参《广雅·释训》"徜徉、戏荡也"条下王氏《疏证》。焕谨案:商羊、徜徉通,亦即相羊也。

《后汉书·杜钦传》:“夙夜徘徊不忍远去”。

《诗·王风·黍离·序》:“彷徨不忍去”。

《文选·洛神赋》:“怅盘桓而不能去”。

《国语·吴语》:“王亲独行,屏营彷徨于山林之中”。

《楚辞·哀时命》:“然隐闵而不达,独徙倚而仿偟”。

《魏志·刘劭传》注引杜挚《与毋丘俭诗》:“骐骥马不试,婆娑槽枥间,壮士心未申,坎坷多辛酸”。

《离骚》:“心犹豫而狐疑”。

《九章·思美人》:“然容与而狐疑”。

《楚辞·九歌·湘君》:“聊逍遥兮容与”。

游戏义

《离骚》:“聊浮遊以逍遥”。

《楚辞·远游》:“聊彷徉以逍遥”。

《九歌·云中君》:“聊遨遊兮周章”。

《诗·陈风·东门之枌》:“市也婆娑”。

《郑风·清人》:“河上乎翱翔”。

《齐风·载驱》:“齐子遨遊”。

《小雅·采菽》:“优哉游哉”。

《汉书·司马相如传·子虚赋》:“于是楚王乃弭节徘徊翱翔容与”。又《上林赋》:“于是乘舆弭节翱翔往来”。

《汉书·扬雄传·河东赋》:“于是灵舆安步周流容与”。

《后汉书·东平宪王苍传》:“惟陛下因行四野,循视稼穑,消摇仿佯,弭节而旋”。

《文选·吴都赋》:“于是弭节顿辔、齐镳驻跸、徘徊倘佯、寓目幽蔚”。

《汉书·司马相如传·上林赋》:“从容乎礼园,翱翔乎书圃”。

《汉书·叙传·答宾戏》:“婆娑乎术艺之场”。

《后汉书·蔡邕传·释诲》:“槃旋乎周孔之庭”。

《文选·潘尼赠陆机诗》:“婆娑翰林,容与坟丘”。

《文选·王俭褚渊碑文》:“逍遥乎文雅之囿,翱翔乎礼乐之场”。(《文选》扬雄《剧秦美新》:“遥集乎文雅之囿,翱翔乎礼乐之场”。)

《庄子·应帝王》:“吾与之虚与委蛇”。(又《庚桑楚》:“行不知所之,居不知所为,与物委蛇而同其波,是卫生之经也”。)

《庄子·大宗师》:“芒然彷徨乎尘垢之外,逍遥乎无为之业”。(又《达生》:“芒然彷徨乎尘垢之外,逍遥乎无事之业”。)

《韩诗外传》五:“孔子抱圣人之心彷徨乎道德之域,逍遥乎无形之乡”。

《淮南·俶真》:“芒然仿佯于尘垢之外,而消摇乎无事之业”。

同上:“……独浮遊无方之外……中徙倚无形之域”;又“……而徙倚于汗漫之宇……而浮扬于无畛之际”(此二条并详见上(38)条“徙倚与彷徉浮遊”下)。

《淮南·精神》:“休息于无委曲之隅,而游敖于无形埒之野”。又《修务》:“……以逍遥仿佯于尘垢之外”。

《庄子·天运》:“以遊逍遥之虚”。

《庄子·山木》:“若夫乘道德而浮游”;又云:“浮游乎万物之祖”。

《庄子·在宥》:“浮游不知所求,猖狂不知所往”。(又《山木》“猖狂妄行”①云:“猖狂无心”,又《庚桑楚》:“吾闻至人尸居环堵之室,而百姓猖狂不知所如往”。宣云:“如相忘于天地”。《淮南·俶真》:“当此之时,万民猖狂不知东西,含哺而游、鼓腹而熙”,焕谨案:此皆可见猖狂之意。《淮南·览冥》云:“浮游不知所求,魍魉不知所往”。猖狂魍魉其义一也)。

《庄子·山木》:“浮游乎万物之祖”。

---

① 原文云:“南越有邑焉,名为达德之国,其民愚而朴,少私而寡欲;知作而不知藏,与而不求其报,不知义之所适,不知礼之所将,猖狂妄行,乃蹈乎大方,其生可乐,其死可葬”。

《庄子·在宥》:“从容无为,而万物炊累焉”。

《淮南·俶真》:“中至优游抱道炀和,而万物杂累焉”。

《淮南·原道》:“优游委纵,如响之与景。”

《淮南·本经》:“优柔委从,以养群类”。(又云:“与一世而优游”,高注:“优游,犹委从也”。)

《庄子·盗跖》:“与道徘徊”。

《淮南·原道》:“与化翱翔”,高注:“翱翔,犹倾仰也”。

观上所举诸句例,知与“逍遥”意义相通之诸联绵字,其意义引申之情形,亦复与“逍遥”相类。其中“委蛇”一词,原义当为“长曲”,其图形当为 ⌒⌒⌒ 故可以之状山,状河,状旂。委蛇之为长曲,故可以之描写行步之从容。《诗·召南·羔羊》“退食自公,委蛇委蛇”,笺云:“委蛇,委曲自得之皃”,是也。取《庄子》之文为喻,正如《秋水》所云:“儵鱼出游从容”①矣。从容谓之委蛇,委蛇语又转为“虚邪”,《诗·邶风·北风》:“其虚其邪,既亟只且”,笺云“邪读如徐,言今在位之人,其故威仪虚徐宽仁者,今皆以为急刻之行矣”,是也。《楚辞·九辩》云:“性愚陋以褊浅兮,信未达乎从容”。此云己性褊急未达于宽舒之道也②,是委蛇又有宽舒义,亦与从容相同③。

《庄子·在宥》云:“从容无为”,《庚桑楚》云:“与物委蛇而同其波”,从容、委蛇,其义一也。《庄子·徐无鬼》:“委蛇攫抓”,成云:“委蛇从容”是也。且“虚邪”亦有狐疑义。《文选》拾肆,班固《幽通赋》:“承灵训其虚徐兮,伫盘桓而且俟”,曹大家注:“虚徐,狐疑也”;《汉书·叙传》本句注引孟康语云:“虚徐,怀疑也”,甚是。虚邪、虚徐通,并为委蛇之转语。

① 又《古文苑》刘歆《遂初赋》“既从容以自得兮”。

② “从容”今语犹用之。

③ 优游、容与亦有“宽舒”义,详见下。

委蛇亦有踌躇不前意，语转为“逶迟”。《文选·别赋》。云：“舟凝滞于水滨，车逶迟于山侧，棹容与而未前，马寒鸣而不息”，此“逶迟”与“容与”义同，皆凝滞之意也。

窃以为“徙倚”一语，当为委蛇之倒言。“逶”与“倚”声通。《庄子·应帝王》之“委蛇”，《列子·黄帝篇》作“倚移”；又《说文·禾部》“移，禾相倚移也”，倚移即委蛇也。又“徙”“蛇”通者，二字皆古歌部字，唯声之齿头与舌声为异（徙，斯氏切，＊s-；蛇，食遮切，＊dj-；移，以支切，＊d-①）。然观委蛇通委随，而“随”为齿头声（随，旬为切，＊z-）。语转在鱼部，通虚徐通虚邪（见上），通窊邪②，而“徐”“邪”亦为齿头声（徐，似鱼切；邪，似嗟切，并＊z-），皆齿头舌头相通之证。即如逍遥之通招摇（消，相邀切，＊s-；招，止遥切＊tj-），相羊之通常羊、当羊（相，息良切＊s-；常，市羊切＊dj-；当，都郎切＊t-），亦此例。故谓徙倚为委蛇之倒言，当非勉强，因其音义皆相通也。委蛇通委随，语转又为委从、委纵。《淮南·原道》：“优游委纵如响之与景”，优游与委纵平列则同义③（《淮南·本经》：“与一世面优游”，高注：“优游犹委从也”）亦皆与委蛇同。

仅就上举委蛇、虚徐、逶迟诸句例观之，知委蛇所有诸义与踌躇俱相同。推其所以相同之故，盖由二语之本义相似，委蛇一语所示之意为，踌躇一语所示者为，其为“曲屈”，故相同也。

又踌躇之义为“前却”，“前”“却”二字意义相反，“前”进而“却”退，因而词之以相反义之二字组成者，亦时得与踌躇义通，如“屈伸”，如“偃仰”：

《庄子·秋水》：“蹢躅而屈伸”。

《汉书·王褒传》：“偃仰屈申若彭祖”。

---

① 反切用《广韵》，下文同。

② 《广雅·释训》：“委蛇，窊邪也”。

③ 平列同义上文有论证。

《韩诗外传》五:“与时迁徙,与世偃仰,千变万化,其道一也。”

《汉书·仲长统传》:“优游偃仰,可以自娱。”

《汉书·李固传》:“槃旋偃仰,从容冶步。”

如“往来”:

《汉书·司马相如传·上林赋》:“于是乘舆弭节徘徊、翱翔、往来”。

《九歌·云中君》:“聊翱翔兮周章”,王注:“言云深居无常处,动则翱翔、周流、往来,且遊戏也”。

皆其例。又与往来同义者有“经营”:

《后汉书·冯衍传·自论》:“经营五山”注云:“经营犹往来”。

《文选·舞赋》:“经营切儗”李注:“经营,往来之貌”。

故经营亦与“周流”、“浮游”等同义。

《楚辞·远游》云:“经营四荒兮,周流六漠”。

《汉书·扬雄传·河东赋》:“登历观而遥望兮,聊浮游以经营。”

《楚辞·远游》以“经营”与“周流”对文,《河东赋》以“经营”、与“浮游”平列,其义显然可见。

由上所举,可见与逍遥、相羊同义之联绵字甚多,上文尚未说及者犹有“储与”。“储与”有“游戏”义,“无所主”义,均与相羊同。

《汉书·扬雄传·校猎赋》云:“储与乎大溥,聊浪乎宇内。”颜注引服虔曰:“储与,相羊也”。

《淮南·本经》云:“天含和而未降,地怀气而未扬,阴阳储与”。高注云:“储与犹尚羊,无所主之皃”。

“储与”又有“褒大”义(参《广雅·释艸》“藷藇,署预也”条王氏疏证)。

《淮南·俶真》:“储与扈冶”。高注云:“储与扈冶,褒大意也”。

焕谨案:扈冶者,浩荡也。

又《要路》:“合三王之风以储与扈冶”。高注:“储与犹摄业也,扈冶,广大也”。

此如“优游”之有“宽泰”义。

《楚辞·九章·惜往日》:“极大德之优游”,洪补注:“优游,大德之皃”。

《荀子·正论》:“皆使富厚优犹”。杨注:“优犹,宽泰也”。

“容与”之有“宽裕”义(例句见上文)。

《文选·洞箫赋》:“其在声则若凯风纷披,容与而施惠”。李注云:“容与,宽裕之貌”。

皆可证储与与逍遥、相羊等一类联绵字意义相同,窃以为储与者,与逍遥相羊等当亦为一语之转也。

又有“栖迟”:

《诗·陈风·衡门》:“衡门之下,可以栖迟,泌之洋洋,可以乐饥”。毛传:“栖迟,遊息也。”《正文》引舍人曰:“栖迟,行步之息也”。

焕谨案:《广雅·释邱》“邱上有草木为秘邱”,王氏疏证引《周巨胜碑》云:“洋洋秘邱,于以逍遥”。谨谓碑文逍遥即诗栖迟之意。

《诗小雅·北山》:“或栖迟偃仰”。《后汉书·郎顗传》:“栖迟偃仰,寝疾自逸”。

《汉书·扬雄传·甘泉赋》“徘徊招摇,灵屖迟兮”。(《文选·甘泉赋》作“迉遟”李注云:“迉遟,即栖迟也”。)

《文选·登楼赋》:“步栖迟以徙倚兮”。

《文选·博奕论》:“渐渍①德义之渊,栖迟道艺之域”。

踥蹀

《九章·哀郢》及《九辩》并云:“众踥蹀而日进兮。”《九章》旧校云“踥

① 所谓“涵泳”也。

一作躞一作踕;一作㨗楪";《九辩》旧校云:"踥一作蹈,《释文》作啑谍。"

《九章》洪补注曰:"踥蹀行貌"。

《古文苑》卓文君《白头吟》:"蹀躞御沟上"。

《古文苑》蔡邕《青衣赋》:"盘跚蹴蹀,坐起低昂。"

晋傅玄《斗鸡赋》:"或嗫喋容与"。

《楚辞·哀时命》:"衣摄叶以储与兮",王逸注"摄叶储与,不舒展貌"。

《文选·南都赋》:"修袖缭绕而满庭,罗袜蹑蹀而容与",李注云:"蹑蹀,小步貌"。

踸踔

《方言》:"逴蹇也",郭注:"逴,跛者行踸踔也"。

《文选·海赋》:"踸踔湛泺",李注:"踸踔湛泺,波前却之貌"。

《文选·文赋》:"故踸踔于短韵",李注云:"《广雅》曰:'踸踔,无常也',今人以不定为踸踔,不定亦无常也。《庄子》曰:'吾以一足踸踔而行,尔无如矣'。谓脚长短也"。

焕谨案:今《广雅·释训》作踸踔,《庄子·秋水》作趻踔,踸趻踸字并通,又通斟愖。《后汉书·冯衍传·显志赋》:"意斟愖而不澹兮"。李注:"斟愖犹迟疑也,澹定也"。

首施

《汉书·灌夫列传》:"何为首鼠两端"。颜注:"首鼠,一前一却也"。

《后汉书·邓训传》:"虽首施两端"。李注:"首施,犹首鼠也"。

屯邅

《易·屯·六二》:"屯如邅如,乘马班如"。《释文》引马融曰:"邅如,难行不进之貌"。《正文》引马融曰:"班,班旋不进也"。焕谨案:依马融则班盘字通,班为盘旋之单举矣。

《说文·马部》:"驙,驙驙,马载重难行也①,驙,驙驙也"。

---

① 段注云:"俗本重难下有行字,非,谓马所负何者重难也"。谨案:段以有"行"字为非,恐未为得。详观逍遥而下各连语,多具前却义可知。驙驙言行难,不言载重难也。《集韵》:"趁,趁邅,行不进貌,知邻切"。

同上,“篤,马行顿迟也”。谨案:屯邅、顿迟通。屯顿声同,驙之通迟亦如邅回之通低回、通迟回。

上述“储与、栖迟,踥蹀、跳踔、首施、屯邅”诸语亦当与逍遥、相羊、踌躇诸语同源,当另文为之详考。今所欲言者,相羊、徘徊等,可用以表示无所用心,如与物委蛇义是。复可用以表示心有所不能决或不能释,如前却义是。夫疑而徘徊、哀而徘徊之与无所用心,事之不类甚至于相反,而皆可以示之以一词,是则引申之故矣。

三

窃谓,订定同源词,一不得仅以同音为准,二不得仅以同义为准,必须用“音以及音之发展变化”与“义以及义之引申转移”参伍核验,庶乎免于谬误。拙篇重在释义,于音未及致详,但未敢仅凭义为定。篇中认为可算转语之诸例,或则可于异文见其端倪,如(1);或则前修已尝考定,如(18)。今略条理于下:

(I)逍遥相羊类

甲	逍遥	相羊	须臾	
乙	容与	犹豫	夷犹	
丙	徘徊	彷徨	屏营	盘桓
丁	盘旋	勃屑	婆娑	
戊	彷徉	浮游		
己	章皇	低徊	邅回	

(II)须臾与从容类

子	须臾	从容
丑	周章	踌躇
寅	周章	周流
卯	盘桓	盘旋

辰　翱翔　翱游

巳　翱游　优游

午　逍遥　周章

未　徙倚(倚徙)　委它

上述(I)类分六组,各组之中诸词合乎一声之转,(II)八组,各组之中诸词的声音上的渊源,至难推定。若凭义之相近定(I)(II)共十四组词皆为逍遥一语之转如彼"果赢转语记"之所为,则吾未敢。为拘为泛,愿受教于大方之家。

附记:

七十年代之初,焕先偶然有幸赴京,曾几次晋谒袁师,袁师每次教焕先奋发,教焕先联绵字研究必须继续,钱师母亦屡以为言。钱师母还说,你能把你联绵字研究的成绩带来给老师看,老师还不知怎样高兴呢!一次,袁师一定要从承泽园住处亲自送焕先到北京大学门前的车站,一路谆谆教诲,说:王逸注《楚辞》每在"逍遥"之类的词上注错,孔子的负手曳杖消摇于门,旧疏于消摇就误解。又说,你的《逍遥释义》借联绵字作系统地释明字义引申的通则,能提供人确定逍遥这一大类的字义到底为此或为彼的依据,这是可喜的。又郑重再三地说,我中华民族绝不会丢下汉语不研究的,要有这个坚强的信心。那时袁师寿七十有一,但显然衰弱了,但说到最后这些话时则坚定而兴奋。焕先今日追念到此,能仅仅乎是掩泪而已吗?联绵字要研究之处很多,师言在耳,焕先也应当坚定而兴奋!

(原载《殷焕先语言论集》,山东大学出版社,1990年)

联绵字和古音

——为纪念王了一师作

一

[1.1]本文试图通过古文献里双声、叠韵联绵字之应用的实况,来观察、印证先秦到汉代的汉语语音——声(包括复辅声),韵[韵头(因而等)、韵腹、韵尾(包括复尾)]、声类分合、韵类分合等方面——的实际,供研究古音的同道参酌。

[1.2]对古音的认识是逐渐深入的,就目前的认识,基本上是:一个汉字表一个音节,而一个音节之结构方式是声、韵头、韵腹、韵尾。如果从简说,汉语音节的构成方式,我们的认识并没有起过什么突破性的改变,虽然有些"精微"之改易。今亦从众说。

[1.3]对语音各项,主要作"类"的观察。"类"是"虚位",亦即,"值"的拟测尚待作进一步探讨。对"值"的拟测,本文顶多提点试探性的看法。

[1.4]一切假定的古音的"值"(实质上也还是"类")都必须回到古语言(古文献)里去印证、核实。

本师罗莘田常培先生常常告诉我们"言可复也";王师了一力先生常常告诉我们"语言的社会性"。今谨宗斯意,试写此文。

例如,《诗·大雅·卷阿》的"于彼高岗"、"于彼朝阳",乃是诗人用对比(文意上、对仗上、音律上)手法说出的,从音律上看,"高"与"朝"叠韵(宵部),"岗"与"阳"叠韵(阳部),"高"与"岗"

双声(见母),按诸《诗》的常式,则在作之者以及听之者的心意中,“朝”与“阳”当亦是双声。这里的“朝”与“阳”,也反映了古语言的实际。

[1.5]应用古文献来推定古音,是推定古音的最重要的方法之一(当然又应用许多其他方法),我们是这样做了,并且做得很出色,当然还有要继续探测之处。又,把我们所假定的古音(尤其是音值)送回到古文献里去印证、核实,去“对号入座”,也是推定古音最重要的方法之一,我们是这样做了,比如从音律,从谐声、假借、异文、训诂等方面,并且做得很出色,当然也还有要继续探测之处。比如,“朝”,“阳”的双声,还在要求我们重新探讨,给予合理的解释,让它在古文献里能对号入座。我日后在谈声母清浊破读时,对此试提出浅见。

[1.6]我们不敢轻视对号入座,我们不敢无视那些在今日韵学水平看来还不能对号入座的语言事实。本文就是从一个角度来谈对号入座。

二

[2.1]本文应用“同异律”来观察、印证双声、叠韵联绵字所组成的“音偶”、“音组”之声、韵的现象。诗、骚、赋的作者就是常用各种不同的“同异”形式来组织文章的音乐美的。

所谓同异律,我们用现代汉语里的类似联绵字的语音组织打个比方来做解释。

现代汉语里如:

pingling — panglang

其中,pingling 相当于一个联绵字,panglang 相当于一个联绵字。就每一个联绵字(即一个音偶)而言,其声母相异,一为 p,一为l;其韵母相同,各为叠韵联绵字。即,一个音偶中之两音节也有相同处,也有相异处。就两个音偶所组织成之音组而言,在各音偶之“相应位置”上,其声母相同,有p-、l-的相同;其韵母相异,有-ing、-ang的不相同。是之谓同异律。

我们这里用“音节”称ping、ling、pang和lang等,用“音偶”称pingling、panglang等,用“音组”称pingling—panglang之类。

[2.2]我们可以说,没有同异律,音偶、音组之音乐美就无法组织成,而我们古代诗、骚、赋之作者,正是利用联绵字之符合同异律的音偶和由音偶组成之符合同异律的音组以组织成其文章之音乐美的。

联绵字里双、叠这种音偶正可满足同异律的要求。其双声联绵字这种音偶,声同则韵异,其叠韵联绵字这种音偶,声异则韵同;由音偶组成的音组,亦复如是。

这种同异也应当是符合“异音相从谓之和,同声相应谓之韵”的文章的音律要求之一个方面。

双声联绵字、叠韵联绵字正是诗骚赋之作者在组织音乐美的艺术文时之合格的、自自然然的材料。

组织音乐美的音组之语音形式有多种,本文下面的讨论中将出现这些形式,这里就不先赘举。

[2.3]重要的是我们将应用同异律来讨论、审核古汉语之语音。我们将严谨地进行讨论、审核。

现代汉语里有

jili—gulu

按照同异律,我们有理由(音理、音变规律)要求j-原来是g-,而j-正好是g+i导致出来的。现代汉语好多方言里,gi、gi-之g-变为j-。

在这个音组构成时,j-还读g-,形式为gili—gulu,这正好符合构成音组的同异律。

这，正是本文进行探讨时重要根据之一。

如果我们是面临古文献里的这类音组，说我们这里是先认知j-从 g-来因而认识出其为音组亦可；说我们这里是先假定其为音组因而推定 j-当从 g-来再证实其是否实为音组亦可。

讨论、审核的方法当然也是多种多样的，要看具体对象而言，但，用的总是同异律。

[2.4]本文重点在根据双、叠联绵字的声同则韵异、声异则韵同的语音实际来推定音偶、音组里各音节之读音：声、韵。

一个音组里，不可能每一个音偶在读音上都有“难以捉摸”之处；一个音偶里，也不可能每一个音节在读音上都有“难以捉摸”之处。这提供了我们在一个音组里、一个音偶里从已知推未知、从已定推未定的可能。用已知的来推定、核正未知、未定(或可疑)的音偶、音节之“声”、“韵”。可以说，已知的音偶中相应的音节之“声”，提供了待推定、核正的“字”(即音节)之“韵”；易言之，已知的音偶、音组为待推定、核正的音偶、音组中相应的音节提供了“反切上，下字”，藉“以上字定声”、“以下字定韵”来“反切”出待推定、核正的读音：声、韵。

这一应用同异律的推定法，想能为学人所首肯。

[2.5]复次，我们说，这个根据同异律推定(核正)的音，就是作者的音，当无可疑。这个音，当然也带着它的“时”、“地”、“人”的特点，供我们研究古音时做个时代、地域、个人之语音特色的参考。

我们都知道，诗、骚、赋(或早期的赋)是可以朗诵的。我们也都知道，三百篇是被之管弦的，楚骚也是可以唱的。我们可以推想，既是特别以其语音形式“公诸社会”(也就是，能得到社会的认可)的艺术文，在语音上，个人特色不致是十分浓厚的，虽然我们在考订“时”、“地”特色时不能忽略了“人”。

[2.6]本文先侧重双声方面写点粗浅的认识。

三

[3.1]为了组织文章的音乐美,诗骚赋之作者对联绵字的音偶、音组的应用是严整的,或者绝大多数是严整的。本文的题目是“联绵字与古音”,写作目的是“以联绵字之声韵与古音互相参伍证验”,因之,对联绵字的选取,也自然取其能得大家公认的“严整”的。比如,我们取

陟彼崔嵬,我马虺隤……(诗·周·卷耳·章二)

陟彼高岗,我马玄黄……(同上·章三)

很显然,作诗者对双声音偶、叠韵音偶,是有意识作安排的:安排在相邻的两章,安排在各章首两句相应的位置,章二安排了两个双声音偶,章三安排了两个(也是两个)叠韵音偶。这不能说是无意识的、偶然的。另外,如:

山有扶疏,隰有荷华……(诗郑·山有扶疏)

等亦然。这例上句安排了叠韵音偶,下句相应的位置安排了双声音偶。附带说一句,这种音乐美的优良传统,绵延至唐未衰,同道们看一下《杜诗双声叠韵谱》就可以了然了。从后代之未衰,自然可以推见前人之实有。

[3.2]比较起来,三百篇中,上举的音乐组织形式为多,即,见于两句中,见于两章中。三百篇中,很少用紧凑的音组形式的。

用音组形式来组织音乐美的,可见于骚、赋。例如:

聊逍遥以相羊(离骚)

音组中不杂入他字者,如:

突梯滑稽(卜居)

罢池陂陀(司马相如:子虚赋)

例中,"逍、相,遥、羊,突梯,滑稽,罢、陂,池、陀"各为双声;"逍遥,相羊,突、滑,梯、稽,罢池,陂陀"各为叠韵。

如上所举,这样应用的音偶、音组之事例,自然是我们研究古音者所应当特别给以注意的。

[3.3]自然也有些看似音组而实在不一定能算做音组的,如:

栖迟偃仰(诗·小·谷·北山·章五)

这大概是为了增厚语义而组织成的,我们姑且可以称之为"义组"。这,我在《逍遥释义》中曾有所讨论。

当然会有到底是音组还是义组的困惑的事例,这是叫我们取舍两难的。这也是值得做进一步研究的。

我们对音偶、音组既然是"选取"其严整的,"选取",这就免不了带着主观了,这也是应当再做深细的审核的。本文所选所取,我曾征求过好几位学友的意见。

我们选材宁愿从严,以免在沙地建高楼!但我们也忠实地对待那些与我们立论不利的材料,绝不敢顺我者取、逆我者舍,以致淆乱了语言事实、掩盖了语言真相。

四

[4.1]"玄黄"是双声音偶。对音韵工作者来说,就不必再谈"玄"今天读 x-,"黄"今天读 h-的问题了。这里应当交代一句的是,《卷耳》的音乐组织推荐"玄黄"是双声,我们就郑重地选上它了。

[4.2]本文始终重用同异律。对双声音偶就着眼于"声同则韵异"。据此,下面提出关于双声音偶之"等"的问题。"等"在本题是很重要的。

双声音偶上一个音节与下一个音节要不要同属一个“等”，这在推定其“古音”（两汉、上古、上上古）上是不可忽视的。

既谈到“等”，我们自然不能免于要接受中古音所给我们的“确然的”四等的语音实际的“范围”（或曰“束缚”）；从而，“类同变化同”也不免给我们“穷源竟流”工作上以“范围”（也是“束缚”）。这，我们是必须就“范”的。必须把中古的四等找个上古的“源”，以便妥帖地安排语音史上声、韵的演变。有的学者是把中古的“等”投影（像幻灯）到古音荧屏蓝图上，只是把表示“等”的“介音”的“音值”（其实还是“音类”）变一变，当然这也实是对上古介音作了精心设计以使其能顺流而下同中古相密合。有的学者是另辟蹊径，就我所知，是变一变介音的传统认识，即，变一变介音的“类”，变到同复辅声相关的这个“类”的领域里去了。这是突破。当然，这也必然要考虑到它的能顺流而下同中古相密合。凡是不忘“穷源竟流”的任何设想都是可赞许的。浅见以为，考订古音，介音这个“范”是必须“就”的。这里检阅一下联绵字的“等”，借以探讨源流。

[4.3]“玄黄”这个音偶，上字是四等音节，下字是一等音节。“玄黄”虽有四等一等之不同，而无碍其为双声，可见，双声这类音偶是不管前后两音节的“等”的差异的。我曾统计一下三百篇里的双声音偶，计：

（甲一）两音节同“等”的几乎只有三等有，如“参差”、“流离”等。看来，这类音偶具备喉牙舌齿唇各类声母。

（甲二）一一音偶，四四音偶，皆未见；二二音偶则只有“间关”。

（乙一）两音节不同“等”的，四一的如“玄黄”，一四的如“唐棣”。这一类音偶多一些。其中，四在一前的“玄黄”式占优势。看来，这类音偶也具备各类声母，只是还没见到唇音例。

（乙二）三四音偶稍多些。其中，四在三前的如“蟏蛸”较三在四前的如“常棣”似乎略占优势。看来,这类音偶可具有各类声母,只是还没见到唇音例。

(乙三)一二音偶如“邂逅”约三个。看来,这类音偶可具有喉牙唇音。

(乙四)一三音偶如“荟蔚”。也可说几乎没有。

应当说明一下:决定两个音节是双声,是比较容易的;决定这个双声确然是联绵字,那就不免旬月踌躇了。又:像“匍匐”这个音偶,在“等”上也叫我们踌躇难定。那么,上面所说的“计数”也只能是个“约略”了。但是,大势还是显然在目的。

大势中有一项应该不致被忽视,即,三等字在双声音偶里是活跃的。

[4.4]“等”在古音研究中有重要的地位。它给我们以“困难”,也给我们以“启发”。于联绵字研究亦然。这里我们试谈一谈“肃霜”、“涤场”,这两个双声音偶的前后音节不同等,而“霜”的声母颇使学人为难。

“肃霜”,“涤场”之应为联绵字,可参王氏国维《观堂集林·壹·艺林一》之“肃霜涤场说”。诗之作者于音乐美之经营如下:

九月肃霜,十月涤场……(诗·豳·七月·章七)

这里“肃、霜”同声,“肃、涤”同韵;“涤、场”同声,“霜、场”同韵。从音乐美看,诗人真是“苦用心”的了。

诗的音乐美要求(或曰启发)我们对上述每个音偶、每个音节的声、韵作细心的体认。在这里,我实不忍心让“霜”之声与“肃”之声稍有差异,让“场”之声与“涤”之声稍有差异。我企图认为,“肃”与“霜”之声是全同,要么都是“心”类,要么都是“疏”类;“涤”与“场”之声是全同,要么都是“定”类,要么都是“澄”类。我祈求把“肃”与“霜”之分化的“条件”、“涤”与“场”之分化的“条件”让给“韵”,很不必在“声”上想什么“条件”(或者“类”)来作为他们后日分化的伏笔了。把“差异”推给“声”来负责马上就不能对号入座,这,可能有负古人也或者有误韵学。

王先生曾说:“关于古无舌上音,自从钱大昕提出来以后,也是早就成为定论。在《经典释文》的反切中,大量事实证明,直到隋代,知系还没有从端系分化出来。”

这样,我们对“涤”、“场”之声是全同可以放了心了。作诗之日,“涤”与“场”之声尚未分化。

先生又说:“关于正齿二等庄初床山四母……黄侃并入上古的精清从心。他合并得颇有理由。从联绵字看,‘萧瑟’、‘萧疏’、‘萧森’、‘潇洒’等,都可以证明精庄两系相通。我之所以踌躇未肯把庄系并入精系,只是由于一些假二等字和三等字发生矛盾。”

上引见先生《汉语语音史》(页20—21,1985年初版),乃先生多年研究之所得。先生于精庄问题,既考虑于古汉语实际之是否能对号入座,又考虑其分化条件之是否合于音理,先生之踌躇正足见先生之严谨审慎!

从联绵字之双声音偶来说,我愿意采用老学长周子范(法高)先生之说。他把“条件”推给介音,径让精庄于古音里归一(参所著《新编上古音韵表》,1980年版)。于是,三百篇之音乐美听之耳顺了。我还这样想,周说于谐声、通假、异文、训诂等方面也是可以行得通的。

这样,“肃”、“霜”之声是全同的问题也可以算是解决了。

[4.5]事情有趣的是,古无舌上之说,精庄合一之说,其取证并未倚重联绵字,而联绵字的音偶之同异律,恰足以证其说之可以对号入座,真可谓不谋而合!这可算做研究所得之合于古文献的一个方面的印证吧。

是不是可以这样说,联绵字之于古音研究是大有积极功用的:联绵字对古音研究给出了“限制”、“纠正”,或者可以说是给出了

"启发"、"帮助"。在古声类资料每苦缺乏之际,得此联绵字声韵同异律,实一快事。

五

[5.1]三百篇里的音组,没有极为紧凑的形式,楚骚里虽有了"突梯滑稽"(卜居)这样紧凑的音组,但多数还是"聊逍遥以相羊"的衬以他字的形式。汉赋里紧凑形式就算少见了,"罢池陂陀"、"纡馀委蛇"(并见司马相如《子虚赋》)、"絪缊玄黄"(扬雄《河东赋》)。这些紧凑的音组,是我们考古音者所应当特别注意的。我们可能从这些音组得到启发(应用同异律),我们也必须接受这些音组所给的束缚(应用同异律),考虑一下对号入座。

[5.2]上述音组里,"突、梯、滑、稽,逍、相、遥、羊,罢、陂、池、陀、纡、委、馀、蛇"各为双声,这些,都会给我们考订古音之声类以帮助。我想,同道们必然意亦同此。

[5.3]当今,喻四等字古音如何定,音类的或是音值的,学人诸多踌躇,看来,诸家都是可以自成一说的。浅见以为,像"纡馀委蛇"音组(还可以参"委佗、窊邪"),我们不能无视"纡,委(三等)、委(同倭)、窊"等音节都是"影"母字(喉牙类),再参照"馀、蛇、佗、邪"的谐声情况,那么,如果不把这些音偶的第二个音节定为舌类或齿类,私心窃有未安:好像先民在苦用心以组织音乐美时,把同异律的"异"字看得太轻了一些了。

[5.4]能不能用"系联法"(绳牵索引法)来建立声类。比如,"逍遥、相羊、须臾"(《离骚》:"聊逍遥以相羊"注:"逍遥一作须臾"。又:王逸《九思·守志》:"陟玉峦兮逍遥"注:"逍遥,须臾也"),系联"遥—羊—臾"为"遥声类",认为这三个字(音节)声同。

理论上说来是可以的,但,一、多照顾到"时,地、人"那可系联的资料就少了，究竟跟系联韵书中的反切上、下字不能等同；二、联绵字实重在写声，其异文也必得审慎应用。虽然如此，系联法于音偶、音组的声、韵之推求，及声、韵演变轨迹之推求，仍多少有其参考价值。

六

[6.1]王先生曾说过：语音是有系统性的；韵的分化都是有条件的，主要是等呼的条件，有时还加上声母发音部位的条件；语音的历史演变是非常有规律的。（参《诗经韵读》页11—12，1980年）先生之脂微二分是既合乎古语言（古文献）实际又合乎语音之系统转移和变化条件的。本文的同异律也是不敢“违理离道”的。

[6.2]“同异律”我怀之有年，但自信不足，不敢公之同道。细读先生的脂微二分，深受启诱，乃增“跃如”微念。试看：

伊威在室，蠨蛸在户……（《诗·邠·东山·章二》）这里，“伊（影、脂）、威（影、微）、蠨（心、幽）、蛸（心→疏、宵）”，也是“声同则韵异、声异则韵同”（同异律），我不免深深致叹：幸有前贤之诸多辛勤的突破，我们今日读这两句真是“别有会心”，不然，幽、宵混一，脂、微混一，那就不免“生吞活剥”以致辜负作者之音乐美上的“雕龙绣虎”之精了。

[6.3]本文所说的同异律的例子，实是把音韵研究的所得回到古文献里去“对号入座”即“言可复也”的例子；也是“语言的社会性”之一面的例子：从这些，不是可以很明显察觉出了诗的作之者以及听之者对母语的语音构造的“妙解”吗？这很可以让我们体会出我们先民的音韵造诣。非其人是弹不出广陵散的。非其人伯牙也不会奏其流水之音的，这不是很清楚的事吗！

[6.4]“无音理则无音韵学”。这是常识。我还是愿意以尝

闻之于吾师的"常识"作指导。当然,谁也没有说过今日之音理已达顶峰。我希望本文所谓的同异律幸有当于常识。至望同道惠予教正。

（原载《徐州师范学院学报》1990 年第 2 期。
又载《王力先生纪念论文集》,商务印书馆,1990 年)

推广普通话运动中的方言调查工作

为了推广普通话,有许多具体工作需要我们去做,其中,方言调查工作占有极其重要的地位,尤其需要大家集体来做。这篇文章想说明一下方言调查工作的意义并提供出一点简易可行的调查方法,希望对有志于做调查工作的同志们有点帮助,并希望得到同志们的指正。

一

我们说方言调查工作极其重要,这主要是因为方言调查的成果对我们学习普通话语音即北京语音极有帮助。通过方言调查工作,我们可以总结出方言语音跟普通话语音二者之间的对应关系。我们可以把这些对应关系正确地概括成简明的规律,来指明,比如,某方言的某种声母在某种条件下应一律改读普通话的某种声母,某方言的某种韵母在某种条件下应一律改读普通话的某种韵母之类。这样,学的人便可以利用这些规律所指明的对应关系来系统地改掉本乡口音,系统地学习普通话语音,而不必一个字音一个字音去硬学硬记。这就可以节省学习的时间精力,提高学习信心。这就可以使推广普通话工作早日胜利地完成。

无疑地,这样性质的方言调查工作,若就其对学校中普通话教学来说,其意义就格外重大。我们很少遇到一个班上的学生全都是同说一个方言的,而我们常常遇到一个班上的学生有的是说的甲方言,有的是说的乙方言,有的是说的丙方言。一位普通话教师,面临着各种方言来进行普通话教学,这时候,手边有一些这种指明方言跟普通话对应关系的规律做顾问和没有这种规律做顾问,在教学信心上和在教学效果上,其差别的确是相当大的。手边如果没有,教起来就会觉得手忙脚乱;手边如果有,教起来就会井井有条。同样,在工厂里,在部队里,也显出这种规律在普通话教学上的重要性。我们都知道,祖国的建设者,祖国的保卫者,他们是来自各方,聚在一起的。若以小方言为单位(比如以县为单位)来计算,那在一个教学班上便会有几乎每一位同志都代表一个跟别人不同的小方言的情况。在这样的班上进行普通话教学,不可避免地我们需要有这种指明对应关系的规律来做教学上的顾问。

现在总说一下方言调查工作对普通话教学的帮助是怎样。

一、摸清底细　在日前进行普通话教学,很可以利用汉字单字字音做单位。虽然我们汉语里字和词的单位并不相等(比如我们有单字的词像,“人”“日”“山”“水”等,也有两字或三字的词像,“工人”“农民”“共产党”“合作社”等)但只要善于掌握,用单字字音做单位并不会替我们的汉语教学留下弊端。如果用单字字音做单位,那普通话教学问题就可以具体到只是两三千常用字字音的教学问题。这两三千常用字里有好多字的读音是完全相同的(即是在声母、韵母、声调三方面都完全相同,比如北京话里“螺”“骡”“罗”“萝”读音完全相同,都读ㄌㄨㄛˊ,阳平声),如果暂且除去声调方面不计而只取声母韵母两方面相同,那么,这两三千常用字里,同音字就会更多(比如北京话里“螺”“骡”“罗”“萝”“裸”“络”“落”“骆”等声母韵母都相同,都读ㄌㄨㄛ)。如果不计声调方面的同异,把常用两三千字里的同音字归为一组(比如由“螺”到“骆”等八字算做一组),按照北京话读法可得出四百一二十组。即是字数虽然是两三千,但只有四百一二十个读音(比如由“螺”到“骆”八个字只有一个读音ㄌㄨㄛ)。我们平常说北京话里只有四百一二十个音节,就是指的这个。如果把这四百一二十个音节再按照北京话读起来韵母相同与否来归类,我们就可以得到三十七八类(比如,“窝”“多”“拖”“挪”“螺”“锅”“阔”“火”“桌”“戳”“说”“若”“左”“错”“所”等十五组字音同归一类。这里每一个例字代表一组),这个类我们叫它做韵类①。如果把这四百一二十个音节再按照北京话读起来声母相同与否来归类,就可以得到二十一类。注音字母实用声母二十一个就是这样得来的,如果再把这四百一二十个音节按照北京话读起来声调相同与否来归类,就可以得到四类,就是阴平声、阳平声、上声、去声。任何方言都有它的一定数目的韵类、一定数目的声母、一定数目的调类、一定数目的音节的,方言调查工作就是要用这样的方法归纳出某一方言共有好多韵类、共有好多声母、共有好多声调、共有好多音节,并且要跟北京话做个比较,统计出在韵类、声母、声调等方面,比北京话多的是哪些、少的是哪些,跟北京话相同的是哪些、不同的是哪些等等。那也就是说,通过方言调查工作,我们可以对学习普通话的人说的方言事先有个了解,事先摸清底细。比如作战,知己知彼而后才能有胜利的把握。我们如果事先摸清方言的底细,然后才能从容布置,有计划地进行教学。

二、突出重点　如果事先摸清底细,我们的教学工作,便不会只是一般的。所谓“一般的”,就是“以不变应万变”。比如教甲方言人学普通话是这一套教学内容、教学方法,到教乙方言人学普通话时还是用的这一套。这种不看对象是谁而只死守老一套的“一般的”教学法当然是应当批判的。对任何方言都是这一套,那就不能搔着痒处,而“有的放矢”。那就只能是乱打仗,耽误时间,消耗精力,教的人手忙脚乱,学的人也陷于困惑之中。如果能够事先摸

① 用十六个韵母加上二十二个结合韵母也得到这个数目,北京话里ㄧㄛ韵类只有一个象声字“唷”,可以不计。

清底细,事情便会两样。比如,通过方言调查工作,我们了解到某方言读上面由“窝”到“所”等十五组字韵母都是ㄛ,比如“窝”读ㄛ,“多”读ㄉㄛ,“锅”读ㄍㄛ等,而这十五组字,照普通话读起来韵母都ㄨㄛ。并且,我们又了解到,就是这个方言,读起“蛾”“歌”“课”“和”等四组字的韵母也是ㄛ,比如“蛾”读“ㄛ”,“歌”读ㄍㄛ(“歌”“锅”同音了),“课”读ㄎㄛ等,而这四组字照普通话读起来韵母都是ㄜ,了解到情况是这样,我们便可以说明北京话里ㄨㄛ是怎样读法,读给某方言人听并叫他模仿着读,再对他说明:第一,你口里读ㄛ的音,一律要改读ㄨㄛ。比如ㄉㄛ改ㄉㄨㄛ,ㄌㄛ改为ㄌㄨㄛ;第二,只是你口里那些不拼声母的ㄛ音和拼ㄍ、ㄎ、ㄏ三个声母的ㄛ音不能一律都改读ㄨㄛ,其中有些应当改读为ㄜ。比如,“锅”应改读ㄍㄨㄛ,而“歌”就应改读ㄍㄜ(这就是对应规律。)这样,就决定下来教学上该以什么为重点。以ㄛ跟ㄨㄛ、ㄜ相对应的情况为例,我们可以把有关上面第二项的ㄜ韵作为教学上的重点,选出一些常用词来让学的人重点记忆,这种常用词比如:

俄ㄜˊ　语ㄩˇ　俄ㄜˊ文ㄨㄣˊ
鹅ㄜˊ　毛ㄇㄠˊ
饿ㄜˋ　狗ㄍㄡˇ　饥ㄐㄧ饿ㄜˋ
恶ㄜˋ　霸ㄅㄚˋ　罪ㄗㄨㄟˋ恶ㄜˋ
歌ㄍㄜ　曲ㄑㄩˇ　唱ㄔㄤˋ歌ㄍㄜ
可ㄎㄜˇ以ㄧˇ　可ㄍㄜˇ靠ㄎㄠˋ
和ㄏㄜˊ平ㄆㄧㄥˊ　和ㄏㄜˊ好ㄏㄠˇ

等等[这里是举例,我们当然该把例子举得多些,这可以参考人民教育出版社出版“常用字用法举例”(今名“常用字汇”)增添]。把这些常用词让学的人反复熟读,一直熟到在发音上几乎是习惯成自然。我们同时指出除了上举的例子都是方言ㄛ应改读ㄜ的而外,方言里其馀的ㄛ韵都应当一律改读ㄨㄛ。

教一个方言人学习普通话，应该当做重点教学的地方当然不会只是一处，比如不会只是在方言ㄛ跟普通话ㄨㄛ和ㄜ的对应分歧上有问题。但像这类应该当做重点教学的地方，在一个方言里也不会太多。我们应当知道，方言有些读音虽然跟普通话读音不同，但因为对应关系极其单纯，一经指点明白，学的人便不会弄错，那我们便可以不把这些当做教学重点了。这比如，广东方言有ㄇ尾，（“谈”读ㄊㄚㄇ、“甘”读ㄍㄚㄇ），但跟普通话对应关系很单纯，我们就只要指出：广东方言里的ㄇ尾，一律应当改为ㄋ尾（“谈”改读ㄊㄚㄋ、“甘”改读ㄍㄚㄋ。ㄚㄋ＝ㄢ）。但无论是对应关系单纯也好，不单纯也好，我们是总得通过方言调查工作，才能了解到一个方言的全貌，才能决定什么地方单纯，该作普通的交代，什么地方不单纯，该提出来作为重点。我们如果希望指导得有系统，而不是支离破碎，希望指导得井井有条，而不是乱冲乱撞，那就得要依仗方言调查工作替我们事先做好指明对应关系的规律了。

三、防止偏差　学习语音常常会产生这样的偏差，该改的改了，不该改的他也改了。比如把“锅”的读音ㄍㄛ改为ㄍㄨㄛ是该的，而把“歌”的读音ㄍㄛ也改成ㄍㄨㄛ就不该了。不该改而改，这就改出了偏差。偏差的产生，常常是由于支离破碎地学习和盲目地类推。学了个“锅”音应该改ㄍㄛ为ㄍㄨㄛ，又学了个“多”音应该改ㄉㄛ为ㄉㄨㄛ。于是就类推到“歌”音也该改ㄍㄛ为ㄍㄨㄛ。但是这个类推正好是类推错了。初学普通话的人很容易发生这种错误的类推，因之由类推而产生错误的这种现象，“在有些文化较高的人，甚至语文教师中也存在着。”有的同志叫这种类推做“随便类推”，呼吁“为了语音的规范化，必须纠正随便类推的现象”。①这种呼吁是必要的。语言是个交流思想的工具，话总是对别人说

① 请参看《中国语文》1955年10月号，9页。

的，自己类推错了，读错了字音，再影响到别人，以讹传讹起来，那真是一个大大有害于语音规范化的事情。但怎样才能纠正这种随便类推的现象呢？系统地教，系统地学，教的人能够依照对应规律指示出可以类推的范围，学的人在类推的时候也注意到严格遵守这个可以类推的范围，那么，由随便类推而产生的错误就可以消灭掉，最少是可以大大地减少了。实在说来，敢于类推的人倒并不是不聪明的人，只是有一点认识是错了的，就是把方言跟普通话的对应关系看成只有单纯的一种，不考虑到它也可能是个复杂的，因此便大大方方地类推起来。我们说他是在随便类推，而他实在是在盲目类推。假如让他知道了哪些对应关系是单纯的，哪些对应关系是不单纯的，他也就不会盲目行事，一律地随便类推了。而要知道哪些对应关系单纯哪些对应关系不单纯，那又是非通过方言调查工作不可的了。我想：由于我们目前已经认识到大力推广普通话的重要性，在今后，作为一个语文教师，还在那儿盲目地类推，表示出自己对于自己的方言还没有能够自觉地认识一下，还没有认识自己方言跟普通话的对应关系，那是令人很难想象的。因此，对于这样的语文教师来说，首要的事恐怕是他应该抓紧时间把他自己的方言调查一下，以便从调查中汲取一些教训，纠正自己的偏差。这对于教学工作是有益的。

四、提高信心　提高信心对于做任何事情都是重要的，对教学普通话也是如此。但信心也不是一讲提高它就会提高了的，也必得把可以提得高的道理陈说出来，就着学习普通话来说，一般不具有语音常识的人，往往觉得许多字音像汪洋大海似的，看不到边际。不独南方人觉得紧张，就是北方人也觉得不大容易。假如我们能够讲明学习普通话只是一个学习不多的声母，不多的韵母，不多的音节，不多的声调的问题，学习的人信心就会提高些了。假如再讲明普通话里的字音是好多字音合在一起成为一组或成为一类的，我们自己方言里的字音也是好多字音合在一起成为一组或成为一类的。自己方言里的一组或一类跟普通话里的一组或一类有些读起来相同，有些读起来不同，但总是成组或成类地相同或不同而不是零零碎碎相同或不同的。这成组或成类地相同或不同，也就是所谓有规律地相同或不同。我们如果知道了一些规律，那就可以成组或成类地学习而不必零零碎碎地学习了。"譬如按苏州的方音，'安''寒''看''幹'一类跟北京语音中的'安''寒''看''幹'一类音不同，不同在各个音的下半截。苏州的'安'跟北京的'安'，苏州的'寒'跟北京的'寒'……一对一对的音的不同的情形是一致的。这就是一条规律。苏州人掌握了这条规律，只要在这一类音里学会了几个北京语音——例如前边举出的几个，同类的音——例如'欢''盘''乱''满'就可以类推，不致错误。掌握了规律就省事得多，用不着一个音一个音死记死练了。"①我想，苏州人听到这一番讲解，信心必然就会提高了。我们如果做好方言调查工作，就可以把各方言的对应规律对各方言人讲明，那任何一个人的学习信心都会提高的。由于党和政府的教育和号召，广大人民都会正确地认识到推广普通话是有利于加速祖国建设，有利于提高人民生活，有利于团结国内兄弟民族和有利于团结全世界爱好和平人民，下决心学习普通话是不成问题的。再加上政府在各方面都大力帮助（如开设普通话师资训练班，如开设普通话广播讲座，如大量供应普通话留声片，如发动编写学习普通话参考书籍等等），广大人民一定能提高信心。方言调查工作再能提供出各种适合方言学习普通话的有力的顾问，在提高信心上也是极有意义的。

综上四点，我们可以说，方言调查工作，不但在面临着各种方

---

① 叶圣陶：《什么叫汉语规范化》，《人民日报》1955 年 10 月 28 日。

言进行普通话教学时它是必要的，即使在只对一个方言(比如在农村中)进行普通话教学时它也是必要的。

党和政府给我们的号召是恳切明确的。《人民日报》1955 年 10 月 26 日的“社论”说：“为了推行普通话，方言调查的工作具有特别重要的意义，因为掌握了方言和普通话的对应关系，才便于有效地教学普通话。”①全国文字改革会议也指出方言调查工作的重要。会议决议第六项说：“建议中国科学院和有关高等学校合作，进行全国方言调查，编写普通话的教材和参考书，以便利各方言区人民学习普通话。”②

因此，对于方言调查工作，凡是可以动手做的人，都应当响应上级的号召动手做起来，都应当认识到这是一个政治任务而踊跃地担当起来。

二

方言调查工作是不是一项颇为不易做的工作呢？答：不是。我们现在的目的要求是通过方言调查总结出方言和普通话在语音上的对应规律，让这个规律为普通话教学服务，在这个目的要求之下，方言调查工作就并不是颇为不易，而是颇为容易，只要我们有适当的方法去做。

假如有这样一位同志，他知道“当”“汤”两个字读音不同，并且知道“当”“汤”(ㄉㄤ、ㄊㄤ)两个字读音所以不同只是由于它们声母的不相同；他知道“当”“东”(ㄉㄤ、ㄉㄨㄥ)两个字读音不同，并且知道“当”“东”两个字读音所以不同只是由于它们韵母的不相同；他知道“当”“党”(ㄉㄤ、ㄉㄤˇ)两个字读音不同，并且知道

① 又转载在《中国语文》《语文学习》《语文知识》三个刊物 1955 年 11 月号上。

② 《人民日报》1955 年 10 月 24 日；又转载在同上三个刊物上。

“当”“党”两个字读音所以不同只是由于它们声调的不相同。像具有这样语音知识的同志，如果他能够细心，他便很可以担当起方言调查这个光荣的任务。

在进行方言调查工作中，我们可以利用一下常用字表。① 我们顶好是制一套两三千常用字字块，每块上写一个字，就像小朋友初学识字时所用的字块一样。② 如果制好这种字块，我们就利用这种字块来调查。

先说怎样利用字块来调查自己的方言做例。第一步，先依照家乡读音，把两三千字按照韵母相同与否归类。韵母相同的字就归为一类，也就是把字块放一起成一垛；不相同的另归一类，也就是把字块另外放。这样，就可以统计出自己方言里一共有多少韵类。比如按照韵母相同与否归类的结果是桌上堆成三十五垛字块，那就说明自己的方言里有三十五个韵类。

我们再在每一个韵类里用一个字做为该韵类的代表字，并且用一张纸把这些代表字抄下来。第二步，再一垛字一垛字地检查。仍旧是要依照家乡读音，把一垛字再按照声母相同与否来分组。这样，一垛字就又分成许多小垛。同在一个小垛中的字都是声母相同的字（韵母其实也是相同的）。一个韵类里有多少小垛，那就是这个韵类里有多少声母。我们也在每一小垛中用一个字做为这一个韵类里的声母代表字，也把这些代表字抄在一张纸上。在各个韵类的声母代表字都抄写出来之后，又把这些声母代表字的字块放在一起排一排，把声母相同的排在一起，这样，能排出多少排，就是自己方言里共有好多声母。我们也在每排里随便挑出一个字作为自己方言里的声母代表字，也把它们抄下来。第三步，再把每

---

① 可以参考中国大辞典编纂处编的《识字正音三千五百字表》，《新华字典》（部首排列的）后面所附的按字母次序排的字表以及上面说到的《常用字用法举例》。

② 字块保存方法，可以以一个韵类为一捆。

一个小垛里的字(就是声母韵母都相同的字)按照声调相同与否排一次,仍旧是要依照家乡的读音,把读起来声调相同的字排在一起。这样,能够排在一起的字就都是同音字了。一个小垛里能够包含多少类同音字,就说明这一个小垛里包含多少个声调。再用包含声调数目最多的小垛做基础,把在别的小垛里出现而在这一小垛里没有出现的声调补足起来(比如,在北京话里,在读ㄢ韵ㄅ声母的一小垛字里只有三类同音字,也就是代表三类声调,一类是"般、搬"是阴平声,一类是"板、版"是上声;一类是"半、伴、办",是去声。需要再从别的小垛里补进来"瞒、馒"一类字,才可以不致把北京话里的阳平声漏掉),这就可以统计出自己方言共有几个声调。①

再把这三步工作的目的要求简单说一下。通过第一步,可以归纳出某一个方言里共有好多韵类(比如是北京话,就共有三十七八个韵类)。通过第二步,可以归纳出某一个方言里:一、各个韵类里各有好多声母(比如是北京话,在ㄩ韵里有ㄋㄌㄐㄑㄒ五个声母——像"迂""於"等字是没有声母的);二、这个方言里共有好多声母(比如是北京话,就共有二十一个声母)。通过第三步,可以归纳出一个方言里共有好多声调(比如北京话,就共有四个声调)。

这三步工作做完后,我们就可以把工作结果抄下来。也就是把这两三千字依照自己方言里的韵类声类调类等方面实际读法抄下来。同一韵类的字抄在一张表上,其中,声母相同的字抄在一行里,不用声母拼的字抄在第一行,以下各行的顺序可以大略依照注音字母的次序;在每一行里,同音字靠在一起,并且划一道竖线来跟别一组同音字隔离。用北京话举个例子,比如这张纸是记载

---

① 调查方言里的声调,还有一个比较简易的方法,请参看殷焕先:《声调和声调教学》,《中国语文》1954年9月号。

“烟”韵类的纸：

烟①

烟②	烟淹︱沿延言颜盐严︱演眼︱沿验厌︱
边	边编鞭︱扁︱遍辨便变辩︱
偏	偏篇︱便③︱片骗

……（这里是举例，以下便省略了）

比如北京话有三十七八个韵类，那就抄成三十七八张纸。某一方言有多少韵类，那就抄成多少张纸。在抄写的时候，还可以带着核对一下，看以前自己是不是归类有归错了的地方。

诸位同志看到这里，一定会认为照这样制一制表并不是一件难事。是的，的确不是一件难事。而能够制出这样的表来，便是方言调查工作第一段工作的大功告成，便是方言调查工作最基本工作的大功告成。

这些表有什么用处呢，上面也没有用注音的符号把方言的读音注出来？答：很有用处。凭着这些表，就可以总结出方言跟普通话的语音对应规律来。我们如果把这些表寄给语文工作者，这些表就会起很大的作用。语文工作者就会以这些表做研究的基本材料，总结出对应规律。（其实，在做完上一段基本工作后，这位同志已经心领神会地知道一些自己方言跟北京话的对应规律了）。

而假如做方言调查工作的是这样一位同志，比如，他知道，“见”“倦”（ㄐㄧㄢ、ㄐㄩㄢ）两个字读音不相同是两个音的介音不相同（一个是ㄧ，一个是ㄩ）；“狼”“良”（ㄌㄤ、ㄌㄧㄤ）两个字的读音

① “烟”就是韵类代表字。我们如果不用“烟”，而改用这一韵类里别的字，那也行。不过顶好用那不拼声母的字。如果这一韵类里没有不拼声母的字，当然只好用别的字了。

② 这里的“烟”“边”就是这一类韵里的声母代表字。那“烟”“边”也就是这个方言里的音节代表字。

③ “沿”“便”有两读。参本文第三节。

不相同,是两个音在丨介音的有无上不相同;“巾”“京”(ㄐㄧㄣ=ㄐㄧㄋ、ㄐㄧㄥ=ㄐㄧㄫ)两个字读音不相同是两个音的韵尾辅音不相同;“鸡”“京”两个字读音不相同是两个字在韵尾辅音的有无上不相同。像具有这样语音知识的同志,如果他能够细心,他便很可以试着去寻找方言跟普通话之间的语音对应规律了。

所谓语音对应规律,是不是很深奥的东西呢?寻找语音对应规律的工作,是不是很不容易的工作呢?答,都不是,只要我们能够细心,能够考虑周到。

如果要找出方言跟普通话语音之间的对应规律,那当然要对普通话很熟悉。假如尚未熟悉,也不用紧张,因为这还可以随时查字典(为了节省查字典的时间,在抄写常用字块时就可以把北京话读音也注在字块的背面)①。这里举个例。比如,一个有入声的方言(比如南京),在整理它的声调时就可以看出它比北京话多出这一个声调(在做第三步工作时就可以发现这点)②再检查一下这个方言里读入声的字在北京话里读的一个什么声调,于是他可以看出其中有这样一个情况,就是:方言里属于ㄇ、ㄋ、ㄌ声母的入声字在北京话里都是读去声。事实如此,而这就是对应规律③。又比如,一个把“安”、“爱”等字读成ㄋㄢ、ㄋㄞ等音的方音(比如河北丰润),在整理它的声母时(即在做第二步工作时),就可以看出它是有一些字音比北京话多出一个ㄋ声母,我们接着替这一点做个全面检查,于是就可以看出这样一个情况,就是:这个方言里比北京话多出ㄋ声母的字音,都属于“开口”,也就是说,这个方言读

---

① 这可见学习普通话也可以跟调查工作合一。

② 至于怎样知道多的是入声字,可参看中国大辞典编纂处编“识字正音三千五百字表”。

③ 这也可以看出声调在讲对应规律时是很有用的,我希望在方音调查中不要忽视声调。

ㄋㄧ、ㄋㄧㄤ、ㄋㄨ、ㄋㄨㄢ、ㄋㄩ等齐齿、合口、撮口音就都跟北京话一样。事实如此，而这就是对应规律。由此可见，规律是从事实总结出来的，并不深奥。只要我们把方言读音跟普通话读音一个字一个字地比较其同异，再总结一下比较所得，就可以找出规律来，所以寻找规律的工作也并不算难。

以上讲调查自己的方言是如此，实在调查别的方言其工作方法也是同样。现在再简略说明一下在进行调查工作中应当注意的事项。一、发音人语音要纯，如果发音人是跑的地方很多，语音已经南腔北调都有，那就不能代表它的方言，我们也很难从它的读音里找出对应规律。二、发音人顶好是认识字的，这样就可以用字块来做调查工具，工作可以进行的快些，并且，有时他还可以在归类工作上给我们某种帮助（比如，制出来的表就可以先请他看一看，让他审查一下有无错误。例如，表上认为“昌”“仓”同音，他若提出抗议，那我们就得注意）。三、要注意语言中有一字两读的情形：跟字义有关的，比如北京话里“觉”有“觉ㄐㄩㄝˊ悟”、“睡觉ㄐㄧㄠˋ”两读。“沿”有“沿ㄧㄢˊ海”、“河沿ㄧㄢˋ”两读；跟字义无关的，比如“戒”在读书时读“戒ㄐㄧㄝˋ严”，在说话时说“猪八戒ㄍㄞˋ”。当然，调查工作中也还有些事应当注意的，不过如能处处细心，我们便也可以自己去发现。所谓本领，也是可以从实践中锻炼出来的，我们也应当在工作中锻炼自己。

三

照以上所谈看来，方言调查工作难不难呢？大家都可以答，不难。那么，我们既然认识到方言调查工作的重要，又知道这个工作并不难，我们便可以大胆地试着做。

有人问，方言调查不是要记音的吗，还要掌握一套记音的符号呢,你怎么对这点不谈一谈。答,是的。能够记音是更好的,但不记音也可以完成极重要的极基本的工作,工作仍然极有价值,因之,我没有把记音这一点做为一个要求。假如我们有志于记音,那当然会使工作成绩又增一分价值,自然是好的。记音工具可以用注音字母,①可以用拉丁化字母,②也可以用国际音标。③ 我的意思是希望同志们不要认为"记音是唯一的,不能记音便不能动手"。要知道任何工作都要依靠集体的力量,假如我们的字表做得仔细、正确,韵类、声类、调类都没弄错(上文说过,这是很容易做到的)。以此表为基础,找一位会记音的同志听一听自己的读音,只要把韵类代表字、声母代表字、声调代表字读一读,记下音来,便可以在半小时之内,完成一个方言字音方面的全部调查工作了。人人都认识到自己的工作就是集体中的一份,都动起手来,那全国方言调查工作也可以完成得很快的。

有人问,方言的词汇、语法,是不是也应当调查呢?答,肯定地,应当调查。中国科学院语言研究所正、副所长罗常培、吕叔湘在《现代汉语规范问题》的报告中指出:"调查方言不仅要注意语音,也要兼顾词汇和语法"。④ 词汇调查可以利用中国科学院语言研究所编印的《方言调查词汇手册》做参考,这本"手册"后面也附有些语法调查的例句。上海新文字工作者协会编辑的月刊《语文知识》上也常常刊登一些方言词汇、语法、语音方面的短文,我们也可以从这些文章里学习到一些调查方法。因为推广普通话运动中突出的问题多在语音方面,我们就应当重点地先解决这方面的问题。中国科学院院长郭沫若指出:"汉语方面尽管有很大的纷歧,

① 请参看中国文字改革研究委员会编《全国主要方言区方音对照表》。

② 参看倪海曙《中国拉丁化拼音文字的写法》。

③ 请参看董少文《语音常识》。

④ 《中国语文》1955 年 11 月号,37 页。

主要就在语音上起了变化，但这方言之间的语音变化是有一定的规律的，只要掌握了那些规律，相互间的转变就比较容易。”①教育部小学教育司副司长卢正义也号召说：“各地教师在学习普通话和用普通话教学过程当中，如果能把地方音和北京语音的对应规律记录下来，把它寄给中国科学院语言研究所或者中国文字改革委员会，对于完成调查方言的工作也会有很大的帮助。”②因此，我们重点地谈语音调查。

同志们，我们都明明知道农业合作化对祖国社会主义建设的重要性，也明明知道扫盲对农业合作化的重要性；我们不是都希望扫盲工作能够完成得越快越好吗，不是都希望能够早日用拼音文字来进行扫盲使扫盲工作能做得更快吗！但拼音文字是要建立在普通话的基础之上的，那我们就应当大力推广普通话，就应当大力调查方言来帮助普通话教学使普通话推行得更快。凡是可以做方言调查工作的，就应当行动起来担当起这个光荣的政治任务，在祖国社会主义建设上贡献出自己一份力量。

（《文史哲》1956年第1期。又载《现代汉语规范问题学术会议文件选编》，现代汉语规范问题学术会议秘书处编，科学出版社，1956年）

① 《中国语文》1955年11月号，13页。

② 《人民日报》1955年11月26日。

谈方言调查

一、方言调查的意义

我们的汉语历史悠久，地域广阔，它包括多种方言。我们若从许多方言的声韵“大概相同”来替它归类，固可以把全国方言划为几个大区，如北方话区、江南话区等等；但若从声韵的“小有差别”上着眼，则即使是小到一个县份，它还可以再细分成几个小小方言区。鲁迅先生也注意到这点，曾说过他的故乡绍兴话就是这样。

汉语的方言，既然如此的多支多派，就必然对新文字的建立造成很多的困难，这些困难就是我们新文字工作者所应当用全力去克服的。先把全国语言分成几大区，即是克服这种困难的办法之一。这一办法，前清劳乃宣在他的简字运动中就施用了。用了这个办法，许多严重的困难都可以被扫除掉——我们先不必勉强广东人跟北京人拼写出同样的文字，你想工作减轻了好多！

分成几大方言区之后，所剩下来的就是“小有差别”的困难了。然而我们可不能忽视这个“小有差别”。为了使新文字的工作推行顺利，新文字的建立胜利成功，并且为了使新文字在即将来到的新文化建设高潮中更高度的发挥它的效能，我们仍须用全力来对付这个“小有差别”的。

方言调查就是对付这个“小有差别”的方法之中的最基本的。我们现在提出方言调查来，其意义就在此。

二、北方话新文字方案下的方言情形

这里我们姑举北方话为例,都是我在新文字教学中所见的情形。

大都市里面的一个新文字学习班,也和一个部队一样,是个五方语言荟萃之所。白浩同志说:"一个部队往往会有十种以上的语调"。这次我和罗竹风教务长、李荣教授所指导的山东大学新文字学习班,也同样有着这种情形。于是教学上便添来了许多问题。比如胶东区大多数的人把"人民"拼写成 inmin,"牛油"、"牛肉"同写成 niuju;而安丘人又把"牛油"、"牛肉"同写成 iuju。诸城"朝"、"骄"二音不分,都是读 giao,把"居住诸城"写做 gygy gycheng。保定、丰润把"安南"写成 nannan,把"懊恼"写成 naonao。有些南京人写"愚民"为 imin,和"移民"不分,写"军营"为 ginin,跟"金银"相同。再如"想象"一词,这位写的是 siang siang,那位写的是 xiang xiang。"小心"一词,这位写的是 siaosin,那位写的是 xiao xin;"过火"一词,你写的是 guo xuo,他却写的是 goxo。"做活"一词,你写的是 zuoxuo,他却写的是 zoxo。"和"字跟"郝"字好多人读来不分(xe),"伯"字跟"碑"字好多人拼出一样(bei)。有的读"真"同增(zen),有的读"混"同"奋";这都是我们常常碰到的。若就大概相同来说,这些方言全应当算做北方话;但这些"小有差别"却确实存在着。我们固不能对凡有小差别的方言都一个个替它制方案,但又不能把这些"小有差别"摆下不谈。

三、方言所给新文字推行上的困难

新文字拼写方言的原则,是我们应当确守的。照这原则,各人照各人方言特点拼写,办法原是对的;在农村中尤其应当如此。可是就热心新文字的人说，总应该事先注意到如何把方言的分歧引向语言统一的道路，并且，首先还应当照顾到新文字工作的推行。

上节说过，一个都市里的新文字学习班往往是聚五方之人于一堂的。各有各的方言特点，就是各个方言有各个和方案差别的情形。在未做好方言调查之前，便不能确实知道某人的话到底和方案相差别处有多少。于是在教学时，教的人指导的方法也只好支离破碎，碰到一个说一个，无法把握全盘的差别来做得有条有理，学的人也不能事先明白全部的差别有多少，只觉得一个接一个的有问题，再加上见到说别的方言的同学也时时有此种问题提出，他便免不了惶惑起来。诚如朱华同志所说，确"曾经影响他们的情绪和信心"。——这是我们应当注意的一。

再则，现在我们工作人员还很不够，办学习班的宗旨，是想造就做推行工作的干部，希望一能传十、十能传百的。我们必须给学的人多多了解各个方言的情况，以便日后他们自己能独当一面；而不是个别解决单单教会他个人就算完了事的。——这是我们应注意的二。

由此，我们可以知道这些"小有差别"的问题正面临着我们。农村里的语言可能纯一些，一个干部去到农村，他还可以先了解一下该地的语言情况而因地制宜；但是工厂、部队、学校里的语言便必然不能纯一了。一个干部去到工厂、部队、学校，面对着没有环境可以帮助我们了解这些大组织里的各种方言，那一定免不了手忙脚乱而做不好教学工作的。显然的，我们所造就的一，便不能去传十传百了。而我们又必不能忽略了建国卫国的工人和战士而只是做了农村里的工作就可以满足的。所以，为了工作推行的顺利和迅速，及时预做方言调查工作实在是必要的。

四、方言调查所给新文字推行上的便利

倘如我们已经做好了方言调查工作的话,那情形便不同了。我们可以把各小区的方言情形跟一个大区的方案做出一个一个的比照表来,比如北方话方案与即墨方言比照表、江南话方案与宜兴方言比照表等等。凡是其中的差别,如果是有规律的就指明它的条理,例如指明某一方言里的 z,c,s 等绝不拼 i 和 i 介音,方案中的 zi、ci、si 和 zi-、ci-、si-等在这方言里都读成 gi、ki、xi 和 gi-、ki-、xi-(-号代表韵母),以免教起来支离破碎。如果是零散的或部分的,就一个个或一组组替它注明,例如注明安丘方言虽然牛、倪、逆、仰、虐读 iu、i、i、iang、yo,可并不是凡是方案中的 ni 和 ni-、ny-安丘都读成 i 和 i-、yi-,像扭、娘、泥等字安丘和方案仍是一样的。(如果借用声韵学的术语来说,就是古代疑母三四等字,在安丘话中一律变成 i 或 i-、y-开头,则仍旧是有条理的。)于是差别有多少,可以一目了然,学的人便不会觉得问题无底无尽。这样,假如比照表做得好、做得齐全,那我们的干部无论去农村、工厂、部队、学校,无论碰到哪种方言,都有迎刃而解之乐,而无手忙脚乱之苦了。就是学的人也能一眼就看出来自己语言和方案的差异何在,和别一区的差异又何在,进一步来学方案,学别一区的语言,也就很简单、很快,甚至于可以无师自通了。那么谁又能说新文字是使语言分裂的罪魁,而能不说新文字是交通语言的功首呢;这样,新文字便能愉快地胜任语言交融的工作,那在新文化建设的高潮中它自然能够发挥更高度的效能了。

五、提出怎样的调查报告

由上文所说,可以确定我们的调查是为了配合新文字的推行

工作而做的,我们应该时时注意到这点。所以调查工作尽可以做得很详细,可以带回研究室去考查古今差别,研究音变情形,寻找音变规律,但所提出的报告,却用不着这些,它只要能把方言与方案何同何异的比照和注明说得清楚详尽就行。并且还要尽量通俗化,以便大多数的人能看能用;不得已要涉及专门的,顶好放在小注里。因之,这个报告的文字得是用语体的,记音的符号得是依照拉丁化的。并且不必描述这个方言里的某一个元音跟国际音标的第几标准元音是完全相合,抑或是有着某种情形的差别;也用不着说明这个方言的某声母跟国际音标的某声母的恰恰相符,抑或是有着某种情形的不同等等。而尤其重要的:凡是可以借用方案的声母、韵母而不会发生混淆的,便不用自己另起炉灶,多添新字,来乱人耳目。(而、二、耳、儿等字虽然六合人读来是 e 音,诸城人是 el 音,但借用 r 来表示,都不会发生混乱。)这类情形只要说明一下就行了。

总之,我们的报告要努力做到使:

1. 教这一方言里的人的新文字工作者知道应当注意些什么。

2. 这一方言里的人要学新文字知道应当注意些什么。

一句话,我们要处处为便利教学着想。浅见如此,我想许多同志也会这样主张的。

六、方言词汇的调查

为了丰富我们的语言,为了交融大家的思想情绪,方言词汇的调查也是必要的。我们如果想文章写出来不像瘪三那样瘦,如果想自己的思想情绪与工农兵的思想情绪打成一片并帮助南人的思想情绪与北人的思想情绪打成一片,我们便要认真地记载各方言里比较特别的词汇,以便流通施用、以达到融合。而且,不知道"一满”“胡球”“美美地”等话的，便不能完全地了解高干大；倘如高干大写出 iman、xukiu、mei meid 来，你也便完全看不懂。所以，就新文字的推行上说，词汇的调查，原本也是一个重要的工作而不可忽视的。

但记载词汇也有一样难处：在没有把全国整个词汇完全记载之前，原是很难定出某一方言哪一词汇是比较特别的，而确不是许多方言所共有的。你说“长的富态”，“富态”是北京方言吧，而南京也用它；你说“怎么办”叫“za go 整”是云南方言吧，而北京也用它。那么如何处理呢？我的意见以为记载工作可以宁滥勿缺、宁多勿少，就可以打消这个难处了。多记也确有好处：一，不致遗漏；二，可资比较。等到蒐集多了，自然那些是共同的、那些是特殊的，就可以定出来了。

这些词汇蒐集起来，去掉太涩太怪的，提炼精华，再经新文字替它传播开（有的确是汉字不能把它音译得出的）。渐渐地，步步地，我们的语言得以丰富了，大家的思想情绪也得以交融了。这不是我们新文字的光荣任务吗？

七、教学的条件就是调查的条件

我们现在谈方言调查，我们进行调查的条件够不够呢？我觉得照我们上面所要求的，我们的条件是够的。

第一，新文字就是很好的记音工具。

新文字的字母虽未能完全做到一字母代表一音素，但大部分都是做到的。就汉语发音的习惯来说，用它来做记音工具已经是很合用的了，含混不清的毛病是很少有机会发生的。音韵情形复杂的江南话方案、广州话方案都能够相当切合发音的实际而制订出来了，那么新文字字母的可以担任得了记音的任务是已经被事实证明的了。并且我们上面又曾说过，虽然方言里有些发音情形是特殊的，但凡是可以利用新文字字母而不会发生混乱的流弊的，都应当利用新文字字母而不必另创新符号。这样，我们的记音工具，就更可以合用了。比如说：日照话读 s 是跟英文里的 th 发音相同的；六合人读带韵声母大多失去了-n、-ng 而把声母读成鼻音化的；但日照话里 s 和 th 并不同时存在，也并没有 sa 跟 tha 代表两个不同意义的情形。六合话里 ɑ（鼻化）和 an 或 ang 并不同时存在，也并没有 ɑ（鼻化）跟 an 或 ang 代表两个不同意义的情形。所以尽管把 th 用 s 来代，把 ɑ（鼻化）用 an 或 ang 来代，不创新符号是没有害处的；我们只要说明在这些方言里 s 跟 an 或 ang 的原来是怎样读的就成了。——根据这样，我们可以放心地让新文字字母来担负记音的任务。

第二，新文字教学的人员就是方言调查的人员。

新文字字母既可以做记音的工具，那么新文字教学人员都可以做调查人员。教的人如果发现某人读某字和方案的读法不同，就注意这样的情形，先考查出不同在什么地方，接着就把检字表（苏红编的《北方话拉丁化新文字拼音检字表》用来做方言调查的参考是很便当的）中的该字的同音字或同声字、同韵字逐字核问，来研究一个结果，做个总结说明，比如安丘话读牛同油，和方案不同处是读掉一个 n 声母，其馀 iu 韵母都同，于是我们就注意声母方面的情形，就这方面来逐字审问，就是照检字表中排在 n 声母直行下的字一个个地问；再把问得的结果记下来，就可以得到失去 n 声母的整个情形了。如此做下去，一个方言和方案的比照表就可以做出来了。学的人也可以用这办法来考查自己的语音。在他学会了拼音方法以后，教的人指导一下做法，他就可以照着检字表去一字一字察看，做出报告来。并且因为是自己记自己的，他随时随地可做，是非常便当的。至于词汇方面也是如此，教学的人员也就是词汇记载的人员。

照上面办法,我们就可不用再另有特别做调查工作的人员,我们调查的条件是足够的;我们的调查工作可以做得很快很普遍,要收齐全国各地的方言实在并不是一件难事。那么我们为什么不及时发动起来呢!

我希望我们工作同志注意这点,并实际把方言调查的工作发动起来,把方言调查的责任担负起来!

(原载《新文字周刊》1951 年,第 35 期)

方言与音韵

——为纪念罗莘田师而作

方言学是语言学的一个重要部门。在语言学的建设上，方言的研究，其重要性不下于对同系属各语言的研究，也不下于个别语言的研究。至于民族、历史、社会各学科的研究工作，也时时注视着方言。这都是人所共认的。音韵学，或叫汉语历史语音学，它的重要性表现在训诂、通假上的，表现在语源考求上的，不在这里论述。它在方言研究上也占着极其重要的地位，我们乃至可以说它是方言研究上极其得力的引路人，不仅在方言语音研究上是如此，在方言词汇研究上也是如此。当然，音韵的研究也时时离不开方言。这也都是人所共认的。

本文拟就方言与音韵的关系谈点自己的意见。重在讲这二者异时的联系，即古韵与其后来的方言，等韵与其前的古韵与其后的方言的联系，并从而说明“音类”的重要性。

（一）

我们祖先察觉自己的语言里有方言的存在是很早的，先秦文献在这方面多有记载。例如所谓“安楚”、“安雅”。而所谓“雅”，当然也正说明了我们祖先察觉到自己语言里共同语的存在。

我国学者对方言的观察也是很早的，《颜氏家训》对此有概要的叙述：

> 夫九州之人，言语不同，生民以来，固常然矣。自春秋标齐言之传，

离骚目楚辞之经,此盖其较明之初也。后有扬雄著方言,其言大备……(卷第七,《音辞》第十八)

他所说的“春秋标齐言之传”,指的是《春秋公羊传》里的:

“公曷为远而观鱼,登来之也。”

注:“登读言得来,得来之者,齐人语也。齐人名求得为得来,作登来者其言大而急,由口授也。”(隐五年)

“春秋伐者为客”,注:“伐人者为客,读伐长言之,齐人语也。”“伐者为主”,“见伐者为主,读伐短言之,齐人语也。”(庄二十八年)

等等。“齐言之传”也说明了古人为了训诂,有时也要到方言里去找证明。

很显然,上面所引材料,只能说明古人引用方言,远不是为了音韵,远不是为了一个时代的音韵系统的研究。

明代学者陈第研究诗经音,也曾取证于方言。

陈第,字季立,福建连江人,著有《毛诗古音考》、《屈宋古音义》等书。《毛诗古音考》用“本证”、“旁证”推求《诗经》一些字的古韵,畅然明白,是运用“归纳法”的一个光辉范例。陈第的友人金陵焦弱侯竑以为有“本证”、“旁证”而“古音可明”,给陈第古音研究以很高的评价。

陈第还是一位能从“变化”来看问题的通人,他曾说过:

盖时有古今,地有南北,字有更革,音有转移,亦势所必至!(《毛诗古音考·自序》)

一郡之内,声有不同,系乎地者也;百年之中,语有递转,系乎时者也。(《读诗拙言》)

陈氏的“时地易而转移者;声也”(亦见上举《读诗拙言》),实在是普通语言学上卓越的见解,是值得特别称道的。有了这样的见解,《毛诗古音考》里时时引用异时、异地的语音材料讨论古音,那是很自然的事了。于是“方言”进入了“古韵”之学。

实在说来,陈第的引证方言,已经是为的证明诗经音韵系统的了。不过《毛诗古音考》一书编写形式是以字为单位的,字的出现次序又是以见于诗韵之前后来安排的,它不是以韵为单位编写的,这样,一般不容易察觉出来它是论证音韵系统,这也是很自然的事。

到了顾炎武,方言在考订古音上的重要性就被明显地摆了出来。

考订古音,从"音类"角度看,极为重要的工作是做好音韵系统中韵部的分合。该分的分,该合的合,分合都要做到很准确(那时,声类等的分合还没有被当做研究的重点),如果不把方言的分合跟"雅言"的分合区别对待,那就很有可能错把方言的合算作"雅言"的合,古韵部的分类就必然不能准确。顾炎武对《诗》、《易》的用韵有了深入的观察之后,确然自信其中有方言用韵的存在,他说:

> 愚以古诗中间有一二与正音不合者,如"兴","蒸"之属也,而《小戎》末章与"音"为韵,《大明》七章与"林"、"心"为韵……
>
> 此或出于方音之不同,今之读者不得不改基本音而合之,虽谓之叶亦可,然特百中之一二耳。(《音论》卷中)

又说:

> 《真》、《谆》、《臻》下与《耕》、《清》、《青》相通,然古人于《耕》、《清》、《青》韵中字往往读入《真》、《谆》、《臻》韵者,当由方音之不同,未可以为据也。诗三百篇并无此音。孔子作《易》,于《屯》曰:"虽盘桓志行正也,以贵下贱大得民也"……至屈宋亦多此音。(焕先案:指这类-n、-ng通押)……而秦汉之书亦时有之。……今吴人读《耕》、《清》、《青》皆作《真》音,以此知五方之言,虽圣人有不能改者。(《易音》卷二)

这些话代表顾氏深入观察所取得的见解。

我们知道,在顾氏的当时,要派定"雅言"的孔子脱不了方音的影响，也是要有点胆气的（顾氏没有因此而怀疑孔子和《易传》的关系）。如果顾氏不认为他自己的这番见解是真知灼见，又何苦说这样的话。我们研究方言，研究音韵，也在据今观古，以古观今。而于古今情况深有体会，于此，我们如果说："今吴人读《耕》、《清》、《青》皆作《真》音"这句话是顾氏"孔子传易不能改方言"的强有力的依据，应该不算过分。所以后来江永对顾氏这个论断给了很高的评价，他说：

> 近世音学数家，毛先舒稚黄，毛奇龄大可，柴绍炳虎臣，各有论著，而昆山顾炎武宁人为特出。余最服其言曰："孔子传易，亦不能改方音"，又曰："韩文公笃于好古而不知古音"，非具特识能为是言乎？有此特识权度在胸，乃能上下古今，考其同异，订其是非，否则，彼以为韵则韵之，何异侏儒观优乎？（《古韵标准·例言》）

从经学发展史看，从古音学发展史看，江氏给的评价绝非虚美，顾氏是当之无愧的，虽则顾氏的古音学还有待于"后出转精"，但他的特识还是可贵的。

（二）

古韵学到了江慎修永，又进入了一个新的境界。江氏不独进一步地引进了方言，还引进了他所擅长的等韵，也就是他使方言研究和音韵研究进一步地结合起来。

第一，他说：

> 审定正音乃能辨定方音，别出方音便能审定正音。

这个见解是他辛勤工作得出的，也是"特识"。这一见解，是江氏颂扬顾炎武功绩的依据，也是江氏自己研究古韵学的重要依据之一。当然，他深知这个依据在古韵学上的重要性，他才对顾氏深深表示钦佩。换句话说，江氏足以同顾氏分享"特识"这个美誉。

第二,江氏引进了“类”的概念。他说:

> 用此部(焕先按:指江氏所列的古韵平声第一部“东、冬、锺、江”)方音似《侵》,《侵》又似《凡》,故“风”、“枫”、“芃”诸字后世音转而入《东》;方音又似《蒸》,《蒸》通《登》,故“弓”、“雄”、“熊”、“懵”、“冯”诸字后世音转亦入《东》。转之中又有辨焉,“弓”,牙音转也;“雄”、“熊”,喉音转也;“懵”、“冯”、“风”、“芃”,唇音转也。唯舌、齿不转,亦似出于天然,非人力所能为。(《古韵标准》卷第一)

这正好是说普通语言学里的“类不同变化不同”。江氏又说:

> 人能通古今之音,则亦可以辨方音。入其地,听其一两字之不同,则其他字可类推也。(《古韵标准》卷第一)

这也正好是说普通语言学里的“类同变化同”。

江氏是位等韵学大家,他常常用“等”的观念来审定古韵的分合,有不少富有启发性的见解。直到现在,我们无论对古音作音类分合的研究,或是对古音作音值构拟的研究,都离不开等韵。这方面,江氏是“导夫先路”的人。把古韵和等韵沟通起来,江氏之功,应当受到我们的重视。

以一位等韵学大家,揭示出“类同变化同、类不同变化不同”的音变法则,那也正是“亦势所必至”。这是精于等韵、深入古音的自然结果。江氏颇以“考古”、“审音”的功夫自许,并评论顾炎武为“考古之功多、审音之功浅”。大家知道,江氏的所谓“审音”,其实质就是审“等”,也就是审“音类”。江氏说:

> 顾宁人《古音表》乃以《泰》承《佳》、《蟹》,《卦》承《皆》、《骇》,《怪》承《灰》、《贿》,《夬》承《咍》、《海》;《队》、《代》皆无平上。一韵失次,诸韵皆误。又以《月》为《泰》入,《没》为《卦》入,《曷》为《怪》入,《末》为《夬》入,《黠》为《队》入,《鎋》为《代》入,亦非其伦。盖顾氏等韵之学甚疏,故至此茫然,纷如乱丝。今正之。(《四声切韵表》,页六下)

又说:

数韵同一入，非强不类者而混合之也。必审其音呼，别其等第，察其字音之转，偏旁之声，古音之通，而后定其为此韵之入。即同一入，而表中所列之字亦有不同。盖各有脉络，不容混紊，犹之江汉合流，而《禹贡》犹分为二水也。（同上书，页八下）

又说：

《阳》、《养》、《漾》以《药》为入，同等也。……顾氏分《药》为《模》、《豪》入，是不知辨等也。毛先舒通以《药》为《鱼》、《虞》入，是不知辨类，尤不知《宵》、《小》、《笑》尤相近也。（同上书，页十三上）

江氏的审音，也确实取得了良好的成绩，给未来者以有意义的启发，值得时时在意。当然江氏的“等”的观念的运用也还有某些不彻底的地方。比如他改订古音所用的反切，就有一些上字或下字不能合乎等的还求，如：

双：所工切（《古韵标准》，页二十六上）
惷：丑工切（同上书，页二十八上）

江氏改订出的这些反切，倒跟“等韵之学甚疏”的顾氏所改订的是一模一样地失误了。看一看顾氏的改订：

双：所江切，顾改：古音所工反（《唐韵正》卷壹，页三十五上）
惷：宅江切，顾改：古音宅工反（同上书，卷壹，页四十一上）

古音学大家孔广森，正式指出了这样改订的失误。他说：

顾氏古音反切，辄就《唐韵》之纽而改其韵，非也。古今音变，韵俱大譌，纽岂无异……

可贵处在于孔氏这个看法，正式地替我们的研究工作纠了偏，替我们开拓了一条观察音变的路子。后来，黄季刚先生说：

古声既变为今声，则古韵不得不变为今韵，以此二物相挟而变。（《音略—略例》，见《黄侃论学杂著》）

大概是孔氏广森之说的发展。

由此可见,“等”的观念,“音类”的观念,无论考求古音,无论研究方言,都不可忽视。在这方面,江氏而稍有疏忽,便成失误。我们就格外要当心。

江氏是位等韵学大家,正可以用等韵来观古察今。他的深入研究,使他有了“可类推也”(引见前)的明确体认。今日我们考求古音,研究方言,也正在时时地运用这“可类推也”,也正要时时地不忘记运用这“可类推也”。

(三)

音韵与方言有极为密切的关系。我们的工作实践证明,音韵的深入研究有待于取证于方言,而方言的深入研究又有赖于音韵的指导和启发。这两门学科一直在互相推进。

这里想就着“音类”来谈音韵、方言二者之间的关系。

等韵是音韵的一支。等韵之学原是个语音图表之学。它的特色是用音理替语音分类,从这个意义看,可以说它是“音类”之学。它让一个语音系统以图表的形式,类别分明、部伍井然地呈现在我们的眼前。等韵可以帮助我们有条有理地去思考语音系统的问题、观察语音系统的问题,可以帮助我们对语音系统进行周密的研究,避免“得此失彼”的疏失。

在今日,等韵在帮助我们考求各时代(上至周秦、下及明清)的音韵系统,帮助我们研究各地域的方言音系。它时时为我们提供“推理”的线索。我们借助于它来运用“类同变化同,类不同变化不同”这一普通语音学法则。

在进行方言研究或音韵研究时,一般我们都在郑重地做着两样事:用音类指导我们的方言研究,用方言审核音类真实性和确定音类意义。两样事相辅相成,对研究工作都是极为重要的。

大家都明了中古音在汉语语音史研究上的重要性。中古音有完整的韵书,有完整的韵图。我们对这些韵书、韵图认识得越深刻,我们的穷究原委的工作就越能取得可信的成绩。

要认识这些韵书、韵图,首先要审核它的“音类”的真实性。确定了“音类”是真实的,然后才谈得到各个“音类”所代表的音值及其音值的性质(意义)。

类必有值,因为音类是根据音值整理出来的。但我们去古已远,直接审核古音的音值已不可能,一般是用某某“音类”在方言中的各种表现来审定古“音类”的存在而非虚假,然后再用多种方法求得某某“音类”所代表的古时的音位。由流溯源,由方音推求古音是多种方法之一。

下面我们试为审核音类举例,也就是为音韵与方言有极为密切的关系举例。

比如:“浊音”为一音类,在现代方言里,古平声浊音声母字(包括“全浊”、“次浊”)一般读阳平声,跟古平声的清音声母字(包括“全清”、“次清”)读阴平声划然为二。由此现代方言证明古音“浊”、“清”的音类划分是可靠的。类是由值决定的,现在证明古音类的可靠,亦即证明古人对音值的辨认的可靠,这是毋庸置疑的,虽然我们还没有把握“定则定矣”地、精确地拟定各个类的音值。

又如,古浊音又分“全”、“次”。什么叫“全”,什么叫“次”,以及为什么对“全”言“次”,解释起来是困难的。但从音类来看,甲类不同于乙类,“全浊”不同于“次浊”,这应当是无疑的。方言替我们提供了证明。比如,“古全浊上声变去声”的方言里,其“次浊”这一音类就不参加这一变化;“古次浊入声变去声”的方言里,“全浊”这一音类就不参加这个变化。由此可见,“全浊”、“次浊”在平声里调的变化相同,这说明它们有共同的某种(浊)语音性质，使它们跟“全清”、“次清”之清的语音性质相区别；而“全浊”、“次浊”二者在上声中、在入声中调的变化又互不相同，这说明他们某种语音性质（全、次）之异。由此看来，作为“音类”，古人的划分显然是有其坚实的依据的。

再从“等”的音类看。古人分韵为四等，现代音已没有这样的“四”分，学者对古韵能否是“四”等往往怀疑。我们这里且先不谈“值”，还是先谈“等”的“音类”真实与否。

比如山摄“官”、“关”二字，“官”，一等（合口桓韵），“关”，二等（合口删韵），这两字同是见母，同是阴平。在北京话里，“官”、“关”同读 guan，而在江苏新海连市，“官”读 go“关”读 ga①，二字不同韵。在江苏六合县，二字也不同韵，“官”读 go，“关”读 gua。用“类不同则变化不同”来看问题，据今推古，可见古韵一等、二等有别是有意义的。古人当然是据值定类，可以推知，等的不同就是记录的古音音值的不同。用现代音只能有“洪”、“细”两个等来怀疑古代一、二等的有别，殊不可取。

再看二等开口喉牙字。二等开口喉牙字在大北方话里有些方言读洪音，有些方言读细音，而有些方言有洪细两读并存（或同一词里具有两读，或各词中洪细不同）。例如：

房间　　中间　　居间
八戒　　戒烟　　禁戒
张家　　家庭　　张家村

当然，这里面也可能有文、白异读的情况。一般说来，这些方言里一等开口喉牙字就很少有读细音的，三、四等字很少有读洪音的。由此亦可以看出，“二等”作为一个“音类”，是有同其他各“等”不相同的特色的。那也就是说，“二等”在音值上有其特色。

---

① 《江苏省和上海市方言概况》，417—418 页。此二韵母及下六合韵母，主要元音鼻化。ga 的 a 略闭。

以上所说，作为用方言审核音类的事例看也好，作为“音类”指导我们认识方言语音系统的事例看也好，都可以让我们体会到音韵与方言有极为密切的关系。

如大家所知，定“音类”并不等于定“音值”，虽然它大有助于定“音值”。比如，古“全浊”音类的存在是真实的，这是不成问题的，在上面已经提到过了，我们通过好多方言所反映的情况证明这一音类在古代曾经真实存在。但是，也如大家所知，“全浊”在古代到底是“送气”抑或“不送气”，还颇费踌躇。但话又说回来，我们却不可以因此忽视审定音类。

如大家所知，“音值”也不是一次定准的。用“音标”来反映古“音类”总比用汉字反映古“音类”要明确多多，便于深入研究。但也不能因此而不承认当前拟定的“音值”的“音类”性。承认当前拟定的“音值”还具有相当程度的“音类”性，对我们的研究是有好处的，这种认识不助长我们走向武断并要求我们继续深入研究。比如，当前就有人提出“韵尾的[-s]音在切韵时代还保留着”，谁又敢贸然认为这是想入非非不值一提。由此可见，说当前替古“音类”所拟的“音值”还具有相当程度的“音类”性，并非要求过苛。不仅如此，就是当前我们调查方言时所记录的“音值”也不排除具有“音类”性。我们大家都是方言调查的实践者，有些同志已有此感觉，他们觉得实验语音学总会有一天暴露我们今日记录下的“音值”的“音类”性。但话又得说回来，把音类的音值定得很精确这一天总是会到来的。

（四）

我打算讲一两项方言调查研究中运用音类和审核音类的例子。一是方言定本字的运用音类；一是运用方言字音来审核音类。

方言定本字我用“锯”字做例。

一位老先生一次谈到为方言定本字,他说姑用“锯”字做例。他谈得很有道理,颇有启发意义,一直记在我心里。今天我把它结合音类来谈,作为方言定本字的运用音类之一例。

为方言定本字,在汉语言史、汉方言史(当然包括诸方言的比较)的研究上有其重要性。这不是今日本题,我只提一下。我认为,学术发展到了今天,方言词汇等方面都有了相当分量的记录“定字”工作应当及时提上日程,这也是方言概括、总结工作的一个重要方面。

北京话里有个 ju¹音,一般都写作“锯”字,用在“锯子”、“锯盆”、“锯缸”、“锯碗”等词儿里。追究这个音的本字,应该是“锔”字。现在用这事做例,问:怎样确定这个 ju¹音应当是这个“锔”字?①

替方言字定本字,在手的材料只有音和义。就音这方面说,首先要对这个方言的语音系统有所了解,要对这个方言与中古音的对应有所了解。这是最基本的。当然,某些音变如连读音变、变调、避忌音变等等情况也应有所了解。做好这些,方能决定这一个音在中古读的是什么音(一般推到中古音,也就够研究了),然后才能从中古这个音测定这个音的“本字”。

但是我们常常会遇到这样的情况:单凭本方言还不够定出一个音的中古读音,必须了解这个音所代表的“义”在其他方言里是读的什么音,用其他方言来做参证。实在说来,参照别的方言,对于为一个方言定本字来说,在任何时候都是必要的。这是应当强调的。既然要参考到某个方言,当然也就要了解某个方言语音方

---

① “锔”应是 jū 本字。《广韵》三烛:“锔,居玉切,以铁缚物。”《现代汉语词典》:“锔(锯)jū,用锔子连合破裂的陶瓷器等:~盆|~缸|~锅|~碗儿的。”“锔子 jū·zi 用铜铁打成的扁平的两脚钉,用来连合破裂的陶瓷器物。”

面等等情况，如语音系统、与中古音对应以及音变等等。

以 ju^1 为例。北京的 ju^1 音来路太多，也就是说，中古音有不少音类可以供给现代北京 ju^1 音。

当然我们可以把所有跟北京读 ju^1 的音相应的中古音节里所有的字一个一个地考察一番，看看哪些字或哪个字跟我们提出的字义（词义）相应，如果相应，那末，那些或那个字就是北京话里 ju^1 音、"锯锅"义的本字。但是，这样办一则麻烦，二则偶然性不小。"偶然性不小"是我们应当特别注意的。因为，从字义（词义）方面说，字义的范围有宽狭，字义又有转变。因之，此音此义是否就是此字，往往叫人踌躇难定。贸然定了，可以说"危险性不小"。

我们试把关乎 ju^1 的义的事事物物说给操别的方言的人听，比如说给操大北方方言里的某个方言的人听（顶好不止一个方言），我们可以听到这个北京 ju^1 音在某些方言里是读入声。顶好直接听到的就是读的入声，用音变规律来核某某方言虽然读的是入声以外的某调，但此某调并不排斥从中古入声来，那当然也是可以参考的。

如果这"某些方言"是读这 ju^1 音为入声（当然这"某些方言"是有入声这一调类的），这就替我们排除掉平、上、去三个调类（音类）可以供给 ju^1 音的字，于是问题就缩小到了"入声"这一"音类"的范围里了。

再向另一个大方言请教。吴语里某个方言的人（顶好也不止一个方言）读这个北京 ju^1 音是入声，又是清声母。这就好了，这就替我们排除掉一切相关的读浊声母这一"音类"里所有的字。

再向另一个大方言请教。粤语里某个方言（顶好也不止一个方言）读这个北京 ju^1 音是入声，并且是［-k］尾。这就好了，这就替我们排除掉一切有关的读[-p]尾和[-t]尾等等"音类"里所有的字。

上面是举例。实际的工作程序也未必正好如此。但上面所说的意思是很清楚的,几乎是要求从方言与中古音之间的对应规律和方言与方言之间的对应规律来求某音、某义的本字,个人意见,只根据一个方言的语音系统和它与中古音对应规律来考定某音、某义的本字,是"偶然性不小"、"危险性不小"的。

这里再谈运用方言字音来审核音类。

一位朋友告诉我:"死"字,《广韵》的记载是独占一个音节,它没有"同音字"。这是语言"避忌"。从此,我就注意这个"倒楣"字,并且注意所谓"避忌"在方言里、文献里的表现。

我的朋友张源潜同志告诉我,有个方言避"死"也避"四",饭馆里喝"四碗大面"是"大面,两碗、两碗"。何以不说"四"?因"四"跟"死"音相近,犯忌讳。一位南通朋友告诉我,他的方言"史"跟"死"同音,"历史"还可以读同"历死",但"史老师"就只好读成"喜老师",读"史"做"喜",也是为了避忌。

我的故乡是江苏六合,六合方言里也避"死",避得很有"意思"。避的情况启发我们由此观察中古音的"音类",这里先录出六合方言里跟"死"字有关的字的读音。

从下面《表一》可以看出,中古庄组字在六合方言里的变化是:(1)总看所有的摄,有独立二等的摄,读 zh 组①,如"柴"che,其他摄读 z 组,如"师"si。例外不多。(2)就各摄看来,如果读 zh 组,就是全读 zh 组,如果读 z 组,就读全 z 组。例外很少。

庄组字六合方言的读音　表一

切韵古读	庄 zh		摄
六合方音	zh(平舌)	z	

① 六合方言实际读平舌的 zh 组。

（续表）

韵目及例字		支:差(参差)衰	止
		脂:师	
	之:史、使	之:菑 滓 厕 士 事	
		鱼:阻 楚 疏 初 死 梳	遇
		虞:刍 雏 数	
		尤:邹 愁 搜 瘦 皱	流
	侵:岑	侵:簪 谮[x] 参 森	深
		真:榇	臻
		臻:臻	
		庚:生 省 伧[x]	梗
		耕:争	
	佳:债 钗 柴		蟹
	皆:斋 差 豺		
	夬:寨		
	麻:诈 叉 查 乍 沙		假
	肴:爪 钞 巢 稍		效
	咸:斩 杉	咸:谗[x]	咸
	衔:搀 衫	衔:巉[x]	
	删:铲 栈 删		山
	山:山 产		
	江:窗 双		江
	阳:庄 床 霜		宕

注:字后面有 x 号的,是方言口语里不大常用的字。

跟避忌字相关的一些中古字　表二

声	韵	平	上	去
心母·附[邪]母	支	斯厮(息移)	徙玺(斯氏)	赐(斯义)
		[○]	[○]	[○]
	脂	私(息夷)	死(息姊)	四泗驷(息利)
		[○]	[兕](徐姊)	[○]
	之	司思丝(息兹)	枲葸(胥里)	笥伺(相吏)
		[词辞祠](似兹)	[似巳祀](详里)	[寺饲嗣](祥吏)

（续表）

疏母·附［床］母	支	釃簁（所宜）	屣釃洒（所绮）	屣洒（所寄）
		［齹］（士宜）	［○］	［○］
	脂	师狮蛳（疏夷）	○	○
		［○］	［○］	［○］
	之	○	史使驶	使驶
		［茬］（士之）	［士仕柹］（鉏里）	［事］（鉏吏）

应当特别注意的是“史”、“使”。这是两个上声字，如果照音变规律读 z 组，这两个字就会读 si 上声，就正好跟上声的“死”同音。为了“避一避”，这上声字“史”“使”就走了“例外”的路子了。这就是说，不服从变向 si 的音变规律去变，而向规律的例外变去，变为 shi 上声。这是避忌使之如此。

当然，这个“史”、“使”例外起于避忌，是我们假定的，还有待于进一步看一看。但这个事例启发我们考虑到从“避忌”观察问题，应当说不为无益。

由此，我们还可以看一看《广韵》在这一方面的情况。也先看有关“死”字的字表：

我们对上《表二》进行解说：

1.“死”是上声，六合读 z 组，音 si 上声；

2. 止摄庄组字，在六合方言读 z 组，只“史”、“使”为例外，读 zh 组，音 shi 上声；

3.“史”、“使”如果照其馀的字的音变的路子走，就会读成 si 上声。这就跟“死”字同音了。

4. 止摄其馀的庄组字，读 si 音的都不是上声字。这些字都在声调上跟“死”读上声不同，因之都不跟“死”字同音，这就不必避 si 读成 shi。这些字如“师”（平声），“事”（去声），“士”（浊上变去）。

5. 止摄心母字，平声的、去声的都可读 si。这也是凭借声调不是上声来跟“死”相区别。如“斯”（支），“私”（脂）、“司”（之）音 si 平声，“四”（脂）、“笥”（之）音 si 去声；

6. 止摄邪母字，如“寺”（去声），“似”、“兕”（浊上变去），所以能读 si，也是因声调不同而无须“避”。①

7. 可注意的是：心母上声字跟“死”音走了不同的路子，那也就是跟它的平声和去声走了不同的路子，读成了 xi 上声了，如“徙”（支）、“枲”（之）。这是耐人寻味的。

综上所说，我们可以说，在某个时期内，在某个方言里，的的确确对“死”字“避忌”。也就是说，我们可以声称：在某个时期内，在某个方言里，对“死”音的“避忌”，影响到语音变化规律。②

大家如果认为上面的论断是正确的，那末，大家也必然会推定，《广韵》写定的当时，“支”、“脂”、“之”三韵的实际读音是有区别的，这道理是不难明白的：

第一，正因为三韵的韵母不相同，所以心母有“死”而又有“徙”、“玺”（支）、“葸”、“枲”（之）；

第二，三韵的韵母后来变向混同，所以“徙”、“玺”、“枲”、“葸”对“死”字避忌。

那末，对“死”音的“避忌”，以六合方言为例，正好可以借以审核古音“支”、“脂”、“之”三个“音类”有别。

这是《切韵》“支”、“脂”、“之”三韵有分的内证。内证是应当重视的。

莘田师平日谆谆教导：言音韵必须重视音类，讲考据必须重视内证。中心服膺，未敢或忘，惟以愚鲁，恐不能尽符先师之意，愿大方进而教之。

（原载《东岳论丛》1980 年第 1 期。
又载《罗常培纪念论文集》，商务印书馆，1984 年）

① 平声“词”读 ci，同“避忌”无涉，它另有音变规律。

② 由以上的演变当然也可推算出六合方言变 si 变 shi 与浊上变去的相对时间，因这不是本文意之所在，不在这里讨论。

应当加强方言音韵史的研究

一

人类的永不满足是科学发展的强劲动力。当一门学科发展到一定的高度之后，便会向自己提出新的任务，使本学科在突破中得到新的发展。这种突破，主要表现在两个方面，一在深度，一在广度。如果没有这种突破，那么，这门学科的命运将会是黯然无光的。

语言学，作为一门基础学科和领先的学科，也是在自身的不断突破中前进的。就其大者而言，由古典文献的训释演变而为独立的学科，由历史比较语言学而到描写语言学，由描写语言学而到转换生成语言学，由转换生成语言学而到方今的诸说争雄的局面，无一不是如此。回观中国语言学界，特别是近十几年来，其成就也巨，其建树也丰，世人共睹。然而，在这煌煌业绩之后，也确有不少目光敏睿之士发出了困惑，并进行了不懈的可贵的探索：中国语言学如何开辟自己的新天地？于是，新说蜂出，各放异彩，为中国语言学的繁荣和发展形成了一个良好的“大气候”。条条大路通罗马。在科学研究中，不同理论、不同方法的存在及其相互促进，正是科学研究发达的标志而不是相反。

在此，我们作为音韵学工作者和方言学工作者，愿向同道们郑重提出我们对于这两门学科的建议：应当加强方言音韵史的研究！

方言和音韵的结合研究，在我国现代的方言学界和音韵学界是有着良好的传统的。自赵元任《现代吴语的研究》以来，研究方言语音者无不要将现代方音特点与中古《切韵》音系进行比较，找出古今语音对应规律，展示古今语音的演变情况。而研究音韵者，自瑞典学人高本汉以来，也无不以现代方言（包括所谓“域外方音”）作为重要的语音资料而加以充分的重视。不过，从总的情况来看，对于方言语音史的研究，大都没有予以足够的重视，这是我们深深以为遗憾的。

殷焕先曾在《方言与音韵》（1979）①一文中论述了音韵研究和方言研究结合的意义。在殷焕先、张玉来、徐明轩《方言音韵学构架》（1990）②中，作者又就建立方言学和音韵学相结合的方言音韵学提出了自己的设想。这里，我们着重论述一下方言音韵史研究的重要意义。我们认为，方言音韵史的研究，无论对于方言学的研究还是对于音韵学的研究，都是具有重要意义的，是这两门学科进一步深入的必需，因而，对于相关的其他学科也具有重要的意义，我们应当进一步加强这一方面的工作。

二

方言学的研究在目前已取得的巨大成就面前如何更加深入下去？陆俭明先生在论述九十年代语法研究的趋势时指出：“在九十年代，在汉语语法研究上将横向的汉语方言之间的比较研究、纵向的古今汉语之间的比较研究与对标准语的研究结合起来，这看来是又一个发展趋势。”③我们认为，对语法研究是如此，对方言研究也是如此。横向的各方言之间的比较研究，纵向的古今汉语之间的比较研究，是方言学研究的发展趋势。就方言

① 《罗常培纪念论文集》，商务印书馆，1984年。

② 《山东师范大学学报》，1990年第1期。

③ 《90年代现代汉语语法研究的发展趋势》，《语文研究》，1990年第4期。

语音研究来看,方言语音的历史考察是方音研究深入的重要途径之一。

如上所述,自赵元任《现代吴语的研究》以来,现代汉语方言的研究是有着重视古今语音对比的良好传统的。但是,也应看到,这部书也带来了一个消极的影响,这就是将方言的历史研究简单化了。对方音的历史研究,大多只是将现代某一方言的音系与《切韵》音系作一比较,指出其对应规律,于是便大功告成,古今对应有了,古今演变规律也有了。必须指出,这种比较是十分必要的,不可缺少的,但也确实是很不够的。我们不能抹煞这种工作的重要性,也自然不能把这种影响的消极面归咎于赵元任先生,在方言学研究深入开展的今天,我们应该认识到它的局限性。

将现代方音与《切韵》音系比较的前提,是现代方音与《切韵》音系的关系性。两者的关系并不都是直系(父子、祖孙)的继承关系,有些可能是旁系(叔侄、叔孙侄)的关系,如闽语一般认为反映的语音系统要早于《切韵》系统。《切韵》音系的性质一直有综合与单一的争论。倘是单一的,则其音系基础方言之外的方言与之都不是直系关系;倘是综合的,则任一现代方言都不是其直接的继承。可以肯定的是,《切韵》时代的汉语是有不同方言的,再往前,汉代的方言有扬雄的杰作在,自不必说,即如先秦汉语,学者们也指出其肯定有方言的存在(参袁家骅等《汉语方言概要》,1983)。将现代各方言归之一统,单将现代方音与《切韵》比较,容易抹拭掉各方言的特色。

《切韵》至今已有一千四百多年的历史。在这么长的时间跨度之内,汉语语音的演变是巨大的。现代方音与中古汉语的关系,不会是简单的直线的分化或合一,其中的合而分、分而合,或者说其演变的具体内容、具体步骤、先后次序等等,都是各具特色的。我们在考察山东寿光方言的古知庄章三组字时曾发现,这个方言的知庄章组字尽管现代是分之为二的（大致是知$_{二}$庄为一组，知$_{三}$章为一组），但在历史上某一阶段他们却是合一的，合一前的某一阶段又是知与庄章二分的，而现代的年轻人又往往将三组混一。① 这样，从中古至今实际上经历了“三分→二分→合一→二分→合一”的复杂过程。再如中古知庄章组字今许多方言皆合一读 ts 组，但其韵母都是洪音，由此看来，古知庄章组字在这些方言中的演变也不是简单的合一，而是与韵母的演变相联系的，知庄章的合一也是有先后之别的。只将一千三百馀年时段的首尾相较而不去观察其具有重要意义的中间环节，无疑是粗疏的，欠准确的。至于像连读变调之类的现象，则是中古音系所不能提供给我们的（学者们已充分指出了连读变调对于考察古声调的重要性）。

方言语音史的建立，是方言语音研究的应有之义。汉语各方言的使用人口众多，使用地域广大，方音分歧严重，方音的历史也必是悠久的，是经过了长时期的各具特点的发展而形成的。尽管自中古以来，汉语拥有众多的记录或反映语音特点的文献资料，但是，这些语音资料除了自身的性质常常不能明定（如《中原音韵》）而外，大多是反映北方方言特别是河南、河北方言或者是所谓“雅言”的。反映其他方言的资料比较少见，且时代一般限于明清以来（如《拍掌知音》、《渡江书十五音》等）。不同的方音有不同的渊源，在演变中有各自不同的特色。探索各方言语音的历史，对本方言的语音研究来说是必需的，同时，对于正确认识汉语语音演变的特点，完整地反映汉语语音的历史发展，也是必需的（参下文）。我们应当尽量发掘反映古方音的书面资料，同时也充分利用现存

① 参《方言音韵释例之二 · 寿光北部的“知庄章”》，载《殷焕先语言论集》，山东大学出版社，1990 年。又参张树铮《从寿光方言看〈中原音韵〉的知庄章》，载《中原音韵新探》论文集，北京大学出版社，1990 年。

的活的口语资料，通过方言内部的分析和比较，通过与邻近方言的比较研究，通过与古代书面资料的比较，探讨方音演变的规律，追溯方言语音的历史。

三

一部完整的汉语语音史，不但应当包括共同语（或其基础方言）的不同历史断面的描写和其先后发展的历史线索，也应包括各个方言的语音历史。各个方言都是汉语的分支，它们的语音历史理所当然地是汉语语音史的一部分。同时，汉语各方言之间又是相互影响的，这种影响，正是汉语语音演变的重要作用力之一。只有通过各方言语音历史的研究，才有可能理清汉语语音史上方言间相互影响的端绪。各方言的语音演变类型又是丰富多彩的，不同的类型可以为汉语语音史提供许多重要的线索。所以，方言语音史的研究对于民族共同语的语音史研究也是不可缺少的。如果说在一个使用人数较少、方言分歧不大的语言中，方言语音史似乎还不是那么重要的话，那么，对我们汉语这样一个使用人数如此之众、使用面积如此之广、方音分歧如此之大的语言来说，方音的历史研究实在是太重要了。在汉藏语系的分类中，汉语与藏缅、壮侗、苗瑶（从通行说）并立为一语族。其馀三语族内部均分为若干个语支，各语支又分为若干种语言，汉语的各大方言在汉藏语系的谱系关系中实际上具有“语言”甚或“语支”的价值，是值得我们深入探求其语音演变的。汉语音韵学受其先天的影响（为正音而作）以及材料、方法等方面的限制，一直存在着重共同语、重书面语而轻方言、轻口语的倾向，汉语语音史的研究，往往只限于共同语或“官话”。现在该是纠正这种倾向的时候了。

建立在现代语言学基础上的现代音韵学研究中，方言语音对于古音音类和音值的确定都有重要的参照价值。不独近古音如此,中古音如此,上古音仰赖方音处也是在在不少。学者们利用现代方音作出了很好的成绩,这是有目共睹的事实。不过,毋庸讳言,目前的音韵学研究中对方音的重视还是不够的。以近代音的研究为例,应当说,近代的语音资料还是相当丰富的,这是研究近代语音的重要资料,但是,我们知道,近代音的语音资料又是参差不齐的。各种韵书或韵图的作者,总是有意或无意地追求正音或是通行天下之音,因而使他们的著作或他们的言论中总是或多或少地含有人为性(自然,他们反映时音的功绩也不可没)。如果完全依靠这些书面材料来构筑近代音的大厦,那结果恐怕是很不可靠的。正如陆志韦先生所说:"明清两代的韵书都受了古音,等韵,华严音的影响,在铺张作者心目中的'天声地音'。我们很不容易从那样的材料中推求当时各官话方言的音韵系统。"①近代汉语中方音的分歧这是大家都无疑议的,现代方音是近代各方音的直接继承,在近代音的研究中,我们应当充分利用现代方音的资料。现代方音的历史研究可以为汉语近代音的历史提供十分重要的线索。近代语音资料中的许多问题也需要借助于现代方音来解决。如有中国台湾学者根据周德清的江西高安方言来解释《中原音韵·正语作词起例》中的"辨似"字,在最近的中国音韵学研究会第 6 次年会上有同志利用现代云南方言来解释兰茂《韵略易通》中的重 x 韵字,都是很好的尝试,其结论也是可信的。如果我们只承认书面资料而把对现代方音的考察一概视为不可靠,是否有违于历史比较语言学的基本原理(在今天看来仍然是正确的原理)而有"尽信书"之嫌呢?如果我们不是把资料视为唯一的信物或是把书面资料视为多馀的累赘的

① 《国语入声演变小注》附注,《陆志韦近代汉语音韵论集》,商务印书馆,1988年,133 页。

话,正确的做法显然应是把书面资料和现代方音的资料很好地结合起来。

从另一个方面看,在音韵学研究中也确实有征用现代方言不当的现象。比如,有人直接拿现代某一方音去比附古代的某个语音系统,认为现有的语音现象也是古音中所具有的;有人看到某个古声纽在现代方言中有不同的读法,就认为这是上古复辅音的表现;等等。这样的结论,自然是不能让人信服的。我们认为,产生这种现象的原因在于没有对现代方音进行历史地考察。现代方音,也是历史地发展的结果,只有在经过分析比较,确定它在历史演变过程中的地位之后,我们才能用它来说明某些问题。孤立地拿某一现代方音的现状来作证明是危险的,——至多是一个孤证。这里举一个大家瞩目的例子。古代汉语中有没有长短元音的对立是大家所关注的问题,认为其有者常常以现代广州话作为例证。但是,近来却有研究广州语音者认为,广州话的长短元音很可能是后起的,因为广州的郊区及其周围地区即没有这种长短元音的对立。按照语音演变的通例,政治、经济、文化中心地区的语言在语音的相互影响中是作为主动者而不是相反,在语音的演变历程中是率先者而不是相反,因此,广州话长短元音的这种地域分布使人怀疑广州话的长短元音是后起的。① 且不说这种解释是否成立尚在探讨之中,单是这种对广州话的长短元音的怀疑便可引起人们对古汉语长短元音的怀疑。由此可见,对现代方音的历史考察对于古汉语音韵的研究具有何等重要的意义。其实不仅对现代方音现象需要作历史的考察,即使对古代某一语音现象又何尝不应作历史的考察呢?如近代北方方言语音史上著名的"入派三声"和"全浊清化",常常被人们用来作为例证,然而却往往是各取所需:

① 此乃笔者之一张树铮在1988年中国音韵学研究会第5次年会(湖南桑植)上闻之于李新魁先生。

有的人用“入派三声”来证明入声分化时全浊尚存,因为“入派三声”需要以全浊、次浊、清的三家对立为条件,故尔全浊消失时入声肯定早已分化;有的人用“全浊清化”来证明全浊清化时入声尚存,因为“全浊清化”时入声变化同于仄声而不同于平声。这样,各有道理的推论得出来的却是相互矛盾的结果。这也是由于没有对这两种音变现象作历史的考察(参张树铮《全浊清化与入派三声的相互年代关系》①)。

汉语方言的历史源远流长。如果我们不是简单地把现代方言与《切韵》系统对照了事,而是缜密地研究各地方音的历史演变,建立起各方言、特别是各大方言的语音历史,那么,汉语音韵学的研究、汉语语音史的研究定将会出现一种全新的局面。这不但对于音韵学本身来说是很有意义的,对于汉族文化史的研究也必将是大有益处的。国外早在十几年前即有所谓“普林斯顿计划”,主张先进行各大方言的内部构拟,然后在构拟的各“原始方言”的基础上进行原始汉语的构拟。这种工作的难度自然是很大的,然而也是很有意义的。

四

中华人民共和国成立以来,在党和政府的领导下,经过大量方言工作者的辛勤劳动,我们积累了大量的方言语音资料,对于汉语各方言的语音特点有了比较深入的了解。这就为方言音韵史的研究和建立提供了良好的条件。在方言学界和音韵学界,都有不少学者进行了方言音韵史的研究,并取得了可喜的成果。如罗莘田(常培)先生早年的《唐五代西北方音》(1933)②,近年邢公畹先生

① 《汉语研究论集》,山东大学中文系编,山东大学出版社,1989 年。

② 中研院历史语言研究所(上海)出版,1933 年。

的《安庆方言入声字的历史语音学考察》(1985)①,以及美国学者罗杰瑞(Jerry Norman)对原始闽语的探讨,就是成功的例子。我们相信,只要我们充分认识方言音韵史研究的重要意义,在方言学界和音韵学界学者的共同努力之下,方言音韵史的研究一定会出现新局面,从而推动方言学研究和音韵学研究的深入进行,为我国古文化史的研究做出应有的贡献。

(与张树铮合写。原载《山东大学学报》1991 年第 1 期)

① 《中国语言学报》,第 2 期,商务印书馆,1985 年。

六合南乡的“雏”与“徐”

[1]上次厦门大学方言学术会议(1979年)大会上,我的发言中曾谈到,方言调查的“田野”工作有赖于年富力强的同志,年岁大的朋友,亲临前线总有些力不从心了,但追随年青同志之后,与年青同志合作,做些拾遗补阙的工作,还是可以尽点心力的。再说,一些拾遗补阙的工作也是很必要的。拾遗补阙是“案头”的,它与“田野”的相辅相成,二者不可偏废。今日(1981年11月)欣逢汉语方言学会大会成立,谨提出我们的“案头”的一孔之见,以《方言音韵释例——六合南乡的“雏”与“徐”》为题,企图着重研究方言语音演变的“类型”,向同志们请教。

[2]有关江苏六合南乡方言语音的观察分析是在殷焕先《六合南乡音系》报告的基础上进行的。这个报告曾得本师罗莘田(常培)先生指导。

这个方言音系的主要情况如下:1.为了印刷方便,用王力师《诗经韵读》例,把国际音标译成拉丁字母,亦有未转译的,都随加说明。2.未收《同音字表》,在有需要的地方亦随即说明。

[3]声韵调数

六合南乡共有二十一个声母,三十七个韵母,五个声调。

[4]六合南乡声母二十一:

p	背卞(同《汉语拼音方案》b)
ph	派排(同《方案》p)
m	摸迷
f	夫敷扶

（续表）

t	都地（同《方案》d）
th	土徒（同《方案》t）
n	奴芦拿流（六合 n、l 不分）
tz	租祚阻助（同《方案》z）
ts	粗徂词初锄（同《方案》c）
s	苏似梳士
tzh	张丈章庄状（tzh 代“纸”，舌叶音，六合无卷舌的“纸、耻、使、日”）
tsh	樗除吹垂窗床产（tsh 代“耻”，舌叶音）
sh	神式社沙（sh 代“使”，舌叶音）
zh	日如然（zh 代“日”，舌叶音）
tj	居忌（tj 代“基”）
thj	欺其（thj 代“欺”）
sj	喜穴（sj 代“希”）
k	公共（同《方案》g）
kh	空狂（同《方案》k）
x	呼户（同《方案》h）
Ø	阿昂尤夷於鱼王汪巍无

［5］六合南乡韵母三十七：

		ɿ	ʅ	i	e	ɛ	①	ə	ɑ	ɒ	ɔ	ʌ	o	②	u
阴声韵	开	思	诗			贝	爱			傲			我	欧	
	合					威	外				蛙				乌
	齐			衣	野		蔼			要	鸦			幽	
入声韵（都有喉塞尾）	开		失								刮	扼	恶		
	合											国			屋
	齐			益	月						鸭		药		
阳声韵（介·元·尾都鼻化）	开							曾恩	-ng 刚干				碗　-ng 公		
	合							温	-ng 汪弯						
	齐			-ng 英因	烟				-ng 央				-ng 庸		

注：①舌面前半低不圆唇元音。②舌面后半高不圆唇元音。

[6]六合南乡声调五：

1. 阴平 21 公空

2. 阳平 35 群明

3. 上声 22 古苦乳

4. 去声 43 顾库步丽技

5. 入声 5　百拍白墨

[7]这里想谈的六合南乡方言的“雏”与“徐”，是关乎中古鱼虞两韵和精庄两组的问题。在六合南乡话里，这两个字字音是，雏：tsu，徐：tsi，都是阳平调。问题重点在声母和韵母的历史演变。

[8]为了便于进行讨论，这里先用表展示出中古鱼虞两韵在六合南乡里的今读情况。表的设计照顾到好同北京语音作比照。

[9]表一 中古鱼虞两韵六合南乡今读表

	阴	阳	上	去
n			女	
l		驴	旅 吕 缕	虑滤
tj	居 枸 驹		举 矩	锯据遽句惧拒
tz	疽		咀 沮	聚
thj	区 驱 躯	渠瞿	龋	去
ts	蛆　趋	徐	取 娶	趣
sj	虚		许	
s	胥 须 鬚			絮婿序绪
ø	淤　迂	鱼渔馀愚娱俞于愉	语雨羽与	御遇寓芋裕愈

注：一、北京读 y 韵，六合南乡读 i 韵。二、六合 n、l 不分。三、六合分尖团。四、tj、thj、sj 标“基、欺、希”。五、tz、ts、s 标“资、雌、思”。

[10]表二 中古鱼虞两韵六合南乡今读表

	阴	阳	上	去
f	夫麸肤敷	俘扶符	府斧腐	付父附赋 富副妇负

（续表）

tzh 知	猪蛛株			著驻柱住
章	诸朱诛		煮主	注蛀铸
tz 庄				助
tsh 知		除储厨		
章		④	处③	处
ts 庄	①	雏②	楚础	
sh 知				
章	书输			
s 庄	⑤蔬疏		⑥数	数
zh 日		如儒		

注：一、北京读 u 韵，六合南乡同。二、六合南乡：①初：tso，②锄：tso，③暑鼠黍薯：tshu，④殊：tshu，⑤梳：so，⑥所：so。

［11］《表一》所有的字，北京都读 y 韵，六合南乡都读 i 韵。

“徐”字，《广韵》似鱼切，是邪母字，六合南乡读 tsi 阳平，当是来自“读同从母”，这可能跟《颜氏家训·音辞篇》所说“钱（从）：涎（邪）”、“贱（从）：羡（邪）”南人不分有关。我们这里的观察以“徐”读舌尖前音 ts 和读齐齿韵母 i 为着眼点。

［12］《表二》所有的字，北京都读 u 韵，六合南乡也都读 u 韵。

“雏”字，《广韵》仕于切，是床母字，六合南乡读 tsu 阳平。这里观察以“雏”读舌尖前音 ts 和读合口 u 韵为着眼点。

［13］六合南乡　徐：tsi　北京　徐 sjy

六合南乡　雏：tsu　北京　雏 tshu

这里，六合南乡有两个特点：一是“徐”和“雏”都读舌尖前音 ts，一是“雏”是 u 韵，而“徐”是 i 韵。“雏”的 ts 声母和“徐”的 i 韵，提供我们观察“鱼虞”两韵的音韵变化之线索，就比北京音提供的要多一些。

［14］观察音变，我们自然会重视“类同变化同”的音变法则，我们依据这个法则，做出下列的假设，也用表来表明之。

[15]表三 六合南乡"雏""徐"音韵演变表

演变推定 中古声类 \ 演变阶段	第一阶段	第二阶段	第三阶段	第四阶段	第五阶段
精	tzy →	tzy →	tzy →	tzy →	tzi
见	ky →	cy →	cy →	tjy →	tji
照	tjy →	tjy →	tzhy →	tzhu →	tzhu
庄	tzhy →	tzhy →	tzhu →	tzu →	tzu

注:一、c 代表舌面中塞、擦"见、溪、群、晓、匣"之类。二、六合南乡音,tzh 可能第三阶段已读为舌叶。

[16](1)《表二》假定以鱼虞两韵合流(或两韵的性质已很接近)为开始。

(2)《表二》列入了精组、照组以资比照。因精和见相关(中古精见两组字今北京细音都读 tjy,六合南乡分读精:tzi、见:tji),照和庄相关(中古照庄两组字铸、助今北京音都读 tzhu,六合南乡分读照:thzu、庄:tzu),故也列入见组、照组,以资比较。

(3)中古知组向后演变跟照组混同,在北京音和六合南乡音都是如此,所以这里从略。中古知与照庄分合情况当另题研究。

(4)这个演变,看来与声调没多大关系,故不计入声调。

[17]可以推想:

(甲)六合南乡中 tzhu 的出现必得早于 tzu。tzhu 的转为 tzu,是以韵母为 u 做根据的。

(乙)中古庄组字,在有些方言,有些摄、韵,是在使得它自己所拼的音节变入洪韵之后,自己又再转成 tz 的,这是一个重要的现象。这是我们应当注意的汉语方言音韵转变之重要"类型"之一:

tzh + 细韵→ tzh + 洪韵→tz + 洪韵

当然,我们还应当注意对这一现象作研究、作解释。

[18]在汉语音韵里,u 跟 y 对照是"洪:细"韵对照里的重要类

型。六合南乡里的 tzhu，是由其所拼的 u 的对照韵 y 转变来的。

[19]tzh 一类性质的声母常常使其所拼的韵母由某种细韵转为与之相应的某种洪韵。这是我们应当注意的。

[20]根据[17]来推测，六合南乡的 y 是曾经存在过的。也就是说，六合南乡原是四呼系统的类型，后来它失去了撮口呼。六合南乡音之曾有过撮口呼，这跟四呼系统方言的北京类型相比照就可以推定，跟仍具四呼的六合城音（它保存撮口）相比照也可以推定，而由其庄组音变来推定则是取它的内部证据，可算内证。这里所谈的当然是内证之一，但这是我们所应当特别注意的。本师罗莘田（常培）先生平日教以"考据必须重内证"，本文就是基于这个精神，我另有一篇《方言与音韵》（1979），其写作精神亦同此。

[21]至于六合南乡的失去 y 韵而读 i 韵，其 tzi 音没能赶上 ʅ 韵化，由此推知，其失去 y 的时间是在 ʅ 韵化趋势之后，这也当为大家所共信。

[22]我做的推定，自然是就其一个端绪进行的。

语言是个整体，就着语言的一个部门音韵来说，音韵自身也是一个整体。对整体中的一个端绪的研究探索，时时要顾到整体；其研究探索的结果，则往往会影响到对旧来的"整体之假定"的再评价，当然，它也必须接受整体各个方面的检验。这种"一发"和"全身"的关系，是大家所共知的。

我希望我的推定不致徒劳。我热望同道能从另一个端绪着眼，对我的推定惠予修订，惠予改正！焕先《方言与音韵》（1979），已刊《罗常培纪念论文集》（商务印书馆，1984 年，北京）。

（编者按：因为版面处理的需要，本文做了版面重排，但没有改变文章的内容。原载《殷焕先语言论集》，山东大学出版社，1990 年）

寿光北部的“知、庄、章”

前　言

释例是根据他人的现代汉语方言“田野”调查报告作观察分析写成的。种种原因，一时间不能亲自去田野了，就想到用“案头”总结工作为当前方言研究尽点微力，并提请同道共商和指正。

“方言”和“音韵”是两门相辅相成的学科，乃至可以说，是一门学科的两面。这两者，在调查、观察、分析、研究以及考订等工作中，是互相启发、互相审核、互相证实的。

这种“案头”工作的目的：

（一）对当前汉语方言调查工作中的“语言调查大纲”，提出建设性意见，提出应当予以着重调查的项目。

（二）在汉语音韵史研究中，在汉语语音史资料的研究考订中，提出语音演变的内证。

（三）用方言音韵的类型作观察汉语方言音韵演变的出发点，来研究方言语音相互关系，求得建立方言音韵史的端绪。

壹

[1.1]本文讨论的主要是山东省寿光县北部的方言之“知、庄、章”问题。

[1.2]中古的知、庄、章三组声母，在今寿光北部方言中读成了两类：

（甲）读 tzh、tsh、sh（都卷舌）。如：庄 tzhuang，之 tzhʅ。

（乙）读 tj、thj、sj（舌面前音）。如：周 tjiou，抽 thjiou，收 sjiou。

因为见组在细音前也读 tj、thj、sj，所以，周 = 纠，抽 = 丘，收 = 休（该方言分尖团，所以与精组细音不混，如周 = 纠≠揪，抽 = 丘≠秋，收 = 休≠修）。

[1.3]该方言知、庄、章分化的情况是：

庄组与知组的二等字全部读 tzh、tsh、sh（卷舌）；

章组与知组三等字大部分读 tj、thj、sj，少部分读 tzh、tsh、sh（卷舌）。

详细条件是：

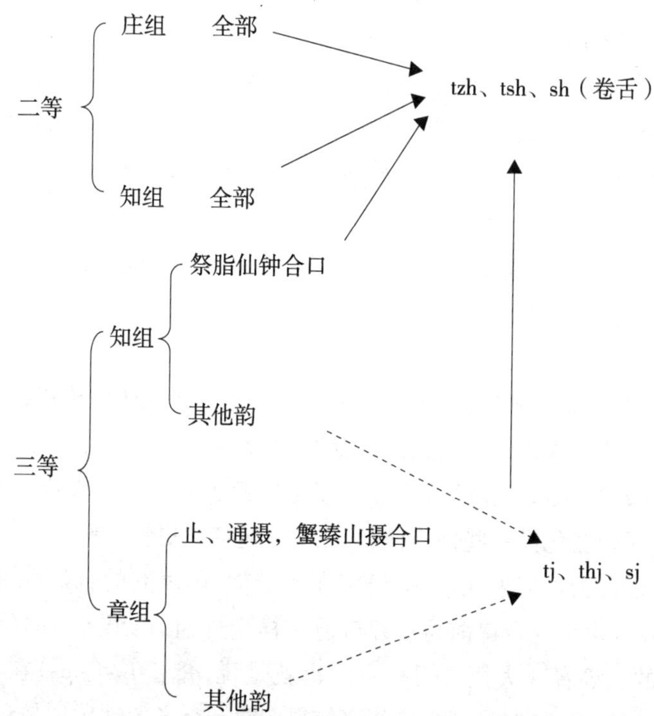

[1.4]庄组只有四个字今读 tz、ts，它们是：滓阻俎龇。

贰

[2.1]寿光北部方言章组阴声韵，阳声韵的合口，除鱼虞韵外，都读 tzh、tsh、sh；而读 tj、thj、sj 的合口韵（今撮口呼），只有鱼虞两韵和入声韵。换言之，鱼虞和合口入声韵是一类，与止摄外开口韵相类，其他合口韵都是一类。

[2.2]我们可以推测，鱼虞本来是读开口的。鱼虞近代音变为合口。

案，《韵镜》标鱼韵为开，《七音略》标鱼韵为“重中重”，显然当时鱼韵为开口。

至于虞韵，《韵镜》标为开合，《七音略》作“轻中轻”（即合口）。

案，论古音虞韵当读为开口，据北宋邵雍《声音图》尚作“闢”（即开口），则其合口的读法当是后代之音变。且《韵镜》“开合”的标法与常例不合。“合”字盖后人据时音而加。

罗常培先生修订高本汉的拟音，以鱼为开口韵。此论于寿光北部方言的现象正可得一佐证。

这就是我们所谓的“内证”之一。

[2.3]但入声韵的合口何以与开口为一类？这是颇费我们用心寻绎的。这里仅提出我们的意见，请大家指教。

[2.4]从汉语的历史发展来说（或者从大北方话来说），有韵尾的元音变化慢一些，而有辅音尾的一定变化更慢一些。

以此为根据来观察，章组字在阴声韵、阳声韵的合口前变 tzh 组，在入声韵的合口前与在开口前一样变 tj 组，推想入声韵（塞音尾）的三等音变大概要迟一点。也就是说，介音-iw-（-iu-）在有塞音尾的韵里比较强一些，口塞尾使得韵腹和介音的性质比较稳定。这样，当入声韵的三等音变大之后，章组声母变 tzh 的趋向已经过去，而代之以变 tj 的潮流，它也只好跟着开口韵一道走了。

大概可以作这样的推测。

［2.5］即：

合口 {阴声韵、阳声韵　章 + -iw-→章 + -y-→tzhu-→tzhu-

　　　入声韵　章 + -iw-→章 + -iw-→章 + -y-→tjy-}

开口 {鱼、虞　章 + -i-→章 + -i-→章 + -y-→tjy-

　　　其他　章 + -i-→章 + -i-→章 + -i-→tji-}

叁

［3.1］观察寿光北部方言知庄章分合的情况，还有一个值得注意的现象：

北京话今读 tzhʅ、tshʅ、shʅ 的字，寿光北部读之为二，一读 tzhʅ、tshʅ、shʅ，同于北京音；一读 tji、thji、sji。

这一现象从音类上说，正与《中原音韵》一致：《中原音韵》在支思韵的，寿光北部读 thzʅ、tshʅ、shʅ；《中原音韵》在齐微韵的，寿光北部读 tji、thji、sji。

［3.2］我们知道，舌尖元音-ʅ 是-i 受卷舌声母的影响变化而来的。

寿光北部方言的-ʅ 全部来自止摄，而其声母条件是：

	知	庄	章
tzhʅ	○	+	+
tji	+	○	○

也就是说，在使-i 变为-ʅ 的过程中，庄章与知走着不同的路子。庄章的音值是一致的，知组则不然。

[3.3]等韵三十六字母的正齿音由陈澧发现在《广韵》中截然为二之后,一直有人怀疑庄章是否曾合一过,即:一个统一的照组是否曾确实存在?

无论是近代方言还是宋元明的语音材料,都证明照母下实有两类字;直到知组加入进来之后,情况依然没有改观,如《中原音韵》的知庄章三组的字大体按等分之为二。有人认为这种分别是韵母也是声母的差别。

他们勾划的知庄章的演变轨迹是:

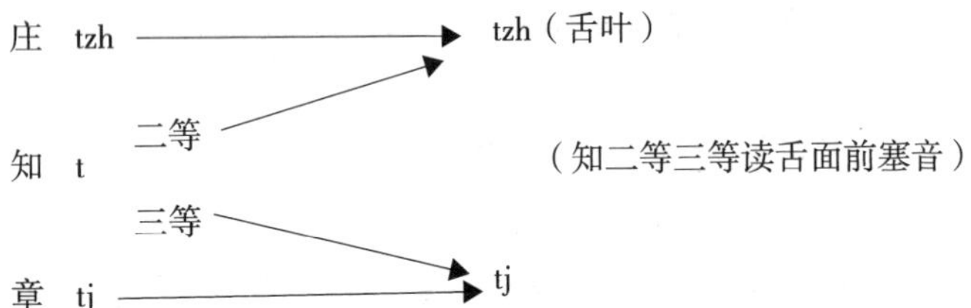

但我们从寿光北部方言的情况看起来,人们实在冤枉了等韵学家:尽管现代读音为二,但庄、章确曾作为一个整体行动过,而与知不侔。

即

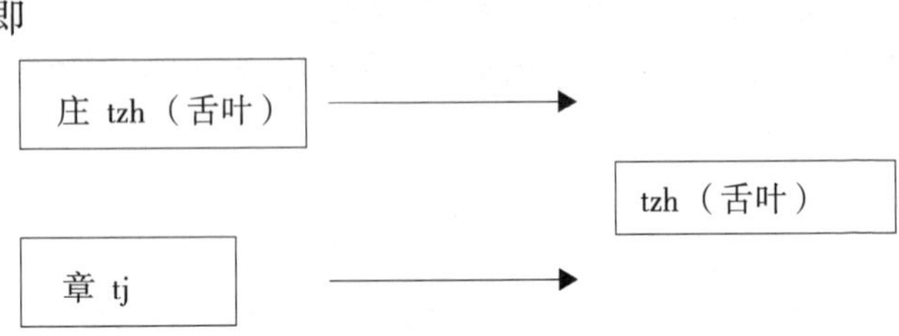

[3.4]上面说过,《中原音韵》的音类与寿光北部方言一致,支思韵中也是有庄章无知(例外字:徵,五音之一)。

同样,我们也可以推测《中原音韵》中庄章也是合一的。

既然人们已经证明《中原音韵》中知$_{二}$ = 庄、知$_{三}$ = 章,那末,我们就可以说:知$_{二}$ = 庄 = 章 = 知$_{三}$,即《中原音韵》中知庄章是合一的。

［3.5］寿光北部方言读 tji、thji、sji 的（在《中原音韵》中属于齐微韵开口字）情况比较复杂一些，其中知庄章俱全。但我们还是可以从韵母方面找到其条件的：

知：止摄、齐祭韵、某些入声韵

庄章：○、 同上、 同上

［3.6］入声丢掉韵尾、变同阴声韵比较晚，这是众所周知的事实。

齐祭韵开口后来虽然也变为-i，但较晚才和止摄混合，这也是大家共知的。如止摄开口在北京话 tz、ts、s 后变为 ɿ，齐祭韵的开口却没有赶上这个变化。

这就清楚了：寿光北部庄章组能使止摄开口变为-ʅ，却未使齐祭开口、某些入声韵开口变为-ʅ，是因为在-i→-ʅ 的时代，齐祭韵开口、这些入声韵开口还没有变成-i。

肆

［4.1］寿光北部方言的另一种特殊现象是：不儿化时知庄章二分，儿化时合一，都读 tzh、tsh、sh（卷舌）；知$_{三}$章组读 tj、thj、sj 而与见组细音相混的字，在儿化后“泾渭分明”：知$_{三}$章改读 tzh，见仍读 tj。如：

不儿化：臻≠针≠金、鹑≠陈≠琴、参≠深＝欣

儿　化：臻$_{儿}$＝针$_{儿}$≠金$_{儿}$、鹑$_{儿}$＝陈$_{儿}$≠琴$_{儿}$、参$_{儿}$＝深$_{儿}$≠欣$_{儿}$

［4.2］这种知$_{三}$章来的 tj、thj、sj 儿化时变为 tzh、tsh、sh 的现象，不应该是由于儿化的卷舌动作使之然，因为，见组来的 tj、thj、sj 无此变化。

我们只能在历史的演变中寻求它的所以然。

［4.3］可能的解释是：在中古后的某个时期，知庄章三组混而

为一，而三等韵仍保留-i-介音，声母以舌尖起主要作用；后来，-i-介音使它前面的声母腭化为舌面音 ti、thj、sj，但儿化时的卷舌动作却加强了声母的力量，阻止了这些字在儿化时变向舌面音。

即：

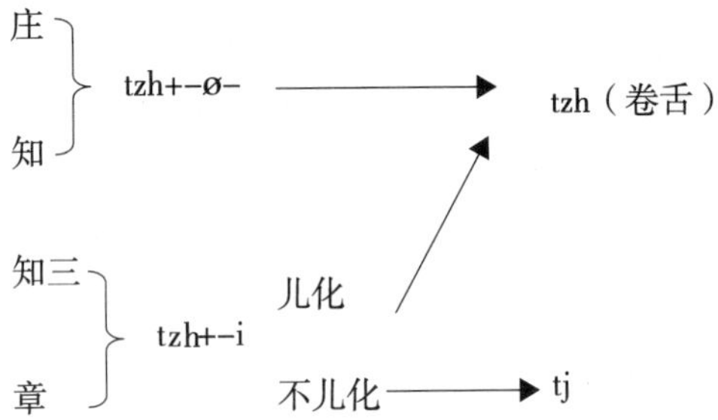

[4.4]还有一种可能的解释是：见组来的 tj、thj、sj 是后起的，当儿化促使舌面音（知$_{三}$章）变为卷舌音的时候，见组细音还没有变成舌面音；当见组细音也变成 tj、thj、sj 与知$_{三}$章相混时，儿化却不再使舌面音变为卷舌音了，因为一种语音规律可能会在另一时代失效的，由此造成了儿化时知$_{三}$章与见组细音的不同。这种解释是以知庄章二分、知$_{三}$章读舌面音为出发点的。即：

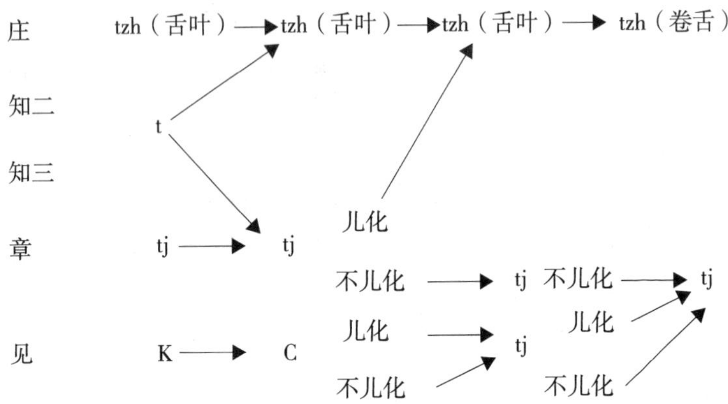

[4.5]但我们有下列理由来否定第二种解释：

1）儿化多以卷舌动作为特征，但尚未见有哪个方言儿化能使舌面音变卷舌音。

2)我们在上文已证明寿光北部方言庄章曾合一。

伍

[5.1]我们上面所说,尚待别的方言知庄章变化的类型来证实或修订。我们在调查方言时应当注意这些古声母变化的各种线索。各种类型互相核定之后,可以上推它早一个时期的音值,所谓早一个时期的音值比如《中原音韵》的音值、《切韵》的音值等。

[5.2]当然,到工作做到那个程度的时候,我们会发现有些演变迥乎不能是一个直系的关系。我们就可以核订这一方言是否从《中原音韵》演变而来,是否从《切韵》演变而来。

比如,《中原音韵》的“入派三声”这一类型所代表的方言,绝不可能是北京话的直系祖先,因为北京话的入声分配与《中原音韵》类型不同。我们所根据的理由之最重要者:类同变化同。最近,吴福熙同志的文章《入声字在北京语音中的文白异读》认为北京话一些入声字的白读是直承上古音的。对此,我们很感兴趣。

[5.3]瞻望未来,音韵学的研究寄希望于方言学者甚多,而方言学的深入研究也有所依赖于音韵学的发展。两者携手并肩,互相促进,共同提高,必将把我国语言科学事业推向一个新的阶段。

(与张树铮合写。原载《殷焕先语言论集》,
山东大学出版社,1990年)

关于方言中的破读现象

引　言

这里所谓"破读",指"声调破读"的"好(上声):好(去声)"和"声母破读"的"奇(奇数。见母):奇(奇异。群母)"。

破读在汉语发展史上曾起过重要作用。破读关涉到汉语的语音、词汇、语法。由于汉字构形的特性,破读又关涉到汉字。研究汉语语音史、词汇史、语法史,乃至文字史,都必须注意到破读。破读在现代汉语中还有保存。方言调查应当注意记录方言中的破读现象。

把传统的破读现象的观察研究之所得引入到方言调查研究中来,也就是,把"破读"同"方言调查研究"挂钩,这是很重要的。至少对证实"破读是语言的自然而不是出自经师们的向壁虚造"有帮助,至少对"方言词定本字"的考查有启发、有帮助。

对现代各个方言破读现象有个普遍了解是很有意义的。这对研究汉语史有用处。这对研究各个方言各种破读情况(如何产生的?有无规律?有什么样规律?)有用处。这对后世研究我们这一代的语言有用处。当然,这也对推广普通话有用处(比如,我们"审音"取消了"文"、"玩"等字的破读音,大概是根据方言读音情况决定的)。

"抢救方言",在我们社会主义建设快步前进趋势下,方言的融化、消磨是迅速的。破读,或是古语遗留的,或是后世新兴的,如果我们不及时记录下来，稍纵即逝，我们将追悔不及。本文想引起同道们的注意，在制订方言调查大纲时注意“破读”这一个方面。

一、古代汉语破读现象

《颜氏家训·音辞篇》说：

> 夫物体自有精粗，精粗谓之好恶。人心有所去取，去取谓之好恶（上呼号反，下乌故反），此音见于葛洪、徐邈。而河北学士读《尚书》，云，好（呼考反）生恶（於各反）杀。是为一论物体，一就人情，殊不通矣。

又说：

> 江南学士读《左传》，口相传述，自为凡例。军自败曰败，打破人军曰败（补迈反）。诸传记未见补迈反。徐仙民读《左传》，唯一处有此音，又不言自败败人之别，此其穿凿耳。

陆德明《经典释文·序》说：

> 夫质有精粗，谓之好恶（并如字），心有爱憎，称为好恶（上呼报反，下乌路反）。当体即云名誉（音预），论情则曰毁誉（音馀）。及夫自败（蒲迈反）败他（补迈反）之殊，自坏（乎怪反）坏撤（音怪）之异。此等或近代始分，或古已为别，相仍积习，有自来矣。余承师说，皆辨析之。

这是谈破读的重要文献。

这里引的两家所谈到的破读，关涉到声调不同的破读和声母不同的破读。

声调不同的破读在语音上表现为：

平：去　　誉

上：去　　好

入：去　　恶

声母不同的破读在语音上表现为：

全清:全浊

帮:並　　败

见:匣　　坏

宋贾昌朝《群经音辨》,可以说是专为"同字异义异读"而作,我曾统计过书里卷第六"辨字音清浊"一节里所列举的161字例,其破读情况亦表现为,"声调破读"的"平:去"、"上:去"、"入:去"和"声母破读"的"全清:全浊"。今列举字例如下:

平:去

1王①4妻5亲6宾7衣8冠11麾12冰13膏14文16巾17熏18阴20轻22三25先28离29傍30空31沈32重34量36高37深38长43贯44缝45过50行51施52相53从55奔57还58和59调60凝61强62齐63延65冥66尘67煎69收71陈72呼74如75应76当78将79监81援82障83防84任85中86间88胜89观90号91争92迎93攻96听97禁98知99思100评101论102便106怨107操109令110教114生116吹117蒸118经119缘121封123张124藏126爨128乘131要132传133名135蹄137闻138称139誉140平141治142衷143裁144劳145兴149难151为152迟153妨156棺157缄158含161临

上:去

2子3女9枕10饮15粉19采21两23左24右27远33数39广40染54走56散70敛73悔80使94守95选103好105喜108语111雨113种115乳125处129卷134首136始146累147与148比155亨159遣160引

入:去

35度68炙77帅87足104恶112宿130祝

全清:全浊

---

① 我把"辨字音清浊"所列161字例依次编号,便阅者复核。其"异义异读",可参周祖谟《四声别义释例》,见《问学集》。

帮:並　26 卑 42 别 48 分

照:禅　41 折 154 属

端:定　46 断

精:从　47 尽 122 载

知:澄　64 著 127 柱

见:匣　49 解 150 系

其中"120 编",《群经音辨》云:"编、次也,补年切;谓所次列曰编,步典切。"焕案,此字反切注音,既关涉到"全清:全浊",又关涉到"平:上",犹当研究。"26 卑"、"48 分"两例亦有可研究处(见下)。其馀 158 字,均合乎破读常例。

二、对古代汉语破读现象的认识

上述颜之推所言,可见颜对这类"殊声别义",有些他是认可的(比如他还讥刺"好"的没照破读读音),有些他认为是穿凿的。陆德明则说:"此等或近代始分,或古已为别。"可见颜、陆两人对破读都没表示全盘否定。

到了清代,有些学者认为这种破读不是"古已为别",乃是起于魏晋时期或南北朝四声之说提出以后。其理由,或是意义上有引申不必音读上就相应有区别,或是上古四声不具备自不存在声调破读。

近来古韵研究更趋精密,对破读的观察亦渐深入。这里略举有关的论说。

关于上古的声调,李方桂先生说:

> 沈约(441—513)第一个谈到四声,并为它们起了"平、上、去、入"的名称。但并不意味着他那个时代以前不存在声调。中国学者长期怀疑上古是否有声调。最后江有诰断定,上古正像中古一样,也有四声,因为《诗经》表现出同调字相押的一贯趋势。尽管有些韵例外,而且上古以后

> 声调也有转移,但总的看来,上古是有四声的。(《上古汉语的音系》,载《语言学动态》1979 年第 5 期)

声调破读同四声有无情况关系密切,李先生的话可以帮助我们思考。

周祖谟先生《四声别义释例》(见《问学集》)论声调破读说:

> 一字两读,决非起于葛洪、徐邈,推其本源,盖远自后汉始。魏晋诸儒,第衍其绪论,推而广之耳,非自创也。

又说:

> 夫古人创以声别义之法,其用有二:一在分辨文法之词性,一在分辨用字之意义。前者属于文法学之范畴,后者属于语义学之范畴。

又说:

> 以上所论皆就变换声调之功用而言,若论其形式则有由平声变为上去二声者,有由入声变为去声者,其中由平变入,或由入变平者,则绝少。据是可知古者平与入截然为二。因语义之蕃衍,而平声可以读去,入声亦可以读去,此即魏晋以后去声字所以日益增多之故。昔段玉裁为六书音韵表,以为古无去声,固未可信,然谓平与上最近,去与入最近,诚得其理。而藉四声变换以区分字义者,亦即中国语词孳乳方式之一端矣。其中固以变字调为主,然亦有兼变其声韵者。

王师了一先生认为声调破读是汉语形态上的表现,关涉到汉语的"语音、语法、词汇",并指出"主要是靠去声来和其他声调对立"。(1)本属名词或形容词而转化为动词者,动词变去声,(2)本属动词而转化为名词者,名词变去声。在时代方面,王先生认为是中古,又说,依《释名》看来(传,传也;观,观也),也可能在东汉已经一字两读。(均见《汉语史稿》第三十一节)

梅祖麟先生认为,在时代上,上古汉语就有声调破读现象,并指出"动变名型"层次在前,"名变动型"层次在后。梅先生为这种

破读分层次,是破读研究的更进一步。(梅祖麟《四声别义中的时间层次》,载《中国语文》1980 年第 6 期)

殷焕先则认为,破读是语言的自然(即使有后世经师人为的类推,适足证明先有"语言自然"的破读存在),并确指声调破读是"离去无破",并指出平声与上声之间无破读关系,由"平:去"、"上:去"、"入:去"推论,上声在上古可能是个韵部。并说,作为一个"类",上古是有去声存在的(即去声的"值"不一定像后代的声调)。又认为,据观察到的声调破读情况,两破读音在语音上的对照,其通则是:

声母	韵　　腹	韵　尾
同	可以有元音高低、长短、松紧或其他情况的差异	同

由此通则,可以说"子:字"不是(声调)破读(声母清浊不同),"慈:字"应当是破读(同为全浊声母)。这对破读的认识,又仔细了一步。(见《上古去声质疑》,1980 年 10 月,中国音韵学研究会论文)

殷焕先又认为,古人谈破读有无,缺少取证于口语。周祖谟先生取证于北京话(亦见《问学集》),值得重视。我们希望进一步从各个方言中的破读现象了解古代破读的口语基础,以作为研究古汉语性质的根据,当然,由此以推,对方言中各种各类的破读,都希望有详细的考查,以研究其起因,以研究其通则或规律,丰富现代方言研究的内容。

三、声母破读:"全清:全浊"

声母破读,一直没有得到深细的研究,因之,声母破读在汉语的语音、词汇、语法乃至文字的研究上总的说来还没有发挥其应有的作用,这是大可惋惜的。这里把它作个专节介绍,应当是"不为无益”的。

贾昌朝的《群经音辨》卷六“辨字音清浊”一节里列举的“全清:全浊”的“声母破读”共有12个字例,是:

帮:並

26 卑 “卑、下也,补支切,对高之称,下之曰卑,部此切”。(焕案:此例犹待研究)

42 别 “别、辨也,彼列切;既辨曰别,皮列切”。

48 分 “分、别也,府文切;既别曰分,扶问切”。(焕案:此例亦待研究)

照:禅

41 折 “折、屈也,之舌切;既屈曰折,市列切”。

154 属 “属、联也,章玉切;联而有系曰属,时玉切”。

端:定

46 断 “断、绝也,都管切;既绝曰断,徒管切”。

精:从

47 尽 “尽、极也,即忍切;既极曰尽,慈忍切”。

122 载 “载、以舟致物也,作代切,谓所致物曰载,昨代切”。

知:澄

64 著 “著、置也,险略切;置定曰著,直略切”。

127 柱 “柱、支也,知庚切;谓支木曰柱,直主切”。

见:匣

49 解 “解、释也,古买切,既释曰解,胡买切”。

150 系 “系、属也,古诣切;属而有所著曰系,胡计切”。

这里应当特别指出的是,这种“全清:全浊”的“声母破读”是

有其规律的。浅见初步认为,其规律约略是:

> 声母破读的两字:韵同,调同,声母的类同而只是有全清与全浊的不同。①

究竟规律是如何,我们应当从一个角度严格地去探索、研究。在"声调破读"上我们曾经吃过亏——"经师向壁虚造"延误了我们去深入考察,现在我们不要再吃这样的亏了,对"声母破读"我们应当从古文献里去探索,应当从现代方言里去探索。

语言作为一个整体,它的每一部门的现象(尽管看来像是"微不足道"的),语音的、文字的、词汇的、语法的、修辞的,等等,都是密切相关的,真所谓"牵一发而动全身"。我们能说梅祖麟先生的文章只是解决了音韵方面的问题、词汇方面的问题吗?实在,他的文章关涉到整个汉语问题、关涉到整个汉语史问题。必须作这样的认识。"勿以善小而不为",语言学上的"小"也应当郑重。比如,我们把贾昌朝的"声母破读"例整理出来,我们对上举颜、陆所说的"败"例、"坏"例,就自然会倾向于信其有而加以研究了。务请不要存一个古人"向壁虚造"的念头,认为葛洪、徐邈、颜之推、陆德明、陆法言、贾昌朝等等先贤都是造作赝品的能手。这,绝不可能!我们可以放心:事物有其客观规律,葛洪以及贾昌朝诸先贤忠实地记录了语言事实,也从而忠实地记录下语言规律。对于反映规律的材料,首先,我们宁可信其有,严予审核,如果"交臂失之",那是我们自己的错误,极望同道注意。

四、破读与一些语言现象

前贤认为破读出于"经师"的"闭门造车",这是前贤对于语言

---

① 本节所举"26 卑"例和"48 分"例,与本规律小有不合,应予研究。其实韵的时代、调的时代也是探索对象。

的社会性认识不足,其言不可依信,不必深论了。从现代方言看,明显地可以看出破读有其深厚的社会基础,确乎出于语言的自然,这也不必置疑了。现在略举一些与破读有关的语言现象,亦即破读的一些语言印证。

(一)江苏六合“钢”又有去声一读:“~刀”、“~一~(刀)口”,意思是,“给用得不锋利了的刀加上钢使之锋利”。“养”又有去声一读:“~胡子”,意思是,“不把胡子剃掉表示进入老年”;“~一刀”,意思是,“上次这畦韭菜割过一次,这次虽然轮到,但还没长高,让它再长一些时,这次不割它”。“饮”又有去声一读:“~牛”、“~牛水”。“合”又读“见”母,用于“~绳子”、“~伙、~股(做生意、开店)”。“合”例是古代“见:匣”破读的遗留(“斗、升、合”的“合”读见母,盖各方言所同),馀例是“声调破读”。山东省,有些方言有“饮牛”、“饮羊”,平邑县也说“钢刀”;有些方言有“瓦”、“苦”、“泥”去声破读。“膏一膏油”,是济南的说法,“合绳子”、“合伙”,掖县有。这些,都事非偶合,想可以说明破读在汉语里植根之深广,迥非人力所可得为。

(二)以“合”字为例,读 ge 来源于“全清”见母,读 he 来源于“全浊”匣母,我们很有可能据此推定匣母古代曾读[g],“见:匣”即[k:g],这于音理是很顺的。并且,可以推想,匣母与群母的关系也应当是相当密切的,如上举的“奇”的声母破读。这些,自然是研究古音者应当涉及的。我是企图借此来研究音韵本身的发展的。

(三)“见:匣”例上面曾举过“坏”、“解”等,推想“懈”当是“解”的发展(或曰“孳乳”)。依此以推,“现”即是“见”的发展,“挟”即是“夹”的发展,又有“间”与“从门中月”和“闲”的分合问题。我在观察声调破读中,发现“人旁”常用作破读区别符号,这比如“作”、“位”、“债”的“人旁”都是后加的。像这些“形声字”,当然会刺激我们对所谓“以事为名,取譬相成”作新的认识。这种情况,显然要受到文字史研究者的注意。我是企图借此来研究文字本身的发展的。

（四）我曾读过一本小说，它把“合绳子”的“合”写作“挑手旁”加个“葛”字，这就关涉到替方言字考订本字了。记得《中国语文》曾经讨论过“治鱼”的“治”的写法。“治”读“持（阳平送气）”与读“志（去声不送气）”为声调破读，“治（持）鱼”六合也说。我认为，定为“治鱼”是很可能得其本字的。有位朋友谈某方言中的“jiao 油”应写作“膏油”，他认为“膏”名词义指“脂肪”，动词义指“加油（于轮机，使之润滑）”，引《礼记·内则》“脂膏以膏之”说明古语即有二义。他认为，方言中“jiao 油”是承袭古“膏”之动词义而来，不过由洪音变为细音。

这位朋友谈得很好，但他如果联系“破读”来谈，可能更令人信服些。《广韵》平声豪韵：“膏，脂也”。读“古劳切”；去声号韵：“膏，膏车。”名词读平声，动词读去声，也同声调破读相合。所以我说，注意到破读现象，对方言词求本字至少有些帮助。

我不必多所列举了，我想引用王师了一先生在《汉语史稿》第三十一节里的话——“我们屡次强调，语音、语法、词汇三方而要密切结合起来研究，那是有事实根据的”，以见“破读”在语言整体中不是小事。这个意见，语言同道应当是能够赞同的。

如上所说，可见破读现象是复杂的。在古汉语里，有谐声规则问题，有文字孳乳问题，还有音义演变问题。在现代汉语里亦复如是。比如在北京话里，“尾”、“脊”等字的多音，也就是异义异音；还有些破读又改了字，如“背”字又加了手旁（读阴平）；好些方言有大量的文白异读，事情就更加复杂。哪是旧有的破读，哪是新兴的破读，把它整理清楚就不容易，找出脉络、规律，就更艰苦。但工作是有意义的，也自然是方言调查分内的事，所以我谨提出这个建议，请大家指正。

（原载《文史哲》1987 年第 1 期）

语法体系与语法教学

在目前我们的语法界里，许多语法体系、许多语法术语杂然并存，造成一个“混乱局面”替语法教学工作平添出好多困难，这实在是一个亟需解决的问题。吕叔湘、朱德熙两先生也曾经指出这种现象，并提出他们的希望，“希望语法学者们集中力量研究汉语的语法体系，使我们早日获得一个切合实际并便于应用的纲领。”但这个希望不是短期内就能实现的，语法教学工作者还得自己另谋解决问题的办法。我们想在这里把我们所用的办法提出来，跟大家交流经验，并希望得到指正。

把我们的办法简要地说出来，就是：

一、选用一种语法体系做自己教学上的标准，做师生间共同遵守的纲领，并自始至终严守这种体系。

二、兼采众说，取详补略，以充实教学内容，提高教学质量。

下面我们就解说这两个办法。为了能够说清楚，我们先谈一谈“关于语法体系”。

一、关于语法体系

目前语法体系虽多，但若以“习见”和“比较重要”为范围，便也不过数种。现在以语法学家或其著作作为体系的代表，列举如下：

黎锦熙先生：《新著国语文法》、《中国语法教程》、《中国语法教材》、《怎样教学中国语法》（此书与刘世儒先生合著）。

王了一先生：《中国语法纲要》。

吕叔湘、朱德熙两先生:《语法修辞讲话》。

吕叔湘先生:《语法学习》。

中国科学院语言研究所语法小组:《语法讲话》(按月在《中国语文》月刊上发表)。

上列几种体系中,黎先生《新著国语文法》是较早的(1924 年 2 月初版,现行的是 1953 年 2 月 16 版),科学院语法小组的是较新的(体系较新,并且现在仍在继续发表)。

这几种体系,如果从“大同”方面着眼来看,黎、王、吕、朱的几种相近,科学院语法小组的最为特别;如果从“小异”方面着眼来看,则是,即使是一家的说法,早期的和后来的也会有某些不同乃至大不相同,目前是几乎一本书就会代表一种体系,这是我们应当特别注意的。我们不能这样推论:既是一个人的著作便会体系完全一样。这样推论往往误事。

怎么会弄得体系不能相同呢?这里面的原因当然不简单。大要说来,首先是,许多语法学家都想摆脱传统说法的不良影响而力求跟自己汉语的真实情况靠拢。因为各家摆脱的程度有不同,靠拢的程度有不同,于是便产生了看法不同以致分类、称名不同而形成各种不同的体系。再则是,有些语法学家又注意到便利教学。因为对象不同,或打算便利到的程度不同,于是他们所拿出来的体系,便跟别家乃至跟他自己别的著作有繁简详略的不同。由此我们也可以知道:目前体系不一致,是有许多地方可以归到像吕叔湘先生所说的“一门学问的健康地发展中不可避免的”状况中去的,并不完全由于语法学家的标奇立异有意制造“混乱局面”。对于术语不一致,我们也应当这样看。其中固然有些是“所用的术语的分歧远超过实质上的差别”(也是吕先生的话)实在是滥立名目的,但也有不少是体系不同术语便不得不因而不同的,也不能一律归咎于语法学家。邓建烈同志曾以“曾经倡言‘统一’的作者自己也还没有统一用语”向吕叔湘先生提意见（见《语文知识》第19本，邓是指的《语法修辞讲话》与《语法学习》有某些地方不能一致），可知“小异”就是在同一个人的两种著作里也不能免的。吕先生当然不会跟自己立异，其所以异，理由大概如我们以上所云。

说到这里，我们应当交代一下语法体系和语法的关系，说明一下语法是什么，语法学家对于语法能尽些什么力量，以见各种体系尚其有共同之处。语法是什么？语法是造句用词的规律；“语法是语言在它的发展过程中自然形成的，是大众的产物，不是任何个别人规定的”（见《语法学习》）。语法就是这样。明了这点，我们便可以知道：造句用词的规律是我们语言中的客观存在，而语法学家则是把语言中这个客观存在的造句用词的规律如实地分析、总结出来之后，再加以如实地说明，给使用这个语言者以指导，以达到语言纯洁和健康这个目的。语法学家对于语法，所可以尽力者大要如此。语法学家并不是这个客观存在的规律的制造者；语法学家也很难以个人的力量去动摇这个客观存在的规律。由此我们可以明了这个道理，即：语法上的各家体系虽然可以不同，但它们都是只能如实地分析、总结、说明这一客观存在——即我们语言里造句用词的规律的。现在举例说明这点：

我们语言里有“这是一朵红花”这样的句子构造格式，这个格式是

主语——“是”——表语

“一朵红花”在这句里便是“表语”。我们算“一朵红花”是“表语”，是因为“一朵红花”在这句里有“表示主语‘这’的类别”的功用。但是我们这样称名是用的吕、朱两先生《语法修辞讲话》的说法，我们如果改用别家的说法，这句的“一朵红花”算个什么名目，算法就可以与吕、朱两先生不同。比如黎先生的《新著国语文法》便把这样用的“一朵红花”算作“补足语”（黎的“补足语”跟吕、朱

的“表语”内容也不完全相同)；王了一先生的《中国语法纲要》也算它作“表语”(又称“谓语”；但在1952年7月在《语文学习》上发表的《词和语在句中的职务》文中又改算它作“宾语”)；科学院语法小组的《语法讲话》也算它作“宾语”。但无论算它是“表语”也好，算它是“补足语”也好，算它是“宾语”也好，至于这句里“一朵红花”之有“表示主语‘这’的类别”的功用，大家对于它的认识则是一致的。这因为我们语言里有这个格式，这个格式有它的用法，这都是客观存在，不等到语法学家开口就已经有了的；语法学家分析、总结出(是发现、指出，不是发明)这个格式，而进而说明这个格式，他们尽可以在分类上有范围大小的不同，在称名上有着眼重点的不同，但都很难动摇、改变、抹杀这个格式。这个格式就是如此，这个格式的用法也就是如此。不管语法学家如何分类，如何称名，但大家都得说出这个格式，并说出这个格式的用法。并且，他们必须使他们的分类、称名等跟语言里这个格式相合(这就是“如实”)，而不可能勉强语言里这个格式来俯就他们的分类、称名。比如《语法讲话》既然算这句里的“一朵红花”为“宾语”，那它的“宾语”的定义中就必得包括“宾语有一种是表示主语的类别的”这一条，它必得把这句里的“一朵红花”归到这一条定义之下，而绝不可能勉强“一朵红花”隶属在“宾语有一种是谓语中动词的受事”这一条定义之下。亦即它仍必得承认“这是一朵红花”一句中“一朵红花”之为“宾语”跟“武松打虎”一句中“虎”之为“宾语”，这两个“宾语”在实质上是不相同的(所同的只是它们在这两句格式中的位置)。换句话说，《语法讲话》是扩张一下一般所谓的“宾语”的定义来说明语言里这种句子的构造格式的，而不是也不可能勉强语言里这种格式来俯就它的分类、称名。我们如果从“语法学家只能如实地分析、总结、说明语法规律”这点来说，这点也就是各种体系的共同点。

由此,我们可以再接着指出各种体系的共同点。我们还应当明了:目前语法界里虽然是许多体系、许多术语杂然并存,但若就着其中一家某书(以书为单位)所表现的体系而言,则是:整个体系是单纯而不混乱的(因为我们的语言并不是混乱的),所用术语也是前后一致而不矛盾的("千虑一失"除外)。并且,再就着各种体系对于汉语语法规律而论,则是:凡是汉语里的语法基本规律,它们都是条条说到的,亦即它们在这方面都是完备的。尽管它们学说有新旧,尽管它们著作有繁简详略,但这两点都是它们共同具有的。做不到前一点,无以成其为"一种体系";做不到后一点,无以成其为"语法"(比如,一部语法书)。用上文所说的做例,比如"这是一朵红花"的构造格式是我们汉语里的一种基本格式,即"主——是——表"的格式。这个格式各种体系都要说到它,不说到它便不"完备"。各种体系对这个格式虽可以作不同的"分类",比如跟"武松打虎"(即"主——动——宾")归并为一类(如《语法讲话》)或不归并(如《语法修辞讲话》),但在一种体系中就不能既认它是如此又认它是如彼(如《语法讲话》便不能再立一个"主——是——表"的格式,也不能再立一个"表语"的名称),不然便自相矛盾,不成其为"一种体系"。这个认识我们也是应当具有的。

各种体系还有没有什么不同的地方呢?有。看法等等的不同上面已经提到,那是决定它们之所以为各种不同体系的,这里不用再提;除此而外,它们还可因为语法学家的研究、教学上积累的有多有寡而有所不同。这个不同表现在分析、总结工作中的是:谁较多地从这个客观存在里发现或肯定一条规律(往往是后一体系能在前一体系的研究积累基础上再进一步);这个不同表现在说明工作中的是:谁对于这个客观存在里某条规律讲得深浅合适或精细入微。(科学院《语法讲话》在这方面往往见长)。除了因为看法不同以致分类不同称名不同因而决定体系不同而外，这一点也是它们的不同点了。但我们要注意：这一个不同点是对我们有益处的，我不正是为了它们之间有这一个不同点才要求“兼采众说，取详补略”因而才对“体系不同、术语各异”叫苦的吗？（一个学校存在两个语法体系当然也是我们叫苦的原因。）

二、关于选用一种体系

由上面所说的各种体系的共同点我们可以知道：我们有可能只选用一种体系进行教学，因为每一种体系都是如实地分析、总结、说明语法规律的，因而都是成其为“一种体系”的，都是完备的，我们只选用一种就够了。事情既然是只选一种，我们便不必对语法体系、术语的“混乱局面”老是抱着苦闷的心理，我们可以从上述几种体系中选一种用着，把这一种体系会得透彻了（这该不算太难），这就替教学打好基础，便可以进行教学。下面我们便径谈怎样选。

既然谈到选，自然得有一个选的标准。我们以为：选择体系的标准，暂且只好以“便于教学”为主，并且，这里所谓的“便于教学”，暂且也只好是指的这一种体系有一部系统地、完整地并且繁简得当地表现出这个体系的书，而这部书“便于教学”（仍旧以书为单位）。这样一个选择体系的标准当然不能令人满意，但在目前也只好如此。理由何在？请看下面的事例。

吕、朱两先生的《语法修辞讲话》是一部好书，它曾在《人民日报》上分讲分段发表过，用它做教本的学校非常多。一般反映是这书的《语法基本知识》部分太简，做课堂讲授用每感不足。可以表现吕、朱两先生的语法体系的第一讲《语法基本知识》只有 35 页，以后各讲里虽仍有讲到基本知识的，但连第一讲一共算起来也不过五六十页，当然不够用。用别家说法来补充既太费神且易引起纠缠混乱。原来吕、朱两先生编写第一讲的目的并不是编写教本，而我们径把它搬到课堂上来当作教本用，自然会“感觉太简略，要寻根究底而得不到解答，要触类旁通而欠缺依傍”了。这是一例。这一例说明太简的不选。（现在吕先生的《语法学习》已经印成单行本，为人人易得之书，很可以斟酌用来补充《第一讲》，用《第一讲》做教本所引起的困难，当然会大大地减少了。）

《中国语文》的《语法讲话》发表到三四讲的时候，有些语法教学工作者觉得它的体系新，在某些地方也比别家简化，教起来大概容易为学生所接受，于是便采用它做教本。但是几节课堂讲授之后，便青黄不接了。《中国语文》一个月才发表一次《语法讲话》，而我们的课堂讲授则一个月不止一次，青黄不接，势所必然。用哪一种体系去补充呢？很难，几乎无可用者！结果是中途改用别的体系。这又是一例。这一例说明尚未完备或不完备的不选。《语法讲话》发表到相当段落之后，这个问题当然也不存在了。（编者注：《语法讲话》去年 11 月已发表完了。）

所以，根据目前实际情况，我们以为选择体系的标准“便于教学”暂且也只好是指的这一个体系有一部系统地、完整地并且繁简得当地表现出这个体系的书，而这部书便于教学，暂且还顾不上别的。并且，即使是用这样的标准，却也还很难找到令人满意的书。大家如果要问到底选用哪一部书呢，我们在这里只好先答，我们是用的《语法修辞讲话》。我们当时选这书的理由之一是：这部书是大家常用的一部书，优点很多，理由之二是：它跟黎、王两家的书，距离还不算太久，如有所略，还可以从黎、王两家斟酌取材。话也只得说到这里，因为既已接触到具体，应当加入考虑的方面便多了，比如，是什么人选、为什么人选，都应加入考虑。上面已经举出几种，现在再加上任铭善先生著的《小学语法讲话》，张志公先生著的《汉语语法常识》，同志们可以斟酌情形选用。

三、严守一种体系和兼采众说

在上文我们所提的第一个办法里面，曾说到应当自始至终严守一种体系；第二个办法里面，曾说到兼采众说。现在我们要问：为什么要严守一种体系？又，怎样才能既严守一种体系而又可兼采众说？仍旧举例说明。

比如我们是用吕、朱两先生《语法修辞讲话》的体系的，我们便应该在一切分类和称名上自始至终严守这个体系，不然便会造成紊乱。比如，我们既然以及物动词所射及的外物、不及物动词所关系的外物等类为宾语，而以“是”后名词等为表语，我们便应当一直如此，不能忽然改变。如果我们忽然在教学进行中，插入从《中国语文》上引来的一条，比如，“那是我买来的笔”（附注：“我买来”是“笔”的附加语），而也跟着它的《语法讲话》说，“我买来的笔”是“表示主语‘那’的类别的宾语”，那就要造成教学上的混乱了——因为，既然这条例子中的“我买来的笔”我们也算它“宾语”，那我们原先的“宾语”跟“表语”便被我们弄得混同为一而没有区别了，而我们又是依据《语法修辞讲话》体系说“宾语”“表语”是有分别的，那怎能不教初学的人迷惑呢！混用了两种体系之后，我们便无法使学生循着一定路线前进，因为路线乱了。混用了两种体系之后，我们也无法从学生的答案中审辨学生是懂了还是不懂。比如这例，依《语法修辞讲话》，答“我买来的笔”是“宾语”，是错的，而依《语法讲话》，则是对的。混用了两种体系之后，即使我们还能有掌握，我们也无法顺利地进行教学，一提到个“宾语”，就得追加一个说明：“我这是用的《语法修辞讲话》的”或“我这是用的《语法讲话》的”这不独是真够麻烦的,而且也是真够搅乱学生听闻的了。所以,如果我们遇有必要,得采用《语法讲话》上“那是我买来的笔”做例,我们也得说,“我买来的笔”是“表语”,而不能跟《语法讲话》说它是“宾语”,因为这两种体系的分类、称名是不同的(如果我们已经选用了《语法讲话》的体系,那也同样,我们便不能又用《语法修辞讲话》的说法称“我买来的笔”为“表语”)。这样办便是严守一种体系。严守一种体系之重要如此。

再比如,《语法修辞讲话》说到“动词的附加语”的后附,有这样的例子(见25页)

走得慢。

笑得说不出话来。

例子里的“慢”是通过“得”字的连接来修饰“走”的,“说不出话来”是通过“得”字的连接来修饰“笑”的。但一般人接受“慢”是修饰“走”的,觉得并无疑问,而接受“说不出话来”是修饰“笑”的,则有点想不通。显然的,“走”是可以“慢”的,而“笑”,是说不上什么“说不出话来”的。如果是这样的句子:

他笑得说不出话来。

一般人总是觉得“说不出话来”应当是修饰“他”的。关于这两例,王了一先生的《中国语法纲要》便作了不同的处理。总结“纲要”的要点,是:“纲要”不把这两种例子算作“动词带着它的后附”,而把“慢”算作“走得”的“谓语”,把“笑得说不出话来”算作是“笑得[利害以致]说不出话来”的“紧缩式”,利害是说“笑”的程度的,“说不出话来”是这种程度所产生的结果。“笑”的结果是“说不出话来”,“笑”的程度之“利害”便可想而知了。利用《纲要》的解说,我们(比如是选用《语法修辞讲话》体系的)可以指出:“走得慢”,“慢”是直接修饰“走”的程度的(虽然它通过“得”字的连接,跟“坐在家里”的“在家里”之不通过“得”字连接而直接修饰

“坐”比起来仍算是间接)；“笑得说不出话来”，“说不出话来”是“笑”所产生的结果，这是用结果来修饰程度的，比较间接些。教的人能够这样指明，学的人便也可以接受“说不出话来”是可以修饰“笑”的，是“笑”的后附了。但我们不是把王先生的“递系式”“紧缩式”整搬过来，而仍是用“动词的附加语”的后附说出来的。我们这样办，我们便能严守一种体系而又可“兼采众说”。“兼采众说”的方法是如此。上面我们曾经谈到过各种体系的不同点，把上面那段话结合到这里来说明“兼采众说”，那就是“兼采众说”不是兼采众说的看法上的不同，兼采看法不同就必然替教学上制造“混乱局面”；“兼采众说”是兼采众说的研究、教学上积累的不同(当然是取其“详者”)，这样兼采，才能充实、提高我们的教学。(这节的举例，并不代表说吕先生在他别的著作里没有说到“说不出话来”之类是个什么一回事，也不是说别种体系里的书籍也都没有说到。)至于教学达到相当程度之后，教者当然可以酌量介绍别的体系来跟所选用的体系相比较，学的人当然也可以进而打开眼界，不受一种体系的拘束(不过在目前，中学语法教学尚不必介绍多种体系)。

由上面所说的我们可以知道，目前语法界虽然是多种体系、术语杂然并存，但每一种体系都是如实地分析、总结、说明语法规律的，因而都是成其为“一种体系”的，都是完备的。如果我们能够选用一种体系做教学上的标准，严守这种体系而又能有办法地“兼采众说”，那么，体系、术语虽多而乱，便也不光不会是搅乱我们的教学，而也可能帮助我们的教学。(但这跟要求“共同纲领”是两回事，我们兼采众说，是采“详”不采“乱”，有了“共同纲领”之后，各家还是可以各有所详的，我们不要误以为“乱”而后始能“详”。)

由上面所说的我们又可以知道，语法体系、术语虽然多到有人用“混乱”来形容它，但这并不表示我们的语言是“混乱”的。“语言在它的发展过中自然形成的语法”跟“语法学家的体系”不可混为一谈;理由前面已经谈过。我们语言里造句用词的规律则是非常精炼明确的。这种精炼明确的规律,正如导师斯大林同志所指示的,是一个“思维长期抽象化工作的成果”,无论哪一种语法体系,不管它怎样分类、怎样称名,它都不能动摇、改变、抹杀这种成果。我们尽可以用所谓的“混乱”来形容语法体系、术语的多而不一致,但我们语言里造句用词的规律之精炼明确,则是无可怀疑的。这是我们更应当注意的。

要能做好语法教学工作,所应具有的条件是很多的,首先决定于能够热爱祖国语言,有为祖国语言的纯洁和健康而斗争的决心;然后才是其他等等,语法体系问题只是其中的一项,我们也只是把这个体系问题放在它所应得的地位上而设法予以解决,我想我们语法工作者该不会认为体系问题一解决便会“万事大吉”的。这也是我们应当注意的。

(原载《文史哲》1954 年第 1 期)

句子形式做谓语

句子形式做谓语是祖国语言的特色之一，是我们语言里固有的活泼生动的格式。但是讲语法的人对于它的范围广狭，各有各的说法，这不免影响到我们的教学。本文想说出常见的几种说法的要点，供大家参考，免得在教学时无意中杂用各种说法，引起混乱。

一、句子形式做谓语和汉语结构

用句子形式做谓语来解释祖国语言的那种结构，是符合祖国语言的真实情况的，是能指出祖国语言的语法特点的。我们可以从句子的分析上证明这点。现在引用几种说法来说明。

吕叔湘、朱德熙两先生的《语法修辞讲话》讲到句子形式做谓语时曾举这样的例子（20 页）：

> 中国地大物博，人口众多。
> 墙上芦苇，头重脚轻根底浅；山间竹笋，嘴尖皮厚腹中空。

《讲话》认为前一例是三个句子形式联合起来做全句主语“中国”的谓语，后一例是两个分句的主语“芦苇”、“竹笋”各有一个由三个句子形式联合而成的谓语。这是指明：“中国”不应当看成只是“地”的附加语，而应当看成三个句子形式“地大”、“物博”、“人口众多”的共同的主语。后一例分析同。亦即指明：要用句子形式做谓语来解释这类结构，才能跟语言的实际情况相符。

王了一先生的《中国语法纲要》（107 页、136 页）也曾谈到句子形式做谓语。他给的例子是：

我肚子饿了。(107 页)

奶奶也太胆小了。(136 页)

王先生也曾说出需要有句子形式做谓语这个看法的理由,他说:

> 咱们不应该把"我肚子饿了"解释作"我的肚子饿了。"否则遇着"我肚子饿了,想吃一点东西"这类的句子,分析起来就很别扭,竟像是"肚子想吃东西"了。

王先生所说的理由跟吕、朱两先生是一致的。

张志公先生在《汉语语法常识》里也曾指出对于句子形式做谓语的应有的看法。他以"李之祥运气好、老婆不错"为例,说:

> 有人认为"李之祥"下面省略了"的"字,那么"老婆不错"呢?势必解释成上面省略了"他的"。这样一来,所谓"省略"就有点漫无标准了。事实上"运气好"、"老婆不错"都是描写"李之祥"的。而"运气好"等都是些"句子形式"。所以干脆理解成是句子形式作表语,对于分析这类句子是有方便的,也确是合乎我们的语言事实的。

张先生并以"他成天脚不沾地,身不沾家,心里老惦记着事情"为例,说:

> (像这样的例子),要加个"的"就加不进去,除非再把"成天"搬搬家,说成"他的脚成天不沾地",这样显然是跟我们的语言事实不符的。

这把汉语中句子形式做谓语这个特色解说得很确切明白。①

黎锦熙先生的《新著国语文法》(67 页)里提到一种"部分同位"的结构,也相当于句子形式做谓语,例如:

> 王冕天性聪明:年纪不满二十岁,就把那天文、地理、经史上的大学问无一不贯通。

---

① 张志公先生《汉语语法常识》单行本把句子形式改称为"主谓仂语",句子形式做谓语便称为"主谓仂语做谓语"。

黎先生认为在这样的句子里,不适宜把“王冕”看作“天性”的附加语,应当把“王冕”看作总提的主位,而“天性”是王冕的一部分,算是“王冕”的部分同位。这样,“王冕”便可接着做下文的主语,“天性”也有了合适的地位,图解(分析)起来,上下文便不致互相抵触了。

上面几位先生的说法有一个共同的地方,就是都认为不应当把全句的主语看成句子形式的主语的附加语,否则便跟我们语言的真实情况不符。

二、句子形式做谓语的范围

综合上面几家的说法,可以看出句子形式做谓语的范围。它是:两主语(全句主语跟句子形式的主语)须有领属关系,前领后属,领为整体,属为部分。凡两主语有这样的领属关系的,才能算作句子形式作谓语的句子,否则不算。

《语法修辞讲话》是用这样的领属关系做范围的,这从上举的两例可以看出。尤其在第四讲第七段里讨论“游离成分”与“非游离成分”时,《讲话》等于明白指出:凡合乎这个范围的才可以算作句子形式做谓语,比如:

> 每一个煤井和通道,支撑的柱子全是钢骨水泥的。
>
> 马恒昌先进生产小组,经过长久的政治和文化学习,阶级觉悟提高了。

《讲话》指明前一例的“每一个煤井和通道”是全句的主语,谓语是一个句子形式;后一例也是同样的,只是谓语有两部分,其中第二个是一个句子形式:这两例的全句的主语都不能算成游离成分。我们不难看出,《讲话》这两个例子仍是跟这个范围相合的。至于不合乎这个范围的,《讲话》便不把它算作句子形式做谓语(算作游离成分便是一例,见下节)。

张志公先生也是用的这个范围,这,从他所举的例句里可以看出来。特别是从他所讨论的不是省略了“的”字的意思中更可明确地看出来,因为,如果两主语没有这样的领属关系,那就根本不可能有“省略了‘的’字”的误会。

王先生在《语文学习》1952年9月号里(44页)把句子形式做谓语的范围固定得很狭,好像把领属关系的范围缩小到只是关于“人”的领属关系。但《纲要》(136页)举的例句有“(虽知)贾家势败”,也并不限于“人”。可见王先生所用的范围也跟吕、朱、张几位先生相同。

黎先生的说法也是跟这个范围相合的,这从他所说的“天性是王冕的一部分”这句话里可以看出来。

三、主谓谓语句

在《中国语文》上发表的《语法讲话》讲“句子的种类”有“主谓谓语句”一类。主谓谓语句就是谓语是“主谓结构”的句子,也就是用句子形式做谓语的句子。前面所引的例句,在《语法讲话》里都叫作主谓谓语句。

但是《语法讲话》的主谓谓语句的范围比前面所举的句子形式做谓语要大得多。《语法讲话》把主谓谓语句分为三类(以下引文见《中国语文》1952年10月号24页),它的甲类是:

> 甲类主谓谓语句中的主语,往往和全句的主语有关系。例如:“他身体灵活,一爬起来就骑在敌人的身上。”……“我们的学校,校舍很清洁。”

这个甲类所包括的例子跟上举的句子形式做谓语的例子情形一样,主谓谓语中的主语跟全句的主语的关系也正是上面所说的领属关系。它的乙、丙两类是:

> 乙类的主语多半是主谓谓语的受事。例如……“窗户谁叫打开的?”……“这些事情,她都内行。”丙类主谓谓语当中常常有“也”字“都”

字,其中的主语对谓语讲是受事。例如:"他什么书都看。""我上海也到过,天津也到过,几个大商埠都到过。"……

这乙、丙两类实在是以上几家的"宾语提前";乙类多半是"宾语提在主语前",这跟《语法讲话》所说的"乙类的主语多半是主谓谓语的受事"一致;丙类是"宾语提在动词前",这跟《语法讲话》所说的"丙类主谓谓语当中的主语对谓语讲是受事"也一致。(所谓"一致",是就"受事往往是宾语"说的。)

《语法讲话》的主谓谓语句实在包括(1)句子形式做谓语,(2)宾语提在主语前,(3)宾语提在动词前;但它的范围还不止此,还包括《语法修辞讲话》所说的游离成分。

《语法修辞讲话》的游离成分,在以上几家说法中是一个值得称道的说法。游离成分的例子是(以下参看《讲话》第四讲第七段):

这件事,中国人民的经验是太多了。
一般人的看法,今年的雨水不会太多。
蒙古的传统习惯,在草地引起火灾的要处死刑。

《语法修辞讲话》指出:游离成分在句子头上,它似外位而非外位(虽在句头,但句中没有代它的词语),似附加语而非附加语(如上例虽可照"在这件事上"、"关于这件事"、"依照一般人的看法"、"根据蒙古的传统习惯"等含义去了解,但它究竟原来没有"在……上""关于……"等字眼),似主语而非主语(像末两例虽可照"一般人的看法是"、"蒙古的传统习惯是"去了解,但它究竟原来没有"是"字)。像这样"似某而非某"的成分,依黎、王、吕、朱、张诸家的说法应当把它另立一类是没有问题的;而照《语法讲话》的看法,则这种游离成分句也可以算作主谓谓语句:把游离成分算作主语,认为这种主语只是提示性质;而把它下面的句子算作它的谓语,这个谓语是个主谓结构(即句子形式),是用来讨论主语的。这从《语法讲话》的例子可以看出来,例子是(《中国语文》1953 年

1 月号,18 页):

这事儿我们也没有办法。
那个事情我不怪他。

由此可见,《语法讲话》的主谓谓语句的范围是很宽的。但《语法讲话》决定哪个成分是主语自然也有个标准。我的推测:它大概是侧重语词次序——如果是个可以做主语的词、语而又在主语的位置上,那就算是主语,比如"宾语提前"的宾语和游离成分句的游离成分。

四、句子形式的形容性与上下文

《语文学习》1953 年 3 月号里载有黎先生一篇《变式句的图解》,这篇文章是为讨论"是倒装句、还是句子形式做谓语"而做的。黎先生在这篇文章里对句子形式做谓语的范围有所扩张:

第一,黎先生没有提出部分同位。黎先生的没有提出,当然并不等于放弃,但综阅全文,可以看出他的意思是认为"可以超越这个范围"的。

第二,黎先生等于替句子形式做谓语添出一个要点:要照顾语言环境,即要很现实地照顾到全句语意语势和口气的完整表达;如果把一个句子算成句子形式做谓语的句子,则这种谓语对主语来说应当是形容性的。本来,在上述的领属关系范围内的句子形式做谓语,这种谓语对主语来说往往是可以解释做形容性的①,但应当注意,若把这个要点跟领属关系这个范围分开,那么,句子形式做谓语的范围便不得不扩张了。

---

① 句子形式做谓语的也可以解释做叙述性的,请参看《纲要》107 页王了一先生说,《语文学习》1952 年 9 月号 39 页张志公先生说。

第三,黎先生等于替句子形式做谓语又添出一个要点:参照上下文的关系,王先生、张先生也都提到这点(看本文第一节),但也应当注意:我们若把这个要点跟上述的领属关系这个范围分开,那么,句子形式做谓语的范围便也不得不扩张了。

因为黎先生增添了两个要点,于是像“这个意思我懂”这句须在一定条件下才可以算“宾语提前”而不算句子形式做谓语。

黎先生说:

> 像这句话,宾语“这个意思”虽因语势加重而提前到句首,但并不影响全句的语意“我懂”仍是现实的“主语”,就是说,“我懂”在说话的现实情况下并没改变性质,并没把“我懂”改变口气作为对于“这个意思”的“说明”的性质。

而像“这个意思我懂,你也懂,只有他不懂”这句则又应当依据新添的两个要点算作句子形式做谓语(虽然他不在领属关系范围内),而不算“宾语提前”。黎先生说:

> 假如是:“这个意思我懂,你也懂,只有他不懂。”这就显然地应当把“这个意思”做主脑,因为下文的语意都是冲着这个主脑而加以说明的,这就应当断然地改划“成分”,“反宾为主”:把“这个意思”做主语,把“我懂”等做说明它的谓语。这谓语是个子句(句子形式),不需要其他联系(如同动词“是”字等),直接地拿来说明主语。但须指出:“我懂”等虽然还在叙述事实,但结构上已成为说明主语之用,这种谓语对于主语来说是“形容性”的。

这就等于把“以领属关系为范围”改为两主语为有领属关系的只是句子形式做谓语的诸类型中的一种(比如《语法讲话》的甲类),而“宾语提前”句有的亦得算为句子形式做谓语的句子了。这就是“扩张”(根据黎先生所说的要点,它还有可能包括游离成分句)。至于这个“扩张”只是对以上几家的句子形式做谓语说是“扩张”,若对“宾语提前”说则是“缩小”,并且对《语法讲话》的主谓谓语句说也是“缩小”(比如乙、丙两类里有些例子还有说成“宾语提前”的可能),则是当然的事。

五、结语

句子形式做谓语,加上黎先生的新说法,我们可以有三种看法了。一是“以部分同位为范围”的,如第一、第二两节所述;二是主谓谓语句,大要依语词次序来决定,如第三节所述;三是黎先生的新说,大要依语言环境和上下文来决定,如第四节所述。在目前,各种看法可能都有人在用着。但我们应当注意,这三种看法都是各有其系统的,我们不能把三种夹杂着用,比如一时把某种结构算作游离成分句,而另一时又把同样的结构算作主谓谓语句,那在教学上便要引起混乱了。黎先生新说法的标准有时候很难掌握。比如把“这个意思我懂,你也懂,只有他不懂”,了解为“我懂”等虽然还在叙述事实,但结构上已成为说明主语之用,这就等于说语言环境(叙述)跟上下文结构(说明)有时也并不能恰恰一致,这便不大好掌握了。如果用黎先生的新说法,我们更应当细心。[①] 本文用意旨在说明诸家说法的要点,结语便也只说到这里。

(原载《语文学习》1954 年第 1 期)

---

① 张志公先生《汉语语法常识》单行本把宾语提前改称为变式句,也算主谓仂语做谓语,其第五编第一章对这类句子的构成条件有很好的解说,可参看。

谈“连动式”

连动式也是祖国语言的特色之一，它可以表示祖国语言的简炼与灵活。近来讲语法的大都能认识到这个特色，在语法书里大都讲到它，并想给予它所应得的地位，其中讲得较为谨严的要算吕叔湘先生。我们这里便以吕先生的《语法修辞讲话》（与朱德熙先生合著）及《语法学习》为依据来谈连动式，重点是结合怎样讲授吕先生的连动式来说明吕先生的连动式的特点。

一、连动式与动词

讲授吕先生的连动式，首先应当注意到吕先生对动词性格的认识。《语法修辞讲话》第一讲（11 页）讲“副动词”时说：

> “把”、“被”、“从”、“对于”等，不能做谓语里的主要成分，我们就管它叫副动词。“在”、“往”、“向”、“到”等，能做谓语里的主要成分，但是经常做次要成分；当它这样用的时候，我们也管它叫副动词。至于一般动词临时用做次要成分的时候，就不必归入副动词。

这样，动词在谓语中便有三种情况：一是副动词，一是次要动词，一是一般动词（即是用作谓语里的主要成分的）。① 吕先生这个认识，贯彻在上举的吕先生的两种语法书里，并无前后不一致的地方。因之，我们如果是讲吕先生的连动式，我们便应当注意到它

---

① 像“大家坐下来”，“大家都笑嘻嘻地招呼”，“人民的生活已经得到了普遍的逐步的改善”等句中的“下来”、“笑嘻嘻地”、“改善”等动词，是谓语里的什么成分，我们在教学中也应当交代一下，这里我们便不把它牵涉进来谈。

的特点。特点是:连动是两个(或更多的)一般动词的连动。

特点既是如此,于是,吕先生的连动式就排斥那种两个(或更多的)动词中其一(或其馀)为副动词的所谓连动[我们以(2)标句中副动词,以(1)标句中的主要动词]:

从(2)群众中来(1)。
给(2)他解决(1)问题。
为(2)人民服务(1)。

照吕先生的看法,“从”与“来”不为连动,“给”与“解决”不为连动,“为”与“服务”不为连动。吕先生直截了当地算“从群众中”、“给他”、“为人民”等是“来”、“解决”、“服务”等的附加语(参看《语法修辞讲话》25 页,《语法学习》58 页)。

特点既是如此,于是,吕先生连动式也排斥那种两个(或更多的)动词中其一(或其馀)为次要动词的所谓连动[我们以(2)标句中次要动词,以(1)标句中主要动词]:

蒙(2)着头睡(1)。
躺(2)着看(1)书。
应用(2)马列主义的观点和方法去深刻地、科学地分析(1)中国的实际问题。

照吕先生的看法,“蒙”与“睡”不为连动,“躺”与“看”不为连动,“用”与“分析”不为连动。吕先生也算“蒙着头”、“躺着”等是“看”、“睡”等的附加语。但要注意,吕先生在这里也并没把“次要动词”跟“副动词”混同起来,吕先生的话说得很有分寸,他说:“这个时候,我们可以说那些次要动词,连同它们的宾语和附加语,是那个主要动词的附加语。”(参看《语法修辞讲话》21 页)说“可以说”,意思等于“可以这样看,可以这样理解”。

吕先生只把那两个(或更多)同是主要动词的连动算作连动。既然同是“主要”,那就无所谓“主要”,所以我们说吕先生的连动

式是:“连动是两个(或更多的)一般动词的连动。”吕先生的连动式的例子是:

再拿(1)起来看看(1),还是看不出什么。
他走(1)过去开(1)门。
你喝(1)一口尝尝(1)。
他说(1)了又说(1),就是不放心。

显然地,这里的“拿”与“看”,“走”与“开”……语法地位是同等的(同是一般动词),而副动词、次要动词之与主要动词语法地位不是同等的,他们有“轻”(副动词、次要动词)、“重”(主要动词)之分。(参看《语法修辞讲话》20 页)

二、连动式的两个动词与主要、次要动词

从形式上看,由次要动词、主要动词构成的句子跟连动式句是很相似的,虽然吕先生已经指出它们何以不同(连动式两个动词“不容易分别主要和次要”,比如,我们不好把“拿起来”径认作“看看”的附加语),但在课堂讲授时得替初学的人再加说明。现在姑且就着吕先生所说的“再拿起来看看”里的“‘拿’和‘看’只是一先一后的两个动作”,试为说明如下:

连动式里后一动词所表示的一种动作出现时,前一动作所表示的另一种动作(动作本身)已不存在,即是已成过去。所以前一动词后可以有“了”或可以加“了”(如“说了又说”),或可以通过加“了”(即实际上不加“了”)去了解①。但不会有“着”,不可以加

① 所谓“通过加‘了’”是说不好真的加上一个“了”,因为这还要牵涉到别的条件。比如,“你喝一口尝尝”是命令句,像这样的命令句,自然不好“了”。

“着”,也不可以通过加“着”去了解。

至于次要动词所表示的动作则往往与主要动词所表示的动作相随。主要动词所表示的动作未停,则次要动词所表示的动作亦往往随之存在。所以次要动词后可以有“着”或可以加“着”(如“蒙着头睡”),或可以通过加“着”去了解。但不会有“了”,不可以加“了”,也不可以通过加“了”去了解。一般说来,动词前面的附加语为动词者,它所表示的动作,常与被它修饰的动词所表示的动作同时存在。

讲到这里,我们就可以看出:

蒙着头睡

“蒙”是次要动词;而

蒙了头(就)睡

“蒙”是连动式的第一个动词——当“睡”的动作出现时,“蒙”的动作(动作本身)已成过去。

三、连动式与时间先后

连动式中的诸动词所表示的动作有先后,但动作有先后的诸动词不一定会造成连动式,它也可以是联合关系:联合动词或联合谓语(有时是等于复合句),于是我们又得说出连动式与联合关系的区别。

一般说来,联合关系的诸动词可以颠倒说,颠倒说了意思还差不多。比如:

他每天上午开会上课。

(等于)

他每天上午上课开会。

“开会”、“上课”是联合关系，所以次序更动了意思还差不多①，而连动式则不然。连动式中诸动词“次序是固定的”，不能颠倒说，一颠倒意思就大变。比如：

拿起来看看。

（不等于）

看看拿起来。

但连动式中诸动词不能颠倒跟联合关系的诸动词不能颠倒又复不同。联合关系诸动词一先一后的，例如：

英法帝国主义者洗劫并烧毁了北京西郊的名园。

“洗劫”在先，“烧毁”在后；如写成“烧毁并洗劫”便“不合理”，因为烧毁之后便没有东西可供洗劫了（参看《语法修辞讲话》249页）。但这个“不合理”跟联合诸成分为名词之尊卑倒置等类“不合理”相似（比如，在普通情况下，把“三藏遵菩萨教旨，收了行者与八戒、沙僧”颠倒说成“收了八戒与行者、沙僧”也是“不合理”），亦即，动作在先的动词之常放在前面跟尊者之常放在前面相似，这是联合复句中的一先一后的问题（颠倒了只造成“不合理”），而非连动式中的一先一后的问题（颠倒了则意思大变）。这点我们也应当注意②。

再则，依吕先生的意见，连动式又可因为两动词当中有语气停

① 动作有自然的先后次序，“开会”、“上课”原不能同时并存于一人，必然是一先一后。但这句话原意不重次序的先后，所以在句法上只为联合关系而可以颠倒说，如重在次序先后，那就会说成“开了会（就）上课”，于是便成为连动式，便不能颠倒说了。

② 张志公先生的《汉语语法常识》第四编第四章“动词连用”也谈到怎样辨认连动式，可以与本文参看。

顿或带有某种虚词而转变为复合句,不过这两者之间的关系是比较容易看清楚的,这里便不多说;但由此亦可见吕先生对待连动式是相当谨严的。

四、结语

语法研究,不嫌精细;语法教学,则可概括(概括的程度如何,自然得看对象)。概括而不失于笼统,是谓“得中”。吕先生对连动式处理的得中,可以说是他的两部语法书的优点之一,教学中大可遵用。我们如果把“连动式”一直推广到包括副动词,那不免要淹没一些词语及句子结构的特性了。采用吕先生的语法体系的,尤其要注意这点。

(原载《文史哲》1954 年第 3 期)

复杂的谓语

在汉语里，一个谓语里可以连用两个或更多的动词（后面一个有时可以是形容词、名词），成为动词连用的格式，谓语的构造也因之复杂化，这种谓语就叫复杂的谓语。比如“笑着说”、“吃了晚饭去看电影”、“倒杯茶喝”、“请他来”、“叫他老宋”、“有房子住”、“有人叫门”、“读书很用功，待人很和蔼”等。这些都是复杂的谓语的基本格式。

从上面例子里，可以看出复杂的谓语具有这样的特色：连用的动词中间读起来不停顿，语气紧凑，因此表示的是一个密切关联的整体的意思。

复杂的谓语，从它的构造上看，基本上可以分为下列五个类型：

（一）“笑着说”“吃了晚饭去看电影”

这一类型复杂的谓语的构造，特色是连用的几个动词共戴一个主语，如果从前面一个动词所带的宾语（假如带有宾语）来看，前一个动词的宾语在构造上并不和后一个动词发生关系。例如：

（1）长山老头笑着说。

（李准《不能走那条路》，文学一150）

（2）老定早就吵着要置几亩业。

（李准《不能走那条路》，文学一138）

（3）他于是打着楫子过去了。

（鲁迅《社戏》，文学一96）

（4）那鬼子向雨来横着脖子翻白眼。

（管桦《小英雄雨来》，文学一 111）

（5）铁头正赶着牛从河沿回来。

（管桦《小英雄雨来》，文学一 107）

（6）老定又叹了口气说……

（李准《不能走那条路》，文学一 140）

（7）吃了再去吧！

（赵树理《李家庄的变迁》，11 页）

（8）退了租逃荒去吧！

（叶圣陶《多收了三五斗》，文学一 62）

（9）我从前没好好学习，旷了课去找鸟窝。

（都德《最后一课》，文学一 72）

（10）大家开船回自己的乡村。

（叶圣陶《多收了三五斗》，文学一 63）

（11）好容易熬到天黑，他从洞里放下家伙钻出来。

（赵树理《李家庄的变迁》，52 页）

（12）雨来一骨碌下了炕，把书藏在怀里就往外跑。

（管桦《小英雄雨来》，文学一 109）

（13）下星期天，还是照这个时候来啊，我们家里多烧点茶水等着。

（艾芜《屋里的春天》，文学一 136）

（14）又觉得停在外边还不大放心，就套上几个驴把它（坦克）拉到庙里来了。

（《国家的》，初一 34）

（15）七点半钟大家坐汽车到高尔基公园去。

（《人民歌手》，初一 72）

（16）我不吃了，我去集上吃肉哩！

（李准《不能走那条路》，文学一 145）

(17)[王母娘娘]靠在宝座上直打瞌睡。

(《牛郎织女》,文学一 19)

(18)我们便都挤在船头上看打仗。

(鲁迅《社戏》,文学一 92)

(19)你端起酒碗来说几句,我放下筷子来接几声。

(叶圣陶《多收了三五斗》,文学一 61)

(20)她快活极了,站起来就走。

(《牛郎织女》,文学一 9)

(21)一会儿,他站起来说话了。

(《人民歌手》,初一 71)

(22)才走了几步,又要停下来等。

(陆定一《老山界》,文学一 99)

(23)我们就进去歇一下。

(陆定一《老山界》,文学一 99)

(24)你来这里坐坐。

(李准《不能走那条路》,文学一 151)

这一类型的复杂的谓语,前后两个动词的宾语在需要前置的时候,都可以按照规律用在动词前头。比如上例(12)的"把书藏在怀里就往外跑",(14)的"就套上几个驴把它拉到庙里来了"。宾语既然前置,便与介词合成介词结构(有状语的作用),因之,仍然是本类型(一)里的复杂的谓语。

这一类型的复杂的谓语,也有前一个动词表示后一个动词(或形容词)是"因何事""在何场合"而有的,这前一个动词就有了插语的意味了。例如:

(25)原来是爸爸出外卖席回来了。

(管桦《小英雄雨来》,文学一 108)

(26)两个礼拜后,小元受训回来了。

（赵树理《李有才板话》,59 页）

（27）他要打美国鬼子去了,俺还不好好地送送?

（吕曰生《骡子的故事》,初一 81）

（28）有一次,一个工人领了四十斤米,下班忘了背走。

（《李官祥》,初一 30 页）

（29）往年孩子们见了南瓜馋得很。

（赵树理《田寡妇看瓜》,初一 77）

（30）这几年村里人没多理他,不过他却挺会巴结人,见老头老婆婆们就给他们占六爻课,见了干部就想尽方法说说进步话。

（李准《不能走那条路》,文学一 42）

（31）就说自己织的彩锦,挂在天空那么样好看,总该好好地欣赏欣赏吧。

（《牛郎织女》,文学一 19）

（32）只怕[衣服]穿在身上不够暖和。

（《孟姜女》,文学一 8）

（33）猛烈的西北风刮起来,吹到脸上像刀削似的。

（《孟姜女》,文学一 7）

（34）我这些课本……带着又那么重。

（都德《最后一课》,文学一 73）

（35）葡萄架看着这么热闹,为什么结的葡萄不多呢?

（《董老头儿种葡萄》）

（36）粥吃起来十分香甜,因为确是饿了。

（陆定一《老山界》,文学一 100）

（37）过了沁县,路平了,毛驴换成骡车,走起来比以前痛快了好多。

（赵树理《李家庄的变迁》,64 页）

这些例子,有些是要把第一个动词了解为被动式才属于本类型,比如例（32）至（37）。

（二）“倒杯茶喝”

这一类型复杂的谓语的构造，特色是连用的几个动词并不一定共戴一个主语，比如，“你倒杯茶喝，我也倒杯茶喝”、“你倒杯茶我喝，我倒杯茶你喝”。如果从前面一个动词所带的宾语来看，前一个动词的宾语在构造上和后一个动词发生关系，比如上例的“茶”，它是前一个动词“倒”的宾语，又是后一个动词“喝”的对象。这一类型复杂的谓语例如：

（1）我似乎听到锣鼓的声音，而且知道他们在戏台下买豆浆喝。

（鲁迅《社戏》，文学一 89）

（2）我借了米谷同志画的《少年毛泽东》的连环画来看。

（高玉宝《我是怎样学习文化和学习写作的》，选读中 74）

（3）你们贪安逸，花了一块块半买这些东西来用。

（叶圣陶《多收了三五斗》，文学一 60）

（4）在每条溪流的旁边，有很多战士们用脸盆、饭盒子、茶缸煮粥吃。

（陆定一《老山界》，文学一 105）

（5）前日小婿来家，带二斤干鹿肉来见惠。

（《王冕》，文学一 45）

（6）因前日本县老爷吩咐，要画二十四副花卉册页送上司。

（《王冕》，文学一 16）

这一类型复杂的谓语，后一个动词之前，可以用“给”之类的字眼引出后一动词的施动者，例如：

（7）我们烧了些水给大家喝。

（陆定一《老山界》，文学一 101）

（8）大家叫我讲书给他们听。

（高玉宝《我是怎样学习文化和学习写作的》，选读中 73）

这时前一动词的宾语，仍是后面动词"给""喝"的对象。如果前一个动词的宾语不是后一个动词的对象，如"我买糖果请你"，那就可以归入上面类型（一）。如果后一个动词的主语直接出现，如：

（9）倒杯茶我喝。

（10）我讲个故事你听。

我们仍可以从"茶"是前一动词的宾语，是后一动词的对象着眼，把这种句法归入本类型（二）。

还有一种复杂的谓语，如

（11）我做给你看。

（12）我走两步你瞧。

意思是说"你看我做"、"你瞧我走（两步）"。这种格式末一个动词常常是（为了摹仿而有的）"瞧""看"之类。这也可以归入本类型（二）。

（三）"请他来""叫他老宋"

这一类型复杂的谓语的构造，特色是连用的几个动词并不共戴一个主语，后一个动词（或形容词，前面是"叫""称"之类动词时也可以是名词）的主语却是前一个动词的宾语。

"请他来"的格式，特色在：前一个动词的动作影响后一动词的动作。例如：

（1）我有些疲倦了，托桂生买豆浆去。

（鲁迅《社戏》，文学一93）

（2）官府就征万喜良去当差，……

（《孟姜女》，文学一6）

（3）妈妈不让雨来耍水。

（管桦《小英雄雨来》，文学一106）

(4)可是王母娘娘说织锦要紧,也不放她出去看一会儿。

(《牛郎织女》,文学一19)

(5)嘱咐他早早回来。

(《孟姜女》,文学一10)

(6)那声音大概是横笛,宛转,悠扬,使我的心也沉静,然而又自失起来,……

(鲁迅《社戏》,文学一91)

还有这样一种复杂的谓语:

(7)毛主席领导我们建设新中国。

(8)有时候,织女也帮助牛郎干些地里的活。

(《牛郎织女》,文学一20)

谓语中后一个动词既跟前一个动词共戴一个主语,又以前一个动词的宾语为施动主语。这是上面类型(一)和本类型(三)混合的形式。

"叫他老宋"的格式,特色在:前一个动词对自己所带的宾语加以"认定",后一个动词常为"是"之类的动词,跟前一动词相呼应。如果没有"是"之类的词出现,就直接跟上名词。例如:

(9)大家一致都叫他"老宋"。

(赵树理《李家庄的变迁》,1页)

(10)工会改选的时候,大家就选他做工会委员。

(《李官祥》,初一31)

(11)为了表扬罗盛教同志伟大的爱国主义和国际主义精神,追认他为模范青年团员。

(《一个模范青年团员》,初一64)

(12)只要你忠实于你的集体,你就能变群众的智慧为自己的智慧。

(吴运铎《枪榴弹是怎样造成功的》,选读中37)

(13)三个孩子拿上树条子当刀枪。

(《高玉宝》,5页)

属于本类型(三)常用的还有

(14)使我高兴。

(15)令人兴奋。

(16)随他去吧!

(17)让我们共同努力吧!

这一类型的复杂的谓语,有的可以有如下的变化:

(18)主人……立刻把那客人请来,……

(《三个故事》,初一85)

(19)怕把雨来拉去当替死鬼。

(管桦《小英雄雨来》,文学一106)

(20)知道前面还有竹林,可以砍来作火把,……

(陆定一《老山界》,文学一100)

这些例子,前一个动词的宾语(又是后一个动词的主语)或是前置,或是因承上文而未出现,看起来好像跟上面类型(一)相同,但仍应归入本类型(三),不能简单地归入类型(一)。

(四)"有房子住""有人叫门"

这一类型复杂的谓语的构造,特色是前一动词是"有""没有"("没""无")之类表存在、出现或消失的动词。这一类型的复杂的谓语可分三种。

第一种例如:

(1)倒有心向他领个教。

(赵树理《李家庄的变迁》,49页)

(2)田寡妇也无心再去看他的南瓜。

(赵树理《田寡妇看瓜》,初一78)

(3)这个哀痛是无法补救的。

(朱德《母亲的回忆》,文学一 69)

(4)大伙儿有权利要求你这样做。

(艾芜《屋子里的春天》,文学一 133)

(5)我是一个佃农家庭的子弟,本来是没钱读书的。

(朱德《母亲的回忆》,文学一 67)

这一种复杂的谓语跟上面类型(一)里面某些构造有些地方相类似。试比较“没钱读书”和“借钱读书”。“借钱读书”属于上面类型(一)。

第二种例如:

(6)住在龙须沟的人们也有自来水吃啦。

(老舍《我热爱新北京》,初三 14)

(7)夏天水源枯竭,便没有水用。

(老舍《我热爱新北京》,初三 14)

(8)母亲很为难,没有法子想。

(鲁迅《社戏》,文学一 89)

(9)我也没啥气可生!

(李准《不能走那条路》,文学一 141)

这一种复杂的谓语跟上面类型(二)里面某些构造有些地方相类似,比如例(6)的“自来水”是“有”的宾语而又是“用”的对象。

第三种例如:

(10)院子的一边有间厨房,有个老乡在里头筛米。

(《国家的》,初一 33)

(11)第二天又有一批敞口船来到这里停泊。

(叶圣陶《多收了三五斗》,文学一 63)

(12)他还有一个同学睡在炕上。

(赵树理《李家庄的变迁》,50 页)

(13)第二天便有两段新歌传出来。

(赵树理《李有才板话》,47 页)

(14)有好些话说不出来。

(《牛郎织女》,文学一 22)

(15)知道前面有一个地方叫雷公岩……

(陆定一《老山界》,文学一 101)

(16)古代秦始皇的时候,有个女子叫孟姜女,嫁个丈夫叫万喜良。

(《孟姜女》,文学一 6)

(17)这么一来,你们村子里现在只剩铁锁一个人是会员了。

(赵树理《李家庄的变迁》,104 页)

(18)蓝色的天上飘着一块一块的浮云像红绸子……

(管桦《小英雄雨来》,文学一 112)

这一种复杂的谓语跟上面类型(三)里面某些构造(比如"请他来")有些地方相类似。

例(13)的"新歌"可以了解为"传出来"的受动主语,例(14)的"话"可了解为"说不出来"的受动主语。因之,这两例在构造上又跟上面第二种用"有"的格式相类似,那也就是跟上面类型(二)里某些构造相类似。

(五)"读书很用功,待人很和蔼"

这一类型的复杂的谓语,特色是前一个动词说出主语的行为(常常是"处事""待人"之类的行为),后一个动词(常常是形容词)说出主语的"处事"或"待人"等方面怎么样。例如:

(1)他在学校里做功课挺认真。

(《列宁在学校里》,初二 7)

(2)李官祥工作那么积极,又处处关心别人。

(《李官祥》,初一31)

(3)他处事沉着、英明、坚决……待人亲切、和蔼、慈祥、诚恳。自处朴素、谦虚。

(《朱总司令的故事》,选读中13)

(4)长幼叔伯妯娌相处都很和睦。

(《母亲的回忆》,文学一66)

(5)朝鲜人民称赞他们(志愿军)打仗英勇,纪律严明。

(耐因《不朽的友谊》,初一63)

以上举出复杂的谓语的五个类型。一个复杂的谓语也可以是包有两三个类型的,比如:“也不放他出去看一会儿。”(例见(三)4),“放他出去看”是属于类型(三),“出去看”是属于类型(一)。又如:“大家伙有权利要求你这样做。”(例见(四)4)“有权利要求”是属于类型(四),“要求你这样做”是属于类型(三)。又如:“朝鲜人民称赞他们打仗英勇。”(例见(五)5)“称赞他们打仗英勇”是属于类型(三),“他们打仗英勇”是属于类型(五)。

至于复杂的谓语前后几个动词之间的关系,可能分为三种:

(1)前者对后者有修饰作用;

(2)后者对前者有补充作用;

(3)两者并重互相补充。

一个类型,不一定局限在一种作用上,上文会帮助我们解决这个类型在这里是前者修饰后者、或是后者补充前者、或是两者互相补充。比如“买豆浆喝”既可以回答“买豆浆干什么?”也可以回答:“搞点什么来喝喝?”

复杂的谓语不一定局限在一种作用上,它的多种多样的作用表现了祖国语言的灵活性。

(原载《语法和语法教学》论文集,人民教育出版社,1956年)

用词恰当可以帮助表明语法关系

在汉语里，怎样用词的问题占着异常重要的地位。用词是否得当，不仅是个修辞的问题，关系着话说得是否好，而且是个语法问题，关系着话是否说得对，是否说得清楚明白。某个语词放在什么地方，什么地方该用个什么词语，都会影响到全句的语法结构。所以，我们写一个句子，一定要用适当的词语，放在适当的地方，这样才能把句子里的词语之间的语法关系准确地表明出来，否则，就大有造成关系不明，因而引起误解的可能。下面就举个例子来谈谈：

> 日益增多的B—二十九型超空堡垒被敌方空军和地面炮火打得勉强飞回冲绳和日本基地来。（报）

这句话跟“有人陆续交卷”类似，一样地没把语法关系表明得准确。“有人陆续交卷”应当改为“陆续有人交卷”（参考《语法修辞讲话》208页，第18例）。这个句子也应当改为：

> B—二十九型超空堡垒日益增多地被……打得勉强飞回……

这样才能表明“日益增多地”是修饰“被……打得勉强飞回”的，不是修饰“B—二十九型超空堡垒”的。这句话还可以这样改：

> 日益增多地，B—二十九型……

不挪动位置，把“的”换成“地”，再加上个逗号，也足以叫“日益增多”跟“B—二十九型超空堡垒”脱离关系。这样也就不致让大家误认为“日益增多”是修饰“B—二十九型超空堡垒”的了。（这样改法通是通的,不过因为迁就了原句的形式,显得很欧化。)

> 实践的观点是辩证唯物论的认识论之第一的和基本的观点。(毛泽东《实践论》)
>
> 资产阶级和无产阶级的矛盾,跟资产阶级和地主阶级的矛盾是不一样的。(沈志远《〈矛盾论〉解说》)

假如前一例不换用"之"字而仍用"的"字,那就变成"……是辩证唯物论的认识论的第一的和基本的观点",很可能让人家误解为"辩证唯物论的""认识论的""第一的""基本的"都直接跟"观点"发生关系,都是修饰"观点"的了。假如后一例不换用"跟"字而仍用"和"字,那就会让人家模糊起来,不能一下便看清是"(甲)矛盾跟(乙)矛盾是不一样的"了。从这样换用一个字的例子,我们很可以看出写文章的人是多么细心,我们初学写作者不更应当仔细吗?

要把语法关系表明的清楚准确,还可以用"添字"的办法。先看一个例子:

> 马克思以前的唯物论,离开了人的社会性,离开了人的历史发展,去观察认识问题,……(毛泽东《实践论》)

这句里的"去"字很重要,有了它就能很清楚地指出:句子里的动词"观察"和两个"离开"的地位不相等——两个"离开"是次要动词,"观察"是主要动词。也就是:"离开人的社会性""离开人的历史发展"都是"观察"的附加语。(参看《语法修辞讲话》21 页)这样,让人一看就知道是"(用)离开……历史发展(的办法等)去观察认识问题"。知道了这里的"去"字的重要,就可以知道下面一句里也应当添个"去"字:

> 王同志十分注意活跃阵地生活。(报)

这句话的意思是对于"活跃阵地生活"十分注意呢,还是十分注意去活跃“阵地生活”呢？让人不敢肯定。原文指的是后者，那就顶好在“活跃”上加个“去”字，一则，肯定了“活跃”是动词，不是修饰“阵地生活”的形容词；再则，显出“注意”是次要动词（约等于“十分注意地”）。这样便可以避免误解了。

还有一种添“这种”“这一”等字样的“添字法”，仍是先举范例，而后说明：

……有一部分教条主义的同志……否认“马克思主义不是教条而是行动的指南”这个真理。（《实践论》题解）

“这个”两字的重要在什么地方呢？请跟下面两个例子对照就可以看出来。一个例子是：

证明了美帝国主义乃至一切帝国主义都是纸老虎的真理。（这个例子是《语法修辞讲话》上用过的，见该书 200 页。）

这句话很可能叫人怀疑“纸老虎的真理”自成一个单位，怀疑“纸老虎的”是直接和“真理”两字发生关系，怀疑它是修饰“真理”的。如果在“真理”上添“这个”两字，便不致叫人怀疑了。另一个例子是：

只有傻子才会否认帝国主义者的对外侵略不是有利于它的人民，而是有利于它的财阀。（作）

假如我们刚读到这句上半段，就把它了解为“只有傻子才会否认帝国主义者的对外侵略不是有利于它的人民”，那自然是误解了，然而这个句子本身的不够清楚也应当负责任。要是写成这样：

只有傻子才会否认“帝国主义者……它的财阀”这一事实。

就把被否认的是什么准确地指点出来了。看过这两个例子再回头去看范例，我们就可以知道那个句子的办法（用“……”以及“这个”字样来确定“否认”的宾语是什么）是极准确的了。

把话写到纸面上给人看，就不像把话说给人听时可以有“声调高低”等来帮助了解，所以特别要把一句话里的词、短语等之间的语法关系表明得清楚准确，才不致引起误解。上面所举的不够正确的例子（不一定就算绝对错误，但总要人费时间，反复细看才懂）正可以做我们的镜子；正确的范例，则大值得我们学习：不独学习格式，而且学习细心。格式是说不尽也学不尽的，能够细心就能够随处留意，毛病就自然会减少了。

（原载《语文学习》1952 年第 11 期）

怎样选用单音词跟双音词

在我们的语言里,同一个意思往往有两种词可以表达:一种是单音的,叫单音词;一种是双音的,叫作双音词(又叫复音词)。比如毛主席的《中国社会各阶级的分析》里,有"谁是我们的敌人?谁是我们的朋友?"跟"我们要分辨真正的敌友"。"敌人"、"朋友"是双音词,"敌"、"友"是单音词。为什么我们有时要用单音词,有时要用双音词呢?下面是选用单音词跟双音词的几条原则。

(一)遵照语言习惯　说话或作文,都不能违反语言的习惯;选用单音词跟双音词也是如此。比如:按照语言的习惯,可以说"这事"、"这件事情"、"这事情"、"这件事"、"这时"、"这个时候"、"这时候",但不可以说"这个时"。"这件事情"可以说成"这件事","这个时候"却不可以说成"这个时"。这是语言习惯如此。可见我们在选词的时候,首先要遵照语言的习惯。

(二)合于口语　汉语是由单音词向双音词发展的。现代口语里,双音词用得很多。写文章越接近口语越好,因此要尽可能地多选用双音词。吕叔湘、周振甫合著的《习作评改》里就有单音词改成双音词的例子:

> 解放军已英勇的渡过长江。(原文)
> 解放军已经英勇的渡过长江。(改正文)
> 我们校里。(原文)
> 我们学校里。(改正文)

(三)避免误会　有时为了避免引起误会,也常常会偏向于选用双音词。《习作评改》上就有这样的例子:

我被掉了。(原文)

我被换掉了。(改正文)

“掉”字可能误会作“丢掉”,不如“换掉”明确。

马立克提到奥斯汀对周恩来所说中国人民政府将认为……(《语文学习》第2期第17页)

这里,如果把“对周恩来所说”改为“对于周恩来所说的”,就不致有“把‘周恩来’算作‘对’字的宾语”的误会了。

(四)郑重　有时为了表示郑重,引起人家注意,用双音词比较好。比如:

列宁主义是根源于整个国际发展过程的国际现象,而并不单只是俄国的现象。(《论列宁主义基础》第8页)

革命是暴动,是一个阶级推翻一个阶级的暴烈的行动。(《毛泽东选集》第1卷第18页)

在第一例里,可以说“不单是”“不只是”,但这里为了郑重地说出“单”和“只”的意思,所以说成“单只”。在第二例里,为了要把“暴动”的意思讲清楚,说成“暴烈的行动”。

(五)简炼　跟上面相反,在标题、标语、口号里,要用简炼的词语,因此,往往选用单音词。比如:

增产节约　语文学习

“增产”就是“增加生产”,“语文”就是“语言文字”。为了要说得简洁有力,容易记忆,所以都用单音词。

不过单音词表达意思往往不及双音词精确,比如“语文”,可以狭义地专指“语言文字”,也可以广义地指“语言、文字和文学”(参看《语文学习》第2期第54页的“问题解答”)。因此在选用单音词的时候,要照顾到意思是否表达得精确。

(六)合于音节　说话有自然的音节,不合那个音节,说起来就不顺口。比如:把《美国侵华史料》(书名)写成《美国侵略华史料》,我们便会感到句子怪别扭的。原来的书名中的“侵华”正好是两个字,读起来很顺口。要是改成“侵略华”,“侵略”是两个字,也还顺口;可是“华”成了一个字,夹在两个复音词中间就显得前后的音节不均匀,读起来就别扭了。

没收大地主的土地,分配给无地及少地的农民,……(毛泽东《新民主主义论》第6节)

要是把“无地及少地”说成(1)无土地及少土地,(2)没有土地及缺少土地,(3)没有土地及少地,(4)无地及少土地,都不及原来的好。因为原来的上半句较简短,而下半句的构造和它一样,所以也不宜啰嗦。四种说法都不及原来的干脆,所以不好。“没有土地”和“少地”,“无地”和“少土地”,虽然意义上都是对称的,可是音节的多少不一样,更不好。又如:

明辨是非,分清敌友!

这是音节对称的话,要是说成“明辨是非,分清敌人朋友!”就显得前后的音节不对称了。所以,这里还是不该用双音词。

至于韵文,除了顾到音节外,还要顾到韵脚。如:

俺说好狗不咬鸡,
好汉不打自己妻,
……
娶来媳妇买来马,
任我骑来任我打。(《漳河小曲》,见《人民文学》二卷二期)

这里“妻”就是“媳妇”,但是不能互换地位。如果把“妻”换成“媳妇”,一则觉得句子嫌长,跟前一句不称;二则“鸡”、“妻”是押韵的,但“鸡”、“妇”不押韵。如果把“媳妇”换成“妻”,那就改变了这句的音节,变成“娶来妻”、“买来马”了。

漳河水，九十九道湾，
层层树，重重山，
层层绿树重重雾，
重重高山云断路。

用“树”和“山”，跟用“绿树”和“高山”，两句的音节就完全不同了。

抽俺的筋筋搓成线，
也买不下婆婆心半片，
……
缝衣做饭纺线线，
天明忙到二更天。

“筋筋”“线线”也是因音节关系而用的叠字。

（原载《语文学习》1952 年第 5 期）

谈词语书面形式的规范

汉字简化，从语言书面形式的规范上看，也取得了巨大的成绩。现在所要谈的词语书面形式的规范，其作用跟汉字简化的规范是一致的，不过是从另一个角度来看问题。比如"獲、穫"简化作"获"（见《汉字简化表》），"舖"简化作"铺"，"鍊"简化作"炼"（见《第一批异体字整理表》），等等，主要是从书写单位"字"的角度来作规范的；而这里所要谈的替"那末""那么""那吗"（连词）①、"归根结蒂""归根结柢""归根结底"（常用语）等等订个规范，则主要是从词语角度来看问题的。词语书面形式的规范，其性质大同于异体字的整理，比如订下"那末"作为连词的规范（与代词"那么"分工，而舍去"那吗"），这种词语书面形式的规范，跟汉语的其他各方面的规范一样，在语言的纯洁和健康上，在广大人民易学易用上，都有极其重大的意义。这种规范工作，实在是汉字进一步简化的项目之一，是文字改革范围以内的工作，很值得多花工夫郑重去做的。这里提出对这项规范问题初步探索的所见来，热望大家注意到这个问题，热望多得一些同志来共同研究这个问题，俾早日取得成果。首先实施在一般读物上，一些报刊上，和现代汉语词典上，来推进汉字进一步简化，推进现代汉语书面形式的进一步统一；为广大人民布置好一个更加良好的文化学习的环境，使祖国的语言文字能够更好地为伟大的社会主义服务。

---

① "那末，那吗"，分见郭沫若：《文史论集》289、329页。

一、词语书面形式分歧现象举例

词语书面形式的分歧现象,约可分为两类。第一类是形异而音同的,比如“跟前:根前”“交代:交待”①“不做声:不作声”“什么:甚么”等等;第二类是形异而音亦异,比如“像是:像似”②“胳臂:胳膊”“红通通:红彤彤:红腾腾”“通通:统统”“那:哪”等等。这里所谓音异,如上面例子所示,有声母不同的,有韵母不同的,有声调不同,也或者在声韵调三方面有二者乃至三者不同的。当然,这里说音同音异都是用北京语音来做标准的。

第一类的例子。

“的:地” 助词“的”“地”在用法上是有区别的,“的”用在定语的后面,“地”用在状语的后面。例如:

> 悄悄地逼近敌人的阵地。(《石头阵》,见《儿童时代》1959 年 19 期)

“的”“地”的不同用法,除了不多的场合而外(可参看吕叔湘、朱德熙《语法修辞讲话》99 页),原是容易掌握的,不过这一对助词在北京话里同是读 de,轻声,好多方言读起来也没大分别,因之容易受旧习惯影响而以“的”代替“地”,同一篇文章里也会出现分歧,这是我们应当注意的。例如:

> 这时少先队员不约而同地悄悄的对队长说……(《石头阵》,同上)

这例里的“悄悄的”仍应当用“地”,上一例句就是“悄悄地”。

“的”“地”在中古汉语里做助词时,在口头上在书面上也是有分别的,不过后来在语言的发展中混同为一个“的”,到现代汉语

① “交代”误为“交待”,不太罕见,《光明日报》1962 年 2 月 27 日 4 版上有“交待”。

② “像似”,见冯志《敌后武工队》18 页,曲波《林海雪原》37 页。

里又重作书面的分化为“的”“地”，这种分化也是很有益的。但是，把这两种助词同写为“的”的势力也还存在，例如梁斌的《红旗谱》全书在一般用“地”的地方也仍是用“的”。两种势力并存，分歧的主要原因就在于此。

“做:作” 这两个字很常用，写起来在一个人的笔下也容易或此或彼。大概情况，在带些文言气味的词语里，多写“作”：“工作、作业、作用、创作、农作物”用“作”；在口语气味重些的词语里，写“做”比较多些，比如：“做事、做工、做田、做饭”多用“做”。但这里又有方言的关系，比如周立波的《山乡巨变》多用“作”，如“作田、作报告，作不得主”等。“做”“作”混用真是太常见了，例如：

> 做为崇高的品质的象征。（初中《语文》课本第二册，209 页）①
> 作为制造枪榴弹的奖励。（同上，96 页）
> 工作作得真好。（同上，120 页）
> 做好预防和医疗工作。（《语文》一，114 页）

一般说来，似乎是用“作为”“做(好)工作”，但实际情况仍表现为两可，可见“做”“作”分歧，往后去在所涉及的词语上还可能有发展的。

“飞红:绯红” “飞红”常见。“绯红”例如：

> 他气得脸儿绯红。（《红色少年夺粮记》，见《少年文艺》1961 年 9 期，57 页）
> 满脸绯红。（欧阳山:《三家巷》，68 页）

这里不用常见的“飞”而用“绯”，大概是从“绯”(fēi)跟红色有关来考虑的。作者从“表意”的角度着眼，就会认为既是讲红色，用“绯”当然要比用“飞”形象些了。

作者选择用字，也有从适应语音的角度着眼的，例如：

---

① 山东人民出版社 1960 年重印。以下简称《语文》，后头的汉字数目字表示册数。

(白匪)…每天照例地留下大批尸体,才稀稀拉拉地狼狈窜回去。(《少年品德教育故事选》二,49 页)

为了表音的确切而不可移易("稀稀落落"的"落"这个字在北京语音里还有 là、lào、luò 等又读),就选用了"拉"。适应语音,这当然是件好事,但也由此也产生了分歧现象,"稀稀落落"也就跟"稀稀拉拉"并存于青少年的读物中,例如:

枪声在市区稀稀落落地响着。(《语文》二,77 页)

这就有待于规范了。

第二类的例子。

"那:哪"　指示代词"那",疑问代词"哪",现在多数人分用,有些人把这两种代词同写为"那",目前报刊上仍不乏这样的例子。分用是合适的。它们的语音形式也有分别,"那"是 nà,"哪"是 nǎ,前一个去声,后一个上声。不过在连锁句里,写"哪"写"那"还有一些商量。

连锁句,凡是"那""哪"分用的人,一般在这里写"哪",前一个是"哪",后一个还是"哪"。例如:

哪里有党,哪里就会创造奇迹。(《语文》二,32 页)

哪里有帝国主义的侵略,哪里就必然有人民的反侵略斗争。(《光明日报》1962 年 2 月 13 日 1 版)

这种写法,大概多数人对它没问题。但曾有人认为前一个用"哪",后一个则须用"那"。这种情形在较长的句子里容易出现,例如:

哪一个阶级掌握了统一战线的领导权,就决定了革命走那一条道路,从而也就决定了革命的成败,以至革命的前途。(《红旗》1962 年 3 期,5 页)

但是如果以语音为标准,那末,口头说出这句话时,后一个也跟前一个一样是上声“哪”，并不是去声“那”，是没有必要用两种写法的。

“红通通：红彤彤” “红通通”常见。“红彤彤”似乎晚起些，现在也很有人用。例如：

西天上正铺着一片金光灿烂的晚霞，把老泰山的脸映得红彤彤的。（《红旗》1961 年 20 期 39 页）

“彤”（tóng），按《说文解字》：“丹饰也，从丹、彡”。原来“彤”这个字在字源上就是跟红色有关的（“丹”是赤色），现在“红 tong tong”既是用来讲红的，使用者不用那个常见的“通”，而起用这个不常用的“彤”，显然是经过一番考虑，认为这里用“彤”要比用“通”更好些（比如，从字形上说，更形象些），绝不是信手拈来的。“红通通”还有人写作“红腾腾”：

他用袖口揩着在红腾腾的额头上冒汽的汗水。（《语文》二，159 页）

这大概是因为有些方言读“通”为 teng，就选用“腾”来适合其口语。又如“不作声：不吱声”也是。“不作声”以往比较常见。“不吱声”大概也比较后起，看情形也是为了适合语音，例如：

他不吱声了。（李英儒《野火春风斗古城》18 页）

而写作“吱”（zi），大概又认为“吱”从“口”，要比“作”形象些（在字形上）。但是，分歧也就由此而产生了。就在同一部书里仍然有用“不作声”的例子，如：

他见银环不作声，便脱口说……（同上，27 页）

由此，也可见规范之不可缓。

上面这样来分类，当然只是个初步意见，但也有它一方面意义，就是，便利于规范的讨论，比如这第一步就不涉及语音问题。至于如何做出更切于规范之用的分类，则自有待于更进一步的努力了。

二、规范中应注意的事项

怎样进行词语书面形式的规范工作？那要做的事很多，其中首要的应当是进行调查统计和定立规范原则。汉字简化原则和汉语词汇规范原则都应当遵守，这是必要的。这里只想谈一谈有关原则方面的一些可注意的事项。

1. 语音原则　在这方面应当注意到词语的书面形式读起来要跟语音相近，因为它越接近语音便越容易被接受、了解。比如“稀稀拉拉”要比“稀稀落落”好些；“不单”要比“不但”好些。这里面还有个方音问题。方音应当服从普通话，这在目前该无人致疑。“红腾腾”是方音，就应当服从普通话的“红通通”。

2. 分化原则（亦即不干扰原则）　选定一个规范的形式，一方面注意到它在形、音、义（包括修辞色彩）以及语法作用上的妥帖，一方面还应当注意到尽可能让它不干扰别的词语。“那”“哪”分开有益，就是很明显的例子。“吗”“么”“嘛”也该让它们各有专职。现在读到有些句子不免要打个滞，要想一想，就因为其中这些字的规范未明。比如：“看么？吃饭嘛！”“你看，雪山多好看啊！”（《星火燎原》三，316 页）；“吗也不懂，吗也不会，你怎么指，俺就怎么干！”（《少年文艺》，1961 年，7—8 合期 121 页），这里面的“么”“嘛”“吗”是应当有个明确的分工的。“得”“的”也该分工。比如，在尚未有明确的分工之日，“写的好”既可以解做“写得不坏！”却又可以解做“写的（对联）好，很见飘洒；印的（对联）不好，失掉神采”。如果把“写得好”（“写得不坏”）规范为“写的好”，“的”在“的字结构”方面的语法作用就要受到干扰，有时就会使语意不明确了。又比如“格格笑”与“咯咯笑”，“咯”字固然有字形上的形象化（从“口”旁），但是“咯”字还另有其读音和意义，（语末语气词读 luo，疾病“咯血”读 kǎ，除非废弃它的后两个用场）；“吆”和“嘛”也是如此，“吆”原也自有其读音和意义（“把母猪吆[yāo]到稻草棚里下吧”，《语文》二，162 页）。字音是比较容易互相干扰的，不能顾此失彼，以致彼此两失。

3. 通用原则　有些词语的已经通用开了的形式是应当让它中选的。比如“合适”在目前已经占了压倒对手的优势。这就可以不抬出“合式”来（《三家巷》还有“合式”，比如 19 页，25 页）；句末语气助词“吗”在目前也是通用开了，这就可以考虑给它的对手“么”专任别的职务。

4. 语源原则　这一条原则是不可以拘拘执守，因为它往往跟通用原则相矛盾。考源工作可以划归汉语史，方言词汇研究等学科的范围里去，对于这里的规范来说，除了求出原来的书写形式，以便利于广大方言地区照字读音而不致大与口语隔阂之外，也就别无什么大作用了。而若从祖国在经济、政治、文化等方面已是空前的大统一的盛况来看问题，便可以知道为方言打算日益成为不必要了。而如果真的把“信口开河”还其源为“信口开合”，把“活该”还其源为“合该”，那就转而离开了通用原则也就是转而离开了群众了。

5. 舍繁从简原则　这条原则所说的“简”，其范围也跟汉字简化的“简”一样，既包括减少笔画，也包括简少字数。比如取“丁丁当当”而舍“叮叮噹噹”，这不单是因为前者笔画少，还因为“噹”字正是被我们简化下去的字，它除了摹声而外别无什么用场，犯不着起用它。又如，取“搭拉”而舍“耷拉”（并见《语文》二，前：172 页，后：153 页），别的原则就要求舍“耷”，这里舍“耷”也是因为犯不着留一个为用绝少的冷僻字。舍繁从简的原则在使用时也是依照汉字简化的精神的，就是，也并不是单纯地追求笔画少。“耷拉”的“耷”倒是比“搭”笔画少的，而我们可以不取它；“合适”的“适”

倒是比“式”笔画多的，而恰恰可以取它。

以上只是一点浅见，写出来与大家共同考虑。至如“隐隐约约”与“影影绰绰”（并见《语文》二，前：148 页，后：68 页），是不是算为两语；“爆竹”与“爆仗”是不是因为色彩不同而不认为是一个词的两种形式（前一个适用于文语体，后一个适用于口语体）。又如“一起”与“一齐”，有时混为一谈，似只是两种形式之不同（比如“大家一起搭，搭起一座塔；大家一齐摆，摆起大桥来”——见《快乐的娃娃家》，2—3 页），有时又似乎不可通假（比如现在还很难见到“大家在一齐”）；“琢磨”与“捉摸”也有这种情况，“仔细一琢磨”，二者均可通，而“捉摸不定”，这就很少通“琢磨”了。凡此，都希望有个商讨，都希望有个踏实的调查统计。

末了，还提两点建议：首先，希望报刊编辑同志，尤其是初级课本（重要的是语文课本而不限于语文课本）和青少年儿童读物的编辑同志，只要不损伤文章原意，以遵重作者辛勤劳动的精神，在这方面大胆下些调整工夫。比如，把“甚么”“什么”并存的文字（如《语文》二，13—23 页），修订为只用“什么”，这大概不用征求原作者的同意；按照语法规律来改“的”为“地”，原作者大概也不会反对。万不得已也得加注，比如“纪（记）录”①。排字，校对同志读校以后，恐怕还得自校，因为这是书面形式，只是读校还会滑过去的。再则，也希望作者本人在目前先来个各自有其规范。同一篇文字里不宜多种并存。如此，各出版单位有其规范，各人也有其规范，分歧必可日益减少。并且，在目前，人人在下笔时，精心选择，也就等于大家都参加了这一规范工作：大家所乐用的，就是可取的；否则，就是当舍的。

汉字简化已在各方面收到巨大的效果，大大便利于广大人

---

① “纪录”、“记录”并见于《文汇报》1961 年 12 月 28 日 4 版。

民学习文化,以彼例此,则词语的这种规范能够在多方面收效,使得祖国语言文字能够更好地为伟大的社会主义建设服务,必可无疑!

(原载《中国语文》1962年6月号)

什么是典范的现代白话文

引　言

[1.1]1955年中国科学院召开现代汉语规范问题学术会议。就什么是“普通话”这一专题作了郑重讨论，后经国务院确定：

> 现代汉民族的共同语就是“以北京语音为标准音，以北方话为基础方言，以典范的现代白话文著作为语法规范的普通话”。

[1.2]我们想对“典范的现代白话文”提出一点认识。

[1.3]语言是一个复杂的社会现象。使用这一交际工具的人对语言“雅”、“俗”的认识不尽相同，应用语言的习惯不尽相同；又，交际的目的不尽相同，交际的对象不尽相同。这包括时代的差异、区域的差异、社会的差异，等。

又，语言界、文学界也有学派的差异，对语言的认识、应用，也不尽相同。

因之，我们很难求出一个能得到公认的标准答案，说，怎样怎样才是“典范的现代白话文”，我们也不敢存有做出这种答案的企图。

[1.4]看来，排他似乎是比较容易的。既然是“现代白话文”，当然排除“文言文”；照理也当然排除“文白夹杂”。但是，白话文里“文”到什么程度才算是“文”，才算是“文白夹杂”，这也很难说的准。再则，当然也应排除现代普通话而外的“古今方国”。不过，一些出现在“现代白话文”里的“古今方国”的语言素材，也不容易定出一个衡量哪些是已经可以算作普通、哪些是已经可以算

作典范的标准。

[1.5]我们只能说,当前绝大多数文章其基调是"现代白话文"。当前的书面语是这样一种基调,发展中的书面语其基调大概也不致跟当前的相去太远。

[1.6]不是旧来的"言文一致"促使我们提出这个问题来讨论的。"言文一致"讨论的时代背景大概已经过去了。也不是"用典"、"用方俗语言"促使我们提出这个问题来讨论的。那是一个在"如何用得恰当"上意见难于一致的老问题。

[1.7]促使我们提出这个问题来谈的是对外汉语教学。并且我们又在为留学生编写汉语教材。这样,我们就不得不正视这个问题。

学以致用,这是编写教材首先要考虑到的。

我们虽没有办法替"什么是典范的现代白话文"做出标准答案,但我们还可以尽力观察一下"现代白话文"的当前实际,我们就面对当前实际去教学、去编写教材,虽然我们对"典范的现代白话文"到底是什么也时时感到困惑。

[1.8]留学生学习汉语的目的是为了使用汉语,在教学时,在编写教材时若不针对这一目的,而一味地去追求"语言的绝对规范化",这样势必会脱离语言现实:如若针对留学生学以致用的目的进行教学、编写教材,那就必须面对语言现实,所使用的教学用语、所编写的教材,就不得不同当前语言实际那样的包罗万象,因为这种"庞杂"的语言现象是无法避免的,是回避不了的。

现代白话文的语言实际

[2.0]现在分条举出现代白话文语言实际的一些情况以见现代白话文的"庞杂"。当然,从另一意义说,这所谓"庞杂",也可以

算作是“丰富多彩”。

[2.1]现代白话文里有成语。如：

> 小小的铺口，窄窄的街面，川流不息的行人，在街心如像一座座沙洲。（郭沫若《湖心亭》）

现代白话文里的成语的数量是相当可观的，常用的和比较常用的就有三千条以上。打开每天的报章，翻阅手边杂志、小说，珠联璧合地运用成语的现象触目皆是。这些成语若不让留学生适当地学习一些，他们就很难读懂书报。

人们在学习和应用成语中，也往往“仿旧翻新”，创造出一些新成语。如：

> 她的生活也发生了重大变化：“弃影从政”。（高禾《这些女杰都有一手》。源于“投笔从戎”、“弃宦从商”）

这种“仿旧翻新”的“四字格”，现已为数不少，且有越来越多的趋势，还没来得及收进《现代汉语词典》、《汉语成语词典》，我们应该重视这一方面的教学。

[2.2]现代白话文里有惯用语。如：

> 我们送她一些香肠和咸鱼，她的回报是介绍我们走后门买面包。（《茅盾散文速写集·生活之页》）

惯用语多数由三字组成，有人称为“三字格”，在现代白话文中出现的频率也较高，其结构也较松散，如，可以说“走一走某人的后门”、“无后门可走”。留学生对惯用语的结构和变化，也应当有个大概的认识。

[2.3]现代白话文里有谚语。如：

> 俗话说，无巧不成书，今晚婚礼上的巧事倒也可编成一组有趣的花絮。（周骏《“新婚乐”集锦》）

谚语有的可以从上下文推知它的意义,有的则不能。留学生学点谚语这方面的知识,在与中国人交谈和阅读书刊上都会感到方便一些。

[2.4]现代白话里有歇后语。如:

> 郭全海嘴头不行,跟人翻了脸,到急眼的时候,光红脸粗脖说不出话来。老百姓说"郭主任是茶壶里煮饺子,肚里有,嘴上道不出"。(周立波《暴风骤雨》)

歇后语分谜面(前)、谜底(后)两部分,谜底说出真意。谜底往往有谐音("道"谐音"倒"),又往往不说出(如"肚里有,嘴上道不出"可以不说出),这对于留学生来说是比较难的。留学生教学应当注意这点。

[2.5]现代白话文里有方言。如:

> 老头子看了车一眼,点了点头:"不离!"(老舍《骆驼祥子》。"不离",北京方言,义为"不错"。)

留学生来中国学习汉语,分布在一些大中小城市,即使是在北京与北京人交往,也免不了要碰到一些听不懂的地方话,若能听懂一些常见的方言词,对于他们的生活也有一定帮助。

[2.6]现代白话文里有外来语。如:

> 第二天路过九州公司,丁书记一把拉住,将三支铅笔塞给我,竟全是舶来品。(童孟侯《笔意浓浓……》,1987年《新民晚报》。"舶来品"来源于日本,意为"进口货")

又如音译的"咖啡",音译又加义的"卡车"。让留学生了解一些引进或改造外来语的方法,有利于他们的学习。

[2.7]现代白话文里有简略语。如:

> 厦门位于九龙江入海处鹰厦铁路的终点,素有"海上公园"美誉的鼓浪屿远近闻名。(凌光甫《闽南厦漳泉"金三角"》。"美誉","美好

声誉”)

留学生在谈阅读报刊小说的体会时提到,感觉最困难的是这种简略语,在词典里又找不到。应当让留学生对简略语有个认识。

[2.8]现代白话文里有文言成分。如:

初冬的南海依然温度很高,仅穿一件衬衣,但进入东山后,顿时觉得凉爽如秋,有换季之感。(吴菊生《海南第一名山》)

文言的词、语乃至词法、句法,都在现代白话文里有所表现。有些人建议让留学生也学些文言文,这实在是有所见而云然,应当注意。如果不开文言文课,那就应当随例教些文言文的词法、句法。

以上所举的都是现代白话文里常有的事例,这就构成了现代白话文的“庞杂”。留学生来中国学习汉语受到时间的限制,我们的教材和教学必须考虑到这一特殊性,因此教材的取材要丰富多彩,让留学生在现实的繁杂的现代白话文中去突击纠正语音,突击扩大词汇量,突击学习各种组成成分,去掌握中国人用词造句的规律,掌握中国人惯用的各种表达方式,以便他们用来表达自己的思想感情,这才是汉语教学的目的。

馀　论

[3.1]我们认为,面对现实,我们承认上举各个例句都可以归属于“现代白话文”,都是留学生所应当掌握的。教材、教学必须做到培养留学生读好用好这种“现代白话文”的能力。

[3.2]我们也常常碰到一些接近口语的“现代白话文”:

在解放以前,每逢天旱了的时候,金斗坪的人便集中在这庙里求雨。求雨的组织,是把全村一百来户人家每八人编成一班,轮流跪祷……第一班焚上香之后,跪在地上等一炷香着完了,然后第二班接着焚香跪守……该不着上班的人,随便在一旁敲钟打鼓,希望引起龙王注意。这样周而复始地轮流着，直到下了雨为止。

上引的见《赵树理文集·一·求雨》。“跪祷”后、“跪守”后的“……”是原文中有而本文摘引时省略的。应当说明一下，像“周而复始”这样的成语，在这一集(共文13篇，约23万字)里顶多出现四五次。这一集每篇文章可以说都是纯口语的书面语。当然我们不能要求现代汉语所有的文章都是赵树理式的，因为他这些文章是在特定的时代，为特定的目的写的。但是我们也感觉到当前还是有要求像赵树理式的靠拢白话而写白话文的思想存在，并且，它应当是有力的潜在力量。我们觉得《马克思主义与语言学问题》一书的新版把书名中的“与”换成“和”就是例证，因为“和”是纯口语的。

[3.3]现代白话文是用汉语记录口语写成的书面语。现代白话文出现目前这种现象，我们怀疑跟记录语言的汉字有关。从一个角度说，汉字对我们继承书面语的传统是有功的，但是，从另一个角度说，汉字也不免给现代汉语书面语的发展以某些干扰。我们不能够保证我们的留学生绝对不会读到这样的文字：

> 面对那浩瀚长江，渺渺青山，川流不息的船只和那长龙般的车队，连想到古代诗人凭船窗，遥望三更落月，六朝烟雨。(曹玉植《诗渡瓜洲》1987年《新民晚报》)

我们在上文[1.5]说：“我们只能说，当前绝大多数文章其基调是‘现代白话文’的”，我们的评断语是不是有些“勉强”呢?

其实在当前我国的文化生活中，读到“浩瀚长江”这样文字的机会还不能算是偶然的。没有人限制我们必须认定赵树理式的文章才是“现代口语(白话)的书面语(文)”，实在也不可能做这样的限制，虽然我们倾向于现代“白话文”在赵树理式基调上向前发展。也没有人限制我们必须认定“浩瀚长江”那段不是“典范的白话文”，实在也难作这样的限制。当前还有人会认为，“白话文要

‘进步’,就一定要适切的吸收文言文的词汇和句法,要灵活应用文言文的精炼原则。”(香港《语文建设通讯》第22期,1987年8月,转载台北《语文天地》第二卷第九期,1987年2月,作者吕正惠教授)

怎么办?为了学以致用,我们只有面对现实。

在今后相当长的时期,汉字作为国家的法定文字,还要继续发挥它的作用。因之,我们对留学生教学和编写教材,在当前一定要适应汉字记录的书面语的形势,做好留学生汉语教学的工作。

各语言都各有其“庞杂”(也可说“丰富多彩”),我们的教学,编写教材,要时时想到我们汉语当前之“庞杂”现实。

要不要针对这种“庞杂”为留学生编一些字典、词典以利于学好用好现代汉语呢?自然是要!语言文字工作者,包括对外汉语教学工作者都考虑到了,做了一些了,我们敬希望“对外”的针对性再强些。

(原载《语言教学与研究》1988年第3期)

海峡两岸汉语规范化的思考

一

致力于海峡两岸汉语的规范化，是当前中国语言工作者的要务，也是国际汉语教学工作者的要务。这里的汉语，指的是中国台湾的“国语”，中国大陆的“普通话”。

中国的国际地位提高了，汉语也取得了重要的国际地位了，国际上也就出现了学习中文的“中文热”。当前的形势，要求有个规范化的汉语，标准化的汉语，以便于学习和应用，以扩大作为交际工具的汉语的交际面，以符合汉语的国际地位。

这应当是所有使用汉语的人的愿望，当然也应当是所有汉语教学，包括国际汉语教学工作者的愿望。

这个愿望也是责任。

实现这个愿望，工作是艰巨的，要付出人力、物力，也要有个相当长的时期的打算和努力。但是，大家都会有这种信念：这个愿望是一定可以实现的，而不是绝对不能实现的。

海峡两岸汉语规范化这个问题，实际上已经及时地提到日程上了，并要求我们自觉地为规范化尽力。这都是大势所趋。

不能自觉地去尽力，那就会拖延时间。不坚信海峡两岸的汉语可以达到规范化，那就会听之任之，徒唤奈何。

人定可以胜天，不能一切付之“静待时势发展”，可为而不为。

我因之提出这篇《海峡两岸汉语规范化的思考》，请同道们垂意和指教。

二

说一说中国台湾的汉语,即国语,在台湾植根的情况,对我们的思考是很有意义的。

日本统治台湾,强制推行日语,消灭以闽南话为主的汉语,台湾光复,中国政府组织大批推行国语的专家、教师到台湾推行国语,由于台湾人民的怀念祖国,中、小学教师的热情工作。推行的成绩很好。这样台湾汉语就在台湾植根了。

可见,台湾汉语并不是汉语台湾方言上升为台湾汉语共同语,它也不是大陆汉语的台湾分支。台湾汉语与大陆汉语实在是个“一体”的关系,说他们是“弟兄”性语言关系并不能恰如其分。

还应当多说两句以便思考。我们所讲的“一体关系”也可以从下列事实中去认识。当今台湾的国语显示着已受到其所在地的闽南话、广东话等诸方言的影响,这种影响与大陆上闽、广地区这些方言对这些地区的普通话的影响几乎是毫无二致的。这倒是“伯仲之间”。至于影响后变异若有什么不同,也只是几十年的交际隔离所造成的。这是势之所不能免的,不足为怪的。

语言是交际工具,隔离——日常生活的隔离,经济、政治、文化生活的隔离,高山大川的隔离,政治区划的隔离,都会导致语言的分化。时间久了,条件容许,就会分化为方言,时间久了,条件容许,就会分化为语言。

隔离了四十年了。四十年,从语言说,说长,不算长;说短,也不算短。这要看影响于语言的条件如何。

海峡两岸的汉语,已有了某些“差异”了,但从目前看,按其实际,这些差异只是存在个规范化问题,而不存在个“一国两语”问题,因为两岸汉语仍属一体,而不足以算两种语言,或两种方言,两语并无客观存在。

这样说来,我们应当力求从规范化上着眼,绝不应当存个"一国两语"之心,一任"差异"继续发展。

让全民只学用一个汉语好呢、还是让全民要学用一个以上的汉语好呢?让国际上只学用一个汉语好呢?还是让国际上要学用一个以上的汉语好呢?明眼人自不待多说。

应当附带说明一句。今日我们一些语言文字工作者之中有主张"双语"的。他们所主张的"双语",其内容是明确的:说方言的,应当会说普通话。说普通话的,也应学会其工作所在地的方言。他们所主张的"双语"其目的要求在此。

三

语言是在不断地发展着的,发展中会不断地出现差异(源于自身的、源于外来的),就不断地要求规范。

语言是工具,是交际工具。这是语言的本质特征。语言而不能够完善地尽其交际工具的功能,就会丧失其存在的价值。规范,就是使语言能够完善地尽其交际工具的功能的。比如,语音差异大了,词汇差异大了,或是语法差异大了,这就不利于彼此了解,这都能妨害交际。这就要求及时地规范。规范就是为了消除差异——从差异中选其一,或并存而分工等,以为标准。

语言是工具。作为工具,就应当"易于掌握、易于应用"。

语言是交际工具。作为交际工具,就应当"简、明、快"。语言是信息载体,信息的传达要求"快"。"简"所以求"快","明"也所以求"快"。"简"而不"明"或"明"而不"简",都会有损于"快"。

"易于掌握、易于应用",也是说的一个"快"。

"易于掌握、易于应用","简、明、快",语言的发展规律不能与之相违反。

“易于掌握、易于应用”，“简、明、快”，语言的规范，不能与之相违反。还可以这样认识，规范是以此为目的的。

“求快”，就是讲效率，讲速度。在这讲效率、讲速度的即将进入21世纪年代里，“快”，是生存、发展、繁荣之所寄。这是我们必须有的认识。

所有的语言工作者，所有的汉语教学，包括国际汉语教学工作者，在面临“海峡两岸汉语规范化”问题之顷，绝不能忽视这点：“快”！

所有的社会人士、所有的舆论界、所有的本土人民、所有的侨胞，在面临“海峡两岸汉语规范化”问题之顷，绝不能忽视这点：“快”！

难道我们愿意舍“快”而取“慢”！

四

说汉语的人有个优良传统，就是重视语言教育。所谓重视语言教育，也就是重视语言规范化。故事很多，这里略举一二。

南北朝时，有儒学大师讲学之风。凡是用方言土语讲学的，来学的人会日益减少。而用“普通话”讲学的，来学者就众。

还是南北朝时，南齐王朝有位皇帝想起用一个亲信的官员任朝廷要职，但嫌他讲话“土”，特别派了两个宫女到他家常住教“官话”。

还是南北朝时，有位大语言家、音韵学专家颜之推，他的家教中有一条，不允许子弟把一个字、词的语音读错。

就是这位大师颜之推，他于隋开皇初年，和好几位在朝廷任职的大学者在一位官员家里开了几次学术性的“审音座谈会”，订定一些“审音”原则。其原则是在“因论南北是非、古今通塞”为重点的讨论之后订的。我们体会,他们的原则之一应当足“不违于古而又容易推行”。这,从南北统一后的隋仁寿元年(公元601年)音韵学家陆法言追忆的“审音座谈会”讨论情况可以推知。陆法言的“追忆”很生动,见于他根据“座谈会”讨论的要点编写成的辉煌巨著《切韵》之《序》。

上面举的几个故事告诉我们一些信息。中国古代,在语言上,一是有一个共同语——官话,朝廷语言,并且,要求服从共同语。二是,“择善而从”就是古人的规范宗旨。不言而喻,所谓“善”,用今天个人的体会来说,是从“语言是交际工具”着眼的。用我们的话说,是从符合于“易于掌握、易于应用”、符合于“简、明、快”的就是“善”着眼的。

就我们的现实来思考,既然是共戴一个共同语,就没有可能安于这样的事实:这个共同语是件不“快”的工具。

五

人是感情的动物。

海峡两岸汉语存在着向心力。“天下一家,中国一人”。这种感情是重要的,这是可喜的一面。

人的感情,有时,或往往,淹没了理智。这是很难超脱自拔的、陷于其中而不自觉的事。这种感情也是重要的,但是,这是可忧的一面。

假如英语、美语(美式英语),有一天也面临了规范化,这时,是不是有可能出现这一类性质的“众说纷纭”,即,陷于“彼此之见”的这一类“感情”的“众说纷纭”。这,我不知道。但我可以揣测的是,可能不致出现“感情”的“众说纷纭”的局面。当然,这还有待“形势”的发展，由那时的“形势”来决定。

两岸汉语的规范化是历史发展的必然，其趋势是“沛然莫之御也”的。我希望，在汉语规范化时也不致出现陷于“彼此之见”的这一类感情式的“众说纷纭”。

我们只希望出现“如何择善而从”的众说。

我的学友朱君广祁正在做《港台语言辞典》（今年可完成），盛君玉麒正在做“港台语言差异”电脑软件（今年可完成），孙君永兴已写成《台湾与大陆的同义异形词比较》，我高兴地认为，这几位实在是在做两岸汉语规范化的准备工作。目前，做这类工作的同道并不少。他们是从学术角度去调查研究的。他们的工作提醒了我，“两岸汉语规范化”已经及时地提到日程上来了，这就要求我们自觉地去为之尽力工作了。

语言是工具。在面对“工具”的问题时，大可不必插入感情，大可不必让感情淹没理智。

人是感情的动物，插入某种感情好像也是人情所不能免。我们要尊重这种感情，重视这种感情，研究、讨论这种感情，引导这种感情不去淹没理智。

六

如果我们收听收看广播、电视节目，我们可以发现，尽管风格等方面有一些不同，但大陆和台湾两处的播音员使用的语言，在语音上是非常接近的。这是因为，不论是“国语”还是普通话，它们都是以北京语音为标准音的。

以北京语音为标准音，这不是几十年中形成的偶然现象，而是几百年中各方面的条件共同作用的结果，所以，这个标准当然不会也不应该造成两岸感情上的任何不安。

如果看一看影视艺术片,立刻可以发现,大陆和台湾作品之间的差距差得就相当大了。大陆演员的言语更加规范一些。造成这个差距的原因也是非常明显的,首先是北京在大陆,大陆得了近水楼台的地利;其次就是近四十年中人为的隔阂造成了台湾与北京、台湾与北方交往的不便。应该相信,后一不利因素“交往的不便”一旦消除,前一有利因素也就成为中华两岸儿女所共有。

语法方面,台湾汉语同其所在地的闽南方言几乎成为一个“双语”局面,台湾汉语受闽南方言的语法影响不算小,这就造成了大家感觉到的两岸汉语之间的“差异”。

我们在上面“二”说过,大陆语言在闽、广地区的处境与台湾汉语一样。大陆汉语语法免不了有此“地区性”问题。

可以说,语法“差异”上,两岸汉语倒是“兄难弟难”。未来的趋势应当是“和衷共济”共谋解决此“难”的可能性大,而因此导致感情上大不快的可能性小。

词汇方面,“差异”的数量大,“差异”的产生原因也多。因此,两岸词汇差异也很引人瞩目。现在,极简略地引用学友孙君永兴《台湾与大陆的同义异形词比较》论文中一例以见一斑。

因文风不同(承古或从新)而产生的“同义异形词”(台湾——大陆):

恢宏—扩大　　貌寝—丑陋
迩来—近来　　擢升—提升
薪资—工资

正在编写《港台语言辞典》的朱君广祁告诉我,大陆汉语从从容容地从台湾汉语引入了好些词语,如:“认同”、“祥和”、“心态”、“代沟(台湾直译英语)”、“人际关系”等等。他和正在制作“港台语言差异”电脑软件的盛君玉麒对两岸汉语词汇规范化的前途都有乐观的看法:没有人会大惊小怪,没有人会产生“不快”

的感情。很可能还没有人会在词汇规范的大道上陷入“彼此之见”的泥坑。

七

真想不到“感情用事”也会“引进”到两岸汉语文字规范化里来。这真叫我这“不学无术”的区区,哭笑不得。

我还不至于“狂妄自大”到“以不屑之教”教人,也只好从简说两句,虽然是“老生常谈”。我也只得以“老生”不“老”,“常谈”不“常”来自我解嘲了。我应当申明,我的“用意”是真挚的,是乞求同道的垂听(该听听反面的意见)和指教的。我想极其简单地、郑重地讲几句。

不要忘记,英语的取得国际上的重要地位,是“英旗无落日”的“声势”为之促成的。因之,英“文”也自然而然地跟了上去。其间并不存在着什么“英语自身优于其他某些语言”,也不存在着什么“英文自身优于其他某些语言的文字”。一丝一毫也不存在。

汉语、汉字,亦无二致。

我国家、民族的国际地位提高了,夫而后,乃有汉语——汉字也跟了上去——的国际地位。说是“汉字自身有其优点”因而取得这种地位,为此论者心里“安”吗?

再说第二点。语言是工具,是交际工具;文字是语言的辅助工具。因之,语言文字的本质特征和职能是“交际”。工具,就要求“易于掌握,易于应用”,交际就要求“简、明、快”。

语言是如此,文字当然也是如此。

我们谈话的重点,在“工具”,“交际工具”。

不必多说了。

当然,我是尊重任何“感情”、重视任何“感情”的。

八

我的结论是：

对于两岸汉语的规范化之前途是乐观的。

“向心力”是我乐观的保证。

客观存在和客观存在的发展是我乐观的保证。

言尽于此。言不尽意。

天下一家，中国一人！

特向所有的语言文字工作者、汉语教学，包括国际汉语言教学工作者致敬！请垂听！请指教！

(原载《第三届国际汉语教学讨论会论文选》，
北京语言学院出版社，1991年)

记　　学

——纪念马宗霍师、赵少咸师

朋友们让我谈谈治学的心得体会，我自视慊然，无从应命，无已，谈谈我所得之于吾师的，虽然不能尽师门之大，但总会是一份"实录"，或可有益于同志们的翻阅。所以谨以"记学"为题，乞大方教正。

假如我汗颜自封是个语言学工作者，回顾一下我的历程，倒觉得它跟语言学在我国的发展是一致的。先是"小学"的，而后是"语言文字之学"的，而后是"语言学"的。如果要我加以解释，那"小学"一名不用说，"语言文字之学"，我是用的大师章太炎先生命义，"语言学"则是像今日我们一般所了解的。对同道来说，这样解释已经足够了，并且，我这里所说的语言学在我国的史的发展，想同道们也不会有什么异议。

就着我个人来说，我先是想搞文学，再是想搞经学，而后是搞语言学，并读了些历史书（我要感谢缪凤林、姚薇元、郑天挺诸历史老师），而后，终于守住语言专业了。

就着语言学说，本师赵少咸（世忠）先生和罗莘田（常培）先生给我的影响极大，为人方面亦复如是，至于王了一（力）师给我的教益，我在《语文现代化》1980年第四期上已经说了些主要的了。这之后，在我也登上讲坛之日则是多师了，不用一一申谢了。应当特别提一句的，是我大学一位沈师，他讲当时所谓的"西洋史"。他的哲学，我觉得，是无往而不用其破的，摧其枯而拉其朽。但令我奇怪的，他忽而赞扬程朱式的孔子，又忽而欣赏那位对其"侍从长”王义说那一番“但求自适其意”的隋炀帝(这是我替他打个比方)。听沈师讲课的人真多,挤到窗外。沈师在铃声一落一推门进教室时就已开口了,下课铃一响粉笔一丢一带门,则话音与人俱去。回想一下,大概他从不看他的学生一眼。我为什么要在这里特别提到他,一是要总结一个学生的为人为学的成长,来自老师方面的影响不能不说得完备些,二是,更为重要了,你就是咬定牙关“不教人”,但,只要你“教书”,你就已经在那里“教人”了。我一直对学生郑重其事,比如,在我带研究生外出访问和实习时,我告诫:第一风度,第二健康,第三学业。这都是我所受于师门的教育的反映。这是我所以要郑重提一下沈师的原因。我对沈师之学持什么态度呢?我觉得他对人生否定多于肯定。我觉得我在无形之中有的地方很受他的影响,扫除不了。当然,学生对于老师也会各有所取的,不过在老师则要时时慎其所予,或一言,或一行。

我出身于家塾,我的伯父、叔父都不忘科举,教给我的当然是些四书五经,我欢喜旧文学是很自然的了。到了中学得聆汪静之、穆济波诸老师之教,我好像思想新了些,竟敢自期成为一个新文学家。现在想来颇自笑年轻狂妄,但在当时是很为醉心的。所以我考进当时颇以“南雍”(即今南京大学)自豪的中文系。可是入学不多日,觉得气味很不相投,我想转学到北方去,我深觉南雍是四库派,幸好衡阳马宗霍师安定了我的心情。他以教授之尊教一年级三门课,一、小学概论,二、国学概论,三、基本国文(本系用“基本”二字,别的系叫“大一国文”。比如,英文我选了“基本英文”,范存忠师是教授和外文系主任而亲自讲授)。这一来,我倾向于经学了。马师著有经学史(商务中国文化史丛书版),我是读了再读的。他讲课好像别无特色让我今日为他夸张,他总是徐言缓语娓娓而谈,为我们开陈大势、指明方向。至于马师尊敬前辈则在我心中留下了不磨的镜头。有的课时他跟哲学大师王伯沆师排的相同。上课铃响了,马师总是“徐行后长者”地随王师之后,一路谈到王师进了教室,马师才转来讲课。这种风度给我好感。我这里倒不是想把那“士先德行而后学问”也扯到讲课上,我只提一句“重其人”与“重其课”二者的相关之大。学年考试“基本国文”题是《清论》,他吩咐:多读几遍贾生《过秦论》再动笔。我是怎么写的?大概对清之兴也给以崇敬,对清之没落也给以叹惋。几十年以后八零年我过沈阳,同校友谒清故宫,写首五律,诗的头四句是:“想见规模远,龙飞运奉天,八荒真一统,盛泽到当前。”这是我对逊清崇敬一面的反映,《清论》大旨不外乎此。不几天马师把我们全班“童子五六人”(当时全中文系的同学不会超过五十),都召到他的办公室,当面打开文卷一一指点思路与文路。回忆起来,一是童子都肃立听讲,二是马师够累的,三是那间屋光线相当微弱。至于细节,则随着时光流逝,记忆已经模糊了。新中国成立而后,一次高教部召开的盛大的语言文学会议,我有幸在北京再谒马师,马师教诲蔼如,临别我恭送马师上了车。这竟是师生间最后的一面了。

我常常想,当前,大学本系基础课是不是应选些老年教授去教,老年教授是较为容易影响学生的未来的。质言之,这是关涉学生的定性、定向的问题,必须注意。最近有些老教育家注意到这个问题,也有这样的建议,我极表赞同。老教师如果不愿上基础课,我们可以去敦请;如果不注意为学生择师,则是主持教育工作者之过了。当然,这是我因我之所感受而论及此事,其中绝无“唯老”之意,想为同道所鉴谅,只是作为一个教师,自觉有责任郑重向大家提出这事。

赵师少咸确是个温如的学者,是我的专业的启蒙师。作为专业的启蒙师,他的音容笑貌嵌在弟子的心中,是与生俱存的,但若无马师之安定我的心情,我无从接受赵师之教诲,所以开宗就提到马师。

我说赵师是温如的学者,意思是说:“纯哉温如”,一次也没见到过他是“温而厉”。那末,他是怎样执教的呢?他以自己的一丝不苟教学生一丝不苟,他以自己的始终无懈教学生始终无懈。“严师出高徒”,温,并不妨碍他的执教。他是以对自己严要求来执教的,或者说,他以身作则。他给我《音学十书》看,先说其大意,再指示重点;又说:我的书上都有眉批,看了也可以提意见;又说:一月后交读书札记来。我照先生的指示阅读了,如期交还了书并呈交了札记。我把书上的眉批一一抄在我的日记上。先生不多天叫我去发还札记,并一一给予可、否,谈了好长时间。而后给了我《古韵标准》,这次是一周交卷了。有一天是假日,我正在誊清读书札记,一位小同乡同学潘君来找我,说要我陪他出去办件事,我说交先生的札记还没誊完,虽所剩无多,但总不能奉陪了,潘一定要我把本子拆开一人誊一半,果真不多时札记便誊好了,潘把本子一放拉我就走,我一看潘抄的真是笔走龙蛇。先生谈话时果真提出了这点,“字草不草,是你对自己专业重视不重视的表现。”后来我上课从不迟到、早退,研究生讨论课教务处要求定时定地,我从不挪动。一则是校规应当遵守,二则,我有个重视不重视专业的教导念念在心。自己都不重视自己的专业而要求学生重视,岂非笑谈!

一次,我呈交一份论文给先生,论文从某先生著的《韵谱》引用了些材料。第二天,先生叫查汉赋某赋某些韵句,我查了、抄呈了。到当面跟我谈论文时,赵师说:“你抄的还不错,你引的倒错了。平时说引用材料要核对,比如,不仅要把自己引的跟《韵谱》相核对,重要的是,还要把自己引的跟汉赋的原本相核对。这是基本训练。”我从此留了心,真还发现了一些人的以讹传讹的事例。讹,则误人误己。讹,则自己的立论很难做到可靠。我同研究生讲材料征引,于版本校勘之后,首列这一教训。

一天,我到先生家去,在厢厅谈话,我看到天井对面的走廊一排书架上满列着平装书，我问，走廊会照日、潲雨，怎能放书？先生说："那哪是书。那是我做的《荀子》注释木刻的版子。我自悔少作，不打算印它了，不计较日晒雨潲了。"接着又说："还是前人谨慎，未至十成之见，不必灾梨祸枣。"赵先生特别告诫我们，"不要轻易发表文章。仓卒成文，发表出来，是要误己误人误学术的。你说错了，别人信了，倘若谬种流传，真是害人不浅。"先生深深致叹于今人重视《日知录》不够。说，这大概误于对"札记"性质认识不够。一般认为，"札记"是随手记之，以为将来论著之积累。先生认为这样看札记未始不可，但札记绝不是随手杂抄下来的一些材料，应当以"札记就是论著"精神对待札记。作札记也要反复考订，札记如果不实，论著何由得实。先生指出《日知录》所说：

> 尝谓今人纂辑之书，正如今人之铸钱。古人采铜于山，今人则买旧钱名之曰废铜以充铸而已。所铸之钱既已粗恶，而又将古人传世之宝舂剉碎散不存于后，岂不两失之乎。承问《日知录》又成几卷，盖期之以废铜。而某自别来一载，早夜诵读，反复寻究，仅得十几条，庶几乎山之铜也。
>
> 《日知录》再待十年。如不及年则以临终绝笔为定，彼时自有受之者，而非可预期也。

先生说，这两条就刻在《日知录》卷首，可有些人就是不理，诚可骇怪。先生又笑笑说，所谓误人，实在也包括兼误古人，不仅误今人误来者而已。我想，先生的不轻易发表著作，盖期之"绝笔"。先生归道山今已十年，遗稿尚多未及整理者，先生的《广韵疏证》凡数百万字，遭逢"动荡"，听说目今只残存一册。先生固以待诸绝笔自律，忠于学术的精神令人敬服，可是，其心血不及问世，也实在是学术昌明上一大损失。

先生又说："今日谈研究有所谓'找材料'之说，'材料'上用个'找'字，老拙窃所未喻。我就不敢找材料。材料应从平日读书得，应从平日核订观察体会得。临时找材料是危险的。材料而如可以找,则孟老夫子的尽信书不如无书的话就变成废话了。”先生笑着问我,“你呢,是不是还在找材料?”我不免赧颜说,“大都是。文章催的紧,读书又不多,不找怎么办呢?”先生说:“有个急于成名的心在,必然害事。等着自悔少作吧。年老了自悔少作,心情很不好受,自疚对不起人。我现在也没有时间,那注的《荀子》也只好‘不及更订’了。”先生严肃地说:“材料怎么能找呢。找材料,显然免不了两大弊病:断章取义;强材料以从我。老子的‘道德’能等于孔子的‘道德’吗?所谓读书指在平日读,迥乎不止于读这一本书、读这一类书。而所谓读,包括核订观察体会,即所谓苦思冥索,所谓参伍比较。材料是可以找的吗?是可以随手拈来的吗?应当小心。”我深觉先生这番话,不独几十年前有教诲的意义,即则今日,还时时见其分量。略举两例吧。

有位与我从初中同学到大学的畏友,是史学家、文学家,精于英文和俄文。五十年代我得拜读他的美学艺术专书,书中讨论到善与美的章节里引用一条《说文解字》,是“美与善同意”,引证的用心是说明“美”字之义通于“善”字之义。其实,《说文解字》里“同意”的用法,并不与今日之所谓的“同义”相同。这点,段玉裁《注》、王筠《释例》都已言之明白。这里我从王筠《释例》里引几句话就“可想而知”了。

> 工下云与巫同意,巫下云与工同意,壬下云与巫同意,谓此三字之形非人形,而共意则主谓人形也。

可见,《说文解字》里的“同意”不能当“同义”讲,记得郭沫若先生有一次说:我释错了一个甲骨文,别人都承我之错而错,而这个字正是有关历史发展的认识的,我特别申明改正,希望朋友们不必再引用了。我的畏友之说也时时被人称引,畏友是卓然大家,自责甚严,他如仍然在世,他也一定像郭老那样乐于改正的。我正草写此文时,整理出版我畏友的文集的某出版社派人来我处了解关于他的“年谱”上的一些事宜，我曾表示希望他们把这个引证移一移。赵先生要求我们不只读一类书，也由此可以见到他训教的中肯。

第二例是，“而征一国”的“而”字的意义。我的老学长何善周教授有篇论文谈到《庄子》里“故夫德合一君，行比一乡，知效一官而徵一国者……”他不同意旧说改“而”为“能”，虽然这两个字在古文献中互通不乏其例。何先生则认为，从语言文字学看，旧说似乎可以成立，但从哲学看，旧说未免疏失。因为，在《庄子》思想中，所谓“能”，并不是“堪以称道”的，“能”不得同“德、行、知”相类。所以“而”不可改为“能”。何先生从《庄子》的思想体系来订定古典文献中的问题，使焕先大为欣赏。于此，我益见赵师之说的正确。

以上所记的受教之种切已经是四十年前的事了。中华人民共和国成立后，我们学习了马列主义，大家都有进步，推想好学不倦的我师，其长进自不待言。

至于我呢，自觉思想状态也是在马列主义教育下有些长进了。至此，我又想起一位从初中一直同学到研究院的周先生，他也受过马师、赵师的培养，分别几十年后还记挂我，还替我写篇小传，道出了往日之焕先，他还把我的“善为诗词而多愁善感”没忘，替我记了一笔。这里不妨借此把“我也变得健康了”这件事带一笔告慰于“天涯若比邻”的知音，让他也为我高兴，为祖国之语言学的繁荣昌盛高兴。所以，我谨以一九八零年“过沈阳同校友谒清故宫”诗中的下一半作结：

宇宙风雷激，声威世代传。
扬眉谈往烈，得意着先鞭。

“四化”面前，我自然壮心不已！

（原载《文史哲》1983年第6期）

视野和信念

中国知识分子有句老生常谈，叫作“学无止境”；还有句老生常谈，叫作“一物不知，儒者之耻”。我是个鲁钝的人，常常感到这两句话的分量，真够我“无荒无殆”的了。

一

有位朋友说给我一个笑话。学生到现代汉语教研室找老师问问题，得到的回答是，“我这是现代，古代汉语教研室在隔壁。”学生到了古代汉语教研室，得到的回答是：“你问的是词汇，我搞的是语音，你找某老师去。”这虽说是个笑话，但也很有些事实的影子。我是搞语言的，说自己方面的笑话总不致叫人不爱听。有位史学界老先生他到山东大学讲学，一次座谈，他很感慨地说，现在断代也断得太厉害，他教隋唐史就只管隋唐史，别代史就不去关心，真是“不知秦汉，遑论魏晋”，给你一个“前不见古人，后不见来者”。据这位老先生所说，可见语言学界以外的诸学界，也有些情况相似。笑话的用意，一番感慨的用意，都很明白，在于忧狭窄、劝广博。

出现这样的情况，可能有客观的和主观的原因，未可一概而论。就着我所知道的文科的情况，学生大概进了大学之府或专科之门，才有可能丢了“数、理、化”，才跟“文”沾了边。从此起，求“专”还嫌时间不够，求博也就有些不敢涉想。四年八个学期，说长是悠悠岁月，说短也是为日不足。一旦毕了业，就要准备开课，书籍资料未必凑手，质疑问难未必得人，这就不得已而陷入“专”。

搞语音未遑搞语法,搞隋唐未遑问魏晋。平心而论,情有可原。这是客观的。不过也有些朋友,安心抱住一门不放,闭目塞聪,乃至认为万物皆备于我,我道独尊,别人研究的“没啥子”。终致流而为“单打一”,甚至抱着“半部《论语》治天下”,连他应该管的也不管。这就很难得到别人谅解了。

浅见以为,研究甲问题,往往要涉及乙问题;研究今日事,也往往要涉及它的来踪去迹。只要研究的态度是认真的,就必然被迫向广博发展。要问我这个做“小学生”的有什么经验,这就是我的经验:先博后约,我是怀着这个希望;由甲及乙,我是在努力地实行着。要说老师给我的影响,那是“目录学”、“文化史”等课程的讲授之功,使我稍稍懂得点学问之大。今日还可能见到这样人物,讲《诗经》非得归到“温柔敦厚”不可,听说《古典新义》的《汝坟》新解摇头认为异端。这样人物绝不会考虑应当从社会学、民俗学等方面去了解《诗经》的。不过这样的“固”,也只是“高叟”有,中年朋友倒不致这样。所以,一般地说,一些闭目塞聪的朋友,只要循循善诱,给以条件,是可以幡然开悟,由“专”而博,做出大成绩来的。我们不应当拒绝知识,而应当扩开视野,从多方面汲取营养。

二

近百年来,我国一切学术都发展得很迅速,就着“国学”而言,可以说,它时时受到震撼性的推动。它经过了“欧风东渐”,它迎来了马克思列宁主义。它的认识更新了,它的视野开扩了,质言之,它的立场、观点、方法都大大地有所变更了。于是,新评价、新结论一个个相继出现,真是“后浪推前浪”。历史已经走到“士别三日”就当“刮目相待”的时代,谁也无法“各领风骚数百年”了。在这样一个日新月异的急流中,“国学”如果想生存,抱残守缺已不可能。大家都认识到,“小学”改变名字为“语言文字之学”,绝不仅仅是个名词的更动。两个名词所代表的目的有所不同,对象有所不同,方法也有所不同。这个“一名之殊”,可以作为“国学”在奔腾前进的“急流”中受到“震撼”的一例。在这样的急流中,有的大师,在不断地推陈出新,迈越前贤,并渴望青出于蓝,欢迎后来居上;可也有人墨守旧规,不敢越师说一步,乃至希望后继者也亦步亦趋。老师是牛顿,提起爱因斯坦来就是邪门歪道,今世不免有此;老师主许慎“六书”,视“三书”为异说,做弟子的便也许门不二,认“三书”是“不可向迩”,今世也不免有此。“吾爱吾师,吾尤爱真理”,这句名言,流传已久,天下皆知。可是真有人咬定师之所存,即道之所存,乃至自以为既然是“派衍洙泗”就自然是“道在朕躬”。这就不免误己误人误学术界了。作为一个“小学生”,对于往日学说,我必恭必敬地学习,必恭必敬地怀疑,必恭必敬地检验,必恭必敬地发扬之或废置之。在学术界做个普通一兵,我觉得此处没有“护短”容身之地。应当不护前人之短,更应当有不为自身护短的勇气。以五十之我否定四十九之我,古代有此美谈,在而今,学术界前辈也给了我们范例,我不禁怀念郭沫若先生!

一位朋友郑重地告诫我:要好好学通“吾爱吾师,吾尤爱真理”和“吾爱真理,吾尤爱吾师”。郝摇旗不是对高夫人说过,“大嫂,您不要哪壶水不开提哪壶”,老师灶上免不了就有那么一壶不开的水。不开就是不开,一是一、二是二,做弟子的也无可奈何。偏说老师这壶水开而与人辩论,也适足以扬师之短;而又导引后来者认此壶为水之开的一个“严正标准”,岂非误人误事。怎样爱师,古人不乏好例。在而今,就有以真理爱师者,我不禁怀念鲁迅先生!

我没有盲目承认过汉语言文字之学哪些研究已经到了顶,我时时承认他人在这一学术上立了大功。但有研究之日,即无到顶之时。一句话,学无止境。这应当是我们的信念。在艰巨而光荣的四化建设中,肯定不需那种“墨守成说”、“毁所不见”的学风。这应当是我们的信念。

(原载《文史哲》1981 年第 4 期)

师道不孤　学统长存

——代后记

玉来兄告知我商务印书馆要出版《殷焕先语言学论文集》，我深感高兴！今年是先生诞辰100周年，也是先生辞世20周年。玉来兄曾多次提议为先生做点什么，并专程回到母校与诸位同门面议整理、出版先生著作的细节。这也许是同门弟子最后一次为先生做些事情了。面对时下的风气和考核的压力，常叹师道式微、人心不古。思前想后，责无旁贷。玉来负责音韵、训诂等类，我负责文字、方言等类，从去年开始用扫描识别、录入校对等方法，陆续把先生出版、发表的文章整理成电子版，发给玉来兄编辑汇总。期间曾为文集规模、结构、出版方式等讨论过几种方案。现在，经过玉来兄的努力，得到商务印书馆的鼎力支持，终于可以出版一部《论文集》，这可以让大家得偿夙愿了。

玉来兄将《论文集》的定稿发来，让我校勘并嘱咐我到先生家里选几幅先生的照片、书法、手稿放在《论文集》里作插页用。任务完成了，心里却久久不能平静。古语云"立德、立功、立言"为人生"三不朽"，《论文集》集中体现了先生的"德"、"功"、"言"，庶几可解学子望梅之渴。"师德立言，感铭在心"，我草成以下文字权当学习《论文集》的感想。

一、坎坷磨难、成就永恒

在先生家翻检手稿、照片、墨迹时，仿佛又回到当年，往事历历在目。先生去世后，很多手稿都让师兄弟们分别带回去整理。后来我写过一篇《重道敬业、师德楷模——整理殷焕先先生遗稿感怀》的文章，登在《山东大学报》1996 年 9 月 4 日第 3 版上。谨从该文摘录几段：

“由于众所周知的原因，殷先生在 50 年代末正是他‘激扬文字’的学术高峰的时候，政治上却遭受了严重挫折。直到 1978 年‘拨乱反正’以后，殷先生才恢复了教授的名分和语言学家的工作权力。在全国上下‘把四人帮耽误的时间夺回来’、‘把四人帮造成的损失补上去’的大潮中，殷先生首先想到的不是自己著书立说，而是把全部精力倾注到研究生的培养中。当时先生已是 64 岁的高龄，但在不到十年的时间里就连续招收了近 20 名研究生。这即使对于一位身体健康的古稀老人来说，也绝不是一件轻松的事情，更何况多年来的坎坷际遇极大地损害了先生的健康。从 1982 年招收‘文革’后的第二届研究生开始，殷先生几乎每年都要住一段时间的医院。但是，不管自己身体状况如何，总要坚持给学生上课。坐着讲累了就躺在教研室的长椅上抽支烟接着讲。”

从 1957 年“反右”到“文化大革命”十年动乱，先生究竟怎么熬过来的已经无从得知了。“殷先生的整个心思都用在教学科研上，对于历史的恩恩怨怨看得很开、很淡。回忆那段不幸往事时，殷先生总是说，当时谁也没有想到一划就是 20 年啊！如果知道会是这么严重的结果，那些人也不会那么做了。”

殷先生的童年和少年时代正是“五四”馀烈激扬、传统文化与现代思想大冲击的动荡年代。一切热血青年，无不努力以各自不同的方式实践自己救国救民的抱负。从社会发展的大系统看，正是各个不同方面的救国救民的合力才成为推动整个社会前进的动力。先生以一介书生在自己所从事的语言文字工作中，抱持积极进步的人生态度，从人民大众的利益和需要出发，为百年来的中国语文现代化运动大声疾呼,不遗余力。

新中国建立后,殷先生以主人翁的姿态投身到文化教育事业中。他曾经担任过“九三学社”中央学习委员,是九三学社山东地区早期创始人之一,也是《文史哲》创始人之一,被国内数家学术机构或刊物聘为兼职研究员、教授或编委。殷先生以勤奋刻苦谦虚认真的精神,正努力实践着他“读万卷书、行万里路、交天下士、献赤子心”的人生抱负。但是1957年的一场政治运动,使他从峰巅一下子跌入谷底。

如果是持消极的人生观的人,断难承受如此巨大的打击。然而,20年的不公正待遇竟未能动摇殷先生的人生信仰和追求,这该是一种多么伟大的顽强与坚韧啊!1982年先生在泰山养病,我去看他,临走时,先生一再让我转告师母:现在家里生活比过去好了,不要再拣煤渣了,菜叶子也不要舍不得丢了……从这些嘱咐的话语里可以想见当年艰难困苦的境况。

20年黄金岁月的人生悲剧并没有成为先生永恒的遗憾,先生仍不改初衷,积极支持组织中国语言学会、全国高校文字改革研究会、全国汉语方言学会、中国音韵学研究会等,组织筹建山东省语言学会、山东省方言研究会、山东省古文字研究会,积极参与编写《现代汉语》教材。以先生的学养和地位,他是完全有资格担任主编的。但是他不为名利,甘做配角,认真审稿议稿。会议之后,在返回的路上,还不断地把自己想到的意见和建议用挂号信寄给主编。这种积极进步的人生态度,正是今天需要我们好好学习、继承和发扬光大的宝贵精神财富。

二、治学严谨、博古通今

“殷先生去世后,在济南的一些学生自发组织起来义务为先生整理遗稿。在那些日子里，我们的心情时时刻刻都难以平静。几届研究生复试的卷子、读书报告和学年作业，都被先生仔细存放在塑料袋里。触物生情，所唤起的不仅仅是对过去时光的记忆，而是更深刻地感受到先生作为一位教师所具有的无私奉献的精神。当我们自己在人生和事业上一步步地成长起来的时候，也许早已淡忘了学生时代的生活。如果不是亲自发现这些连自己都忘记了的资料竟被先生如此珍惜地保存着，也许永远也难以深刻地体察到先生在每个学生身上所倾注的心血。”(《重道敬业、师德楷模》)

“在整理过程中，我们发现了先生许多尚未发表的论著手稿，有的堪称具有传世价值的力作。同时我们还发现了先生50年代的讲义、60年代的教案、70年代的卡片、80年代的札记……无论是毛边纸，还是教案本，或是写在油印材料背面的，所有的文字材料都是字迹工整、一丝不苟。这些讲义教案都符合出版社‘齐、清、定’的标准，如果在当时直接送去出版，都将是很有学术价值的著作。用今天的眼光来看，先生当时许多创新的观点已得到了学术界的公认，或者作为定论被写进教科书中。”(《重道敬业、师德楷模》)

先生自幼受到严格的家学课业，文字、音韵、训诂等国学功底是“童子功”。1936年，先生以国文和数学双满分的优异成绩考入前中央大学中文系，受教于马宗霍、胡小石、缪风林、赵少咸等著名国学大师。大学毕业后，先生考取北京大学文科研究所研究生，师从罗常培、唐兰、袁家骅、王力专攻语言学。这四位正副导师都是创立中国现代语言学的大师级学者。而时任正副所长的傅斯年、郑天挺在语言学方面造诣极深。傅斯年在《历史语言研究所工作之旨趣》中特别推崇实证科学的研究方法，提倡“采用最近代的工具手段”，强调历史学和语言学的现代化，代表了当时最先进的学术思想。这种鸿儒汇聚、名师执教的学术环境是人才成长的摇篮。他们守定语言而认知广涉人文社科,博览群书,视野远超经史子集。

先生常说"读万卷书、行万里路、交天下士",这是传统知识分子的座右铭乃至生活方式。随时读书、随手做笔记已成为一种习惯。1982 年春,我跟先生读研究生时,先生已近古稀之年,每天仍手不释卷、笔耕不辍。家里床上、桌边、马扎边、地上到处都是书,许多书页夹着不同颜色的纸条。

有一次到先生家,先生正看《南史》,放下书说,别人看书看里面的趣味,我们看书要从书中发现语言问题。先生从罗常培先生的《语言与文化》谈到汉魏六朝的佛经翻译、音韵学的创立,以及由分裂到统一的语言接触、方言分化与融合等,如果把"二史"(南史、北史)和"八书"(《宋书》、《南齐书》、《魏书》、《梁书》、《陈书》、《北齐书》、《周书》、《隋书》)对比阅读,很容易发现诸如"索虏"、"岛夷"之类称谓及典章制度、名物用语方面的差异,都是研究中古汉语难得的材料。

我理解,所谓"开卷有益"一定先要"有心"。只有像先生常说的"念兹在兹、在兹念兹"那样,在"有心"的基础上博览群书,才能逐步化成"万物皆备于我"的境界。

先生上课时喜欢旁征博引,时常转换话题,从《切韵》的异读字到扬雄《方言》、再到太炎先生的《新方言》,有时引《颜氏家训》或《太平广记》里的故事证南北音异;有时引顾炎武的《音学五书》,又谈顾氏的金石考古、方志舆地及《天下郡国利病书》,赞其兼有经国济世的方略和出将入相的胆识。一开始,我们常常跟不上先生的思路。但只要认真听,不管绕出多远,先生都能回到原来的话题。我后来发现,这正是《十三经注疏》的方法。一个知识点,有注有疏,广征博引,引申发散、收放自如。每次听课所得到的不只是观点和结论,而是国学大师们治学的精神、态度、方法的立体化呈现。学界掌故、逸闻趣事,充满了深刻的哲理和丰富的人生体验,感悟到博古通今的渊博学识和可亲可敬的人文情怀。

三、学术为公、无私奉献

先生古文字学功底深厚、书法艺术独成一家,但是,先生深知繁难的汉字不利于普及教育,因此积极参与简化汉字、汉语拼音方案、方言调查和推广普通话的研究与实践工作。《汉字三论》提出的“简、明、快”的汉字演变规律和“千字观”教学原则成为小学识字教学、提前读写实验的理论指导。先生所提倡的“楷草二体制”,不但有利于建立汉字书写规范,而且有利于汉字识别等中文信息处理智能化。

从 20 世纪 50 年代开始,在汉语规范化、词类大讨论、方言调查、整理和简化汉字、研制和推行《汉语拼音方案》等方面总会有山东大学的声音和成果。先生扎实的学养和积累、朴学实证的学风成就了山大语言学的“学统”。当我国中文信息处理还在起步阶段,急需语言学介入、参与的情况下,先生凭借学术敏感和语言学家的“入世”学统,经常提醒大家密切关注中文信息处理的最新动态。

早在 1972 年 8 月,周恩来总理就发展计算机工业与技术做出了“要广泛发展计算机应用”的指示。中文计算机的应用必须首先解决汉字输入的瓶颈,在精密照排、情报检索和汉字通信这三个领域首先获得最广泛的应用。这就是著名的“748”工程的基本思路。以当时的四机部为主,会同一机部、中科院、新华通讯社、国家出版事业管理局共同发起,联合起草汉字信息处理系统工程论证,并于 1974 年 8 月联名报告国家计委和国务院,同年 9 月,在国家计委的支持下,被列入国家科学技术发展计划。

1982年张普老师正在武汉大学主持研制《骆驼祥子》单字索引。殷先生和许多著名语言学家一样,凭借语言学研究的直接体验和感受,在讲课和组织讨论中,经常谈到相关话题,高度评价“20部现代文学作品单字索引”工程重大的理论意义和应用价值。燕京大学的中文古籍系列《引得丛书》因为可以轻而易举地找到任何一个字的所有出处和例句,省去了研究者烦琐的查找资料的功夫,被文献古籍研究者奉为“津梁”和“门径”。使用电子计算机编撰现代文学作品的单字索引,无疑又是学术研究的一场革命。

1982年在北京召开“全国第一次字根研讨会”。殷先生的长篇论文《谈汉字部件——为汉字编码汉字部件标准化学术讨论会作》受到了与会信息处理专家、汉字编码研制者们的普遍好评和有关部门的高度重视,许多信息界的朋友都从中得到了有益的启发和指导。先生成为中文信息工程领域发展初期即表现出高度热情和积极关注的少数语言学家之一,为山东大学语言学与计算机“新兴多边缘交叉学科”的创立“导夫先路”奠定了坚实的基础。

1985年底,先生接到了“全国第二次字根标准化会议”的邀请后,给大家布置了准备论文的“作业”。

我攻读硕士学位的方向是文字学。我从《说文解字》的540部到《康熙字典》的214部,再到《辞海》、《辞源》和《新华字典》等都做了许多资料卡片,对沈兼士先生《广韵声系》的形声字分析以及倪海曙先生的《现代汉字形声字字汇》也有研读。因此,写汉字字根方面的文章,资料比较充足。我提交的会议论文《现代汉字字根标准化刍议》很快收到了会议收入的通知。这是我生平收到的第一封参会邀请,至今仍十分感恩于先生当时布置的“作业”。

在先生指导下,我与葛本仪教授一起组织实施《信息处理用现代汉语三万词语集》的研制。从此便一发不可收,我对汉字编码、词库、古文字型库、流通频度词典、古今汉语语料库、知识挖掘等都有涉猎，多项成果先后获得省社联一等奖、教育部二等奖及国家级优秀教学成果二等奖等，形成了有山大特色的中文信息处理基础应用研究方向。这一切成绩的原动力全在于先生高瞻远瞩的指导和学术为公的胸怀，不仅为我的学术生命指出了一条光明大道，而且为山大的学科建设和人才培养奠定了坚实的基础。

先生退休后，现代汉语教研室只有葛本仪、钱曾怡两位教授。1993 年我从讲师破格晋升为教授。按照国务院学位办的规定，有三个教授就可以申报博士点。我作为主要负责经办人，在博士点申报过程中，无论是教育部学位办、还是国家语委；无论是社科院语言所、还是北大、人大、民族所等，所到之处，无不对先生的道德文章表示高度赞誉和尊崇，几乎异口同声认为山东大学语言学早就应该成为博士点，先生早就应该是博士生导师。那次申报，葛本仪和钱曾怡两位教授同时被批准为博士导师，这在新点申报中几乎绝无仅有。这也让我们深刻体会到先生在学界的崇高威望和影响力。

“学术为公、无私奉献”是先生留给我们的宝贵精神遗产。在天下汹汹、追名逐利的情势下，能淡泊名利、一心向学是一种坚持；以学生为本、学术为公是一种奉献。每当想起先生的才学、人格、能力和境遇，就觉得我们自己已经非常幸运，应该感恩励志、勤勉敬业、无怨无悔。

四、与时俱进、科学发展

殷先生无论是在传统小学的文字、声韵、训诂领域，还是在现代语言学的文字改革、方言调查、推广普通话、对内对外汉语教学与研究、词汇及教学语法系统建设等领域，始终贯穿着“语文现代化”这样一条思想路线。殷先生的学术精神就是永远伴随时代的步伐前进,不懈地追求学术的发展和进步,永葆自己的学术青春与活力。

先生常说,学无止境。这不单是自己永不满足的谦虚的表现,更是对学术发展规律的深刻揭示。历史是在不断地发展之中、世界上的一切客观事物无不处在发展变化之中。人们对主客观世界认识能力和水平也处在发展之中。因此,只有用发展的观点看待发展着的事物和学术研究,才是科学工作者应取的正确态度,才是符合客观规律的认识路线。

发展观体现了严谨求实的学风。在看待前人的学术成就的时候,既不能割断历史而妄自尊大,也不能迷信前人而妄自菲薄。不讲继承是虚无主义,不讲发展是形而上学。

先生经常教育我们,要读万卷书,行万里路。要用新的观点和学说重新审查前人的结论,包括成说、体系以及名人大家的观点。先生说,在重新审查的时候,即使没有什么新的发现,而仅仅证明前人的结论是正确的,这工作也没有白做,也是有意义的,也是对学术发展的贡献。所谓学术的发展就是推陈出新,就是要创新,对创新的理解应该包括补充新材料、新证据、新观点、新方法、新结论等各个方面。

先生在《汉字三论》一书中指出,汉字是有理据性的文字体系,从构形到发展都与这个理据性有密切的关系,这就是汉字发展的内部规律的依据。同时,又不能只拘泥于这个有理性,因为它还要受到外部因素的制约,应当把这种有理性的根据看作是“客观存在和主观认识”的统一。“是汉字构形的有理性教育了使用汉字的人民群众”,人民群众反过来又把这种认识作用于汉字的构形和对构形的解释。这就是作用与反作用的关系,是主观与客观的辩证统一。

先生进一步指出,“汉字作为文字,在其发展中,有它的更高的理性要追求。它是重视构形的理性，但它又不被这种理形拘束住。”汉字与世界上所有文字一样，遵循“明、快、简”的发展规律。“在‘明’‘快’‘简’同‘构形的有理性’有矛盾时，在条件成熟的情况下，它宁愿动摇一下构形的有理性，以适应‘明’‘快’‘简’的要求。”因此，从这个意义上说，汉字的发展就是在不断地适应“明、快、简”，不断地“破”旧有的构形理性的过程。

发展观主张后来居上。用发展观指导学术研究，就要求我们突破“静观”的束缚，实现由静到动的飞跃。这样才能恢复学术的本来面貌、恢复历史的真相，也才能使学术得到真正健康的发展。

先生在《动观文字学》一文中谈到：“后来居上，是历史发展的必然规律。”“动观文字学应当取法于许慎，但也必须取鉴于许慎。”“许慎最大的缺点，在于他对他所掌握的文字的材料，作‘静观’的处理。”先生分析其中的原因是因为“许氏生在他那个时代，我们不能要求他能够主动地、自觉地用史观来看问题、用发展观来看问题，亦即用这里所谓的‘动观’来看问题”。唐宋对于两汉来说是“后”，乾嘉学派对于宋明理学也是“后”。因此，“后来居上”既包括过去，也包括现在和未来。因为有后来居上的思想，才能满腔热忱地奖掖后学，永不停歇地追求进步。

先生在文中呼吁：“区区之意，苟欲推动文字之学向前寸进，就必须‘动’。我们有主观想去动的条件，而客观的可供我们做‘动观’的条件也已经相当可观了。可以说，我们有足够的条件摆脱那许氏因局限而不由自主地留下的‘静观’的极其不良的影响。于此，个人就提出‘动观’来为诸前辈、诸同道‘摇旗呐喊’，当然，这是我认为推动文字学前进，‘动观’实是主要的途径之一的一种呼吁。”先生还表示，“大家如果多做做‘动观’的事，我愿意当一名小卒。”

发展的形式是“约定俗成”。客观存在与主观认识相互作用的过程就是约定俗成的过程。在这个过程中充满了“量变到质变”、“变化到稳定”、“简单到复杂”、“繁难到实用”等等的情况。例如对于汉字发展史上出现的所谓“讹”字现象,先生从约定俗成的角度给予了科学的解释:“那些所谓‘讹’了的字,或别体,或简字,都是劳动人民在使用文字的实践中创造出来的,因为是从使用文字的实践中创造出来的,所以能够不互相混淆,能够让我们认得。所以,所谓的‘讹’字在它的创造过程中并未胡乱,于是就很行得开,大家很乐意用它而丢弃所谓‘正’字。”(《汉字简化中的“系统”和“类推”问题》,1955 年)

发展观要求理论与实践相结合。先生把语言文字的动态系统研究、各种类型的教学实践与研究(包括扫盲、初等教育、对外汉语教学等)、社会共时系统的规范化、标准化以及计算机汉字信息处理的应用基础研究等结合起来,为我们树立了极好的榜样。

先生说,“为‘四定’就是为‘四化’”、“搞好了‘四定’工作,一定能够发扬汉字的优点,使它轻装上阵,高度发挥它的作用。”(《汉字字形的性质》,1981 年)

先生说“‘坐而言’(百家争鸣)是重要的,‘起而行’(为方针政策努力)是更为重要的。”(《多做实事 切合当前实际》,1986 年)

或者以为先生的研究范围过宽,也有人称先生为“杂家”。其实,只要仔细研习先生的论著和文章,就会发现,不论是早期关于汉字改革的讨论、推广普通话、方言调查的实践,还是关于千字教学观、楷草二体制以及近年来的关于汉字“四定”以及规范化、标准化的论述,都反映了先生在“汉语言文字现代化”方面的理想和追求。这充分表现了一位饱经沧桑的中国知识分子与祖国和民族同呼吸共命运的胸怀和情操。可以说,先生是一位理智地追随时代脚步前进、满腔热忱地推动学术发展的理论家和实践家。

发展的方向是“四化”:“实用化、规范化、标准化、现代化”。

文字是工具而不是专门供人观赏的古玩瓷器，所以，实用是它的第一宗旨。而且，这种实用是为着今天的人们的使用，不是为了别的地方或历史上的某个时代或某些人的使用。关于这方面，先生在许多文章中都做了鲜明的表述和呼吁：规范化"要做到'得'群众之'心'，'应'群众之'手'"（《汉字字形的性质》，1981年）、要重视儿童的汉字教育、要为不识字的人学习汉字着想、为科学合理的简化汉字争取合法的地位、"为了教学、使用、为了汉字机械化应用"认真做好汉字定形工作、反对"文白夹杂"的文风（《汉字的语言性质》，1982年），等等。作为著名的语言学家，先生始终站在社会最大多数人的立场和学术发展的前沿，坚定地反对退化，主张进步，做发展的促进派。这是永远值得后人学习的。

五、情系两岸、华语大同

海峡两岸近半个世纪的分隔造成汉语汉字实际使用的种种差异。在"信息爆炸"新技术革命日新月异发展的今天，如何从求同存异向减少差别乃至统一和规范的方向发展，实在是摆在今天每一个中国人面前、与民族利益攸关的严肃课题。对于先生而言，岛内还有先生的胞弟厚先师叔、长子礼明师兄以及著名语言学家、学者周法高、李孝定、于豪章等师友。近半个世纪的音讯隔离，1万6千多个日日夜夜，该是怎样的魂牵梦绕、怎样的荡气回肠。

党的十一届三中全会后，"一个国家，两种制度"的创造性构想为两岸关系确定了和平统一的大政方针，逐步开启了两岸"三通"的大门。1988年客居岛内的礼明师兄从台湾回济南探亲，当时先生和师母都已年逾古稀。垂老之年得与离散四十年的游子相逢，感慨之余，先生想到的却是更多海外华人的寻根情结和骨肉重逢的人文情怀。

1993 年夏，先生向港台学界同人呼吁在适当的时候筹备召开"海峡两岸汉语汉字现代化"研讨会，倡议书说：

"海峡两岸人同种、语同源，由于四十年的隔离，在语言文字的运用方面形成了各自的特点。随着社会的发展、科技的进步和新技术革命的兴起，汉语汉字要面向世界，面向未来，实现国际化和现代化。这是一个伟大的历史使命，它涉及占世界人口四分之一以上的炎黄子孙的当前利益和未来命运。中国在走向世界，21 世纪将是汉语汉字在世界上充分发挥作用的世纪。为了迎接这样一个新时代，我们这一代语言文字工作者，有义务、有责任为汉语汉字的现代化做出应有的贡献。现在需要的是沟通和理解，研讨和探索，梳理和建设，发展和创造。"

先生倡导"两岸语言文字工作者，能够相聚一堂，共同探讨汉语汉字现代化的相关问题"。可以想见先生是在力所能及的范围内，做超越一己局限之事——为国家统一和民族复兴大业"鼓"与"呼"。重在发声、重在呐喊、恰如孔夫子"知其不可而为之"，完全出于学者的良知、社会责任感和历史使命感。这正是我们要继承和发扬的中国文人的风骨、气节、胸怀和境界的具体表现。

从先生亲自指导设计的征文选题范围中可以看出，先生在中国语言文字现代化方面的开拓、建设的构思和蓝图：

1）汉语汉字的历史、现状和未来；

2）汉语汉字的分化和统一；

3）二十一世纪的汉语汉字；

4）作为母语的汉语习得与教学研究；

5）作为外语的汉语习得与教学研究；

6）电脑中文化与中文电脑化；

7）汉字文化与民族传统心理；

8）汉字书法艺术现代化；

9)泛汉字文化系统研究;

10)其他相关课题。

先生以八十高龄仍在思考海峡两岸汉语言文字共同走向现代化的重大课题,在今天看来,越发显现出高屋建瓴的前瞻性、锲而不舍地追求全球华语大同世界的拳拳之心,感人至深。

先生常说"尊师重道",就是以敬畏之心对待师道、珍惜之心对待学道、至善之情对待人道。先生的学术贡献和人格魅力不仅是师门弟子成长发展的指路灯和保护神,更是我国语言学的宝贵财富。我们一定要无比珍视先生用毕生心血和实践所创建的优秀学统,并以敬业奉献的精神一代一代传承下去。

最后,我愿意用一首七律以明志并献于先生:

尊师重道生之本,承传学统业之根。
道之所存师恒在,学而时习德永馨。
展卷凝神思前辈,拍案扬眉警后人。
一片丹心续青史,百年辉煌铸国魂。

盛玉麒

2013 年 7 月 18 日

于山东大学